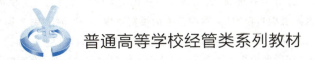

普通高等学校经管类系列教材

纳税实务

主　审　高克智
主　编　汤长胜
编写人员（以姓氏笔画为序）
　　　　刘　迎　许　芳　汤长胜
　　　　李　娜　吴志明　黄国瑞

中国科学技术大学出版社

内容简介

本书以企业主要税种应纳税额的计算、纳税申报为主线，阐述了我国现行主要税种的基本法律规定和涉税业务的处理方法，实现了税法知识与岗位业务处理方法的有机结合，涉及税务登记、增值税及附加税费申报、消费税及附加税费申报、关税申报、财产和行为税申报、企业所得税申报、个人所得税申报等内容。本书通过工作任务引领的办税业务项目活动，训练学生熟练计算应纳税额和办理税务申报的职业能力，达到了解税收理论知识、熟悉税法基本内容、熟练操作办税实务的要求。

图书在版编目(CIP)数据

纳税实务/汤长胜主编．—合肥：中国科学技术大学出版社，2023.8
ISBN 978-7-312-05739-7

Ⅰ．纳⋯　Ⅱ．汤⋯　Ⅲ．纳税—税收管理—中国　Ⅳ．F812.423

中国国家版本馆CIP数据核字(2023)第144176号

纳税实务
NASHUI SHIWU

出版	中国科学技术大学出版社
	安徽省合肥市金寨路96号，230026
	http://press.ustc.edu.cn
	https://zgkxjsdxcbs.tmall.com
印刷	合肥市宏基印刷有限公司
发行	中国科学技术大学出版社
开本	787 mm×1092 mm　1/16
印张	21.5
字数	537千
版次	2023年8月第1版
印次	2023年8月第1次印刷
定价	54.00元

前　言

"纳税实务"课程是高校财经专业的核心课程。该课程的根本目标是培养学生对国家税务政策的领悟能力和纳税意识,增强电子税务操作能力;核心内容是全面、系统地介绍我国18个实体税种的基本规定和纳税申报流程。为更好地满足课堂教学需要,我们总结了多年的课程教学经验,编写了这本教材。

职业教育教材应按照职业岗位群的要求,调整课程教学标准,把信息技术发展成果和职业资格标准中所要求的知识与能力融入相关课程的教学标准。本书在编写时,从科技成果的发展和高职教育教学的要求出发,本着"适度、够用"的原则,强调职业技能的掌握与训练,充分体现能力本位,优化整合课程内容,突出高职教育特色。本书具有以下特点:

一是紧贴智能技术。本书立足"金税四期",实现税费全数据、全业务、全流程的"云化"打通,申报流程以电子税务局为背景,形成智能办税、智慧监管,落实"以票控税"向"以数治税"的转变。

二是实现理实一体。税务课程的实用性很强,但必须以税种的法律规定为基础,本书在讲清税法基本规定的情况下,通过教学平台系统完成电子税务局的模拟实践,做到边讲边用、用到再讲的理实一体化教学。通过本课程的学习,可让学生清楚了解我国税收制度的基本要素,掌握税额的计算方法,能够进行纳税申报和税款的缴纳。

三是岗课赛证融通。本书根据办税员岗位技能要求组织教学内容,包括税务业务的预约准备、增值税及附加税费的申报、消费税及附加税费的申报、关税的报关及申报、财产与行为税的合并申报、企业所得税的纳税申报、个人所得税的扣缴申报等业务。实务操作部分基本与个税计算、金税财务应用等税务技能X证书所规定和要求的实操内容重合,也能够作为职业技能大赛会计技能、业财税融合大数据应用、纳税申报与风险识别等相关项目辅助参考资料。

四是强化思政教育。本书紧紧围绕培养岗位一线所需能够直接上岗的专门人才的目标,坚持创新精神,体现新的课程体系、新的教学内容和教学方法,以提高学生整体素质为基础,尤其体现在税收收入关系到国家财政收入的大背景下,强化学生纳税意识的形成,在强调能力本位的同时,兼顾知识教育和思政教育。

本书是安徽工商职业学院多年教学成果的积累,由汤长胜副教授组织编写,高克智教授主审。具体编写分工如下:汤长胜编写项目一、项目二,李娜编写项目三,吴志明编写项目四,许芳编写项目五,黄国瑞编写项目六,刘迎编写项目七。全书由汤长胜统稿。另外,相关教学资料和案例的积累,还得到本校税务教学团队相关老师的大力支持和帮助。

由于国家利用税收政策调控经济的措施及税收法规内容在不断的变化中,请广大读者在阅读本书时也注意相关内容在实际运用中的更新与与时俱进。在编写过程中,编者参考和引用了许多专家的观点和相关资料,在此谨表示深深的谢意。因编者水平有限,书中不足在所难免,敬请广大读者批评指正。

编 者

2023年5月

目 录

前言 ·· (i)

项目一　申报准备 ··· (1)

　任务一　认知税收 ·· (2)

　　一、税收的性质 ·· (2)

　　二、税收法律关系 ·· (3)

　　三、税法构成要素 ·· (5)

　　四、我国现行的税法体系 ··· (7)

　任务二　新办纳税人税务登记 ·· (8)

　　一、税务登记信息确认 ·· (8)

　　二、税（费）种核定 ·· (19)

　　三、增值税一般纳税人资格登记 ·· (21)

　任务三　发票开具 ·· (22)

　　一、发票认知 ·· (22)

　　二、发票开具管理规定 ·· (26)

　　三、发票开具流程 ·· (27)

　　四、发票检验 ·· (36)

项目二　增值税与附加税费申报 ·· (38)

　任务一　增值税基本规定 ··· (39)

　　一、增值税概述 ·· (39)

　　二、增值税征税范围 ·· (39)

　　三、增值税纳税人 ··· (40)

　　四、增值税税率与征收率 ·· (41)

　　五、增值税税收优惠 ·· (44)

　任务二　增值税税款计算 ··· (48)

　　一、增值税一般计税法 ·· (48)

　　二、增值税简易计税法 ·· (61)

　　三、进口货物应纳税额 ·· (61)

　　四、附加税费 ·· (62)

任务三　增值税及附加税费申报 ……………………………………………………（63）
　　　一、增值税纳税申报管理 …………………………………………………………（63）
　　　二、增值税预缴申报 ………………………………………………………………（64）
　　　三、增值税一般纳税人纳税申报 …………………………………………………（65）
　　　四、增值税小规模纳税人纳税申报 ………………………………………………（79）

项目三　消费税申报 ………………………………………………………………………（88）
　　任务一　消费税基本规定 …………………………………………………………（89）
　　　一、消费税概述 ……………………………………………………………………（89）
　　　二、消费税征税对象 ………………………………………………………………（89）
　　　三、消费税征税环节 ………………………………………………………………（94）
　　　四、消费税纳税人 …………………………………………………………………（95）
　　　五、消费税税率 ……………………………………………………………………（96）
　　任务二　消费税税款计算 …………………………………………………………（98）
　　　一、消费税计税方法 ………………………………………………………………（98）
　　　二、生产环节消费税的计算 ………………………………………………………（100）
　　　三、委托加工环节消费税的计算 …………………………………………………（102）
　　　四、进口环节消费税的计算 ………………………………………………………（102）
　　　五、零售环节消费税的计算 ………………………………………………………（103）
　　　六、批发环节消费税的计算 ………………………………………………………（104）
　　　七、已纳消费税的扣除 ……………………………………………………………（104）
　　任务三　消费税申报 ………………………………………………………………（107）
　　　一、消费税征收管理 ………………………………………………………………（107）
　　　二、消费税纳税申报 ………………………………………………………………（108）

项目四　海关征税 …………………………………………………………………………（112）
　　任务一　关税 ………………………………………………………………………（113）
　　　一、关税概述 ………………………………………………………………………（113）
　　　二、关税的基本要素 ………………………………………………………………（114）
　　　三、关税的减免 ……………………………………………………………………（115）
　　　四、关税的计税依据 ………………………………………………………………（116）
　　　五、关税应纳税额的计算 …………………………………………………………（117）
　　　六、关税的征收管理 ………………………………………………………………（118）
　　任务二　出口退税 …………………………………………………………………（119）
　　　一、出口退税基本政策 ……………………………………………………………（119）
　　　二、出口退税的范围 ………………………………………………………………（119）
　　　三、出口退税的税率 ………………………………………………………………（120）
　　　四、增值税出口退税额 ……………………………………………………………（121）

五、消费税出口退税额 ··(123)

任务三　船舶吨税 ··(123)
　　一、船舶吨税基本规定 ··(123)
　　二、船舶吨税计算与征管 ··(124)

项目五　财产和行为税合并申报 ···(127)

任务一　财产和行为税基本规定 ··(128)
　　一、房产税 ··(128)
　　二、契税 ···(131)
　　三、车船税 ··(134)
　　四、车辆购置税 ···(138)
　　五、印花税 ··(140)
　　六、资源税 ··(144)
　　七、耕地占用税 ···(149)
　　八、城镇土地使用税 ···(152)
　　九、土地增值税 ···(155)
　　十、环境保护税 ···(159)
　　十一、烟叶税 ··(168)

任务二　财产行为税申报 ···(170)
　　一、财产和行为税合并申报 ···(170)
　　二、财产和行为税合并申报操作流程 ··(187)
　　三、其他申报 ··(192)

项目六　企业所得税纳税申报 ··(207)

任务一　企业所得税基本规定 ···(208)
　　一、企业所得税概述 ···(208)
　　二、企业所得税纳税人 ···(209)
　　三、企业所得税征税对象 ··(209)
　　四、企业所得税税率 ···(210)

任务二　企业所得税纳税调整 ···(211)
　　一、应纳税所得额 ··(211)
　　二、企业所得税税收优惠 ··(242)
　　三、境外税额抵免 ··(255)
　　四、应纳税额的计算 ···(261)

任务三　企业所得税纳税申报 ···(263)
　　一、企业所得税的征收管理 ···(263)
　　二、企业所得税预缴纳税申报 ···(264)
　　三、企业所得税年度纳税申报 ···(268)

四、特殊企业纳税申报案例 ···（289）

项目七　个人所得税扣缴 ···（296）

任务一　个人所得税基本规定 ···（297）
　　一、个人所得税概述 ···（297）
　　二、个人所得税的纳税人 ··（297）
　　三、个人所得税的征税范围 ···（299）
　　四、个人所得税税收减免 ··（303）

任务二　综合所得个人所得税应纳税额的计算 ··（304）
　　一、年度合并法 ···（304）
　　二、累计预扣法 ···（310）
　　三、按次（月）预扣法 ···（311）
　　四、衔接政策 ··（314）

任务三　经营所得及分类所得个人所得税应纳税额的计算 ·····························（317）
　　一、经营所得 ··（317）
　　二、分类所得 ··（319）

任务四　个人所得税申报 ··（321）
　　一、税额抵免 ··（321）
　　二、申报规定 ··（321）
　　三、个人所得税扣缴申报表 ···（321）
　　四、电子税务局扣缴申报 ··（323）
　　五、税款缴纳与优惠备案 ··（333）

参考文献 ···（336）

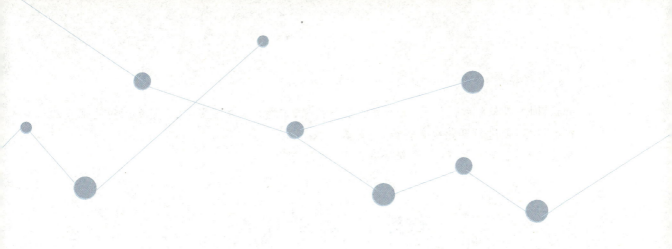

项目一

申报准备

学习目标

知识目标:理解税收的性质,熟悉税收法律关系,掌握税制构成要素,了解我国税法体系。
能力目标:能进行开业税务登记,会开具发票。
思政目标:了解税收意义,培养聚财为国、纳税光荣的意识。

任务一 认知税收

一、税收的性质

税收是政府为了满足社会公共需要,凭借政治权力,强制、无偿地取得财政收入的一种形式。

在社会再生产过程中,税收属于分配范畴。分配是对社会产品价值量的分割,并决定归谁占有,各占多少。对社会产品的分配有两种方式:一种是凭借财产所有权进行的分配,另一种是凭借政治权力进行的分配,税收是国家凭借政治权力进行的分配。国家对不能直接占有的产品通过征税方式转变为国家所有,是利益的再分配,如果没有国家的政治权力作为保证,征税就难以实现。但这也并不意味着政府可以任意征税,要考虑经济发展的适应性和社会稳定性。

【拓展阅读】税收是一个古老的经济范畴。从人类发展的历史看,税收是与国家有本质联系的一个分配范畴。它是随着国家的形成而产生的。

概括地说,税收的产生取决于两个相互影响的前提条件:一是经济条件,即私有制的存在;二是社会条件,即国家的产生和存在。历史上,私有制先于国家形成,但对税收而言,同时存在这两个前提条件税收才会产生。可以说,税收是私有财产制度和国家政权相结合的产物。

政府作为国家的管理者,要满足国家安全、社会稳定、生活保障、环境治理等公共需要,这些公共需要依靠市场调控难以完成,必须由政府集中一部分社会财富来实现。政府集中社会财富主要依靠税收,税收是国家的经常收入。此外,政府财政收入还有非税收入和公债等获取形式。非税收入主要是在履行政府职能或提供特定公共服务时取得的财政性资金。非税收入主要包括政府性基金、彩票公益金、国有资源有偿使用收入、国有资产有偿使用收入、国有资本经营收益、罚没收入、以政府名义接受的捐赠收入、主管部门集中收入、政府财政资金产生的利息收入等。当然,政府在资金不足时还可以采取发行公债的方式获取收入。公债是政府可以运用的一种重要的宏观调控手段,体现一定的分配关系,但公债的还本付息主要由税收来承担,是一种"延期的税收"。

可见,税收是政府收入的最重要来源,是人类社会经济发展到一定历史阶段的产物。社会剩余产品和国家的存在是税收产生的基本前提。在社会主义市场经济运行中,税收主要具有资源配置、收入再分配、稳定经济和维护国家政权的作用。税收收入与其他财政收入形式相比,具有无偿性、强制性和固定性的特征。其中无偿性是税收的核心特征,强制性和固定性是对无偿性的保证和约束,三者是个完整的统一体,缺一不可,形成税收的法律形式即税法。

【拓展阅读】 税收具有强制性、无偿性、固定性特征。强制性是指国家征税是以法律的形式加以规定并依法征收。无偿性是指国家征税在具体的时间和空间条件下,既不向纳税人支付任何报酬,也不向纳税人提供相应的服务或者某种特许权利;并且,税款一经征收,即转归国家所有和支配,而不再直接归还给具体的纳税人。固定性是指国家在征税之前,将对谁征税、对什么征税、征多少税、怎么征税,都用法律的形式规定下来,由税务机关和纳税人共同遵守。

二、税收法律关系

税收法律关系是国家及税收征纳主体之间,在征管过程中发生的具体的征收和管理权利义务关系,是国家参与国民收入分配与再分配的税收经济关系在法律上的体现,包括主体、内容、客体三个要素。

(一) 税收法律关系的主体

税收法律关系的主体,是指在税收法律关系中依法享有权利和承担义务的当事人,包括征税主体和纳税主体。

1. 征税主体

征税主体指参加税收法律关系,享有国家税收征管权力和履行国家税收征管职能,依法对纳税主体进行税收征收管理的当事人。从严格意义上讲,只有国家才享有税收的所有权。因此,政府是真正的征税主体。但是,实际上国家总是通过法律授权的方式赋予具体的国家职能机关来代其行使征税权力。在我国,依法行使征税权力的国家职能机关主要包括税务机关和海关。

税务机关包括国家税务总局和各省市县乡四级税务局。国家税务总局为国务院主管税收工作的直属机构,主管全国税收征收管理工作,各级税务局应当按照总局规定行使相应的职责和权力。

海关是依据本国(或地区)的法律、行政法规行使进出口监督管理职权的国家行政机关。根据《中华人民共和国海关法》规定,中国海关具有监管、征税、查私和编制海关统计四项职能。因此,我国海关除依法征收关税和船舶吨税外,还代征进口环节增值税和消费税。

2. 纳税主体

纳税主体是指依法负有纳税义务的单位和个人,包括组织和自然人。其中组织分为法人和非法人,法人包括营利法人、非营利法人和特别法人。营利法人如有限责任公司、股份有限公司、一人有限公司和其他企业法人,非营利法人包括事业单位、社会团体、基金会、社会服务机构,特别法人如机关法人、农村集体经济组织法人、城镇农村的合作经济组织法人、基层群众性自治组织法人。非法人如个人独资企业、合伙企业等。自然人包括中国公民、外国公民、无国籍人。

不同种类的纳税主体,在税收法律关系中享受的权利和承担的义务不尽相同。在税收法律关系中,征纳主体双方的法律地位是平等的,但因主体双方存在行政管理与被管理的关系,所以双方的权力与义务并不对等。

（二）税收法律关系的客体

税收法律关系的客体，是指税收法律关系主体的权利义务所指向的对象，也就是征税对象，主要包括货币、实物和行为。

我国税收有以增值额、所得额等为征税对象的，也有以房屋、土地、车船、资源、特定消费品等为征税对象的，还有以买房卖房、买车、签订合同书据、排放污染物等行为为征税对象的，等等。税收法律关系客体也是国家利用税收杠杆调整和控制的目标，国家在一定时期根据客观经济形势发展的需要，通过扩大或缩小征税范围调整征税对象，以达到限制或鼓励国民经济中某些产业、行业发展的目的。

【拓展阅读】"一条鞭法"：实物税转化为货币税的改革

明代中期，由于权贵贪敛、政治腐败、农民困顿，整个国家的经济形势不容乐观。万历朝首辅张居正审时度势，顺应赋税变革的趋势，积极推行了"一条鞭法"，使得明代后期的财政赋税情况大为改观，国库的收入大为增加，史书称："太仓粟可支十年，同寺积金至四百余万。"

据《明史·食货志》记载："一条鞭法者，总括一州县之赋役，量地计丁，丁粮毕输于官。一岁之役，官为佥募。力差，则计其工食之费，量为增减；银差，则计其交纳之费，加以增耗。凡额办、派办、京库岁需与存留、供亿诸费，以及土贡方物，悉并为一条，皆计亩征银，折办于官，故谓之一条鞭。"其核心内容一是取消徭役，农民上交银两，然后由政府出钱雇人应役。二是取消杂税，原先的杂税折合银两，分摊到田亩上，与田赋相合并。三是将以前的田赋、杂税和摊入的役银共同合并为新的田赋，一律以银两的方式进行征收。

"一条鞭法"废除了实物税，一律以白银充当税赋。张居正将名目繁多的税制统一核算为田赋，即拥有多少土地就交多少税，土地越多，交的越多，政府税收质量提升的同时也简化了税制，降低了征税成本，使得中间环节大幅减少，很好地抑制了腐败行为，是我国赋税制度历史上具有深远历史影响的一次社会变革。

（三）税收法律关系的内容

税收法律关系的内容，是指税收法律关系主体所享有的权利和所承担的义务，主要包括纳税主体的权利义务和征税主体的权利义务。它规定权利主体可以有什么行为不可以有什么行为及违反了这些规定需承担什么样的法律责任。

征税主体的权利主要有税收管理权、税款征收权、税务检查权、税务行政处罚权等；其义务主要有依法征税、依法减免税、纳税服务、保守秘密、依法回避、依法进行税务检查等。

纳税主体的权利主要有税务知情权、要求保密权、申请减免税权、申请退税权、陈述申辩权、税收救济权、控告检举权、请求回避权、取得完税凭证权、拒绝检查权、申请延期申报权、申请延期缴纳税款权等；其义务主要有依法办理税务登记、依法设置账簿、正确核算并保管账簿和有关资料、按规定开具使用取得发票、按期进行纳税申报、按时缴纳或解缴税款、自觉接受税务检查等。

三、税法构成要素

税法构成要素一般包括总则、纳税人、征税对象、税率、纳税环节、纳税期限、纳税地点、税收优惠、罚则和附则等,其中纳税人、征税对象与税率是最基本的要素。

(一) 纳税人

纳税人,是税法中规定的直接负有纳税义务的单位和个人,主要解决向谁征税或由谁纳税的问题。在社会生活中,一个单位或个人是不是纳税人,是由税法的规定和各自所处的经济地位决定的,不同的税种有不同的纳税人。

纳税人不一定是负税人。负税人是最终负担税款的单位和个人。因税收具有转嫁性,当纳税人通过某种方式将已纳或应纳税款转嫁出去时,纳税人就不再是负税人。税收按其是否具有转嫁性为标准,可分为直接税和间接税两种。直接对个人收入、企业利润、财产等征收的税为直接税,直接税一般不存在税负转嫁,所以纳税人就是负税人。对应税商品征收的税为间接税,纳税人将自己的税款加在所销售商品的价格上,由消费者负担或用其他方式转嫁给别人,所以纳税人并不是负税人。

(二) 征税对象

征税对象是指对什么征税,是纳税的客体,明确了征税范围。不同的征税对象是区别不同税种的重要标志,按征税对象性质的不同,通常划分为流转额、所得额、财产、资源及行为等大类。

税目是征税对象的具体项目,体现征税的广度。税目设计可以采取列举法和概括法。计税依据(税基)是征税对象量的表现,不同税种的计税依据是不同的,在表现形态上一般有两种:一种是价值形态,以征税对象的价值作为计税依据,征税对象和计税依据一般一致;另一种是实物形态,以征税对象的数量、重量、容积、面积等作为计税依据,征税对象和计税依据一般是不一致的。我们把计税依据以价值量计量的称为从价税,计税依据以实物量计量的称为从量税。

(三) 税率

税率是应纳税额与征税对象总额之间的比例,代表征税的深度。税率在实际应用中可分为两种形式:一种是按绝对量形式规定的固定税收额度,即定额税率,它适用于从量税;另一种是按相对量形式规定的征收比例,分为比例税率和累进税率,它适用于从价税。

定额税率又称固定税额,是根据征税对象计量单位直接规定固定的征税数额,计量单位主要有吨、升、平方米、件、辆等。按定额税率征税,税额的多少只同课税对象的数量有关,同价格无关。当价格涨跌时,仍按固定税额计税。定额税率在表现形式上可分为单一定额税率和差别定额税率两种。

比例税率不因征税对象数量多少而变化,不分征税对象的大小,只规定一个比例的税率,税额与课税对象成正比例关系。比例税率具有横向公平性,计算简便,应用广泛。在具体应用时,又分为统一比例税率、差别比例税率、幅度比例税率三种。

累进税率是指按课税对象数额的大小规定不同的等级,随着课税数量增大而随之提高的税率。具体做法是按课税对象数额的大小划分为若干等级,规定最低税率、最高税率和若干等级的中间税率,不同等级的课税数额分别适用不同的税率,课税数额越大,适用税率越高。累进税率可以充分体现对纳税人收入多的多征、收入少的少征、无收入的不征的税收原则,从而有效地调节纳税人的收入,正确处理税收负担的纵向公平问题。累进税率分为超额累进税率和超率累进税率。

(四) 纳税环节、期限和地点

1. 纳税环节

纳税环节是指商品在整个流转过程中按照税法规定应当缴纳税款的阶段。商品流转过程中,包括农业生产、货物进出口、农产品采购或发运、工业生产、商业批发、商业零售等在内的各个环节,具体被确定应当缴纳税款的环节,就是纳税环节。按照纳税环节的多少,可将税收分为单一环节征收和多环节征收两种。

单一环节征收是指同一税种在商品流转的全过程中只选择某一环节征税,该环节多为商品流转的必经环节和税源比较集中的环节,以便避免重复征税或税款流失。多环节征收是指同一税种在商品流转全过程中选择两个或两个以上环节征收。

2. 纳税期限

纳税期限是税法规定的纳税主体向税务机关缴纳税款的具体时间。纳税期限是衡量征纳双方是否按时行使征税权力和履行纳税义务的尺度,分为计税期间和申报缴纳期限两段。

计税期间要根据纳税义务的发生时间来确定纳税间隔期。纳税间隔期分为1日、3日、5日、10日、15日、1个月、1个季度、半年。纳税人的具体纳税间隔期限由主管税务机关根据税种的性质、应纳税额的大小核定。

不同性质的税种,其申报缴纳期限也不相同。我国现行申报纳税期限有按期申报缴纳、按次申报缴纳和按年计征分期预缴三种形式。

以1个月为一期纳税的,自期满之日起15天内申报纳税;以其他间隔期为纳税期限的,自期满之日起5天内预缴税款,于次月1日起15天内申报纳税并结清上月税款。流转税多为按期纳税。按次纳税是根据纳税行为的发生次数确定纳税期限。按年计征分期预缴是为了及时、均衡地取得财政收入而按月或季预缴税款,年终再汇算清缴,多退少补。

3. 纳税地点

纳税地点是指纳税人申报纳税的地点,一般为企业机构所在地、服务发生地或财产所在地等。对进出口货物征税一般为报关地海关。

(五) 税收优惠

税收优惠是国家对某些纳税人通过减免税予以照顾的一种特殊规定,属于减轻纳税人负担的措施。减税是指从应征税款中少征部分税款;免税是指免征全部税款。一种税收减免是在税收法律法规中就作了规定,具有长期适用性;另一种是临时减免,一般采用补充规定或通知的形式,在一定期限内适用。税收减免主要包括税基式减免、税率式减免和税额式减免。

税基式减免是直接通过缩小计税依据的方式实现的减税、免税。具体包括起征点、免征额、项目扣除和跨期结转等。起征点是指对征税对象达到一定数额开始征税的界限,即征税对象的数额未达到起征点的不征税,达到或超过起征点的按征税对象的全额征税。如果起征点为5000元,本次收入为12000元,则计税依据为12000元。免征额是指准予从征税对象数额中扣除的免于征税的数额,即只对超过征税对象免征额的部分征税。如果免征额为5000元,本月收入为12000元,则计税依据为7000元。项目扣除是指在征税对象中扣除一定项目的数额,以扣除项目金额后的剩余数额作为计税依据计算应纳税额。跨期结转是指将以前纳税年度未能完全扣除的金额允许跨期间在下一纳税年度继续准予扣除的优惠政策,相应缩小了当期计税依据。

税率式减免是指通过直接降低税率的方式实现的减税、免税,包括低税率、零税率等。

税额式减免是指通过直接减少应纳税额的方式实现的减税、免税,包括全部免征、减半征收、税额抵免、核定减免率等。

四、我国现行的税法体系

按照内容和职能,税法可分为税收基本法、税收实体法、税收程序法。

(一)税收基本法

税收基本法是规定税收性质、立法过程、种类、体制和税收机构以及征纳双方权利与义务等内容的法律规范,它是税法体系的主体和核心。目前我国尚未制定税收基本法。

(二)税收实体法

税收实体法是规定税种及其征税对象、纳税人、税目税率、计税依据、纳税地点等要素的法律规范。目前征收的税种共有18个:

• 1980年9月10日第五届全国人大第三次会议通过了《中华人民共和国个人所得税法》;

• 2007年3月16日第十届全国人大第五次会议通过了《中华人民共和国企业所得税法》;

• 2011年2月25日第十一届全国人大常委会第十九次会议通过了《中华人民共和国车船税法》;

• 2016年12月25日第十二届全国人大常委会第二十五次会议通过了《中华人民共和国环境保护税法》;

• 2017年12月27日第十二届全国人大常委会第三十一次会议通过了《中华人民共和国船舶吨税法》《中华人民共和国烟叶税法》;

• 2018年12月29日第十三届全国人大常委会第七次会议通过了《中华人民共和国耕地占用税法》《中华人民共和国车辆购置税法》;

• 2019年8月26日第十三届全国人大常委会第十二次会议通过了《中华人民共和国资源税法》;

• 2020年8月11日第十三届全国人大常委会第二十一次会议通过了《中华人民共和国城市维护建设税法》《中华人民共和国契税法》;

• 2021年6月10日第十三届全国人大常委会第二十九次会议通过了《中华人民共和国印花税法》。

《中华人民共和国增值税暂行条例》《中华人民共和国消费税暂行条例》《中华人民共和国土地增值税暂行条例》《中华人民共和国房产税暂行条例》《中华人民共和国城镇土地使用税暂行条例》《中华人民共和国进出口关税条例》等,都属于税收实体法。

(三) 税收程序法

税收程序法是规定税收管理工作的步骤和方法的法律规范,主要包括税务管理法、纳税程序法、发票管理法、税务处罚法和税务争议处理法等。《中华人民共和国税收征收管理法》《中华人民共和国发票管理办法》等都属于税收程序法。

任务二　新办纳税人税务登记

为深化税收领域"放管服"改革,持续优化税收营商环境,新开办企业时,纳税人应申请办理的事项包括登记信息确认、发票票种核定、增值税一般纳税人登记、增值税专用发票最高开票限额审批、增值税税控系统专用设备初始发行(含税务UKey发放)、发票领用等6个事项;税务机关依职权办理的事项为主管税务机关及科所分配、税(费)种认定等2个事项。

一、税务登记信息确认

(一) 企业设立流程

申请人依法向市场监督局自主申报市场主体名称。一般市场主体名称应当由"行政区划""字号""行业""组织形式"依次组成。名称核准后还需提供法定代表人、股东、财务负责人、经办人等身份证明以及公司章程、产权证明、经营场所证明等。市场主体只能登记一个名称,经登记的市场主体名称受法律保护,市场监督局颁发载有税务登记证、组织机构代码证、社会保险登记证、统计登记证等"多证合一"的营业执照。营业执照照面事项包括企业名称、类型、法定代表人、经营范围、注册资本、成立日期、住所等信息。企业取得营业执照后还应刻制公章、开设银行账户。

(二) 税务信息确认与完善

企业无论是开业、运营、歇业还是清算、终止,都应处于税务机关的监管之下,应依法办理各项涉税手续。新办纳税人企业需要完善补充税务登记信息。

市场监管等部门登记信息发生变更的,向市场监管等部门申报办理变更登记。

从事生产经营的纳税人应当在开立存款账户之日起15日内,向主管税务机关书面报告其全部账号;应当自办理税务信息确认之日起15日内,将其财务会计制度、会计核算软件等信息报送税务机关备案。纳税人需要使用电子缴税系统缴纳税费的,可以与税务机关、开户银行签署委托银行代缴税款三方协议或委托划转税款协议,实现使用电子缴税系统缴纳税费、滞纳金和罚款。

（三）税务登记操作程序与步骤

1. 新办纳税人税务登记流程

新办纳税人税务登记流程如图1.1所示。

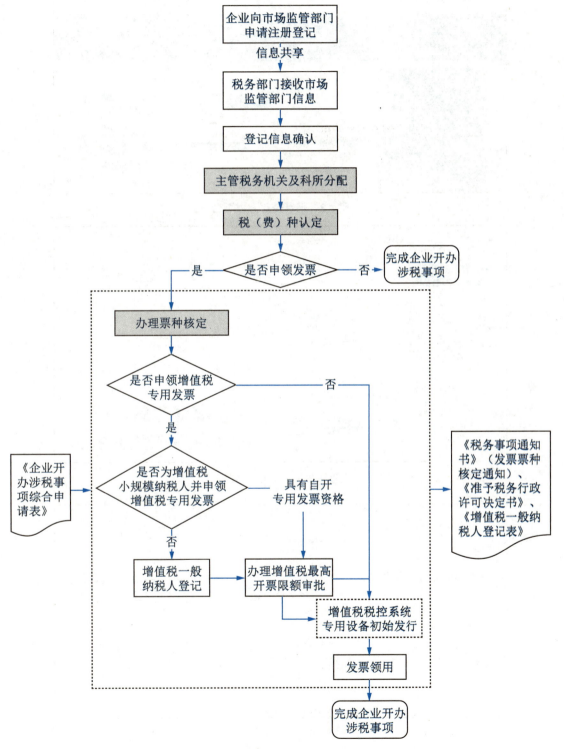

图1.1 新办纳税人税务登记流程

2. 税务登记操作步骤

第一步,登录当地全国一体化在线政务服务平台进行企业开办。如图1.2、图1.3、图1.4所示。

图1.2　登录企业开办平台

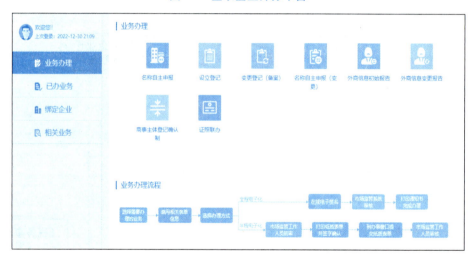

图1.3　进行业务办理

图1.4　选择相关要素

第二步,选择要开办的企业类型。如图1.5所示。

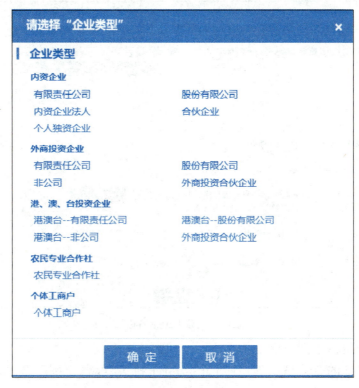

图1.5　选择企业类型

默认勾选名称要素排列方式。下拉选择行政区划,在行政区划里首先选择企业所在地,然后选择名称行政区划,这样名称行政区划就会出现在企业名称里。如图1.6所示。

图1.6　选择名称行政区划

然后依次输入字号、行业,选择组织形式。如名称通过初审,进入下一步。如图1.7所示。

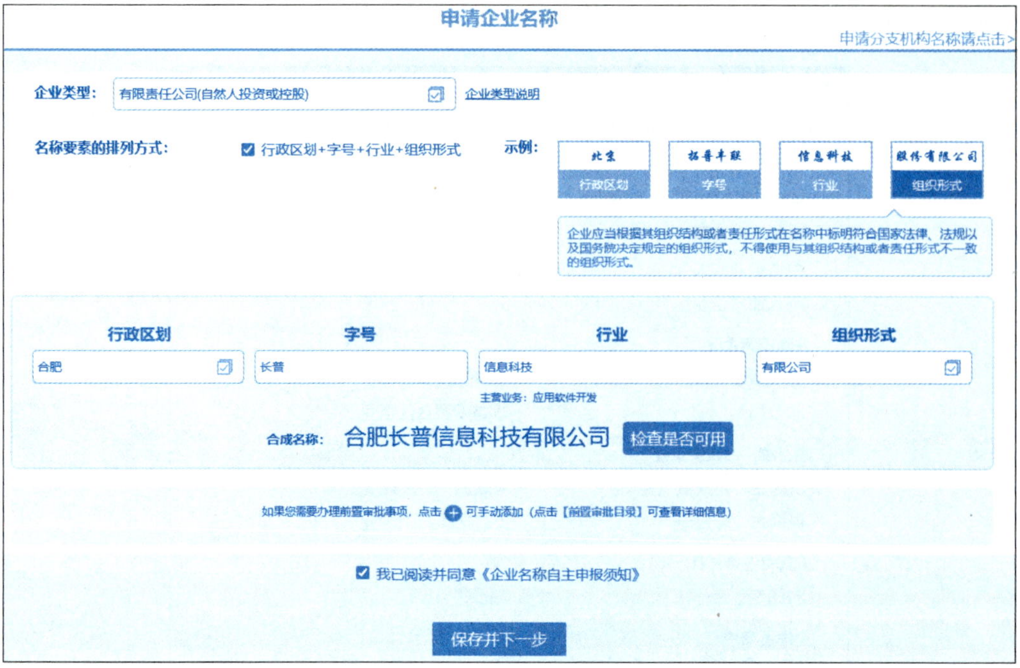

图1.7 确定企业名称

第三步,补充完善下列信息。

补充完善详细的企业住所地、注册资本、登记机关、经营范围等基本信息。如图1.8所示。

图1.8 补充相关企业信息

新增投资人信息，选择投资人类型、证件类型，上传身份证照片，输入投资人姓名或名称、证件号码保存，即完成名称自主申报。如图1.9、图1.10所示。

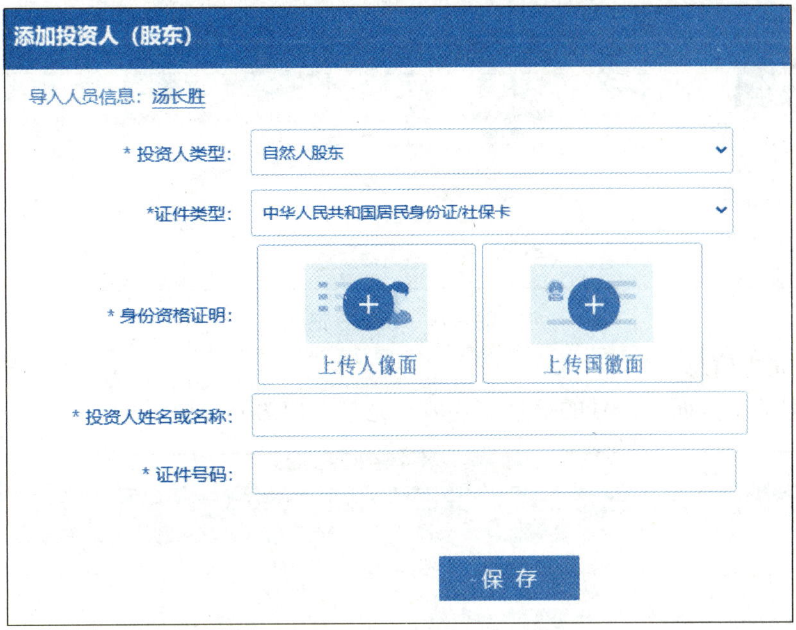

图1.9　添加投资人

图1.10　完成名称自主申报

第四步，设立登记。

设立登记在名称已核准后进行。如果是名称自主申报，在通过后可以直接点击名称自主申报页面里的设立登记按钮进入设立程序；也可以在业务首页直接点击进入设立登记页面。进入设立登记页面后，上方的待设立名称信息是已核名通过的名称，也可在页面中输入已核准的企业名称和通知书文号。如图1.11所示。

图1.11　设立登记

第五步,完善信息。

进入基本信息页面,带*号的信息需要填写完整。如图1.12所示。

图1.12　完善信息

在人员信息页面,股东信息是根据核名时自动带出来的,董事、总经理、监事、财务责任人、联络员等信息均需要按照实际进行添加,其他信息有误的也可以删除或者修改。

多证合一默认已勾选营业执照、公章刻制、社保登记、税务登记、统计证、机构代码证、住房公积金缴存登记等。如图1.13所示。

补充信息页面,根据实际情况进行填写,若无非公党建,默认为否,同时选择营业执照领取方式。如图1.14所示。

选择办理预约银行开户业务,如需办理,则勾选后补充所需信息进入下一步办税信息页面;如不需办理,选择暂不办理银行业务,进入办税信息页面。如图1.15所示。

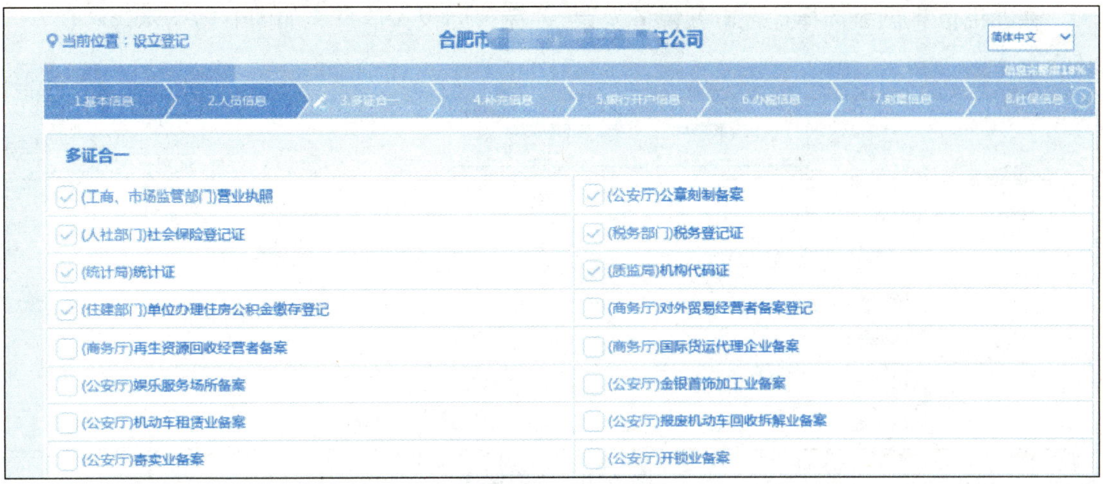

图1.13 多证合一

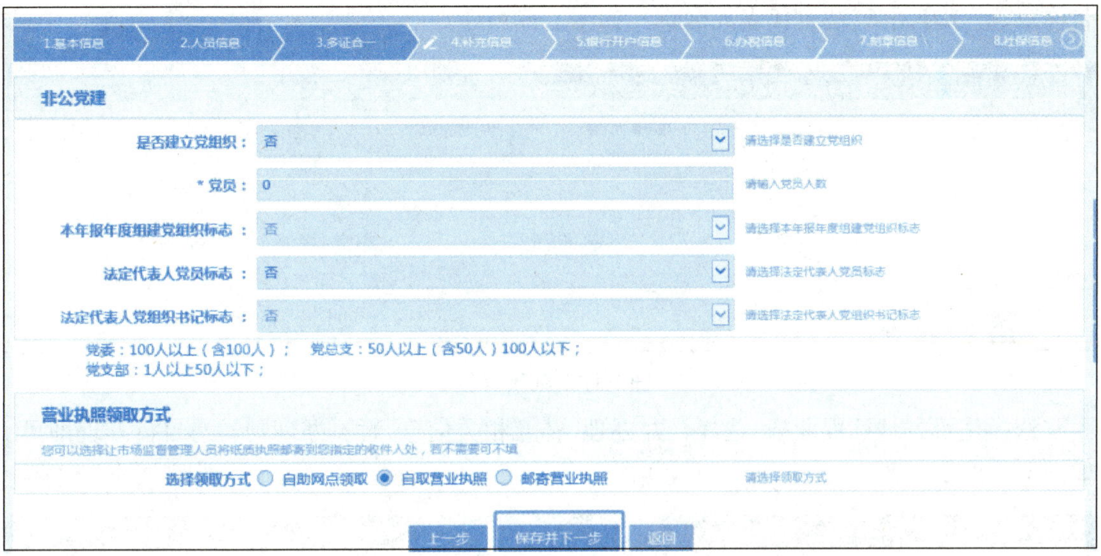

图1.14 补充信息

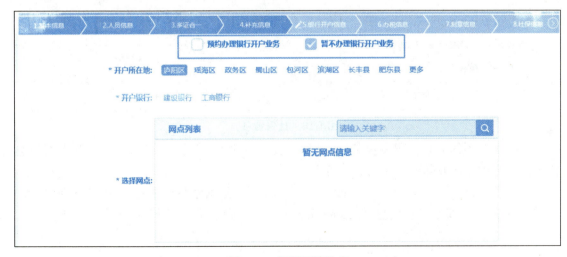

图1.15 银行开户信息

在办税信息页面选择是否申领税务发票,并完善办税人信息。如图1.16所示。

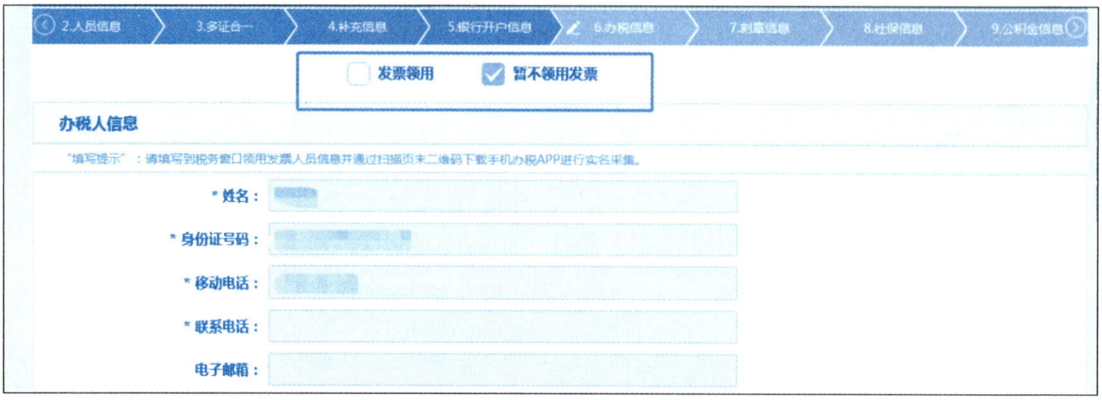

图1.16　办税信息

如需申领免费印章,则勾选政府免费印章,也可选择自行刻制印章。政府免费提供法定名称章、财务专用章、法定代表人名章。如图1.17所示。

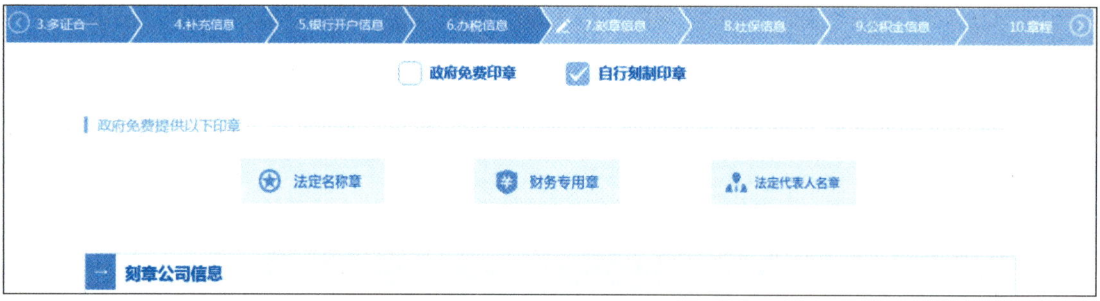

图1.17　刻章信息

选择是否办理社保业务,选择合并办理,补充相关信息,暂不办理则勾选自行办理即可。如图1.18所示。

图1.18　社保信息

选择是否预约办理公积金业务,选择预约公积金业务,补充相关信息;暂不办理则勾选暂不预约公积金业务即可。如图1.19所示。

如申请银行开户、税务开票、刻制印章、社保信息、公积金办理业务,则在设立登记审核完成之后,会由系统自动将信息推送到相关部门,相关部门即时办理企业申请的业务。

图1.19 公积金信息

可选择自动合成或手动上传章程。自动合成需选择主章程签字时间,章程内容由前若干步骤填写的信息自动生成,不可修改;自动生成的章程不满足需求,可选择手动上传章程,自行上传章程。如图1.20所示

图1.20 章程

在上传材料页面,根据需要上传材料。可选择电脑上传,也可选择手机扫码上传。如图1.21所示。

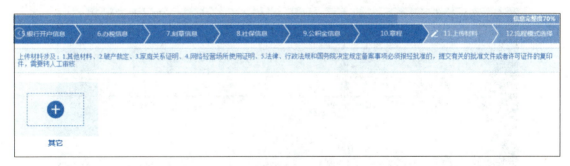

图1.21 上传材料

有窗口提交纸质材料办理和网上提交电子材料办理两种流程模式可供选择。如图1.22所示。

选择网上提交电子材料并全程电子化办理的,进入电子签名页面,选择微信扫码签名,根据提示进行实名认证。若信息填写不规范将转交人工审核;符合智能审批的将由系统进

项目一 申报准备 17

行智能自动审批。如图1.23所示。

图1.22　流程模式选择

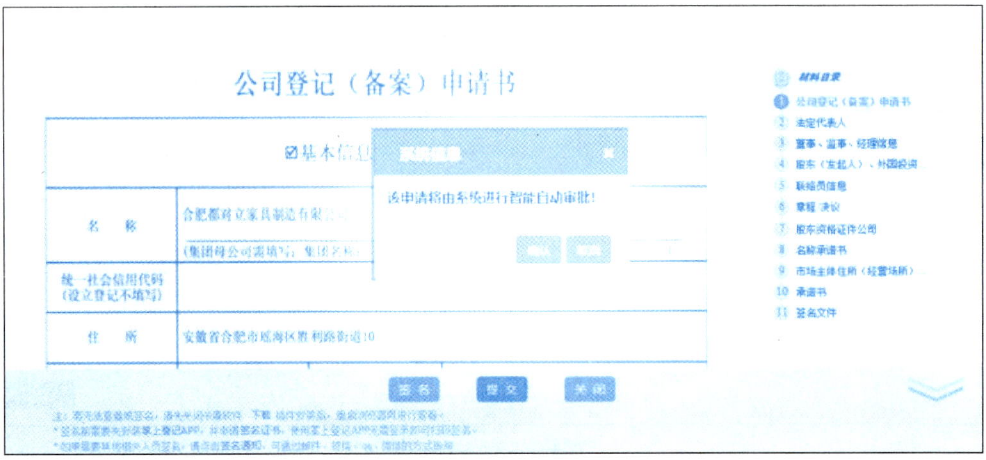

图1.23　智能审批

第六步,审核后自助打照。如图1.24所示。

图1.24　打印营业执照

二、税(费)种核定

我国目前开征18个税种、5项社保费和10类政府性基金,其中关税和船舶吨税由海关负责征收,其他税费一般由税务机关负责征收。

增值税、城市维护建设税、印花税、个人所得税、企业所得税是企业常会面临的税种。增值税是以商品在流转过程中产生的增值额作为计税依据而征收的一种流转税。从计税原理上说,增值税是对商品生产、流通、服务中多个环节的新增价值或商品的附加值征收的一种流转税。通常情况下,纳税人只要发生生产经营业务,就会涉及增值税问题。增值税是每个企业都需要缴纳的税种,可能对有的企业给予免缴增值税,但仍是增值税的纳税人,仍然需要完成纳税申报。城市维护建设税专门用于城市的公用事业和公共设施的维护建设,它本身没有特定、独立的征税对象,是紧跟增值税和消费税的影子税费。只要企业缴纳了增值税、消费税,就是城市维护建设税的纳税人。印花税是对书立应税凭证、进行证券交易行为征收的税种。印花税的征税范围仅是列明的合同、产权转移书据、营业账簿和证券交易,但每一个企业都涉及大量应税合同,都需要缴纳印花税。个人所得税是国家对本国公民、居住在本国境内的个人的所得和境外个人来源于本国的所得征收的一种所得税。对于企业来说,本身不缴纳个人所得税,但是员工工资以及股东分红需要缴纳,企业是法定的扣缴义务人,也要履行扣缴义务。企业所得税是对企业生产经营所得和其他所得征收的一种税。企业盈利一般需要缴纳企业所得税。

企业经营涉及国家规定的特殊货物,一般需要加征税,或生产环节或销售环节或收购环节。消费税是国家为体现消费政策,对生产、委托加工、批发、零售和进口的应税消费品征收的一种税。如果企业生产经营烟、酒、高档化妆品、贵重首饰及珠宝玉石、鞭炮焰火、成品油、摩托车、小汽车、高尔夫球及球具、高档手表、游艇、木制一次性筷子、实木地板、电池、涂料等货物,则需要确定某一环节缴纳消费税。资源税是以部分自然资源为课税对象,对在我国境内开发应税资源的单位和个人,就其应税产品销售而征收的一种税。开征资源税的自然资源包括能源矿产、金属矿产、非金属矿产、水气矿产、盐,水资源税也在全国逐步开征。在我国境内收购晾晒烟叶、烤烟叶的纳税人,应当缴纳烟叶税。烟叶税的计税依据是烟叶收购金额,包括收购价款和10%的价外补贴。

对于企业拥有的车船、房产、土地等财产或取得财产的特定行为往往涉及一些相应税种。如企业在境内以购置等方式在最终消费环节取得包括汽车、有轨电车、汽车挂车、排气量超过150毫升的摩托车需要缴纳车辆购置税。车辆购置税实行统一比例税率,税率为10%,在企业购买车辆的时候缴纳,其税款构成车辆购置成本。车船税是对企业在境内拥有的机动车辆(包括乘用车、商用车、挂车、专用作业车、轮式专用机械车、摩托车)和船舶征收的一种税。车船税按年申报,分月计算,一般由保险公司随交通强制险同时一次性收取,代收代缴。房产税是以城镇经营性房产为征税对象,按房屋计税余值或租金收入为计税依据,向房屋产权所有人征收的一种税。企业持有房产或出租房产,需要缴纳房产税。契税是指不动产(土地、房屋)产权发生转移变动时,就当事人所订契约按产权价格的一定比例向产权承受人征收的一次性税收。因此,企业在购买房屋产权或土地使用权时需要缴纳契税。为了合理利用土地资源,加强土地管理,保护农用耕地,凡占用耕地建房或从事其他非农业建设,需要缴纳耕地占用税。耕地占用税在企业占用耕地环节一次性征收,此后不再征收。城镇土地使用税是指国家在城镇(指城市、县城、建制镇、工矿区)范围内,对使用土地的单位和个人,以其实际占用的土地面积为计税依据,按照规定的税额计算征收的一种税。因此,若企业占用城区范围内的土地,需要按年缴纳城镇土地使用税。土地增值税是对有偿转让国有土地使用权、地上建筑物及其附着物产权,取得增值收入的单位和个人征收的一种税。如果企业有偿转让国有土地使用权及房屋产权并取得增值收入,需要缴纳土地增值税。

企业在生产经营中还可能会涉及其他税种,如环境保护税、关税等。在我国领域和管辖的其他海域,直接向环境排放大气污染物、水污染物、固体废物和噪声等四类应税污染物的,需要缴纳环境保护税。企业向污水集中处理场所、生活垃圾集中处理场所排放应税污染物;在符合环保标准的设施、场所贮存处置固体废物,不属于直接排放,是不用缴纳环境保护税的。关税是海关对进出境货物、物品征收的一种税。企业如涉及国家准许进出境的货物和物品,可能会涉及缴纳关税。

我国企业一般不会涉及船舶吨税。它是海关代表国家交通管理部门在设关口岸对进出我国关境的船舶征收的用于航道设施建设的一种税。海关对外籍船舶航行进出我国港口时,按船舶净吨位征收吨税。其原因主要是外籍船舶在我国港口行驶,使用了我国港口设施和助航设备,如灯塔、航标等,一般为行使国家主权,特征收船舶吨税。

企业除了以上税种需要认定外,还要依法承担相应的费用。企业应当自成立或实际用工之日起30日内凭营业执照,向当地社会保险经办机构申请办理社会保险登记,依法承担医疗保险费、养老保险费、失业保险费、工伤保险费、生育保险费等社会保险费。从2019年起,税务机关征收教育费附加、地方教育费附加、残疾人就业保障金、文化事业建设费、国家重大水利工种建设基金、农网还贷资金、可再生能源发展基金、核电站乏燃料处理处置基金、中央水库移民扶持基金、废弃电器电子产品处理基金等。

例如,从事餐饮住宿等酒店服务的有限公司核定的税种信息如表1.1所示。

表1.1 税种信息1

序号	征收项目	征收品目	申报期限	纳税期限	税率或单位税额
1	增值税	销售或者进口货物(另有列举的货物除外)	期满之日起15日内	月	0.13
2	企业所得税	基本税率	期满之日起15日内	季	0.25
3	个人所得税	工资薪金所得	期满之日起15日内	月	0.03
4	城市维护建设税	城市维护建设税(市区)	期满之日起15日内	月	0.07
5	教育费附加	教育费附加	期满之日起15日内	月	0.03
6	印花税	购销合同	期满之日起15日内	月	0.0003

从事酒、饮料的生产、批发和零售的有限公司核定的税种信息如表1.2所示。

以上企业在经营中根据实际占用的土地、使用的房产和车辆情况,还需要缴纳城镇土地使用税、房产税、车船税等。

表 1.2 税种信息 2

序号	征收项目	征收品目	申报期限	纳税期限	税率或单位税额
1	增值税	销售或者进口货物(另有列举的货物除外)	期满之日起 15 日内	月	0.13
2	企业所得税	基本税率	期满之日起 15 日内	季	0.25
3	个人所得税	工资薪金所得	期满之日起 15 日内	月	0.03
4	城市维护建设税	城市维护建设税(市区)	期满之日起 15 日内	月	0.07
5	教育费附加	教育费附加	期满之日起 15 日内	月	0.03
6	印花税	购销合同	期满之日起 15 日内	月	0.0003
7	土地增值税	增值税额未超过 50% 部分	期满之日起 15 日内	月	0.3
8	消费税	白酒	期满之日起 15 日内	月	0.2

三、增值税一般纳税人资格登记

增值税目前为我国第一大税种,征税范围极为广泛。根据经营规模及会计核算水平,将增值税纳税人分为一般纳税人和小规模纳税人。

增值税纳税人年应税销售额超过国家规定的小规模纳税人标准,或虽未超过标准但会计核算健全、能够提供准确税务资料的,应办理增值税一般纳税人资格登记。年应税销售额是指纳税人在连续不超过 12 个月或 4 个季度的经营期内累计应征增值税销售额,包括纳税申报销售额、稽查查补销售额、纳税评估调整销售额。其中,纳税申报销售额包括一般计税方法销售额、简易计税方法销售额、免税销售额、税务机关代开发票销售额、免抵退办法出口销售额、即征即退项目销售额。国家规定的增值税小规模纳税人标准为年应税销售额 500 万元及以下。

根据规定,应税销售额超过规定标准的自然人不办理增值税一般纳税人登记;非企业性单位、年应税销售额超过规定标准且不经常发生应税行为的单位和个体工商户,可选择按照小规模纳税人纳税。

从事成品油销售的加油站、航空运输企业、电信企业总机构及其分支机构,一律由主管税务机关登记为增值税一般纳税人。对税收遵从度低的一般纳税人,主管税务机关可以实行纳税辅导期管理。

为进一步简化企业开办涉税事项办理程序,压缩办理时间,企业开办首次申领发票涉及相关事项所需填写、确认的"增值税一般纳税人登记表""纳税人领用发票票种核定表""税务行政许可申请表""增值税专用发票最高开票限额申请单"等集成至"新办纳税人涉税事项综合申请表",由纳税人一次填报和确认,实现企业开办"一表集成",如表 1.3 所示。

表1.3 新办纳税人涉税事项综合申请表

基本信息	纳税人名称		统一社会信用代码	
	经办人		身份证件类型	
	证件号码		联系电话	

增值税一般纳税人资格登记	是否登记为增值税一般纳税人:是□ ;否□(无需填写以下一般纳税人资格登记信息)		
	纳税人类别:	企业□ 个体工商户□ 农民合作社□ 其他□	
		(请选择一个项目并在□内打"√")	
	主营业务类别:	工业□ 商业□ 服务业□ 其他□	
		(请选择一个项目并在□内打"√")	
	会计核算健全:	是□ (请选择一个项目并在□内打"√")	
	一般纳税人资格生效之日:	当月1日□ 次月1日□	
		(请选择一个项目并在□内打"√")	

首次办税申领发票	发票种类名称	单份发票最高开票限额	每月最高领票数量	领票方式
	领票人	联系电话	身份证件类型	身份证件号码
	税务行政许可申请事项:	增值税专用发票(增值税税控系统)最高开票限额审批:		
	增值税专用发票(增值税税控系统)最高开票限额申请	一千元□ 一万元□ 十万元□		
		(请选择一个项目并在□内打"√")		
	发票邮寄地址、收件人及联系方式:			

纳税人声明:能够提供准确税务资料,上述各项内容真实、可靠、完整。如有虚假,愿意承担相关法律责任。

经办人: 代理人: 纳税人(印章):

年 月 日

任务三 发票开具

一、发票认知

发票是指在购销商品、提供或者接受服务以及从事其他经营活动中,开具、收取的收付款凭证。有效的购买商品或服务的凭证称为税务发票,政府部门收费、征款的凭证称为行政事业收费收款收据。

国家税务总局统一负责全国的发票管理工作,规定发票的种类、联次、内容以及使用范围,确定增值税专用发票的印制企业;各省级税务局依据职责做好本行政区域内的发票管理工作,确定除增值税专用发票以外的其他发票的印制企业。发票应当套印全国统一发票监制章,实行不定期换版制度。发票印制应当使用中文汉字,有实际需要的,也可以同时加印少数民族或外国文字。除增值税专用发票外,一般应在本行政区域内印制,禁止在境外印制发票。

目前发票包括通用发票、税控发票、数电发票、不征税项目发票。

(一) 通用发票

通用发票包括通用机打发票、通用定额发票、通用手工发票及其他特殊发票,如景点门票、火车票、航空运输电子客票行程单、客运定额发票、通行费发票等。纳税人在申领发票时,应根据实际情况选择发票种类,未达起征点纳税人不强制使用税控系统开具发票。

(二) 税控发票

税控发票是指需通过税控设备开具的发票,包括增值税专用发票、增值税普通发票、增值税电子普通发票(图1.25)、增值税电子专用发票(图1.26)、机动车销售统一发票(图1.27)、二手车销售统一发票。一般纳税人和纳入小规模纳税人自开专票试点范围的纳税人可领用增值税专用发票,其他小规模纳税人不可领用,只能申请税务机关代开;一般纳税人和小规模纳税人均可领购增值税普通发票,票面税款一般不可作为进项抵扣或扣除;增值税电子发票是以电文形式存在的增值税发票,客户自行打印发票的法律效力、基本用途、使用规定等与税务机关监制的增值税发票相同;凡从事机动车零售业务的单位和个人,在销售机动车(不包括销售旧机动车)收取款项时,必须开具税务机关统一印制的新版机动车销售统一发票,视同增值税专用发票,作为车辆上牌凭证,列明的税款可作为进项抵扣;二手车经销企业、经纪机构和拍卖企业,在销售、中介和拍卖二手车收取款项时,必须开具二手车销售统一发票。

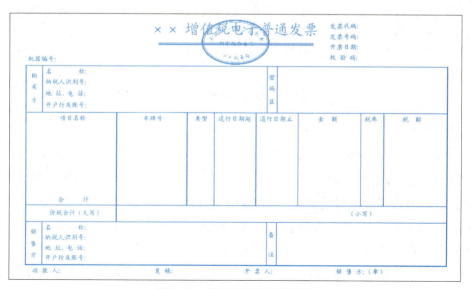

图1.25 增值税电子普通发票

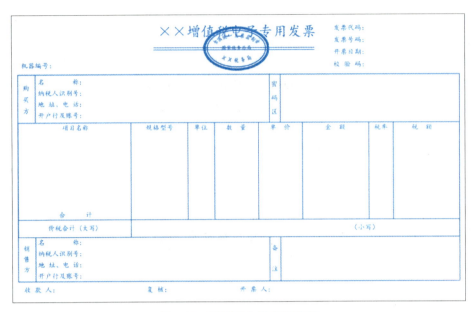

图1.26 增值税电子专用发票

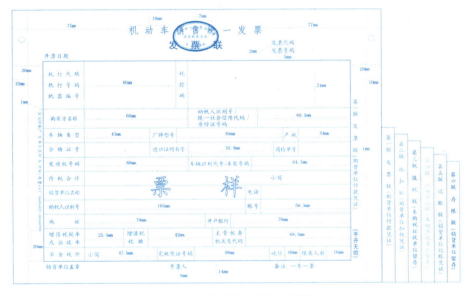

图1.27 机动车销售统一发票

（三）数电发票

2022年8月28日，全面数字化电子发票（简称"数电发票"）在全国范围内推行。数电发票是数字经济时代发票的新业态，将纸质发票的票面信息全面数字化，与纸质发票具有同等法律效力，代表着数字经济时代对会计行业的发展革新。数电发票版式全面简化，重新设计了票面要素，简化购买方、销售方信息，仅需填写纳税人识别号和纳税人名称；全面简化无联次；彻底取消了收款人和复核人栏。对于数电发票，纳税人开业后，无需使用税控专用设备，无需办理发票票种核定，无需领用，系统自动赋予开具额度，并根据纳税人行为，动态调整开具金额总额度，实现开业即可开票。数电发票开具后，发票数据文件自动发送至开票方和受票方的税务数字账户,便利交付入账,减少人工收发。同时,依托电子发票服务平台税务数字账户,纳税人可对各类发票数据进行自动归集,发票数据使用更高效便捷。如图1.28、图1.29所示。

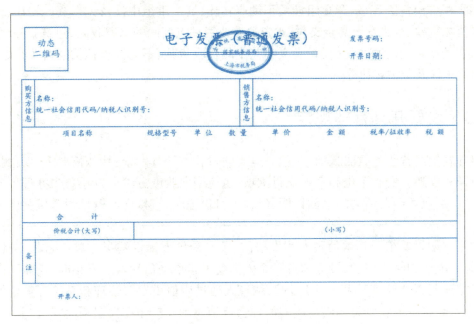

图1.28 数电发票(普通发票)

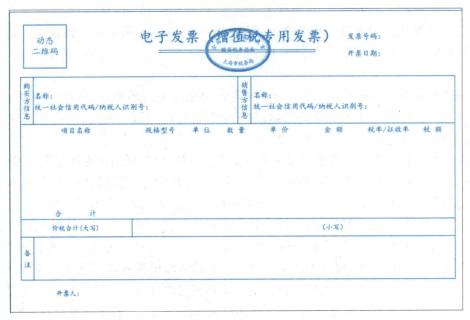

图1.29 数电发票(增值税专用发票)

（四）不征税项目发票

在某一销售环节,企业并未发生增值税应税行为,这时候企业不需要缴纳增值税,但为了让购买方取得有效凭证,可以开具不征税项目发票,发票的税率栏未显示税率,也没有对应的税额。"不征税"发票相当于"收款收据",解决了开具发票与增值税纳税义务发生时间的矛盾,也避免了重复征税。"不征税"项目税收发票包括预付卡销售和充值、销售自行开发的房地产项目预收款、已申报缴纳营业税未开票补开票、代收的印花税、代收车船税、融资性售后回租承租方出售资产、资产重组涉及不动产转让、资产重组中涉及无形资产转让、代理进口免税货物货款、有奖发票奖金支付、水资源费改税试点期间的水费收入、建筑服务预收款、代收民航发展基金、拍卖行受托拍卖文物艺术品代收货款、不与销售挂钩的财政补贴收入、资产重组中涉及货物转让等。

二、发票开具管理规定

对外发生经营业务收取款项,收款方应当向付款方开具发票;特殊情况下,由付款方向收款方开具发票。所有单位和个人支付款项,也应当向收款方索取发票。未办理税务登记的纳税人,可以凭经营活动的书面证明、经办人身份证明,直接向经营地税务机关申请代开发票。

购买方如果要求开具增值税专用发票的,须向销售方提供购买方单位名称、纳税人识别号、地址电话、开户行及账号等信息。个人消费者索取增值税普通发票时,不需要向销售方提供上述资料。自2018年1月1日起,纳税人通过增值税发票管理新系统开具增值税发票时,商品和服务税收分类编码对应的简称会自动显示并打印在发票票面"项目名称"栏次中。例如,纳税人销售黄金项链,在开具增值税发票时输入的商品名称为"黄金项链",选择的商品和服务税收分类编码为"金银珠宝首饰"。该分类编码对应的简称为"珠宝首饰",则增值税发票票面上会显示并打印"*珠宝首饰*黄金项链"。如果纳税人错误选择其他分类编码,发票票面上将会出现类似"*钢材*黄金项链"或"*电子计算机*黄金项链"的明显错误。

任何单位和个人不得虚开发票。虚开发票的,由税务机关没收违法所得。虚开金额在1万元以下的,可以并处5万元以下的罚款;虚开金额超过1万元的,并处5万元以上50万元以下的罚款;构成犯罪的,依法追究刑事责任。

新办纳税人首次申领增值税发票主要包括发票票种核定、增值税专用发票(增值税税控系统)最高开票限额审批、增值税税控系统专用设备初始发行、发票领用等涉税事项。国家推广使用网络发票管理系统开具发票。安装税控装置的纳税人,应当按照规定使用税控装置开具发票,并按期向主管税务机关报送开具发票的数据。纳税人在初次使用或重新领购增值税税控系统专用设备(金税盘、报税盘)开具发票之前,需要税务机关对增值税税控系统专用设备进行初始化发行,将开票所需的各种信息载入增值税税控系统专用设备。使用非税控电子器具开具发票的,应当将非税控电子器具使用的软件程序说明资料报主管税务机关备案,并按照规定保存、报送开具发票的数据。增值税专用发票(增值税税控系统)实行最高限额开具管理,分为十万元及以下和百万元及以上两个限额版。纳税人在初次申请使用增值税专用发票以及变更增值税专用发票限额时,向主管税务机关申请办理增值税专用发票(增值税税控系统)最高开票限额审批。

发票限于纳税人在本省内开具。纳税人发生到外县(市)经营活动的情况,需凭主管税务机关开具的"外出经营活动税收管理证明",向经营地税务机关申请领购发票。纳税人应当按照发票管理规定使用发票,不得转借发票、不得非法取得发票、不得拆本使用发票、不得扩大发票使用范围、不得以其他凭证代替发票使用。纳税人应当建立发票使用登记制度,于每月申报期内向税务机关报送增值税发票数据,税务机关通过"金税工程"系统比对校验数据。

增值税专用发票的备注栏也承载了大量的信息披露工作,如果备注信息填写不全或不规范,属于"不符合规定的发票",不得作为财务报销凭证,不得作为税收凭证,不得抵扣、不得退税、不得扣除等。

【拓展阅读】增值税一般纳税人提供货物运输服务,开具发票时应将起运地、到达地、车种车号以及运输货物信息等内容填写在发票备注栏中;提供建筑服务,应在发票的备注栏注明建筑服务发生地县(市、区)名称及项目名称;销售不动产,应在发票备注栏注明不动产的详细地址;出租不动产,应在备注栏注明不动产的详细地址。铁路运输企业受托代征的印花税款信息,可填写在发票备注栏中;保险机构作为车船税扣缴义务人在开具增值税发票时,应在增值税发票备注栏中注明代收车船税税款信息,具体包括:保险单号、税款所属期(详细至月)、代收车船税、滞纳金、合计等。差额征税且不得全额开具增值税发票的,采用差额开票方式,备注栏自动打印"差额征税"字样;税务机关为跨县区提供不动产经营租赁服务、建筑服务的小规模纳税人代开增值税发票,备注栏中自动打印"YD"字样。税务机关为个人保险代理人汇总代开增值税发票,备注栏内注明"个人保险代理人汇总代开";生产企业由综服企业代办退税,向综服企业开具出口货物的增值税专用发票,备注栏内注明"代办退税专用"。预付卡结算的,应在收到结算的销售款时开具增值税普通发票,并在备注栏注明"收到预付卡结算款",不得开具增值税专用发票。

纳税人开具增值税专用发票后,发生销货退回、开票有误、应税服务中止以及发票抵扣联、发票联均无法认证等情形但不符合作废条件的,或者因销货部分退回及发生销售折让,需要开具红字专用发票的,需取得税务机关系统校验通过的"开具红字增值税专用发票信息表"(表1.4)。

购买方已将专票用于申报抵扣的,由购买方在发票管理系统中填开并上传"开具红字增值税专用发票信息表",填开信息表时不填写相对应的蓝字电子专票信息,信息表所列增值税税额从当期进项税额中转出,待取得销售方开具的红字专票后,与信息表一并作为记账凭证;购买方未将专票用于申报抵扣的,由销售方在发票管理系统中填开并上传信息表,填开时应填写相对应的蓝字专票信息。税务机关通过网络接收纳税人上传的信息表,系统自动校验通过后,生成带有"红字发票信息表编号"的信息表,并将信息同步至纳税人端系统中。销售方凭税务机关系统校验通过的信息表开具红字专票,在发票管理系统中以销项负数开具。红字电子专票应与信息表一一对应。

三、发票开具流程

(一) 税控开票软件(金税盘版)发票开具流程

第一步,输入账号(企业税务登记号)与口令,进入开票软件,点击"立即开票",登录开票软件。如图1.30所示。

在"发票管理"功能模块下,包括发票领、读、开三个板块。如图 1.31 所示。

表 1.4　开具红字增值税专用发票信息表

填开日期：　年　月　日

销售方	名　称		购买方	名　称		
	纳税人识别号			纳税人识别号		

开具红字专用发票内容	项目名称	数量	单价	金额	税率	税额
	合计	—	—		—	

说明	一、购买方□ 　　对应蓝字专用发票抵扣增值税销项税额情况： 　　　1. 已抵扣□ 　　　2. 未抵扣□ 　　对应蓝字专用发票的代码：_____号码：_____ 二、销售方□ 　　对应蓝字专用发票的代码：_____号码：_____
红字专用发票信息表编号	

图 1.30　登录开票软件

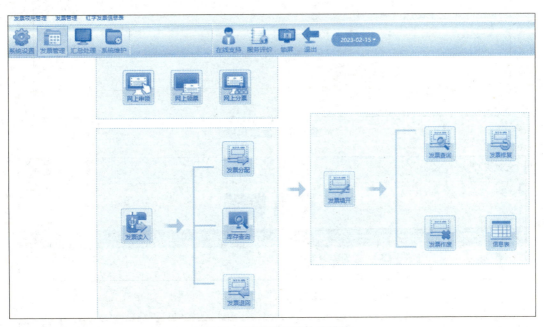

图 1.31　"发票管理"功能模块

第二步,领用发票。通过"网上申领",选择发票类型、填写申领数量,进行发票申领并确认发票代码和发票起止号码(图1.32、图1.33、图1.34、图1.35)。首次申领增值税发票的新办纳税人办理发票票种核定,增值税专用发票最高开票限额不超过10万元,每月最高领用数量不超过25份;增值税普通发票最高开票限额不超过10万元,每月最高领用数量不超过50份。

图1.32 网上申领

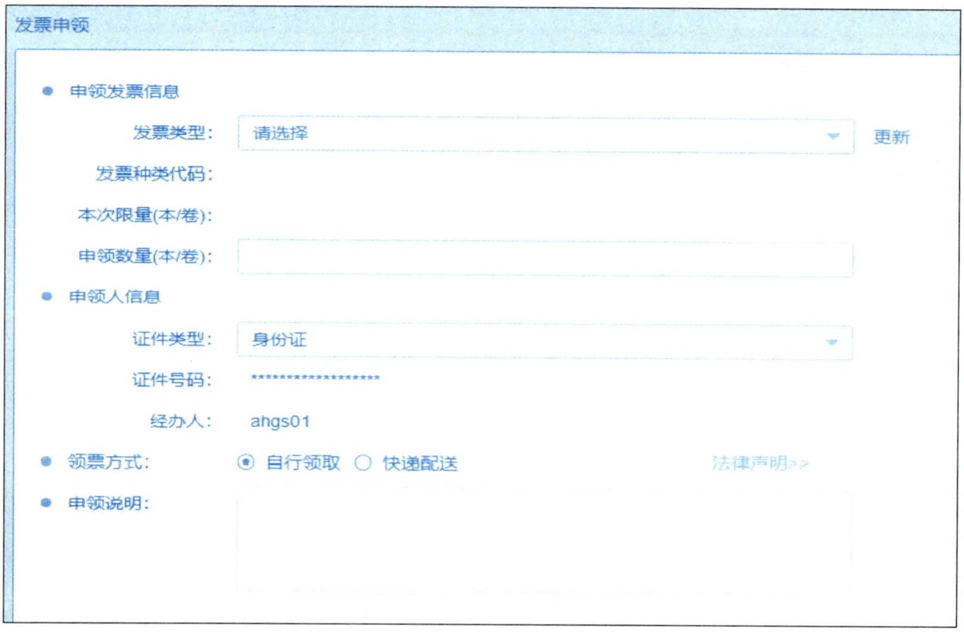

图1.33 发票申领

图1.34 申领确认

图1.35 确认信息录入

通过"网上领票",将系统分配的发票下载到金税盘中领用发票。如图1.36、图1.37所示。

图1.36 网上领票

图1.37 领用发票

第三步,读入发票。将下载到金税盘中的发票读入开票系统后可进行税控发票填开。如图1.38所示。

图1.38 从金税设备读入新购发票

第四步,进入系统设置,维护客户信息和商品信息档案。在填写前开票方应维护客户信息编码和商品信息编码。如图1.39所示。

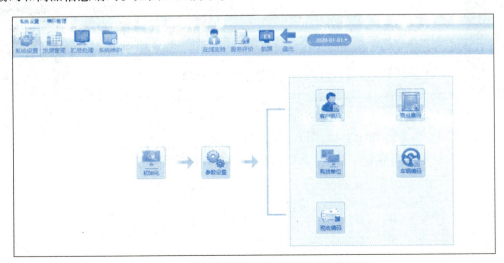

图1.39 维护客户信息编码和商品信息编码

项目一 申报准备 31

可添加或导入客户信息和商品信息。如图1.40、图1.41所示。

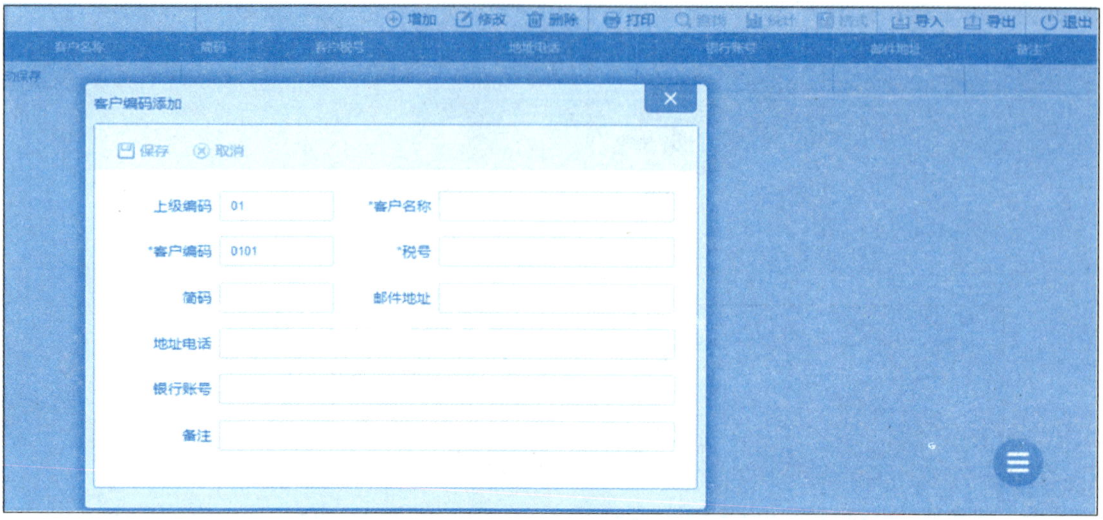

图1.40　客户编码添加

图1.41　商品编码添加

第五步,开具发票。如图1.42、图1.43所示。

在开票系统中填写客户信息、商品信息栏。如图1.44所示。

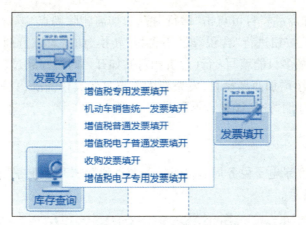

图1.42 发票填开

图1.43 单据填开

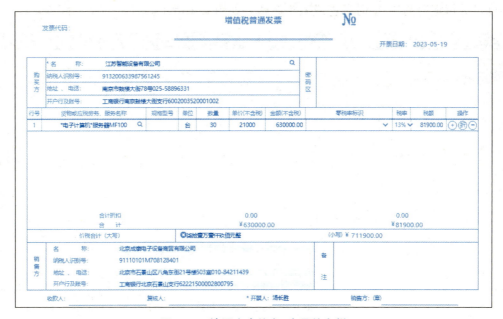

图1.44 填写客户信息、商品信息栏

项目一 申报准备 33

开票时如需增加商品栏目可点击"增行"按钮,如需删除则点"减行"。商品单价和金额可通过上方的"价格"按钮进行"含税"或"不含税"转换,如需对该行商品进行折扣,可点击"折扣"按钮;商品栏最多只能填写8行(含折扣行),如开票时填写超过8行,可点击"清单"按钮,通过清单功能继续增加商品栏目,发票票面不再显示具体商品,只显示一栏总的金额和税额,在商品名称栏注明"商品详见清单"。

(二) 数电发票开具流程

第一步,纳税人登录电子税务局后,通过"我要办税"—"开票业务"进入数电发票开具功能模块。如图1.45所示。

图1.45 数电发票开具功能模块

第二步,进入蓝字发票开具的二级首页功能页面,主要展示"数据概览""发票填开""最近开票"等功能。税务机关根据纳税人风险程度、纳税信用类别和实际经营情况确定初始开具金额总额度,其中Ⅰ类为5000元,Ⅱ类为250万元,Ⅲ类为750万元,Ⅳ为1000万元,该授信额度可进行定期调整、临时调整或人工调整。如图1.46所示。

图1.46 蓝字发票开具

进入"蓝字发票开具"后直接点击"立即开票"。如图1.47所示。

图1.47 立即开具

选择发票票种等信息后,点击"确定"。如图1.48所示。

图1.48 选择发票票种

第三步,录入或选择购买方信息、开票项目信息、备注信息(非必录)、经办信息(非必录)后,点击"发票开具"。如图1.49所示。

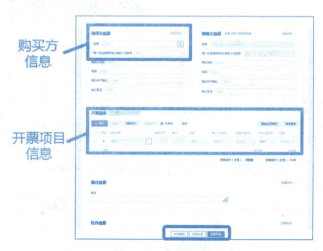

图1.49 发票开具

系统自动进行发票赋码并生成电子发票,显示开票成功提示,发票自动传递至对方税务数字账户,也可进行二维码、邮箱交付或下载操作。如图1.50所示。

图1.50　开票成功

四、发票检验

单位和个人可以通过全国增值税发票查验平台(https://inv-veri.chinatax.gov.cn)查验税控发票和数电发票的发票信息。查询时可以手动输入发票代码及发票号码等基本信息,也可以直接导入。如图1.51所示。

图1.51　查验平台

【职场警示】严打偷骗税

良好的税收秩序是高水平社会主义市场经济体制不可或缺的组成部分,加强税收监管、打击偷税逃税是保障市场公平竞争、维护社会公平正义的必要手段。

2023年政府工作报告提出,过去五年,我国严厉惩处偷税逃税等行为。3月16日,湖北、甘肃、安徽、广东、浙江、天津等地税务部门曝光6起涉税违法案件,再次传递出税务部门常态化依法打击各类涉税违法行为的鲜明信号。此次曝光的案件中,既涉及骗取增值税留抵退税,又涉及骗取出口退税,既有虚开增值税专用发票案件,又有加油站偷税案件,既打击偷税、骗税的不法企业,又处罚未依法办理个人所得税综合所得汇算清缴的个人,充分体现了税务等部门对各类涉税违法犯罪行为"露头就打"、严惩不贷,以公正监管促公平竞争。

常态化依法打击各类涉税违法行为是保障市场公平竞争的必要手段。一直以来,税务部门认真贯彻落实党中央、国务院关于坚决惩处违法违规骗税行为的部署要求,切实加强税收监管和税务稽查,充分发挥税务、公安、检察、海关、人民银行、外汇管理六部门常态化打击虚开骗税工作机制作用,严厉打击骗取留抵退税、骗取出口退税和虚开发票等各类涉税违法犯罪行为,按照"提示提醒、督促整改、约谈警示、立案稽查、公开曝光"的五步工作法,依法查处并公开曝光典型案件,有力有效维护了经济税收秩序和国家税收安全。

2022年,全国税务系统累计曝光716起骗取留抵退税案件、22起虚开发票和骗取出口退税案件、10起涉税中介及其从业人员违法违规案件、6起演艺明星和网络主播偷逃税案件,有力释放了"偷骗税必严打""违法者必严惩"的强烈信号。

持续打击并曝光涉税违法案件是规范行业税收秩序的有效途径。从2023年税务部门已曝光的三批次14起典型涉税违法案件来看,税务部门始终保持对涉税违法犯罪行为的高压态势,依法依规进行查处,同时注重每批次曝光案件类型的多样性。案件类型的多样性体现出税务部门在聚焦重点领域、重点行业对涉税违法犯罪行为开展重点打击的同时,也针对各种类型的偷逃税行为开展全方位打击和规范化治理,持续压缩涉税违法犯罪空间,努力规范行业税收秩序,维护社会公平正义。

税收"取之于民,用之于民,造福于民",是保障国计民生的重要财力支撑。无论是企业纳税人还是自然人纳税人,在享受国家发展红利的同时,都应该自觉履行诚信纳税义务。税务部门持续加大打击涉税违法案件力度并予以曝光,有助于在全社会形成依法纳税的正面教育效果,提高公民税法遵从度。作为纳税人,应树立依法诚信纳税理念,自觉诚信依法纳税,承担起相应的社会责任,不能心存侥幸,更不能触碰法律红线。

项目二

增值税与附加税费申报

学习目标

知识目标：理解增值税征税范围的规定，熟悉增值税税率与征收率，熟悉增值税税收优惠政策，了解增值税纳税人分类标准，掌握增值税进项税额扣除与应纳税额的计算。

技能目标：能计算增值税当期应纳税额，会填写增值税及附加税费纳税申报表及附列资料。

思政目标：感受国家减税降费优惠政策，培养自觉纳税意识。

任务一　增值税基本规定

一、增值税概述

增值税是企业需要缴纳的主要税种，是对商品在流转过程中产生的增值额征收的一种流转税。从计税原理上说，增值税是对商品生产、流通、服务中多个环节的新增价值或商品的附加值征收的一种流转税。增值税实行价外税，由消费者负担。

现行增值税基本规范是1993年12月13日第134号国务院令公布，并于1994年1月1日实施的《中华人民共和国增值税暂行条例》，随着增值税改革，该条例于2008年11月、2016年2月和2017年11月分别进行了有针对性的修订，增值税立法进程正在有序推进。

增值税具有税源广阔的特点，一切从事生产经营活动并取得经营收入的单位和个人都应依法缴纳增值税。在计税原理上以商品中的增值额为征税对象，可避免对同一对象重复征税，又具有税收中性的特点。增值税不重复征税的特点，使得各生产流通环节的增值税税负基本相同，提供了公平的税收环境，有利于产业专业化分工协作，优化社会资源配置。增值税征收范围广泛，其税款抵扣的征收方式使前后环节相互联系，有利于税务稽查，有效防止税款流失，该税种取得的收入占全部税收收入近50%，能够保证财政收入的稳定增长，具有极大的财政意义。

二、增值税征税范围

在中华人民共和国境内发生增值税应税交易以及进口货物，应当缴纳增值税。

（一）征税范围的一般规定

1. 应税交易

应税交易，是指销售货物、服务、无形资产、不动产和金融商品。货物是指有形动产，包括电力、热力、气体等；服务包括加工修理修配服务、交通运输服务、邮电通信服务、建筑安装服务、金融保险服务、现代服务、生活服务，其中现代服务是指围绕制造业、文化产业、现代物流产业等提供技术性、知识性服务的业务活动，包括研发和技术服务、信息技术服务、文化创意服务、物流辅助服务、租赁服务、鉴证咨询服务、广播影视服务、商务辅助服务等,生活服务是指为满足城乡居民日常生活需求而提供的各类服务活动,包括文化体育服务、教育医疗服务、旅游娱乐服务、餐饮住宿服务、居民日常服务等;无形资产包括技术、商标、著作权、商誉、自然资源使用权和其他权益性无形资产;不动产包括建筑物、构筑物等;金融商品包括外汇、有价证券、资管产品、非货物期货等。

【拓展阅读】资管产品是获得监管机构批准的公募基金管理公司或证券公司,向特定客户募集资金或者接受特定客户财产委托担任资产管理人,由托管机构担任资产托管人,为资产委托人的利益,运用委托财产进行投资的一种标准化金融产品。

销售货物、不动产、金融商品,是指有偿转让货物、不动产、金融商品的所有权;销售服务,是指有偿提供服务;销售无形资产,是指有偿转让无形资产的所有权或者使用权。

销售货物的,货物的起运地或者所在地在境内;销售服务、无形资产(自然资源使用权除外)的,销售方为境内单位和个人,或者服务、无形资产在境内消费;销售不动产、转让自然资源使用权的,不动产、自然资源所在地在境内;销售金融商品的,销售方为境内单位和个人,或者金融商品在境内发行。

2. 进口货物

进口货物,是指货物的起运地在境外,目的地在境内。为促进国际国内市场公平竞争,平衡税负,凡进口货物,应于进口报关时向海关缴纳进口环节增值税。

(二)视同应税交易

下列情形视同应税交易,应当依法缴纳增值税。
(1) 单位和个体工商户将自产或者委托加工的货物用于集体福利或者个人消费。
(2) 单位和个体工商户无偿赠送货物,但用于公益事业的除外。
(3) 单位和个人无偿赠送无形资产、不动产或者金融商品,但用于公益事业的除外。
(4) 国务院财政、税务主管部门规定的其他情形。

(三)视为非应税交易

下列项目视为非应税交易,不征收增值税。
(1) 员工为受雇单位或者雇主提供取得工资薪金的服务。
(2) 行政单位收缴的行政事业性收费、政府性基金。
(3) 因征收征用而取得补偿。
(4) 存款利息收入。
(5) 国务院财政、税务主管部门规定的其他情形。

三、增值税纳税人

(一)纳税人

在境内发生应税交易且销售额达到增值税起征点的单位和个人,以及进口货物的收货人,为增值税的纳税人。

增值税起征点为季销售额30万元。销售额未达到增值税起征点的单位和个人,不是增值税纳税人,但可以自愿选择依法缴纳增值税。另外,增值税为价外税,起征点销售额不包括增值税额。

增值税中所称单位,是指企业、行政单位、事业单位、军事单位、社会团体和其他单位;所称个人,是指个体工商户和自然人。

另外,国务院特别规定,单位以承包、承租、挂靠方式经营的,承包人以发包人名义对外经营并由发包人承担相关法律责任的,以该发包人为纳税人,否则以承包人为纳税人;资管产品运营过程中发生的增值税应税行为,以资管产品管理人为增值税纳税人。

(二) 扣缴义务人

境外单位和个人在境内发生应税交易,以购买方为扣缴义务人。

(三) 增值税纳税人分类

根据经营规模以及会计核算水平,纳税人可分为小规模纳税人和一般纳税人。

1. 小规模纳税人

小规模纳税人是指年应税销售额在规定标准以下,会计核算不健全,不能按规定报送有关税务资料的增值税纳税人。年应税销售额标准从2008年5月1日起统一调整为500万元及以下。

不经常发生应税行为的企业、非企业性单位可以选择选择按照小规模纳税人纳税的;年应税销售额未超过规定标准的纳税人,若会计核算健全,能够提供准确的税务资料,可以向主管税务机关办理一般纳税人资格登记,成为一般纳税人,但自然人不办理一般纳税人资格认定。

小规模纳税人按简易计税方法计算缴纳增值税,按照应税交易销售额和征收率计算应纳税额,不得抵扣进项税额。

2. 一般纳税人

增值税纳税人年应税销售额超过规定标准的,应当向主管税务机关办理一般纳税人登记;纳税人年应税销售额未超过规定标准以及新开业的纳税人,会计核算健全,能够提供准确税务资料的,可以向主管税务机关办理一般纳税人登记。对有固定的生产经营场所且能够按照国家统一的会计制度规定设置账簿,根据合法、有效凭证核算,能够提供准确税务资料,主管税务机关应当为其办理一般纳税人资格认定。

一般纳税人资格认定的权限,在县(市、区)税务局。除国家税务总局另有规定外,纳税人一经认定为一般纳税人后,不得转为小规模纳税人。

一般纳税人按照一般计税方法计算缴纳增值税,特殊的也可按相关税务规定选用简易计税方法。

四、增值税税率与征收率

(一) 基本税率13%

纳税人销售货物,销售加工修理修配、有形动产租赁服务,进口货物,适用基本税率,税率为13%。

(二) 较低税率9%

纳税人销售交通运输、邮政、基础电信、建筑、不动产租赁服务,销售不动产,转让土地使用权,销售或者进口下列货物,适用较低税率,税率为9%:

(1) 农产品、食用植物油、食用盐。
(2) 自来水、暖气、冷气、热水、煤气、石油液化气、天然气、二甲醚、沼气、居民用煤炭制品。
(3) 图书、报纸、杂志、音像制品、电子出版物。
(4) 饲料、化肥、农药、农机、农膜。

(三) 低税率6%

纳税人销售服务、无形资产、金融商品,除另有规定外,适用低税率,税率为6%。

(四) 零税率

纳税人出口货物,境内单位和个人跨境销售国务院规定范围内的服务、无形资产,税率为零。

【拓展阅读】跨境销售国务院规定范围内的服务、无形资产主要包括:国际运输服务;航天运输服务;向境外单位提供的完全在境外消费的研发服务、合同能源管理服务、设计服务、广播影视节目(作品)制作和发行服务、软件服务、电路设计及测试服务、信息系统服务、业务流程管理服务、离岸服务外包业务、转让技术。

(五) 征收率

国务院规定适用简易计税方法的,增值税采用征收率计算征收。

1. 小规模纳税人适用征收率

(1) 销售货物、服务、无形资产,征收率为3%。自2020年3月1日新冠疫情期间至2027年12月31日,增值税小规模纳税人适用3%征收率的应税销售收入,减按1%征收率征收增值税;适用3%预征率的预缴增值税项目,减按1%预征率预缴增值税。其中2022年4月1日至2022年12月31日,增值税小规模纳税人适用3%征收率的应税销售收入,免征增值税;适用3%预征率的预缴增值税项目,暂停预缴增值税。减按1%征收率征收增值税。计算公式为:

$$应纳税额 = \frac{含税销售额}{(1+1\%)} \times 1\%$$

(2) 销售或租赁不动产、转让土地使用权、提供劳务派遣服务、安全保护服务的,征收率为5%;住房租赁企业向个人出租住房取得的全部出租收入,按照5%的征收率减按1.5%计算缴纳增值税。计算公式为:

$$应纳税额 = \frac{含税销售额}{(1+5\%)} \times 1.5\%$$

(3) 销售自己使用过的旧货,按照3%的征收率减按2%征收增值税,计算公式为:

$$应纳税额 = \frac{含税销售额}{(1+3\%)} \times 2\%$$

从事二手车经销的纳税人销售其收购的二手车,由原按照简易办法依3%征收率减按2%征收增值税,改为减按0.5%征收增值税。计算公式为:

$$应纳税额 = \frac{含税销售额}{(1+0.5\%)} \times 0.5\%$$

【拓展阅读】 所谓旧货,是指进入二次流通的具有部分使用价值的货物(含旧汽车、旧摩托车和旧游艇),但不包括自己使用过的物品。使用过的物品是指价值较小,不作为固定资产管理并核算的包装物等其他低值易耗品。

2. 一般纳税人适用征收率

(1)一般纳税人生产销售下列货物,可以选择适用简易计税方法计税,增值税征收率为3%:县级及县级以下小型水力发电单位生产的电力,小型水力发电单位,是指各类投资主体建设的装机容量为5万千瓦以下(含5万千瓦)的小型水力发电单位;建筑用和生产建筑材料所用的砂、土、石料;以自己采掘的砂、土、石料或其他矿物连续生产的砖、瓦、石灰(不含黏土实心砖、瓦);用微生物、微生物代谢产物、动物毒素、人或动物的血液或组织制成的生物制品;自来水;水泥混凝土。

(2)增值税一般纳税人销售下列服务,可以选择简易计税方法计税,征收率为3%:公共交通运输服务,包括轮客渡、公交客运、地铁、城市轻轨、出租车、长途客运、班车;动漫产品开发服务;电影放映服务、仓储服务、装卸搬运服务、收派服务和文化体育服务;物业管理公司收取业主的自来水水费;非学历教育服务、教育辅助服务。

(3)增值税一般纳税人以清包工方式提供建筑服务、为甲供工程提供的建筑服务、为建筑工程老项目提供的建筑服务、跨县市提供建筑服务等,可以选择简易计税方法计税,征收率为3%。

【拓展阅读】 清包工是指施工方不采购建筑工程所需材料或只采购辅助材料,并收取人工费、管理费或者其他费用的建筑服务;甲供工程是指全部或部分设备、材料、动力由工程发包方自行采购的建筑工程;建筑工程老项目是指"建筑工程施工许可证"注明的合同开工日期在2016年4月30日以前的建筑工程项目;未取得"建筑工程施工许可证"的,建筑工程承包合同注明的开工日期在2016年4月30日以前的建筑工程项目。

(4)从事再生资源回收的增值税一般纳税人销售其收购的再生资源,可以选择适用简易计税方法依照3%征收率计算缴纳增值税。

【拓展阅读】 再生资源,是指在社会生产和生活消费过程中产生的,已经失去原有全部或部分使用价值,经过回收、加工处理,能够使其重新获得使用价值的各种废弃物。其中,加工处理仅限于清洗、挑选、破碎、切割、拆解、打包等改变再生资源密度、湿度、长度、粗细、软硬等物理性状的简单加工。

(5)一般纳税人适用5%征收率的范围:一般纳税人销售、租赁不动产,选择简易计税的;房开企业的一般纳税人销售自行开发的房地产老项目,选择简易计税的;纳税人转让2016年4月30日前取得的土地使用权,选择简易计税的;一般纳税人提供人力资源外包服务,选择简易计税的;一般纳税人提供劳务派遣服务,选择差额计税的;纳税人提供安全保护服务,选择差额计税的;一般纳税人收取试点前开工的一级公路、二级公路、桥、闸通行费。

试点前开工是指相关施工许可证注明的合同开工日期在2016年4月30日前的。

五、增值税税收优惠

(一) 法定免征增值税项目

(1) 农业生产者销售的自产农产品。
(2) 避孕药品和用具。
(3) 古旧图书。
(4) 直接用于科学研究、科学试验和教学的进口仪器、设备。
(5) 外国政府、国际组织无偿援助的进口物资和设备。
(6) 由残疾人的组织直接进口供残疾人专用的物品。
(7) 自然人销售的自己使用过的物品。
(8) 托儿所、幼儿园、养老院、残疾人福利机构提供的育养服务,婚姻介绍,殡葬服务。
(9) 残疾人员个人提供的服务。
(10) 医院、诊所和其他医疗机构提供的医疗服务。
(11) 学校和其他教育机构提供的教育服务,学生勤工俭学提供的服务。
(12) 农业机耕、排灌、病虫害防治、植物保护、农牧保险以及相关技术培训业务,家禽、牲畜、水生动物的配种和疾病防治。
(13) 纪念馆、博物馆、文化馆、文物保护单位管理机构、美术馆、展览馆、书画院、图书馆举办文化活动的门票收入,宗教场所举办文化、宗教活动的门票收入。
(14) 境内保险机构为出口货物提供的保险产品。

(二) 临时减免增值税项目

根据国民经济和社会发展的需要,或者由于突发事件等原因对纳税人经营活动产生重大影响的,国务院可以制定增值税专项优惠政策,报全国人民代表大会常务委员会备案。如自2019年6月1日至2025年12月31日,符合一定条件的家政服务企业提供社区养老、托育、家政服务取得的收入,免征增值税;自2021年11月7日起至2025年12月31日止,对境外机构投资境内债券市场取得的债券利息收入暂免征收增值税;动漫软件出口免征增值税;对注册在洋山特殊综合保税区内的企业,在洋山特殊综合保税区内提供交通运输服务、装卸搬运服务和仓储服务取得的收入,免征增值税;对注册在广州市的保险企业向注册在南沙自贸片区的企业提供国际航运保险业务取得的收入,免征增值税。

个人将购买2年及以上的住房对外销售的,免征增值税(北京市、上海市、广州市、深圳市除外);北京市、上海市、广州市、深圳市个人购买2年及以上的非普通住房对外销售的,以销售收入减去购买房屋的价款后的差额按照5%的征收率缴纳增值税,购买2年及以上的普通住房对外销售的,免征增值税。

(三) 加计抵减

1. 加计抵减政策

加计抵减是允许特定纳税人按照当期可抵扣进项税额的一定比例抵减应纳税额的增值税优惠政策。

自2019年4月1日至2022年12月31日，生产、生活性服务业纳税人可按照当期可抵扣进项税额加计10%抵减应纳税额；自2019年10月1日至2022年12月31日，生活性服务业纳税人可加计15%抵减应纳税额；自2023年1月1日至2023年12月31日，允许生产性服务业纳税人按照当期可抵扣进项税额加计5%抵减应纳税额，允许生活性服务业纳税人加计10%抵减。生产性服务业纳税人是指提供邮政服务、电信服务、现代服务、生活服务取得的销售额占全部销售额的比重超过50%的纳税人；生活性服务业纳税人是指提供生活服务取得的销售额占全部销售额的比重超过50%的纳税人。

为促进集成电路产业高质量发展，自2023年1月1日至2027年12月31日，允许集成电路设计、生产、封测、装备、材料企业，按照当期可抵扣进项税额加计15%抵减应纳增值税税额。

2. 加计抵减政策声明

符合加计抵减政策的纳税人，应在年度首次确认适用加计抵减政策时，通过电子税务局或办税服务厅提交适用加计抵减政策的声明。

登录电子税务局后，依次点击"我要办税"—"综合信息报告"—"资格信息报告"—"适用加计抵减政策的声明"，在该模块中进行申请，根据企业自身情况选择填写"适用加计抵减政策的声明"。如图2.1、图2.2所示。

加计抵减声明提交成功后，进入到增值税及附加税申报表（一般纳税人适用），先数据初始化，在"增值税及附加税费申报表附列资料（四）（税额抵减情况表）"中，填写加计抵减情况中的"本期发生额"。如表2.1所示。

图2.1　综合信息报告

图 2.2 选择"适用加计抵减政策的声明"

表 2.1 增值税及附加税费申报表附列资料(四)
(税额抵减情况表)

税款所属时间: 年 月 日

纳税人名称:(公章) 金额单位:元(列至角分)

	二、加计抵减情况					
序号	加计抵减项目	期初余额	本期发生额	本期调减额	本期可抵减额	本期实际抵减额	期末余额
		1	2	3	4=1+2-3	5	6=4-5
6	一般项目加计抵减额计算						
7	即征即退项目加计抵减额计算						
8	合计						

当期计提加计抵减额=当期可抵扣进项税额×10%(或5%)

当期可抵减加计抵减额=上期末加计抵减额余额+当期计提加计抵减额-当期调减加计抵减额

注意,按照现行规定不得从销项税额中抵扣的进项税额,不得计提加计抵减额;已计提加计抵减额的进项税额,按规定作进项税额转出的,应在进项税额转出当期,相应调减加计抵减额。

(四)增值税即征即退或先征后退

1. 资源综合利用产品和劳务

对共伴生矿产资源、废渣废水废气、再生资源(如废旧电池)、农林剩余物及其他(如秸秆)、资源综合利用劳务(如垃圾处理、污水处理)等实行即征即退,退税比例分为30%、50%、70%、90%、100%五档。

2. 飞机维修

为支持飞机维修行业的发展,自2000年1月1日起对飞机维修服务增值税实际税负超过6%的部分实行即征即退的政策。

3. 软件产品

一般纳税人销售其自行开发生产的软件产品或将进口软件产品进行本地化改造后对外销售,实际税负超过3%的部分实行即征即退。

4. 安置残疾人

纳税人月安置残疾人比例不低于25%且不少于10人,依法签订1年以上劳动合同,按月足额缴纳社保,可按当地政府批准的月最低工资标准的4倍确定即征即退限额。该即征即退政策也包括安置特殊教育学校的全日制在校学生。

5. 风力发电

自2015年7月1日起,对纳税人销售自产的利用风力生产的电力产品,实行增值税即征即退50%。

6. 宣传文化

国家机关报刊、中小学学生课本、盲文书刊等出版物在出版环节执行增值税100%先征后退;各类图书、期刊、音像制品、电子出版物,执行增值税50%先征后退;少数民族文字出版物的印刷、制作业务执行增值税100%先征后退。

(五)抵减增值税规定

自2011年12月1日起,增值税纳税人初次购买增值税税控系统专用设备支付的费用以及缴纳的技术维护费(称两项费用)可在增值税应纳税额中全额(指价税合计额)抵减,不足抵减的可结转下期继续抵减。

增值税一般纳税人支付的两项费用在增值税应纳税额中全额抵减的,其增值税专用发票不作为增值税抵扣凭证,其进项税额不得从销项税额中抵扣。

(六)扣减增值税规定

为支持和促进重点群体创业就业,对建档立卡贫困人口、登记失业半年以上的人员、零就业家庭、享受城市居民最低生活保障家庭劳动年龄内的登记失业人员,以及毕业年度内高校毕业生,从事个体经营的,自办理个体工商户登记当月起,在3年(36个月)内按每户每年12000元为限额,依次扣减增值税、城市维护建设税、教育费附加、地方教育附加和个人所得税。企业招用建档立卡贫困人口、登记失业半年以上且持"就业创业证"或"就业失业登记证"的人员,与其签订1年以上期限劳动合同并依法缴纳社会保险费的,自签订劳动合同并缴纳社会保险当月起,在3年内按实际招用人数予以每人每年6000元定额依次扣减增值税、城市维护建设税、教育费附加、地方教育附加和企业所得税优惠。定额标准最高可上浮30%。

为进一步扶持自主就业退役士兵创业就业,自主就业退役士兵从事个体经营的,自办理个体工商户登记当月起,在3年内按每户每年12000元为限额依次扣减其当年实际应缴纳的增值税、城市维护建设税、教育费附加、地方教育附加和个人所得税。限额标准最高可上浮20%。企业招用自主就业退役士兵,与其签订1年以上期限劳动合同并依法缴纳社会保险费的,自签订劳动合同并缴纳社会保险当月起,在3年内按实际招用人数予以每人每年6000元定额依次扣减增值税、城市维护建设税、教育费附加、地方教育附加和企业所得税优惠。定额标准最高可上浮50%。

(七) 小规模纳税人起征点

增值税小规模纳税人发生增值税应税销售行为，合计月销售额未超过10万元(以1个季度为1个纳税期的，季度销售额未超过30万元)的，免征增值税。小规模纳税人发生增值税应税销售行为，合计月销售额超过10万元，但扣除本期发生的销售不动产的销售额后未超过10万元的，其销售货物、服务、无形资产取得的销售额免征增值税。

自然人采取一次性收取租金形式出租不动产取得的租金收入，可在对应的租赁期内平均分摊，分摊后的月租金收入未超过10万元的，免征增值税。

任务二　增值税税款计算

企业发生应税交易，应当按照一般计税方法计算缴纳增值税，国务院规定适用简易计税方法的除外。进口货物，按照组成计税价格和适用税率计算缴纳增值税。

一、增值税一般计税法

增值税按照一般计税方法计算缴纳增值税，选用税率进行增值税的计算缴纳，按照销项税额抵扣进项税额后的余额计算应纳税额。

(一) 增值税销项税额

销项税额，是指纳税人发生应税交易，按照销售额乘以规定的税率计算的增值税额。销项税额计算公式为：

销项税额＝销售额×税率

1. 一般销售方式下销售额的确定

销售额，是指纳税人发生应税交易取得的与之相关的对价，包括全部货币或者非货币形式的经济利益。视同发生应税交易以及销售额为非货币形式的，按照市场公允价格确定销售额。纳税人销售额明显偏低或者偏高且不具有合理商业目的的，或者有视同销售行为而无销售额的，税务机关有权按照合理的方法核定其销售额。销售额以人民币计算，纳税人以人民币以外的货币结算销售额的，应当折合成人民币计算。

增值税为价外税，应税交易的计税价格不包括增值税额。

如果纳税人取得的是增值税价税合计金额，还需换算成不含增值税的销售额(即价税分离)，其计算公式为：

应税销售额＝含增值税销售额÷(1＋增值税税率)

税法规定，与应税交易取得的与之相关的各种性质的对价都要并入销售额计算征税，目的是防止企业以各种名目收费减少销售额以逃避纳税。但是，在计算应缴纳增值税税额时，增值税一般纳税人向购买方收取的手续费、违约金、赔偿金等和逾期包装物的押金应视作含税收入，在计算时应换算成不含税收入再并入销售额。收到的包装物押金虽在一年以内但超过企业规定期限不再退还的,应当做销售处理;一年以上的,一般做销售处理(特殊放宽期限的要经税务机关批准);对于酒类包装物押金,收到就做销售处理(黄酒、啤酒除外)。

销售金融商品,以卖出价扣除买入价后的余额为销售额,出现正负差的,以盈亏相抵后的余额为销售额。若相抵后出现负差,可结转下一纳税期与其销售额相抵,但年末时仍出现负差的,不得转入下一个会计年度。

提供旅游服务的,可以选择以取得的对价扣除向旅游服务购买方收取并支付给其他单位或个人的住宿费、餐饮费、交通费、门票费和支付给其他接团旅游企业的旅游费用后的余额为销售额。

【例2.1】天马卫浴(一般纳税人)7月8日以含税价8.48元/股购入中国建筑30000股股票。8月10日以7.95元/股售出10000股,9月6日以9.54元/股售出10000股,10月8日以7.42元/股售出10000股。除该股票外,公司没有购买其他金融商品。假设不考虑相关费用及该股票公允价值变动损益。

【解析】8月股票销售额=(7.95-8.48)×10000=-5300(元)

9月销售股票=(9.54-8.48)×10000=10600元,因上月有负差,盈亏相抵后的余额为销售额:10600-5300=5300(元)。

10月销售股票=(7.42-8.48)×10000=-10600(元),该负差可在当年的11月、12月盈亏相抵,若当年不能相抵,则不能转入下一年度。

【例2.2】天马旅行社(一般纳税人)9月组织某企业20名优秀员工赴云南旅游,收取含税旅游费424000元。在组织游客旅游过程中发生住宿费、餐饮费、交通费、门票费等支出318000元,以现金支付并取得发票。旅游结束后旅游企业根据旅游报单收讫该企业银行存款424000元,并开具增值税专用发票,注明金额418000元,税额6000元。

【解析】纳税人提供旅游服务,实行差额征税,以收取的全部价款和价外费用扣除替旅游者支付给其他单位和个人的住宿费、餐饮费、交通费、签证费、门票费、接团费后的余额为销售额,旅游服务适用税率6%,则

差额征税=(424000-318000)÷(1+6%)×6%=6000(元)

2. 特殊销售方式下销售额的确定

(1)折扣方式销售。由于购货方购货数量较大等原因而给予购货方的价格优惠为折扣销售,即商业折扣。

税法规定,发生商业折扣的销售额和折扣额在同一张发票"金额栏"分别注明,可以按折扣后的销售额征收增值税;如果将折扣额另开发票或在备注栏注明的,不得从销售额中减除折扣额。此外,折扣销售仅限于价格折扣,不包括实物折扣。对于企业为了鼓励及早付款而给予购货方的折扣优惠为销售折扣,即现金折扣,该折扣不得从销售额中减除。对于因品种、质量等原因销售退回或折让引起的销售额减少,可凭增值税红字发票在当期销项税额中扣减。

(2)以旧换新销售。以旧换新是指纳税人在销售过程中,折价收回同类旧货物,并以折价款部分冲减新货物的一种销售方式。

采取以旧换新方式销售货物(金银首饰除外),应按新货物的同期销售价格确定销售额,不得扣减旧货物的收购价格,对有偿收回的旧货物,不得抵扣进项税额。金银首饰以旧换新

业务,可按销售方实际收取的不含增值税的全部价款征收增值税。

(3) 还本销售。还本销售是企业销售货物后,在一定期限内将全部或部分销货款一次或分次无条件退还给购货方的一种销售方式,其实质是一种以货物换取资金使用价值,到期还本不付息的融资行为。

税法规定,纳税人采取还本销售方式销售货物,其销售额就是货物的销售价格,不能扣除还本支出。

(4) 以物易物销售。以物易物是指购销双方不以货币结算或主要不以货币结算,而以货物相互结算实现购销,是一种较为特殊的货物购销方式。

税法规定,以物易物双方都应作购销处理,以各自发出的货物核算销售额并计算销项税额。双方是否能抵扣进项税还要看能否取得对方专用发票、是否是换入不能抵扣进项税的货物等因素。双方未相互开具增值税专用发票,则双方均应计算销项税额,而没有进项税额;双方相互开具增值税专用发票,并且符合其他规定,则双方均应计算销项税额,并抵扣进项税额。

3. 税务机关核定销售额

税务机关核定销售额时有权按下列顺序确定,不能随意跨越次序:

(1) 按纳税人最近时期同类货物的平均销售价格确定。
(2) 按其他纳税人最近时期同类货物的平均销售价格确定。
(3) 按组成计税价格确定。

组成计税价格=成本×(1+成本利润率)

一般货物成本利润率为10%。属于销售自产货物的为实际生产成本,属于销售外购货物的为实际采购成本,属于应征消费税的货物,其组成计税价格中还应加计消费税税额。

组成计税价格=成本×(1+成本利润率)+消费税

或

组成计税价格=成本×(1+成本利润率)÷(1-消费税税率)

在实务操作中,按销售开具专用发票、其他发票和未开具发票等开票情况和征税项目及适用税率分别填写"增值税及附加税费申报表附列资料(一)"(本期销售情况明细)第1—7行销售额。如表2.2所示。

【例2.3】某酒店有限公司经营餐饮住宿服务,根据具体业务和开票情况,将销售情况统计如表2.3所示,请填写"增值税纳税申报表附列资料(一)"(本期销售情况明细)。

【解析】开具增值税专用发票13%税率货物销售额=1600元,填写在第1行第1列;开具增值税专用发票6%税率服务销售额=(412600-1600)+640000=1051000(元),填写在第5行第1列;开具其他发票6%税率服务销售额=1524510+8000=1532510(元),填写在第5行第3列;未开具发票13%税率货物销售额=56000(元),填写在第1行第5列,未开具发票6%税率服务销售额=206000+116000=322000(元),填写在第5行第5列。

开具普通发票3%征收率客车销售额填在第11行第3列。

销售总额自动汇总在第9列。

相应栏目税额根据所在行次税率自动计算,不需填写。

表2.2 增值税及附加税费申报表附列资料(一)
(本期销售情况明细)

税款所属时间: 年 月 日至 年 月 日

纳税人名称:(公章) 金额单位:元(列至角分)

项目及栏次			开具增值税专用发票		开具其他发票		未开具发票		纳税检查调整		合计		价税合计	服务、不动产和无形资产扣除项目本期实际扣除金额	扣除后	
			销售额	销项(应纳)税额	销售额	销项(应纳)税额	销售额	销项(应纳)税额	销售额	销项(应纳)税额	销售额	销项(应纳)税额			含税(免税)销售额	销项(应纳)税额
			1	2	3	4	5	6	7	8	9=1+3+5+7	10=2+4+6+8	11=9+10	12	13=11-12	14=13÷(100%+税率或征收率)×税率或征收率
一、一般计税方法计税	全部征税项目	13%税率的货物及加工修配劳务	1												—	—	—
		13%税率的服务、不动产和无形资产	2														
		9%税率的货物及加工修理修配劳务	3												—	—	—
		9%税率的服务、不动产和无形资产	4														
		6%税率	5														
	其中:即征即退项目	即征即退货物及加工修理修配劳务	6	—											—	—	—
		即征即退服务、不动产和无形资产	7	—													

表 2.3　本期销售情况统计表

开票情况	应税项目	金额	税率	税额	备注
增值税专用发票	*住宿服务*住宿服务	116000.00	6%	6960.00	
增值税专用发票	*酒*葡萄酒	1600.00	13%	208.00	
增值税专用发票	*会展服务*会议服务	295000.00	6%	17700.00	
合计		412600.00		24868.00	
增值税普通发票	*餐饮服务*餐饮服务	1524510.00	6%	91470.60	
增值税普通发票	*机动车*客车	500000.00	3%	15000.00	
合计		2024510.00		106470.60	
增值税电子普通发票	餐饮服务*餐饮服务	5000.00	6%	300.00	
增值税电子普通发票	*会展服务*会议服务	3000.00	6%	180.00	
合计		8000.00		480.00	
增值税电子专用发票	*住宿服务*住宿服务	120000.00	6%	7200.00	
增值税电子专用发票	*会展服务*会议服务	520000.00	6%	31200.00	
合计		640000.00		38400.00	
未开发票	*餐饮服务*餐饮服务	206000.00	6%	12360.00	
未开发票	*住宿服务*住宿服务	116000.00	6%	6960.00	
未开发票	*烟草制品*甲类卷烟	56000.00	13%	7280.00	

(二) 增值税进项税额

进项税额,是指纳税人购进的与应税交易相关的货物、服务、无形资产、不动产和金融商品支付或者负担的增值税额。进项税额应当凭合法有效凭证抵扣。

1. 凭票抵扣

(1) 从销售方取得的增值税专用发票上注明的增值税额,是指增值税一般纳税人在购进商品时,取得对方的增值税专用发票(含税控机动车销售统一发票)已注明的增值税税额。

(2) 从海关取得的海关进口增值税专用缴款书上注明的增值税额,是指进口货物报关进口时海关代征进口环节增值税,从海关取得进口增值税专用缴款书上已注明的增值税额。

(3) 从税务机关或者扣缴义务人取得的代扣代缴税款的完税凭证上注明的增值税额,是指自境外单位或者个人购进商品所代扣代缴的增值税。

(4) 取得增值税电子普通发票上注明的增值税额,是指纳税人支付的道路通行费、购进国内旅客运输服务取得的电子普通发票上注明的增值税额。

在实务操作中,可通过增值税发票综合服务平台进行发票抵扣勾选,可选择增值税发票(包括增值税专用发票、机动车销售统一发票、增值税电子专用发票、通行费电子发票)和海关缴款书分别勾选统计。已红冲等异常发票无法勾选抵扣。勾选抵扣的发票通过申请统计、确认签名可得到各类发票勾选抵扣金额和税额以及当期勾选抵扣份数(图 2.3、图 2.4、图 2.5),若勾选认证平台与申报表相关联,当期认证发票份数、金额、税额会直接填写在"增值税纳税申报表附列资料(二)"第 35 行相应栏。

图2.3 发票抵扣勾选

发票代码	发票号码	开票日期	销方名称	金额	税额	有效税额	发票状态
3100193130	31018826	2021-01-01	上海市福熙百货批发有限公司	8000	1040	1040	正常
3100193130	39019281	2021-01-03	上海市鑫雨服务有限公司	86000	5160	5160	已红冲
3100193130	44039921	2021-01-05	上海市快捷货运有限公司	46000	4140	4140	正常
1101193130	11099219	2021-01-06	北京市宏益烟草有限公司	6800	884	884	正常
3100193130	11099239	2021-01-08	上海市红衣酒业有限公司	20000	2600	2600	正常
3100193130	39019206	2021-01-10	上海市鑫雨服务有限公司	86000	5160	5160	正常
3100193130	44039931	2021-01-14	上海市快捷货运有限公司	40000	3600	3600	正常
1101193130	11099235	2021-01-15	北京市宏益烟草有限公司	4000	520	520	正常

图2.4 发票抵扣1

发票类型 \ 用途	抵扣			不抵扣		
	份数	金额	有效税额	份数	金额	有效税额
增值税专用发票	9.00	269163.64	22256.73	0.00	0.00	0.00
机动车销售统一发票	0.00	0.00	0.00	0.00	0.00	0.00
增值税电子普通发票	0.00	0.00	0.00	0.00	0.00	0.00
增值税电子专用发票	10.00	256400.00	23520.00	0.00	0.00	0.00
海关缴款书	0.00	0.00	0.00	0.00	0.00	0.00
出口转内销发票	0.00	0.00	0.00	0.00	0.00	0.00
出口转内销电子专用发票	0.00	0.00	0.00	0.00	0.00	0.00
出口转内销海关缴款书	0.00	0.00	0.00	0.00	0.00	0.00
通行费电子发票	0.00	0.00	0.00	0.00	0.00	0.00
总计	19.00	525563.64	45776.73	0.00	0.00	0.00

◆ 抵扣发票19份,有效税额合计:45776.73元

图2.5 发票抵扣2

2. 计算抵扣

(1) 农产品收购发票。纳税人取得农产品销售发票或收购发票的,以农产品发票上注明的买价和9%的扣除率计算进项税额;纳税人购进用于生产(或委托加工)13%税率货物的农产品,按照10%的扣除率计算进项税额。进项税额的计算公式为:

进项税额＝买价×扣除率

农产品的买价,包括纳税人购进农产品在农产品收购发票或者销售发票上注明的价款和按规定缴纳的烟叶税。烟叶税的计税依据为纳税人收购烟叶实际支付的价款总额,包括纳税人支付给烟叶生产销售单位和个人的烟叶收购价款和价外补贴。其中价外补贴统一按烟叶收购价款的10%计算。烟叶税的税率为20%。

烟叶税应纳税额＝烟叶收购金额×(1＋10%)×税率(20%)

纳税人购进农产品取得专用发票的,或进口货物取得专用缴款书的,按注明的增值税额为进项税额;纳税人从小规模纳税人处取得按照简易计税方法依照征收率开具的专用发票的,以专用发票上注明的金额和扣除率计算进项税额。

(2) 旅客运输服务。自2019年4月1日起,纳税人购进国内旅客运输服务,其进项税额允许从销项税额中抵扣。纳税人若未取得增值税专用发票或电子发票的,暂按下列公式计算的进项税额抵扣。

① 取得注明旅客身份信息的航空运输电子客票行程单的:

航空旅客运输进项税额＝(票价＋燃油附加费)÷(1＋9%)×9%

② 取得注明旅客身份信息的铁路车票的:

铁路旅客运输进项税额＝票面金额÷(1＋9%)×9%

③ 取得注明旅客身份信息的公路、水路等其他客票的:

其他旅客运输进项税额＝票面金额÷(1＋3%)×3%

注意,国内旅客运输票据必须在2019年4月1日之后取得的;票据上注明旅客身份信息且该人员需是与本单位签订了劳动合同的员工或本单位作为用工单位接受的劳务派遣员工,为非雇员人员报销的不允许抵扣;国际旅客运输(包括港澳台)不可以抵扣;该旅客运输用于生产经营所需,若探亲、旅游等用于集体福利或个人消费的则不允许抵扣。

(3) 桥闸通行费发票。桥、闸通行费普通发票,可以作为增值税进项税额计算抵扣。桥闸通行按不动产租赁服务简易计税,抵扣率为5%。

通行费进项税额＝票面金额÷(1＋5%)×5%

3. 农产品进项税额核定方法

自2012年7月1日起,以购进农产品为原料生产销售液体乳及乳制品、酒及酒精、植物油的增值税一般纳税人,购进农产品增值税进项税额,实施核定扣除办法。

(1) 试点纳税人以购进农产品为原料生产货物的,农产品增值税进项税额可按照以下方法核定。

① 投入产出法。当期允许抵扣农产品增值税进项税额依据农产品单耗数量、当期销售货物数量、农产品平均购买单价(含税)和农产品增值税进项税额扣除率计算,计算公式为:

当期允许抵扣农产品增值税进项税额＝当期农产品耗用数量×农产品平均购买单价×扣除率÷(1＋扣除率)

当期农产品耗用数量＝当期销售货物数量×农产品单耗数量

平均购买单价是指购买农产品期末平均买价,不包括买价之外单独支付的运费和入库前的整理费用,其计算公式为:

期末平均买价=(期初库存农产品数量×期初平均买价+当期购进农产品数量×当期买价)÷(期初库存农产品数量+当期购进农产品数量)

【例2.4】某企业以购进农产品为原料生产货物(表2.4),资料如下,按投入产出法计算各农产品可扣除的进项税额。

表2.4 购进农产品

产品名称	耗用农产品名称	核定的单耗数量	期初库存农产品数量	期初平均买价	当期购进农产品数量	当期买价	平均购买单价	当期销售货物数量	扣除率
谷物加工品	大米	0.1	5	6086.80	212	6000.00	6002.00	480	13%
谷物	高粱	1.56	0.01	2600.00	60	2500.00	2500.02	31.60	13%
谷物加工品	谷糠	0.05	0.01	1800.00	10	1600.00	1600.20	31.60	13%

【解析】大米抵扣进项税额=480×0.1×6002×13%÷(1+13%)=33143.79(元)

高粱抵扣进项税额=31.6×1.56×2500.02×13%÷(1+13%)=14178.17(元)

谷糠抵扣进项税额=31.6×0.05×1600×13%÷(1+13%)=290.87(元)

当期购进农产品抵扣进项税额=33143.79+14178.17+290.87=47612.83(元)

② 成本法。依据试点纳税人年度会计核算资料,计算确定耗用农产品的外购金额占生产成本的比例。当期允许抵扣农产品增值税进项税额依据当期主营业务成本、农产品耗用率以及扣除率计算,其计算公式为:

当期允许抵扣农产品增值税进项税额=当期主营业务成本×农产品耗用率×扣除率÷(1+扣除率)

农产品耗用率=上年投入生产的农产品外购金额÷上年生产成本

农产品外购金额(含税)不包括不构成货物实体的农产品(包括包装物、辅助材料、燃料、低值易耗品等)和在购进农产品之外单独支付的运费、入库前的整理费用。

③ 参照法。新办的试点纳税人或者试点纳税人新增产品的,试点纳税人可参照所属行业或者生产结构相近的其他试点纳税人确定农产品单耗数量或者农产品耗用率。次年,试点纳税人向主管税务机关申请核定当期的农产品单耗数量或者农产品耗用率,并据此计算确定当年允许抵扣的农产品增值税进项税额,同时对上一年增值税进项税额进行调整。核定的进项税额超过实际抵扣增值税进项税额的,其差额部分可以结转下期继续抵扣;核定的进项税额低于实际抵扣增值税进项税额的,其差额部分应按现行增值税的有关规定将进项税额做转出处理。

(2) 试点纳税人购进农产品直接销售的,农产品增值税进项税额按照以下方法核定扣除:

当期允许抵扣农产品增值税进项税额=当期销售农产品数量÷(1-损耗率)×农产品

平均购买单价×13%÷(1+13%)

损耗率=损耗数量÷购进数量

(3) 试点纳税人购进农产品用于生产经营且不构成货物实体的(包括包装物、辅助材料、燃料、低值易耗品等)，增值税进项税额按照以下方法核定扣除：

当期允许抵扣农产品增值税进项税额=当期耗用农产品数量×农产品平均购买单价×13%÷(1+13%)

4. 不得从销项税额中抵扣

(1) 用于简易计税方法计税项目、免征增值税项目、集体福利或者个人消费的购进货物、服务、无形资产、不动产和金融商品对应的进项税额，其中涉及的固定资产、无形资产和不动产，仅指专用于上述项目的固定资产、无形资产和不动产。

采用一般计税方法的纳税人，因兼营简易计税方法计税项目、免征增值税项目而无法划分不得抵扣的进项税额，按照下列公式计算不得抵扣的进项税额：

不得抵扣的进项税额=当期无法划分的全部进项税额×(当期简易计税方法计税项目销售额+当期免征增值税项目销售额)÷当期全部销售额

(2) 非正常损失项目对应的进项税额。非正常损失，指因管理不善造成货物被盗、丢失、霉烂变质，以及因违反法律法规造成货物或不动产被依法没收、销毁、拆除的情形。

(3) 购进并直接用于消费的餐饮服务、居民日常服务和娱乐服务对应的进项税额。

居民日常服务中住宿服务、旅游服务、会议服务可凭专用发票抵扣进项。

(4) 购进贷款服务对应的进项税额。

(5) 国务院规定的其他进项税额。

5. 抵减进项税额

已抵扣进项税额的购进货物、服务，发生不得抵扣进项税额的情形时，其进项税额应当从当期进项税额中扣减，无法确定该进项税额的，按照当期实际成本计算应扣减的进项税额；已抵扣进项税额的固定资产、无形资产或不动产，发生不得抵扣进项税额的情形时，按照下列公式计算不得抵扣的进项税额：

不得抵扣的进项税额=资产净值×适用税率

用于简易计税项目、免征增值税项目、集体福利或者个人消费，规定不得抵扣且未抵扣进项税额的固定资产、无形资产或不动产，发生用途改变，用于允许抵扣进项税额的应税项目，可在用途改变的次月按照下列公式计算可以抵扣的进项税额：

可以抵扣的进项税额=净值÷(1+适用税率)×适用税率

因销售折让或退回而退还给购买方的增值税税额，应当从当期的销项税额中扣减；因销售折让或退回而收回的增值税税额，应当从当期的进项税额中扣减。

在实务操作中，进项税额情况填写"增值税及附加税费申报表附列资料(二)"(本期进项税额明细)，包括申报抵扣的进项税额和进项税额转出额。

其中，第6栏"农产品收购发票或者销售发票"反映纳税人本期购进农业生产者自产农产品取得(开具)的农产品收购发票或者销售发票情况。从小规模纳税人处购进农产品时取得增值税专用发票情况按9%税率计算税额，也填写在本栏。执行农产品增值税进项税额核定扣除办法的，填写当期允许抵扣的农产品增值税进项税额，不填写"份数""金额"。

表2.5 增值税及附加税费申报表附列资料(二)
(本期进项税额明细)

税款所属时间： 年 月 日至 年 月 日

纳税人名称：(公章)   金额单位:元(列至角分)

一、申报抵扣的进项税额				
项目	栏次	份数	金额	税额
(一)认证相符的增值税专用发票	1=2+3			
其中:本期认证相符且本期申报抵扣	2			
前期认证相符且本期申报抵扣	3			
(二)其他扣税凭证	4=5+6+7+8a+8b			
其中:海关进口增值税专用缴款书	5			
农产品收购发票或者销售发票	6			
代扣代缴税收缴款凭证	7		——	
加计扣除农产品进项税额	8a			
其他	8b			
(三)本期用于购建不动产的扣税凭证	9			
(四)本期用于抵扣的旅客运输服务扣税凭证	10			
(五)外贸企业进项税额抵扣证明	11			
当期申报抵扣进项税额合计	12=1+4+11			
二、进项税额转出额			
项目	栏次	税额
本期进项税额转出额	13=14至23之和	
其中:免税项目用	14	
集体福利、个人消费	15	
非正常损失	16	
简易计税方法征税项目用	17	
免抵退税办法不得抵扣的进项税额	18	
纳税检查调减进项税额	19	
红字专用发票信息表注明的进项税额	20	
上期留抵税额抵减欠税	21	
上期留抵税额退税	22	
异常凭证转出进项税额	23a	
其他应作进项税额转出的情形	23b	
三、待抵扣进项税额				
项目	栏次	份数	金额	税额
(一)认证相符的增值税专用发票	24	——	——	
期初已认证相符但未申报抵扣	25			
本期认证相符且本期未申报抵扣	26			
期末已认证相符但未申报抵扣	27			
其中:按照税法规定不允许抵扣	28			
(二)其他扣税凭证	29=30至33之和			

续表

项目	栏次	份数	金额	税额
其中:海关进口增值税专用缴款书	30			
农产品收购发票或者销售发票	31			
代扣代缴税收缴款凭证	32		—	
其他	33			
	34			
四、其他				
项目	栏次	份数	金额	税额
本期认证相符的增值税专用发票	35			
代扣代缴税额	36	—	—	

第8a栏"加计扣除农产品进项税额"填写纳税人将购进的农产品用于生产销售或委托受托加工13%税率货物时加计扣除的1%农产品进项税额,该栏不填写"份数""金额"。

第8b栏"其他",反映按规定本期可以申报抵扣的其他扣税凭证情况。纳税人按照规定不得抵扣且未抵扣进项税额的固定资产、无形资产、不动产,发生用途改变,用于允许抵扣进项税额的应税项目,可在用途改变的次月将按公式计算出的可以抵扣的进项税额,填入本栏"税额"中。纳税人按规定本期允许计算抵扣的购进旅客运输服务取得的其他扣税凭证,也填写在本栏。

第9栏"(三)本期用于购建不动产的扣税凭证"和第10栏"(四)本期用于抵扣的旅客运输服务扣税凭证"仅为统计职能,其税额不计入可抵扣的进项税额合计。第10栏统计项目包括购进旅客运输服务取得的增值税专用发票和其他扣税凭证。

第35栏"本期认证相符的增值税专用发票",反映本期认证相符的增值税专用发票的情况。若与勾选认证系统关联,本栏在勾选认证后自动填写,否则应根据勾选认证结果手工填写本栏。填写后第2栏"其中:本期认证相符且本期申报抵扣"也自动关联。

【例2.5】某企业为增值税一般纳税人,从事烟草的生产销售。本期认证相符的专用发票12份,金额44044000元,税额5709380元。本期收购晾晒型烟叶42500千克,收购单价40元,实际支付价款1700000元、价外补贴120000元;收购烤烟叶37500千克,收购单价40元,实际支付价款1500000元、价外补贴100000元。本期员工出差报销差旅费,其中航空运输电子客票行程单5份,票价20000元,燃油费500元,民航基金500元;动车票10张,票价2600元;注明旅客身份信息的客运票5张,票价800元。计算当期可抵扣的进项税额并填写申报抵扣的进项税额。

【解析】本期认证相符的专用发票12份,金额44044000元,税额5709380元,直接填写第35行。

农产品收购价=1700000+1500000=3200000(元),计算烟叶税时应按实际支付价款和规定的价外补贴比例10%计算烟叶税,应支付的烟叶税=3200000×(1+10%)×20%=704000(元),准予抵扣的进项税额=买价×扣除率=(收购烟叶实际支付的价款总额+烟叶税应纳税额)×扣除率=(3200000+120000+100000+704000)×9%=4124000×9%=371160(元)。因此,第6行填写收购发票份数为2,金额3420000元,税额371160元。同时8a税额栏应填写(3200000+120000+100000+704000)×1%=4124000×1%=41240(元)。

旅客运输服务扣税凭证共20份,行程单可抵扣进项税额=(20000+500)÷(1+9%)×

9%=1692.66(元),动车票可抵扣进项税额=2600÷(1+9%)×9%=214.68(元),客运票可抵扣进项税额=800÷(1+3%)×3%=23.30(元),共可抵扣进项税额为1930.64(元),金额=20000+500+2600+800-1930.64=21969.36(元)。

申报抵扣的进项税额填写如表2.6所示。

表2.6 申报抵扣的进项税额

项目	栏次	份数	金额	税额
(一)认证相符的增值税专用发票	1=2+3	12	44044000.00	5709380.00
其中:本期认证相符且本期申报抵扣	2	12	44044000.00	5709380.00
前期认证相符且本期申报抵扣	3			
(二)其他扣税凭证	4=5+6+7+8a+8b	22	3441969.36	414330.64
其中:海关进口增值税专用缴款书	5			
农产品收购发票或者销售发票	6	2	3420000	371160.00
代扣代缴税收缴款凭证	7			——
加计扣除农产品进项税额	8a	——	——	41240.00
其他	8b	20	21969.36	1930.64
(三)本期用于购建不动产的扣税凭证	9			
(四)本期用于抵扣的旅客运输服务扣税凭证	10	20	21969.36	1930.64
(五)外贸企业进项税额抵扣证明	11		——	
当期申报抵扣进项税额合计	12=1+4+11	34	47485969.36	6123710.64

(三)增值税应纳税额

(1)一般计税方法的应纳税额,是指当期销项税额抵扣当期进项税额后的余额。

应纳税额计算公式:

应纳税额=当期销项税额-当期进项税额

【例2.6】某小型商贸企业为增值税一般纳税人,某年9月发生如下业务:购进商品取得增值税专用发票,注明价款85000元、增值税额11050元;从农民手中收购农产品,农产品收购发票注明价款30000元;销售商品一批,开具增值税专用发票,注明价款150000元、增值税额19500元;销售农产品取得含税销售额43600元;购进和销售货物支付运费均取得货物运输业增值税专用发票,税额共计450元。计算该商贸企业当月应交增值税额。

【解析】农产品收购后直接销售,按9%扣除率抵扣进项税额=30000×9%=2700(元);购进商品和支付运费取得专用发票可凭票抵扣,则可进项税额合计=11050+2700+450=14200(元)。

销售农产品销项税额=43600÷(1+9%)×9%=3600(元),销售商品开具专票销项税额19500元,则销项税额合计=19500+3600=23100(元)。

当月应纳税额=销项税额-进项税额=23100-14200=8900(元)。

(2)纳税人发生两项以上应税交易涉及不同税率、征收率的,应当分别核算适用不同税率、征收率的销售额;未分别核算的,从高适用税率。

（3）纳税人发生一项应税交易涉及两个以上税率、征收率的，按照应税交易的主要业务适用税率、征收率。

（4）当期进项税额大于当期销项税额的，差额部分可以结转下期继续抵扣；或者予以退还。

① 自2019年4月税款所属期起，连续6个月（按季纳税的，连续两个季度）增量留抵税额均大于零，且第6个月增量留抵税额不低于50万元；纳税信用等级为A级或者B级；申请退税前36个月未发生骗取留抵退税、出口退税或虚开增值税专用发票情形的；申请退税前36个月未因偷税被税务机关处罚两次及以上的；自2019年4月1日起未享受即征即退、先征后返（退）政策的，允许退还增量留抵税额：

允许退还的增量留抵税额＝增量留抵税额×进项构成比例×60%

其中，进项构成比例，为2019年4月至申请退税前一税款所属期内已抵扣的增值税专用发票（含税控机动车销售统一发票）、海关进口增值税专用缴款书、解缴税款完税凭证注明的增值税额占同期全部已抵扣进项税额的比重。

② 自2019年6月1日起，同时符合以下条件的部分先进制造业纳税人，可以自2019年7月及以后纳税申报期向主管税务机关申请退还增量留抵税额：增量留抵税额大于零；纳税信用等级为A级或者B级；申请退税前36个月未发生骗取留抵退税、出口退税或虚开增值税专用发票情形的；申请退税前36个月未因偷税被税务机关处罚两次及以上的；自2019年4月1日起未享受即征即退、先征后返（退）政策的。

③ 同时符合以下条件的小微企业（含个体工商户），可以自2022年4月纳税申报期起向主管税务机关申请退还增量留抵税额；自2022年5月纳税申报期起向主管税务机关申请一次性退还存量留抵税额：纳税信用等级为A级或者B级；申请退税前36个月未发生骗取留抵退税、骗取出口退税或虚开增值税专用发票情形的；申请退税前36个月未因偷税被税务机关处罚两次及以上的；2019年4月1日起未享受即征即退、先征后返（退）政策的。

④ 符合条件的制造业等行业企业，可以自2022年4月纳税申报期起向主管税务机关申请退还增量留抵税额；符合条件的制造业等行业中型企业，可以自纳税申报期起向主管税务机关申请一次性退还存量留抵税额；符合条件的制造业等行业大型企业，可以自2022年10月纳税申报期起向主管税务机关申请一次性退还存量留抵税额。符合条件的批发和零售业等行业企业，可以自2022年7月纳税申报期起向主管税务机关申请退还增量留抵税额。符合条件的批发零售业等行业企业，可以自2022年7月纳税申报期起向主管税务机关申请一次性退还存量留抵税额。

制造业、批发零售业等行业企业，是指从事"国民经济行业分类"中"批发和零售业""农、林、牧、渔业""住宿和餐饮业""居民服务、修理和其他服务业""教育""卫生和社会工作""文化、体育和娱乐业""制造业""科学研究和技术服务业""电力、热力、燃气及水生产和供应业""软件和信息技术服务业""生态保护和环境治理业"和"交通运输、仓储和邮政业"业务相应发生的增值税销售额占全部增值税销售额的比重超过50%的纳税人。

符合②③④情况的纳税人按照以下公式计算允许退还的留抵税额：

允许退还的增量留抵税额＝增量留抵税额×进项构成比例×100%

允许退还的存量留抵税额＝存量留抵税额×进项构成比例×100%

二、增值税简易计税法

简易计税方法的应纳税额,是指按照当期销售额和征收率计算的增值税额,不得抵扣进项税额。应纳税额计算公式:

应纳税额＝当期销售额×征收率

【例2.7】合肥市易辉公司为增值税小规模纳税人,主要从事日常用品的销售。3月3日,销售给某小型超市一批肥皂,销售收入40000元(含税),未开发票;3月10日,购进化妆品一批,货款5000元,增值税650元;3月13日,将本月所购化妆品销售给消费者,销售收入100000元(含税),未开发票;3月23日,销售给某制造企业货物一批,取得销售收入15000元(不含税),由税务机关代开增值税专用发票(已预缴税额450元)。

【解析】当期销售额＝(40000＋100000)÷(1＋3%)＋15000
＝135922.33＋15000
＝150922.33(元)

应纳税额＝150922.33×3%－450＝4527.67－450＝4077.67(元)

自2004年12月1日起,增值税小规模纳税人购置税控收款机,经主管税务机关审核批准后,可凭购进税控收款机取得的增值税专用发票,按照发票上注明的增值税税额,抵免当期应纳税额,或者按照购进税控收款机取得的普通发票上注明的价款,依下列公式计算可抵免的税额:

可抵免的税额＝价款÷(1＋适用税率)×适用税率

当期不足抵免的,可在下期继续抵免。

纳税人按照规定可以选择简易计税方法的,计税方法一经选择,36个月内不得变更。

三、进口货物应纳税额

一般纳税人和小规模纳税人,在申报进口货物时都应缴纳增值税,需按规定的组成计税价格和规定的税率计算应纳税额,其计算公式为:

应纳税额＝组成计税价格×税率

进口货物只征收增值税的,其组成计税价格计算公式为:

组成计税价格＝关税完税价格＋关税
＝关税完税价格×(1＋关税税率)

其中,关税完税价格是以海关审定的成交价格为基础的到岸价格,包括货价与货物运抵我国境内输入地点起卸前的运费、包装费、保险费和其他劳务费。

进口货物同时征收消费税的,其组成计税价格还应包括所缴纳的进口消费税,其计算公式为:

组成计税价格＝关税完税价格＋关税＋消费税
＝关税完税价格×(1＋关税税率)÷(1－消费税税率)

不管是增值税一般纳税人还是小规模纳税人,税率均按进口货物的对应税率计算。对于增值税一般纳税人进口货物,从海关取得的进口增值税专用缴款书注明的增值税额,可在计算本期应纳增值税额时作为进项税额予以抵扣。

【例2.8】某进出口公司为增值税一般纳税人,某月报关进口数码相机10000台,每台关税完税价格为2000元,进口关税税率为50%,增值税税率为13%。报关进口时已缴纳关税10000000元,同时缴纳了进口环节增值税并取得专用缴款书一份。该公司当月以每台不含税价5000元全部售出。数码相机不需要缴纳消费税。试计算该公司当月进口环节和国内销售环节应缴纳的增值税。

【解析】组成计税价格＝关税完税价格＋关税
$$=2000×10000+10000000=30000000(元)$$
进口环节应纳增值税＝组成计税价格×税率
$$=30000000×13\%=3900000(元)$$
国内销售环节应纳增值税＝当期销项税额－当期进项税额
$$=5000×10000×13\%-3900000=2600000(元)$$

可见,进口环节向海关缴纳的增值税3900000元和国内销售环节缴纳的增值税2600000元在销售时全部转嫁给消费者,6500000元销项税额在销售时向购买者收取。

四、附加税费

附加税费是按照一定比例加征的税收,一般包括城市维护建设税、教育费附加和地方教育费附加。

(一)城市维护建设税

1.纳税人和征税对象

城市维护建设税简称城建税,是为筹集城市公用事业和公共设施的维护、建设资金而征收的一种税。城建税本身没有特定的、独立的征税对象。

凡在我国境内缴纳增值税、消费税的单位和个人,为城市维护建设税的纳税人。负有增值税、消费税扣缴义务的单位和个人为城建税的扣缴义务人,在扣缴增值税、消费税的同时扣缴城市维护建设税。

2.计税依据

城市维护建设税以纳税人依法实际缴纳的增值税、消费税税额为计税依据。

依法实际缴纳的增值税税额,是指纳税人依照增值税相关法律法规和税收政策规定计算应当缴纳的增值税税额,加上增值税免抵税额,扣除直接减免的增值税税额和期末留抵退税退还的增值税税额后的金额。纳税人自收到留抵退税额之日起,应当在下一个纳税申报期从城建税计税依据中扣除。留抵退税额仅允许在按照增值税一般计税方法确定的城建税计税依据中扣除,当期未扣除完的余额,在以后纳税申报期按规定继续扣除;对于增值税小规模纳税人更正、查补此前按照一般计税方法确定的城建税计税依据,允许扣除尚未扣除完的留抵退税额。

依法实际缴纳的消费税税额,是指纳税人依照消费税相关法律法规和税收政策规定计算应当缴纳的消费税税额,扣除直接减免的消费税税额后的金额。

应当缴纳的两税税额,不含因进口货物或境外单位和个人向境内销售劳务、服务、无形资产缴纳的两税税额。

直接减免的两税税额,是指依照增值税、消费税相关法律法规和税收政策规定,直接减征或免征的两税税额,不包括实行先征后返、先征后退、即征即退办法退还的两税税额。

3. 税率

(1) 纳税人所在地在市区的,税率为7%。

(2) 纳税人所在地在县城、镇的,税率为5%。

(3) 纳税人所在地不在市区、县城或者镇的,税率为1%。

纳税人所在地是指纳税人住所地或者与纳税人生产经营活动相关的其他地点。

4. 优惠政策

(1) 对黄金交易所会员单位通过黄金交易所销售且发生实物交割的标准黄金,免征城市维护建设税。

(2) 对上海期货交易所会员和客户通过上海期货交易所销售且发生实物交割并已出库的标准黄金,免征城市维护建设税。

(3) 对国家重大水利工程建设基金免征城市维护建设税。

(4) 自2019年1月1日至2027年12月31日,实施支持和促进重点群体创业就业城市维护建设税减免。

5. 应纳税额计算与征管

城市维护建设税的应纳税额按照计税依据乘以具体适用税率计算。

城市维护建设税的纳税义务发生时间与增值税、消费税的纳税义务发生时间一致,分别与增值税、消费税同时缴纳。

(二) 教育费附加和地方教育费附加

教育附加费作为专项收入,由教育部门统筹安排使用。地方政府为发展地方教育事业,还根据教育法的规定,开征了"地方教育附加费"。

凡缴纳增值税、消费税的单位和个人,均为教育费附加的纳费义务人;凡代征增值税、消费税的单位和个人,亦为代征教育费附加的义务人。

教育附加费以纳税人实际缴纳的增值税、消费税"两税"税额之和为计费依据,与纳税人申报缴纳增值税、消费税同时申报、缴纳。

教育费附加的征收率为3%;地方教育费附加的征收率为2%。

任务三　增值税及附加税费申报

一、增值税纳税申报管理

(一) 增值税纳税义务发生时间规定

(1) 发生应税交易,纳税义务发生时间为收讫销售款项或者取得销售款项索取凭据的当天;先开具发票的,为开具发票的当天。按销售结算方式的不同,具体分为如下几种形式。

① 采取直接收款方式销售货物,无论货物是否发出,均为收到销售额或取得索取销售额的凭据的当天。

② 采取委托收款方式销售货物,为发出货物并办妥托收手续的当天。

③ 采取赊销和分期收款方式销售货物,为书面合同约定的收款日期的当天。无书面合同的或者书面合同没有约定收款日期的,为货物发出的当天。

④ 采取预收货款方式销售货物,为货物发出的当天。

⑤ 委托其他纳税人代销货物,为收到代销单位销售的代销清单或者收到全部或者部分货款的当天;未收到代销清单及货款的,其纳税义务发生时间为发出代销货物满180天的当天。

(2) 视同发生应税交易,纳税义务发生时间为视同发生应税交易完成的当天。

(3) 进口货物,纳税义务发生时间为货物进入关境的当天。

(4) 增值税扣缴义务发生时间为纳税人增值税纳税义务发生的当天。

(二) 增值税的计税期间

增值税的计税期间分别为1日、3日、5日、10日、15日、1个月或者1个季度。纳税人或扣缴义务人的具体计税期间,由主管税务机关根据其应纳税额的大小分别核定。不经常发生应税交易的纳税人,可以按次纳税。

(三) 增值税纳税期限

纳税人以1个月或者1个季度为一个计税期间的,自期满之日起15日内申报纳税;以其他时间为一个计税期间的,自次月1日起15日内申报纳税。纳税人进口货物,应当按照海关规定的期限申报纳税,并自完成申报之日起15日内缴纳税款。

纳税人应当按照规定预缴增值税。

(四) 增值税征管机关

增值税由税务机关征收,进口货物的增值税由海关代征。海关应当将代征增值税和货物出口报关的信息提供给税务机关。

纳税人出口货物或者跨境销售服务、无形资产,适用零税率的,应当向主管税务机关申报办理退(免)税。

有关部门应当依照法律、行政法规和各自职责,支持、协助税务机关开展增值税征收管理。税务机关与工业和信息化、公安、海关、市场监管、人民银行、金融监督管理等部门应当建立增值税涉税信息共享机制和工作配合机制。

二、增值税预缴申报

(一) 适用情形

1. 纳税人异地提供建筑服务

一般纳税人跨县(市)提供建筑服务,适用一般计税方法计税的,以取得的全部价款和价外费用扣除支付的分包款后的余额,按照2%的预征率计算应预缴税款;选择适用简易计税方法计税的,以取得的全部价款和价外费用扣除支付的分包款后的余额,按照3%的征收率计算应预缴税款。

2. 房地产开发企业预售自行开发的房地产项目

房地产开发企业采取预收款方式销售所开发的房地产项目,在收到预收款时按照3%的预征率预缴增值税。一般纳税人应在取得预收款的次月纳税申报期向主管税务机关预缴税款。

3. 纳税人出租不动产

一般纳税人出租其2016年5月1日后取得的不动产,适用一般计税方法计税。不动产所在地与机构所在地不在同一县(市、区)的,纳税人应按照3%的预征率向不动产所在地主管税务机关预缴税款,向机构所在地主管税务机关申报纳税。

(二) 增值税及附加税费预缴申报

纳税人异地提供建筑服务、出租不动产和房地产开发企业预售自行开发的房地产项目,需要进行增值税及附加税费预缴申报,填写"增值税及附加税费预缴表"和附列资料"附加税费情况表"。

其中,项目编号由异地提供建筑服务的纳税人和房地产开发企业填写"建筑工程施工许可证"上的编号;根据相关规定不需要申请"建筑工程施工许可证"的建筑服务项目或不动产开发项目,不需要填写;出租不动产业务无需填写。项目名称填写建筑服务或者房地产项目的名称,出租不动产业务不需要填写。项目地址填写建筑服务项目、房地产项目或出租不动产的具体地址。

【例2.9】某建筑公司为增值税一般纳税人,跨县市提供建筑服务,其在第二季度取得含税建筑服务收入1635万元,支付分包款545万元。请计算在建筑项目所在地预缴多少增值税税款。

【解析】一般纳税人跨县(市)提供建筑服务,适用一般计税方法计税的,以取得的全部价款和价外费用扣除支付的分包款后的余额,按照2%的预征率计算应预缴税款。如表2.7所示。

建筑服务计税销售额=16350000÷(1+9%)=15000000(元);支付分包款扣除金额=5450000÷(1+9%)=5000000(元);预缴税款=(15000000-5000000)×2%=10000000×2%=200000(元)。

三、增值税一般纳税人纳税申报

(一) 报送资料

自2021年8月1日起,增值税、消费税分别与城市维护建设税、教育费附加、地方教育附加申报表整合,启用"增值税及附加税费申报表(一般纳税人适用)"(表2.8)及其附列资料,包括一张主表、五张附列资料表和一张增值税减免税申报明细表,其中附列资料一为本期销售情况明细,附列资料二为本期进项税额明细,附列资料三为服务、不动产和无形资产扣除项目明细,附列资料四为税额抵减情况表,附列资料五为附加税费情况表。

另外还需要报送企业财务报表。

表 2.7　增值税及附加税费预缴表

税款所属时间：　年　月　日至　年　月　日

纳税人识别号(统一社会信用代码)：□□□□□□□□□□□□□□□□□□□□

纳税人名称：　　　　　　　　　　　　　　　　是否适用一般计税方法　是□　否□

项目编号：　　　　　　　　项目名称：

项目地址：　　　　　　　　　　　　　　　　　　　　　　金额单位:元(列至角分)

预征项目和栏次		销售额	扣除金额	预征率	预征税额
		1	2	3	4
建筑服务	1	15000000	5000000	2%	200000
销售不动产	2				
出租不动产	3				
	4				
	5				
合计	6	15000000	5000000		200000

附加税费					
城市维护建设税实际预缴税额	14000	教育费附加实际预缴费额	6000	地方教育附加实际预缴费额	4000

声明:此表是根据国家税收法律法规及相关规定填写的,本人(单位)对填报内容(及附带资料)的真实性、可靠性、完整性负责。

　　　　　　　　　　　　　　　　　　　　　　　　纳税人(签章)：　　　年　月　日

经办人： 经办人身份证号： 代理机构签章： 代理机构统一社会信用代码：	受理人： 受理税务机关(章)： 受理日期：　　年　月　日

表 2.8　增值税及附加税费申报表
(一般纳税人适用)

根据国家税收法律法规及增值税相关规定制定本表。纳税人不论有无销售额,均应按税务机关核定的纳税期限填写本表,并向当地税务机关申报。

税款所属时间:自　年　月　日至　年　月　日　　填表日期：　年　月　日　　金额单位:元(列至角分)

纳税人识别号(统一社会信用代码)：□□□□□□□□□□□□□□□□□□□□　所属行业：

纳税人名称：		法定代表人姓名		注册地址		生产经营地址	
开户银行及账号			登记注册类型			电话号码	

项　目		栏次	一般项目		即征即退项目	
			本月数	本年累计	本月数	本年累计
销售额	(一)按适用税率计税销售额	1				
	其中:应税货物销售额	2				
	应税劳务销售额	3				

续表

项目		栏次	一般项目		即征即退项目	
			本月数	本年累计	本月数	本年累计
税款计算	纳税检查调整的销售额	4				
	(二) 按简易办法计税销售额	5				
	其中:纳税检查调整的销售额	6				
	(三) 免、抵、退办法出口销售额	7			—	—
	(四) 免税销售额	8			—	—
	其中:免税货物销售额	9			—	—
	免税劳务销售额	10			—	—
	销项税额	11				
	进项税额	12				
	上期留抵税额	13				—
	进项税额转出	14				
	免、抵、退应退税额	15			—	
	按适用税率计算的纳税检查应补缴税额	16			—	
	应抵扣税额合计	17=12+13−14−15+16			—	—
	实际抵扣税额	18(如17<11,则为17,否则为11)				
	应纳税额	19=11−18				
	期末留抵税额	20=17−18				
	简易计税办法计算的应纳税额	21				
	按简易计税办法计算的纳税检查应补缴税额	22				
	应纳税额减征额	23				
	应纳税额合计	24=19+21−23				
税款缴纳	期初未缴税额(多缴为负数)	25				
	实收出口开具专用缴款书退税额	26			—	—
	本期已缴税额	27=28+29+30+31				
	① 分次预缴税额	28		—		—
	② 出口开具专用缴款书预缴税额	29	—	—	—	—

续表

项　目		栏次	一般项目		即征即退项目	
			本月数	本年累计	本月数	本年累计
	③本期缴纳上期应纳税额	30				
	④本期缴纳欠缴税额	31				
	期末未缴税额(多缴为负数)	32=24+25+26-27				
	其中:欠缴税额(≥0)	33=25+26-27			—	—
	本期应补(退)税额	34=24-28-29			—	—
	即征即退实际退税额	35	—			
	期初未缴查补税额	36			—	—
	本期入库查补税额	37			—	—
	期末未缴查补税额	38=16+22+36-37			—	—
附加税费	城市维护建设税本期应补(退)税额	39			—	—
	教育费附加本期应补(退)费额	40			—	—
	地方教育附加本期应补(退)费额	41			—	—

声明:此表是根据国家税收法律法规及相关规定填写的,本人(单位)对填报内容(及附带资料)的真实性、可靠性、完整性负责。

纳税人(签章)：　　　年　月　日

经办人： 经办人身份证号： 代理机构签章： 代理机构统一社会信用代码：	受理人： 受理税务机关(章)：　　受理日期：　年　月　日

(二) 申报步骤

报送前需要收集销售开票信息、进项认证清单等相关申报数据。包括专用发票汇总统计表、其他发票汇总统计表、未开票汇总统计表、进项税额勾选认证统计表、进项税额转出计算表、减免税统计表、加计抵减进项税额计算表等。如图2.6所示。

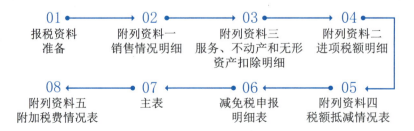

图2.6　申报步骤

【例2.10】天津市××服饰有限公司为增值税一般纳税人，主要经营服装的生产销售和货物运输服务。其主体信息和当期经营情况如下：

1. 主体企业信息

主体企业信息如图2.7所示。

图2.7 营业执照

2. 本期销售情况统计表

本期销售情况统计表如表2.9所示。

表2.9 本期销售情况统计表

开票情况	应税项目	金额	税率	税额	备注
增值税专用发票	*服装*西服套装	2500000.00	13%	325000.00	
增值税专用发票	*服装*便服套装	437500.00	13%	56875.00	
增值税专用发票	*服装*男T恤衫	108000.00	13%	14040.00	
增值税专用发票	*服装*男衬衫	487500.00	13%	63375.00	
增值税专用发票	*服装*男裤子	202500.00	13%	26325.00	
增值税专用发票	*运输服务*交通运输服务	2800.00	9%	252.00	
	合计	3738300.00		485867.00	
增值税普通发票	*服装*男T恤衫	56000.00	13%	7280.00	
增值税普通发票	*服装*男裤子	90000.00	13%	11700.00	
增值税普通发票	*服装*运动服装	90000.00	13%	11700.00	
增值税普通发票	*运输服务*交通运输服务	2000.00	9%	180.00	
	合计	238000.00		30860.00	
增值税电子普通发票	*服装*男衬衫	45000.00	13%	5850.00	

开票情况	应税项目	金额	税率	税额	备注
增值税电子普通发票	*服装*西服套装	50000.00	13%	6500.00	
	合计	95000.00		12350.00	
未开发票	*服装*便服套装	337500.00	13%	43875.00	
未开发票	*服装*西服套装	150000.00	13%	19500.00	
未开发票	*服装*运动服装	12500.00	13%	1625.00	员工福利

3. 相关票据

相关票据如图2.8、图2.9所示;认证结果如图2.10所示。

图2.8 防伪税控维护费发票

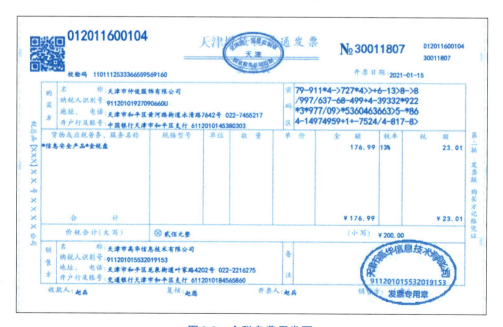

图2.9 金税盘费用发票

认证结果通知书

天津市××服饰有限公司：

你单位于 2021 年 01 月报送的防伪税控系统开具的专用发票抵扣联共 17 份。经过认证，认证相符的专用发票 17 份，金额 4690500.00 元，税额 556645.00 元。

请将认证相符专用发票抵扣联与本通知书一起装订成册，作为纳税检查的备查资料。认证详细情况请见本通知所附清单。

国家税务总局××市税务局
2021年02月01日

图2.10 认证结果

4. 其他说明

(1) 公司将外购水泥领用一半用于厂房修建工程，取得增值税专用发票金额200000元，税额26000元，增值税专用发票本期已勾选认证。

(2) 公司将自产的一批运动服套装作为员工福利发放给员工，该批运动服套装不含税金额为12500元，税额为1625元。

(3) 公司当月购进一台客车用于接送员工上下班，取得机动车销售统一发票不含税金额300000元，机动车销售统一发票本期已勾选认证。

请填写纳税申报表并完成纳税申报。

【解析】本期开具增值税专用发票13%税率货物销售额＝2500000+437500+108000+487500+202500＝3735500(元)，填写在第1行第1列；开具增值税专用发票9%税率服务销售额＝2800元，填写在第4行第1列；开具其他发票13%税率货物销售额＝238000－2000+95000＝331000(元)，填写在第1行第3列；开具其他发票9%税率服务销售额＝2000元，填写在第4行第3列；未开具发票13%税率货物销售额＝337500+150000+12500＝500000(元)，填写在第1行第5列。

货物销售总额＝3735500+331000+500000＝4566500(元)，自动汇总在第1行第9列，服务销售总额＝2800+2000＝4800(元)，自动汇总在第4行第9列。相应栏目税额根据所在行次税率自动计算，不需填写。

附列资料一(本期销售情况明细)填报如表2.10所示。

根据附列资料一涉及的服务、不动产和无形资产情况，附列资料三(服务、不动产和无形资产扣除项目明细)填报如表2.11所示。

表 2.10 增值税及附加税费申报表附列资料（一）
（本期销售情况明细）

税款所属时间：2021年01月01日 至 2021年01月31日

纳税人名称：（公章） 金额单位：元（列至角分）

项目及栏次			开具增值税专用发票		开具其他发票		未开具发票		纳税检查调整		合计		
			销售额	销项(应纳)税额	销售额	销项(应纳)税额	销售额	销项(应纳)税额	销售额	销项(应纳)税额	销售额	销项(应纳)税额	价税合计
			1	2	3	4	5	6	7	8	9=1+3+5+7	10=2+4+6+8	11=9+10
一、一般计税方法计税	全部征税项目	13%税率的货物及加工修理修配劳务 1	3735500.00	485615.00	331000.00	43030.00	500000.00	65000.00		0.00	4566500.00	593645.00	—
		13%税率的服务、不动产和无形资产 2		0.00		0.00		0.00		0.00	0.00	0.00	0.00
		9%税率的货物及加工修理修配劳务 3		0.00				0.00		0.00		0.00	—
		9%税率的服务、不动产和无形资产 4	2800.00	252.00	2000.00	180.00		0.00		0.00	4800.00	432.00	5232.00
		6%税率 5		0.00		0.00		0.00		0.00	0.00	0.00	0.00
	其中：即征即退项目	即征即退货物及加工修理修配劳务 6	—	—	—	—	—	—	—	—	—	—	—
		即征即退服务、不动产和无形资产 7	—	—	—	—	—	—	—	—			0.00

表2.11 增值税及附加税费申报表附列资料(三)
(服务、不动产和无形资产扣除项目明细)

税款所属时间:2021年01月01日至2021年01月31日

纳税人名称:(公章)　　　　　　　　　　　　　　　　　　　金额单位:元(列至角分)

项目及栏次		本期服务、不动产和无形资产价税合计额(免税销售额)	服务、不动产和无形资产扣除项目				
			期初余额	本期发生额	本期应扣除金额	本期实际扣除金额	期末余额
		1	2	3	4=2+3	5(5≤1且5≤4)	6=4-5
13%税率的项目	1	0.00	0.00	0.00	0.00	0.00	0.00
9%税率的项目	2	5232.00	0.00	0.00	0.00	0.00	0.00
6%税率的项目(不含金融商品转让)	3	0.00	0.00	0.00	0.00	0.00	0.00
6%税率的金融商品转让项目	4	0.00	0.00	0.00	0.00	0.00	0.00
5%征收率的项目	5	0.00	0.00	0.00	0.00	0.00	0.00
3%征收率的项目	6	0.00	0.00	0.00	0.00	0.00	0.00
免抵退税的项目	7	0.00	0.00	0.00	0.00	0.00	0.00
免税的项目	8	0.00	0.00	0.00	0.00	0.00	0.00

购进水泥用于厂房修建进项税额仍可抵扣,需在第9栏进行统计;自产服装用于员工福利视同销售计算销项税额;购进客车用于员工福利其进项税额不得抵扣,需转出39000元;进项税额合计为556645元。根据认证结果通知书及以上分析,附列资料二(进项税额明细)填报如表2.12所示。

表2.12 增值税及附加税费申报表附列资料(二)
(本期进项税额明细)

税款所属时间:2021年01月01日至2021年01月31日

纳税人名称:(公章)　　　　　　　　　　　　　　　　　　　金额单位:元(列至角分)

一、申报抵扣的进项税额				
项目	栏次	份数	金额	税额
(一)认证相符的增值税专用发票	1=2+3	17	4690500.00	556645.00
其中:本期认证相符且本期申报抵扣	2	17	4690500.00	556645.00
前期认证相符且本期申报抵扣	3			
(二)其他扣税凭证	4=5+6+7+8a+8b	0	0.00	0.00
其中:海关进口增值税专用缴款书	5			

续表

农产品收购发票或者销售发票	6			
代扣代缴税收缴款凭证	7	—		
加计扣除农产品进项税额	8a	—		
其他	8b			
(三)本期用于购建不动产的扣税凭证	9	1	100000.00	13000.00
(四)本期用于抵扣的旅客运输服务扣税凭证	10			
(五)外贸企业进项税额抵扣证明	11	—	—	
当期申报抵扣进项税额合计	12＝1＋4＋11	17	4690500.00	556645.00

二、进项税额转出额

项目	栏次	税额
本期进项税额转出额	13＝14至23之和	39000.00
其中:免税项目用	14	
集体福利、个人消费	15	39000.00
非正常损失	16	
简易计税方法征税项目用	17	
免抵退税办法不得抵扣的进项税额	18	
纳税检查调减进项税额	19	
红字专用发票信息表注明的进项税额	20	
上期留抵税额抵减欠税	21	
上期留抵税额退税	22	
异常凭证转出进项税额	23a	
其他应作进项税额转出的情形	23b	

三、待抵扣进项税额

项目	栏次	份数	金额	税额
(一)认证相符的增值税专用发票	24	—	—	—
期初已认证相符但未申报抵扣	25			
本期认证相符且本期未申报抵扣	26			
期末已认证相符但未申报抵扣	27			
其中:按照税法规定不允许抵扣	28			
(二)其他扣税凭证	29＝30至33之和	0	0.00	0.00

续表

	项目	栏次	份数	金额	税额
	其中:海关进口增值税专用缴款书	30			
	农产品收购发票或者销售发票	31			
	代扣代缴税收缴款凭证	32			—
	其他	33			
		34			
四、其他					
项目		栏次	份数	金额	税额
本期认证相符的增值税专用发票		35	17	4690500.00	556645.00
代扣代缴税额		36	—	—	

如自动取认证模块,第35行数据从勾选统计表中直接获取,否则需根据认证结果通知书手动填入数据,同时第2行也可自动从第35行获取数据。根据获取的收购发票填写第6行份数、金额,并按照金额栏的9%计算填写税额栏。如有旅客运输行程单、高铁票等则填在第8b行和第10行。

增值税税控系统专用设备费280元和技术维护费200元,所开具的发票为增值税普通发票,两项费用480元可予以税额抵减,附列资料四(税额抵减情况表)填报如表2.13所示。

表2.13　增值税及附加税费申报表附列资料(四)
(税额抵减情况表)

税款所属时间:2021年01月01日至2021年01月31日

纳税人名称:(公章)　　　　　　　　　　　　　　　　　金额单位:元(列至角分)

一、税额抵减情况						
序号	抵减项目	期初余额	本期发生额	本期应抵减税额	本期实际抵减税额	期末余额
		1	2	3=1+2	4≤3	5=3-4
1	增值税税控系统专用设备费及技术维护费	0.00	480.00	480.00	480.00	0.00
2	分支机构预征缴纳税款	0.00		0.00		0.00
3	建筑服务预征缴纳税款	0.00		0.00		0.00
4	销售不动产预征缴纳税款	0.00		0.00		0.00
5	出租不动产预征缴纳税款	0.00		0.00		0.00

续表

二、加计抵减情况

序号	加计抵减项目	期初余额	本期发生额	本期调减额	本期可抵减额	本期实际抵减额	期末余额
		1	2	3	4=1+2−3	5	6=4−5
6	一般项目加计抵减额计算	0.00			0.00		0.00
7	即征即退项目加计抵减额计算	0.00			0.00		0.00
8	合计	0.00	0.00	0.00	0.00	0.00	0.00

如有加计抵减项目,根据附列资料二第12行税额栏数据乘以加计抵减率填写第6行第2列,比较主表第19行本月数实际情况填写本期实际抵减额。

根据两项费用减免规定,从减税项目下拉菜单中找到减税性质代码及名称,填写本期发生额及实际抵减额480元。减免税申报明细表填报如表2.14所示。

表2.14 增值税减免税申报明细表

税款所属时间:自2021年01月01日至2021年01月31日

纳税人名称(公章): 　　　　　　　　　　　　　　　金额单位:元(列至角分)

一、减税项目

减税性质代码及名称	栏次	期初余额	本期发生额	本期应抵减税额	本期实际抵减税额	期末余额
		1	2	3=1+2	4≤3	5=3−4
合计	1	0.00	480.00	480.00	480.00	0.00
01129914《财政部 国家税务总局关于增值税税控系统专用设备和技术维护费用抵减增值税税额有关政策的通知》	2	0.00	480.00	480.00	480.00	0.00
	3	0.00	0.00	0.00	0.00	0.00
	4					
	5					
	6					

根据附列资料填写情况,补充完善增值税纳税申报表,其中第23行"应纳税额减征额"需手工填写480元,增值税纳税申报表填写情况保存如表2.15所示。

表2.15 增值税纳税申报表
(适用于增值税一般纳税人)

纳税人识别号(统一社会信用代码): 　　　　　　填表日期: 　年　月　日

税款所属时间:自　年　月　日至　年　月　日　　　　金额单位:元(列至角分)

项 目		栏次	一般项目		即征即退项目	
			本月数	本年累计	本月数	本年累计
销售额	(一)按适用税率计税销售额	1	4571300.00	4571300.00	0.00	0.00
	其中:应税货物销售额	2	4566500.00	4566500.00		0.00

续表

项　　目		栏次	一般项目		即征即退项目	
			本月数	本年累计	本月数	本年累计
	应税劳务销售额	3	0.00	0.00		0.00
	纳税检查调整的销售额	4	0.00	0.00		0.00
	(二)按简易办法计税销售额	5	0.00	0.00	0.00	0.00
	其中:纳税检查调整的销售额	6		0.00		0.00
	(三)免、抵、退办法出口销售额	7	0.00	0.00	—	—
	(四)免税销售额	8	0.00	0.00	—	—
	其中:免税货物销售额	9		0.00		
	免税劳务销售额	10		0.00	—	—
税款计算	销项税额	11	594077.00	594077.00	0.00	0.00
	进项税额	12	556645.00	556645.00		0.00
	上期留抵税额	13	0.00			
	进项税额转出	14	39000.00	39000.00		0.00
	免、抵、退应退税额	15		0.00	—	—
	按适用税率计算的纳税检查应补缴税额	16	0.00	0.00		
	应抵扣税额合计	17=12+13－14－15+16	517645.00	—	0.00	
	实际抵扣税额	18(如17<11,则为17,否则为11)	517645.00	0.00	0.00	0.00
	应纳税额	19=11－18	76432.00	76432.00	0.00	0.00
	期末留抵税额	20=17－18	0.00		0.00	
	简易计税办法计算的应纳税额	21	0.00	0.00	0.00	0.00
	按简易计税办法计算的纳税检查应补缴税额	22		0.00		
	应纳税额减征额	23	480.00	480.00		
	应纳税额合计	24=19+21－23	75952.00	75952.00	0.00	0.00
税款缴纳	期初未缴税额(多缴为负数)	25	0.00	0.00	0.00	0.00
	实收出口开具专用缴款书退税额	26			—	—
	本期已缴税额	27=28+29+30+31	0.00	0.00	0.00	0.00
	①分次预缴税额	28		—		—
	②出口开具专用缴款书预缴税额	29		—		—
	③本期缴纳上期应纳税额	30	0.00	0.00	0.00	0.00
	④本期缴纳欠缴税额	31		0.00		0.00

项　　目	栏次	一般项目 本月数	一般项目 本年累计	即征即退项目 本月数	即征即退项目 本年累计
期末未缴税额(多缴为负数)	32＝24＋25＋26－27	75952.00	75952.00	0.00	0.00
其中:欠缴税额(≥0)	33＝25＋26－27	0.00	—	0.00	—
本期应补(退)税额	34＝24－28－29	75952.00		0.00	
即征即退实际退税额	35	—			0.00
期初未缴查补税额	36		0.00	—	—
本期入库查补税额	37		0.00	—	—
期末未缴查补税额	38＝16＋22＋36－37	0.00	0.00		

附列资料五(附加税费情况表)填写如表2.16所示。

表2.16　增值税及附加税费申报表附列资料(五)
(附加税费情况表)

税(费)款所属时间:2021年01月01日至2021年01月31日

纳税人名称:(公章)　　　　　　　　　　　　　　　　　　　金额单位:元(列至角分)

税(费)种		计税(费)依据				本期应纳税(费)额	本期减免税(费)额		试点建设培育产教融合型企业		本期已缴税(费)额	本期应补(退)税(费)额
		增值税税额	增值税免抵税额	留抵退税本期扣除额	税(费)率(％)		减免性质代码	减免税(费)额	减免性质代码	本期抵免金额		
		1	2	3	4	5＝(1＋2－3)×4	6	7	8	9	10	11＝5－7－9－10
城市维护建设税	1	75952			7％	5316.64			—	—		5316.64
教育费附加	2	75952			3％	2278.56						2278.56
地方教育附加	3	75952			2％	1519.04						1519.04

续表

税(费)种	计税(费)依据			税(费)率(%)	本期应纳税(费)额	本期减免税(费)额		试点建设培育产教融合型企业		本期已缴税(费)额	本期应补(退)税(费)额
	增值税税额	增值税免抵税额	留抵退税本期扣除额			减免性质代码	减免税(费)额	减免性质代码	本期抵免金额		
	1	2	3	4	5=(1+2−3)×4	6	7	8	9	10	11=5−7−9−10
合计	4	—	—	—		—		—			

本期是否适用试点建设培育产教融合型企业抵免政策	□是 □否	当期新增投资额	5	
		上期留抵可抵免金额	6	
		结转下期可抵免金额	7	
可用于扣除的增值税留抵退税额使用情况		当期新增可用于扣除的留抵退税额	8	
		上期结存可用于扣除的留抵退税额	9	
		结转下期可用于扣除的留抵退税额	10	

四、增值税小规模纳税人纳税申报

(一) 申报资料

无论当季有无销售额,小规模纳税人均应填报"增值税及附加税费申报表(小规模纳税人适用)",连同"资产负债表""利润表"及税务机关要求的其他资料,于季满次月15日前报主管税务机关。

(二) 申报表格式与部分内容填写说明

增值税小规模纳税人适用填报的增值税及附加税费申报表包括一张主表、两张附列资料和一张明细表,分别为"增值税及附加税费申报表(小规模纳税人适用)""增值税及附加税费申报表(小规模纳税人适用)附列资料(一)(服务、不动产和无形资产扣除项目明细)""增值税及附加税费申报表(小规模纳税人适用)附列资料(二)(附加税费情况表)""增值税减免税申报明细表"。

小规模纳税人发生增值税应税销售行为,合计月销售额未超过10万元的,免征增值税的销售额等项目应填写在"增值税及附加税费申报表(小规模纳税人适用)""小微企业免税销售额"或者"未达起征点销售额"相关栏次;减按1%征收率征收增值税的销售额应填写在"增值税及附加税费申报表(小规模纳税人适用)""应征增值税不含税销售额(3%征收率)"相应栏次,对应减征的增值税应纳税额按销售额的2%计算填写在"增值税及附加税费申报表(小规模纳税人适用)""本期应纳税额减征额"及"增值税减免税申报明细表"减税项目相应栏次。如表2.17所示。

表2.17 增值税及附加税费申报表
(小规模纳税人适用)

纳税人识别号(统一社会信用代码):□□□□□□□□□□□□□□□□□□□□
纳税人名称： 金额单位:元(列至角分)
税款所属期： 年 月 日至 年 月 日 填表日期： 年 月 日

	项 目	栏次	本期数		本年累计	
			货物及劳务	服务、不动产和无形资产	货物及劳务	服务、不动产和无形资产
一、计税依据	(一)应征增值税不含税销售额(3%征收率)	1				
	增值税专用发票不含税销售额	2				
	其他增值税发票不含税销售额	3				
	(二)应征增值税不含税销售额(5%征收率)	4		—		—
	增值税专用发票不含税销售额	5		—		—
	其他增值税发票不含税销售额	6		—		—
	(三)销售使用过的固定资产不含税销售额	7(7≥8)		—		—
	其中:其他增值税发票不含税销售额	8		—		—
	(四)免税销售额	9=10+11+12				
	其中:小微企业免税销售额	10				
	未达起征点销售额	11				
	其他免税销售额	12				
	(五)出口免税销售额	13(13≥14)				
	其中:其他增值税发票不含税销售额	14				

续表

项目		栏次	本期数		本年累计	
			货物及劳务	服务、不动产和无形资产	货物及劳务	服务、不动产和无形资产
一、税款计算	本期应纳税额	15				
	本期应纳税额减征额	16				
	本期免税额	17				
	其中:小微企业免税额	18				
	未达起征点免税额	19				
	应纳税额合计	20=15-16				
	本期预缴税额	21			—	—
	本期应补(退)税额	22=20-21			—	—
三、附加税费	城市维护建设税本期应补(退)税额	23				
	教育费附加本期应补(退)费额	24				
	地方教育附加本期应补(退)费额	25				

声明:此表是根据国家税收法律法规及相关规定填写的,本人(单位)对填报内容(及附带资料)的真实性、可靠性、完整性负责。

纳税人(签章):　　　　　年　月　日

经办人:	受理人:
经办人身份证号:	
代理机构签章:	受理税务机关(章):
代理机构统一社会信用代码:	受理日期:　　年　月　日

其中,主表第10栏"小微企业免税销售额"栏次由单位填写,第11栏"未达起征点销售额"栏次由个体工商户和自然人填写。

其中,主表第16栏"本期应纳税额减征额"填写纳税人本期按照税法规定减征的增值税应纳税额。包含可在增值税应纳税额中全额抵减的增值税税控系统专用设备费用以及技术维护费,可在增值税应纳税额中抵免的购置税控收款机的增值税税额,支持和促进重点群体创业就业、扶持自主就业退役士兵创业就业等有关税收政策可扣减的增值税额,按照规定可填列的减按征收对应的减征增值税税额等。当本期减征额小于或等于第15栏"本期应纳税额"时,按本期减征额实际填写;当本期减征额大于第15栏"本期应纳税额"时,按本期第15栏填写,本期减征额不足抵减部分结转下期继续抵减。增值税及附加税费申报表(小规模纳税人适用)附列资料(一)及附列资料(二)如表2.18、表2.19所示。

表2.18　增值税及附加税费申报表(小规模纳税人适用)附列资料(一)
(服务、不动产和无形资产扣除项目明细)

税款所属期:　年　月　日至　年　月　日　　　　　　　填表日期:　年　月　日
纳税人名称(公章):　　　　　　　　　　　　　　金额单位:元(列至角分)

应税行为(3%征收率)扣除额计算			
期初余额	本期发生额	本期扣除额	期末余额
1	2	3(3≤1+2之和,且3≤5)	4=1+2-3

应税行为(3%征收率)计税销售额计算			
全部含税收入(适用3%征收率)	本期扣除额	含税销售额	不含税销售额
5	6=3	7=5-6	8=7÷1.03

应税行为(5%征收率)扣除额计算			
期初余额	本期发生额	本期扣除额	期末余额
9	10	11(11≤9+10之和,且11≤13)	12=9+10-11

应税行为(5%征收率)计税销售额计算			
全部含税收入(适用5%征收率)	本期扣除额	含税销售额	不含税销售额
13	14=11	15=13-14	16=15÷1.05

表2.19 增值税及附加税费申报表(小规模纳税人适用)附列资料(二)
(附加税费情况表)

税(费)款所属时间: 年 月 日至 年 月 日

纳税人名称:(公章)　　　　　　　　　　　　　　　　　　金额单位:元(列至角分)

税(费)种	计税(费)依据 增值税税额	税(费)率(%)	本期应纳税(费)额	本期减免税(费)额		增值税小规模纳税人"六税两费"减征政策		本期已缴税(费)额	本期应补(退)税(费)额
				减免性质代码	减免税(费)额	减征比例(%)	减征额		
	1	2	3=1×2	4	5	6	7=(3-5)×6	8	9=3-5-7-8
城市维护建设税									
教育费附加									
地方教育附加									
合计	—		—		—				

其中"减免性质代码"按国家税务总局公告2015年第73号发布的《减免税政策代码目录》中附加税费适用的减免性质代码填写,增值税小规模纳税人"六税两费"减征政策优惠不在此栏填写,填写在第6、7栏。如表2.20所示。

减免性质代码是减免税政策按收入种类、政策优惠领域类别细分条款的代码表现,用于减免税申报、备案、核准、减免退税等业务事项办理中"减免性质代码"栏目的填报。在享受增值税、消费税减免同时减免城市维护建设税、教育费附加和地方教育附加的,城市维护建设税、教育费附加和地方教育附加相应代码可以采用增值税、消费税减免性质代码。

表2.20 增值税减免税申报明细表

税(费)款所属时间： 年 月 日至 年 月 日

纳税人名称(公章)： 金额单位:元至角分

减税性质代码及名称	栏次	期初余额	本期发生额	本期应抵减税额	本期实际抵减税额	期末余额
		1	2	3=1+2	4≤3	5=3-4
合计	1					
	2					
	3					
	4					
	5					
	6					

二、免税项目

免税性质代码及名称	栏次	免征增值税项目销售额	免税销售额扣除项目本期实际扣除金额	扣除后免税销售额	免税销售额对应的进项税额	免税额
		1	2	3=1-2	4	5
合计	7					
01CKTS01 出口免税	8		—	—	—	—
其中:跨境服务	9		—	—	—	—
	10					
	11					
	12					
	13					
	14					
	15					
	16					

【例2.11】某公司系增值税小规模纳税人,从事餐饮服务等经营项目。某年第1季度发生业务如下:

本季度堂食服务取得不含税收入165440元,其中销售烟酒取得不含税收入14000元;本季度提供外卖取得不含税收入78000元,其中销售烟酒取得不含税收入7780元;销售外购车位取得不含税收入450000元,购买含税价为178500元;首次购买税控设备,支付费用200元,取得增值税普通发票,并于当月支付全年技术维护服务费280元,取得增值税普通发票。

根据以上业务,填写纳税申报表及附列资料。

【解析】销售车位属于销售不动产,按5%征收率征收增值税,因开具普通发票金额450000元填写第6栏,第4栏根据附列资料(一)第16行计算得出的数据填写。外卖提供餐饮服务同时销售烟酒,分别按"餐饮服务"和"销售货物"计税,根据背景业务说明,本季度外卖销售烟酒金额7780元,按销售货物计征增值税;本期销售总额243440元,扣除货物部分

7780元得出服务、不动产和无形资产不含税销售额为235660元,低于季度免税销售额30万元,应填写第9、10栏。

本期销售车位不动产应纳税额280000×5%=14000(元);小微企业货物免税额=7780×3%=233.40(元);小微企业服务免税额=235660×3%=7069.80(元);税控设备及维护费减免税额480元;应纳税额合计=14000-480=13520(元)。

根据以上分析,填写增值税及附加税费申报表如表2.21所示。

表2.21 增值税及附加税费申报表
(小规模纳税人适用)

纳税人识别号(统一社会信用代码):□□□□□□□□□□□□□□□□□□

纳税人名称: 金额单位:元(列至角分)

税款所属期:202×年01月01日至202×年03月31日   填表日期:202×年04月08日

	项目	栏次	本期数		本年累计	
			货物及劳务	服务、不动产和无形资产	货物及劳务	服务、不动产和无形资产
一、计税依据	(一)应征增值税不含税销售额(3%征收率)	1				
	增值税专用发票不含税销售额	2				
	其他增值税发票不含税销售额	3				
	(二)应征增值税不含税销售额(5%征收率)	4	—	280000.00	—	280000.00
	增值税专用发票不含税销售额	5	—		—	
	其他增值税发票不含税销售额	6	—	450000.00	—	450000.00
	(三)销售使用过的固定资产不含税销售额	7(7≥8)		—		—
	其中:其他增值税发票不含税销售额	8		—		—
	(四)免税销售额	9=10+11+12	7780.00	235660.00	7780.00	235660.00
	其中:小微企业免税销售额	10	7780.00	235660.00	7780.00	235660.00
	未达起征点销售额	11				
	其他免税销售额	12				
	(五)出口免税销售额	13(13≥14)				
	其中:其他增值税发票不含税销售额	14				
二、税款计算	本期应纳税额	15		14000.00		14000.00
	本期应纳税额减征额	16		480.00		480.00
	本期免税额	17	233.40	7069.80	233.40	7069.80
	其中:小微企业免税额	18	233.40	7069.80	233.40	7069.80

续表

项目		栏次	本期数		本年累计	
			货物及劳务	服务、不动产和无形资产	货物及劳务	服务、不动产和无形资产
	未达起征点免税额	19				
	应纳税额合计	20=15-16		13520.00		
	本期预缴税额	21			—	—
	本期应补(退)税额	22=20-21		13520.00	—	—
三、附加税费	城市维护建设税本期应补(退)税额	23	473.20		473.20	
	教育费附加本期应补(退)费额	24	202.80		202.80	
	地方教育附加本期应补(退)费额	25	135.20		135.20	

声明:此表是根据国家税收法律法规及相关规定填写的,本人(单位)对填报内容(及附带资料)的真实性、可靠性、完整性负责。

纳税人(签章): 年 月 日

经办人:	受理人:
经办人身份证号:	
代理机构签章:	受理税务机关(章):
代理机构统一社会信用代码:	受理日期: 年 月 日

国家税务总局公告2016年第14号规定,除个人转让其购买的住房外,小规模纳税人转让其取得(不含自建)的不动产,以取得的全部价款和价外费用扣除不动产购置原价或者取得不动产时的作价后的余额为销售额,按照5%的征收率计算应纳税额。

因此,附列资料(一)填写如表2.22所示。

表2.22 增值税及附加税费申报表(小规模纳税人适用)附列资料(一)
(服务、不动产和无形资产扣除项目明细)

税款所属期:202×年01月01日至202×年03月31日　　　　填表日期:202×年04月08日

纳税人名称(公章):　　　　　　　　　　　　　　　　金额单位:元(列至角分)

应税行为(3%征收率)扣除额计算			
期初余额	本期发生额	本期扣除额	期末余额
1	2	3(3≤1+2之和,且3≤5)	4=1+2-3
0.00		0.00	0.00
应税行为(3%征收率)计税销售额计算			
全部含税收入(适用3%征收率)	本期扣除额	含税销售额	不含税销售额
5	6=3	7=5-6	8=7÷1.03
	0.00	0.00	0.00
应税行为(5%征收率)扣除额计算			
期初余额	本期发生额	本期扣除额	期末余额
9	10	11(11≤9+10之和,且11≤13)	12=9+10-11

0.00	178500.00	178500.00	0.00

应税行为(5%征收率)计税销售额计算			
全部含税收入(适用5%征收率)	本期扣除额	含税销售额	不含税销售额
13	14=11	15=13-14	16=15÷1.05
472500.00	178500.00	294000.00	280000.00

根据《财政部 税务总局关于进一步实施小微企业"六税两费"减免政策的公告》,自2022年1月1日至2027年12月31日,由省级人民政府根据本地区实际情况,以及宏观调控需要确定,对增值税小规模纳税人、小型微利企业和个体工商户可以叠加享受在50%的税额幅度内减征资源税、城市维护建设税、房产税、城镇土地使用税、印花税(不含证券交易印花税)、耕地占用税和教育费附加、地方教育附加优惠政策,简称"六税两费"减征政策。

应纳城建税=$13520 \times 7‰ \times 50\%=473.20$(元),应纳教育费附加=$13520 \times 3\% \times 50\%=202.80$(元),应纳地方教育费附加=$13520 \times 2\% \times 50\%=135.20$(元)。

附列资料(二)填写如表2.23所示。

表2.23 增值税及附加税费申报表(小规模纳税人适用)附列资料(二)
(附加税费情况表)

税(费)款所属时间: 年 月 日至 年 月 日

纳税人名称:(公章)　　　　　　　　　　　　　　　　　　　金额单位:元(列至角分)

税(费)种	计税(费)依据 增值税税额	税(费)率(%)	本期应纳税(费)额	本期减免税(费)额		增值税小规模纳税人"六税两费"减征政策		本期已缴税(费)额	本期应补(退)税(费)额
				减免性质代码	减免税(费)额	减征比例(%)	减征额		
	1	2	3=1×2	4	5	6	7=(3-5)×6	8	9=3-5-7-8
城市维护建设税	13520.00	7	946.40			50	473.20		473.20
教育费附加	13520.00	3	405.60			50	202.80		202.80
地方教育附加	13520.00	2	270.40			50	135.20		135.20
合计	—	—	1622.40	—		—	811.20		811.20

【职场警示】严肃查处骗取留抵退税案件

大规模增值税留抵退税政策实施以来,各级税务稽查部门通过运用税收大数据加强分析、受理举报等方式,精准筛选疑点线索,对采取虚增进项、隐匿收入、虚假申报等手段骗取留抵退税违法行为"露头就打",释放了严厉打击骗取留抵退税违法行为的强烈信号。

税务部门对案件依法依规分类处理。对非主观故意违规取得留抵退税的企业,约谈提醒,促其整改;对恶意造假骗取留抵退税的企业,依法从严查办,按规定将其纳税信用直接降为D级,采取限制发票领用、提高检查频次等措施,同时依法对其近3年各项税收缴纳情况进行全面检查,并延伸检查其上下游企业。涉嫌犯罪的,移交司法机关追究刑事责任。

国家税务总局网站2022年发布了几起骗取留抵退税案件通报。安徽某商贸有限公司从事五金交电、机械设备及其配件零售业务,该公司通过隐匿销售收入、减少销项税额、进行虚假申报等手段,骗取留抵退税56.2万元。稽查局依法追缴该公司骗取的留抵退税款,并依据《中华人民共和国行政处罚法》《中华人民共和国税收征收管理法》相关规定,处1倍罚款。同时,稽查局依法对其近3年各项税收缴纳情况进行全面检查,发现该公司偷税11.57万元,依法追缴该公司偷税款,并处1倍罚款、加收滞纳金。阜阳市某商贸有限公司从事休闲食品、日用百货、五金家电及办公用品的批发零售业务,该公司通过个人收取销售款隐匿公司销售收入、减少销项税额、进行虚假申报等手段,骗取留抵退税59.76万元。稽查局依法追缴该公司骗取的留抵退税款,并依据《中华人民共和国行政处罚法》《中华人民共和国税收征收管理法》相关规定,处1倍罚款。

《中华人民共和国税收征收管理法》规定:纳税人伪造、变造、隐匿、擅自销毁账簿、记账凭证,或者在账簿上多列支出或者不列、少列收入,或者经税务机关通知申报而拒不申报或者进行虚假的纳税申报,不缴或者少缴应纳税款的,是偷税。对纳税人偷税的,由税务机关追缴其不缴或者少缴的税款、滞纳金,并处不缴或者少缴的税款百分之五十以上五倍以下的罚款;构成犯罪的,依法追究刑事责任。

《中华人民共和国刑法》规定:虚开增值税专用发票或者虚开用于骗取出口退税、抵扣税款的其他发票的,处三年以下有期徒刑或者拘役,并处二万元以上二十万元以下罚金;虚开的税款数额较大或者有其他严重情节的,处三年以上十年以下有期徒刑,并处五万元以上五十万元以下罚金;虚开的税款数额巨大或者有其他特别严重情节的,处十年以上有期徒刑或者无期徒刑,并处五万元以上五十万元以下罚金或者没收财产。

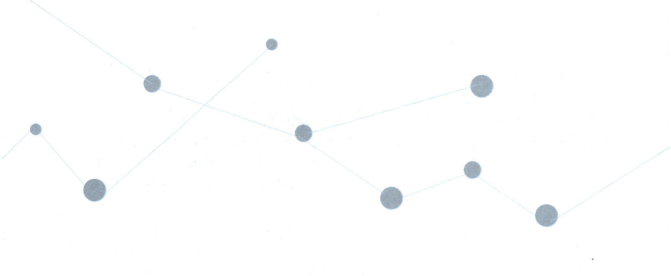

项目三

消费税申报

> **学习目标**
>
> 知识目标:熟悉消费税税目,理解消费税征税环节,掌握消费税应纳税额的计算。
> 能力目标:能对烟、酒等消费品进行纳税申报,并掌握已纳税额扣除的填报。
> 思政目标:领会国家"寓禁于征"的消费政策。

任务一　消费税基本规定

一、消费税概述

在我国的税制体系中,消费税是增值税的配套税种,同为流转税。消费税的征税目的是调节产业结构,限制某些奢侈品、高能耗产品的生产,正确引导消费,保证国家财政收入。

消费税是对特定的消费品征收的一种流转税,和消费环节没有必然联系,其属于间接税,税款最终由消费者承担。消费税征税项目具有选择性,按不同的消费品设计不同的税率。即国家可以根据宏观产业政策和消费政策的要求,有目的地、有重点地选择一些消费品征收消费税,以适当地限制某些特殊消费品的消费需求。消费税是价内税,构成商品价格的组成部分。

消费税基本规范是国务院于1993年12月13日发布并于1994年1月1日实施的《中华人民共和国消费税暂行条例》,该条例于2008年11月10日进行了修订。消费税征税范围也根据经济发展和居民消费情况在2006年、2014年、2015年、2022年进行过相应的调整。

二、消费税征税对象

消费税征税对象的应税消费品包括烟、酒、高档化妆品、贵重首饰及珠宝玉石、鞭炮焰火、成品油、摩托车、小汽车、高尔夫球及球具、高档手表、游艇、木制一次性筷子、实木地板、电池、涂料共15个税目。

(一) 烟

凡是以烟叶为原料加工生产的产品,不论使用何种辅料,均属于本税目的征收范围,具体包括卷烟、雪茄烟、烟丝和电子烟四类。

1. 卷烟

卷烟包括甲类卷烟和乙类卷烟。甲类卷烟,是指每标准条(200支)调拨价格在70元(不含增值税)以上(含70元)的卷烟;乙类卷烟,是指每标准条(200支)调拨价格在70元(不含增值税)以下的卷烟。

2. 雪茄烟

雪茄烟的征收范围包括各种规格、型号的雪茄烟。

项目三　消费税申报

3. 烟丝

烟丝的征收范围包括以烟叶为原料加工生产的不经卷制的散装烟。

4. 电子烟

电子烟是指用于产生气溶胶供人抽吸等的电子传输系统,包括烟弹、烟具以及烟弹与烟具组合销售的电子烟产品。烟弹是指含有雾化物的电子烟组件;烟具是指将雾化物雾化为可吸入气溶胶的电子装置。

(二)酒

酒,包括白酒、黄酒、啤酒和其他酒。

1. 白酒

白酒包括粮食白酒和薯类白酒。粮食白酒,是指以高粱、玉米、大米、糯米、大麦、小麦、青稞等各种粮食为原料,经过糖化、发酵后,采用蒸馏方法酿制的白酒;薯类白酒,是指以白薯(红薯、地瓜)、木薯、马铃薯、芋头、山药等各种干鲜薯类为原料,经过糖化、发酵后,采用蒸馏方法酿制的白酒。用甜菜酿制的白酒,比照薯类白酒征税。

2. 黄酒

黄酒,是指以糯米、粳米、籼米、大米、黄米、玉米、小麦、薯类等为原料,经加温、糖化、发酵、压榨酿制的酒。包括各种原料酿制的黄酒和酒度超过12度(含12度)的土甜酒。

3. 啤酒

啤酒分为甲类啤酒和乙类啤酒,是指以大麦或其他粮食为原料,加入啤酒花,经糖化、发酵、过滤酿制的含有二氧化碳的酒。含包装物及押金的出厂价在每吨3000元及以上的为甲类啤酒,出厂价在3000元以下的为乙类啤酒。

对饮食业、商业、娱乐业举办的啤酒屋、坊利用啤酒生产设备生产的啤酒,应当征收消费税。无醇啤酒比照啤酒征税;果啤属于啤酒,应征消费税。

4. 其他酒

其他酒是指除粮食白酒、薯类白酒、黄酒、啤酒以外的各种酒,包括糠麸白酒、其他原料白酒、土甜酒、复制酒、果木酒、汽酒、药酒、葡萄酒等。

对以黄酒为酒基生产的配制或泡制酒,按其他酒征收消费税。调味料酒不征消费税。

(三)高档化妆品

高档化妆品包括高档美容修饰类化妆品、高档护肤类化妆品和成套化妆品。高档美容修饰类化妆品和高档护肤类化妆品是指生产(进口)环节销售(完税)价格(不含增值税)在10元/毫升(克)或15元/片(张)及以上的美容、修饰类化妆品和护肤类化妆品。

舞台、戏剧、影视演员化妆用的上妆油、卸妆油、油彩、发胶和头发漂白剂,不在征收范围。

(四)贵重首饰及珠宝玉石

贵重首饰及珠宝玉石包括各种金银珠宝首饰和经采掘、打磨、加工的各种珠宝玉石。

1. 金银首饰、铂金首饰和钻石及钻石饰品

金银首饰、铂金首饰和钻石及钻石饰品,包括凡以金、银、铂金、宝石、珍珠、钻石、翡翠、

珊瑚、玛瑙等高贵稀有物质以及其他金属、人造宝石等制作的各种纯金银首饰及镶嵌首饰（含人造金银、合成金银首饰）等，但不包括镀金和包金饰品。

2. 其他贵重首饰和珠宝玉石

其他贵重首饰和珠宝玉石，包括钻石、珍珠、松石、青金石、欧泊石、橄榄石、长石、玉、石英、玉髓、石榴石、锆石、尖晶石、黄玉、碧玺、金禄玉、绿柱石、刚玉、琥珀、珊瑚、煤玉、龟甲、合成刚玉、合成玉石、双合石以及玻璃仿制品等。

宝石坯是经采掘、打磨、初级加工的珠宝玉石半成品，对宝石坯应按规定征收消费税。

（五）鞭炮、焰火

鞭炮、焰火具体包括喷花类、旋转类、旋转升空类、火箭类、吐珠类、线香类、小礼花类、烟雾类、造型玩具类、爆竹类、摩擦炮类、组合烟花类、礼花弹类等。

体育上用的发令纸、鞭炮药引线，不征收消费税。

（六）成品油

成品油包括汽油、柴油、石脑油、溶剂油、航空煤油、润滑油、燃料油7个子目。

1. 汽油

汽油是指用原油或其他原料加工生产的辛烷值不小于66的可用作汽油发动机燃料的各种轻质油。

以汽油、汽油组分调和生产的甲醇汽油、乙醇汽油也属于征收范围。

2. 柴油

柴油是指用原油或其他原料加工生产的凝点或倾点在－50—30℃的可用作柴油发动机燃料的各种轻质油和以柴油组分为主、经调和精制可用作柴油发动机燃料的非标油。

以柴油、汽、柴油组分调和生产的生物柴油也属于征收范围。

3. 石脑油

石脑油又叫化工轻油，是以石油加工生产的或二次加工汽油经加氢精制而得的用于化工原料的轻质油。

石脑油的征收范围包括除汽油、柴油、航空煤油、溶剂油以外的各种轻质油。

4. 溶剂油

溶剂油是以石油加工生产的用于涂料、油漆生产、食用油加工、印刷油墨、皮革、农药、橡胶、化妆品生产的轻质油。

5. 航空煤油

航空煤油也叫喷气燃料，是以石油加工生产的用在喷气发动机和喷气推进系统中作为能源的石油燃料。

6. 润滑油

润滑油是用于内燃机、机械加工过程的润滑产品。润滑油分为矿物性润滑油、植物性润滑油、动物性润滑油和化工原料合成润滑油。

润滑油的征收范围包括矿物性润滑油、矿物性润滑油基础油、植物性润滑油、动物性润滑油和化工原料合成润滑油。

7. 燃料油

燃料油也称重油、渣油。燃料油征收范围包括用于电厂发电、船舶锅炉燃料、加热炉燃料、冶金和其他工业炉燃料的各类燃料油。

催化料、焦化料属于燃料油的征收范围,应当征收消费税。

(七) 摩托车

摩托车消费税征税范围包括气缸容量为250毫升的摩托车和气缸容量在250毫升(不含)以上的摩托车两种。对最大设计车速不超过50千米/小时,发动机气缸总工作容量不超过50毫升的三轮摩托车不征收消费税。

(八) 小汽车

汽车是指由动力驱动,具有4个或4个以上车轮的非轨道承载的车辆,包括乘用车、中轻型商用客车和超豪华小汽车3个子目。

1. 乘用车

乘用车,是在设计和技术特性上用于载运乘客和货物的汽车,包括含驾驶员座位在内最多不超过9个座位(含)。用排气量小于1.5升(含)的乘用车底盘(车架)改装、改制的车辆属于乘用车征收范围。

2. 中轻型商用客车

中轻型商用客车,是在设计和技术特性上用于载运乘客和货物的汽车,包括含驾驶员座位在内的座位数在10—23座(含23座)。车身长度大于7米(含),并且座位在10—23座(含)的商用客车,不属于中轻型商用客车征税范围,不征收消费税。

用排气量大于1.5升的乘用车底盘(车架)或用中轻型商用客车底盘(车架)改装、改制的车辆属于中轻型商用客车征收范围。含驾驶员人数(额定载客)为区间值的(如8—10人、17—26人)小汽车,按其区间值下限人数确定征收范围。对于购进乘用车和中轻型商用客车整车改装生产的汽车,应按规定征收消费税。

3. 超豪华小汽车

超豪华小汽车,是每辆零售价格为130万元(不含增值税)及以上的乘用车和中轻型商用客车,即乘用车和中轻型商用客车子税目中的超豪华小汽车。

电动汽车、沙滩车、雪地车、卡丁车、高尔夫车不属于消费税征收范围,不征收消费税;对于企业购进货车或厢式货车改装生产的商务车、卫星通信车等专用汽车不属于消费税征收范围,不征收消费税。

(九) 高尔夫球及球具

征税范围包括高尔夫球、高尔夫球杆及高尔夫球包(袋)、高尔夫球杆的杆头、杆身和握把。

(十) 高档手表

征收范围包括销售价格(不含增值税)每只在10000元(含)以上的各类手表。

(十一) 游艇

游艇是指长度大于8米小于90米,船体由玻璃钢、钢、铝合金、塑料等多种材料制作,可以在水上移动的水上浮载体。按照动力划分,游艇分为无动力艇、帆艇和机动艇。

征税范围内的游艇包括艇身长度大于8米(含)小于90米(含),可以在水上移动,一般为私人或团体购置,主要用于水上运动和休闲娱乐等非牟利活动的各类机动艇。

(十二) 木制一次性筷子

木制一次性筷子,又称卫生筷子,是指以木材为原料经过锯段、浸泡、旋切、刨切、烘干、筛选、打磨、倒角、包装等环节加工而成的各类一次性使用的筷子。

(十三) 实木地板

实木地板是指以木材为原料,经锯割、干燥、刨光、截断、开榫、涂漆等工序加工而成的块状或条状的地面装饰材料。实木地板按生产工艺不同,可分为独板(块)实木地板、实木指接地板和实木复合地板三类;按表面处理状态不同,可分为未涂饰地板(白坯板、素板)和漆饰地板两类。

实木地板征收范围包括各类规格的实木地板、实木指接地板、实木复合地板及用于装饰墙壁、天棚的侧端面为榫、槽的实木装饰板以及未经涂饰的素板。

(十四) 电池

电池征税范围包括原电池、蓄电池、燃料电池、太阳能电池和其他电池。原电池又称一次电池,是不可以充电的电池,包括锌原电池、锂原电池和其他原电池,原电池也可以分为无汞原电池和含汞原电池;蓄电池又称二次电池,是可充电并重复使用的电池,包括酸性蓄电池、碱性或其他非酸性蓄电池、氧化还原液流电池和其他蓄电池;燃料电池是指通过电化学过程,将连续供应的反应物和氧化剂的化学能直接转换为电能的电化学发电装置;太阳能电池是指将太阳光能转换成电能的装置。

对无汞原电池、锂原电池、锂离子蓄电池、金属氢化物镍蓄电池、全钒液流电池、燃料电池和太阳能电池免征消费税。

(十五) 涂料

涂料是指涂于物体表面能形成具有保护、装饰或特殊性能的固态涂膜的一类液体或固体材料的总称。按主要成膜物质涂料可分为油脂类、天然树脂类、酚醛树脂类、沥青类、醇酸树脂类、氨基树脂类、硝基类、过滤乙烯树脂类、烯类树脂类、丙烯酸酯类树脂类、聚酯树脂类、环氧树脂类、聚氨酯树脂类、元素有机类、橡胶类、纤维素类、其他成膜物类等。

对施工状态下挥发性有机物含量低于420克/升(含)的涂料免征消费税。

【例3.1】下列消费品中,征收消费税的有( )。
A. 太阳能电池　　B. 葡萄酒　　C. 成套化妆品　　D. 电动汽车

【解析】太阳能电池免征消费税,电动汽车不属于小汽车消费税征税范围,葡萄酒按其他酒征收消费税,成套化妆品按高档化妆品征收消费税。故选BC。

三、消费税征税环节

（一）生产应税消费品

1. 生产销售应税消费品
纳税人生产的应税消费品，于纳税人销售时纳税。

2. 自产自用应税消费品
纳税人自产自用的应税消费品，用于连续生产应税消费品的，不纳税；用于其他方面的，于移送使用时纳税。

用于连续生产应税消费品，是指纳税人将自产自用应税消费品作为直接材料生产最终应税消费品，自产自用应税消费品构成最终应税消费品的实体。用于其他方面，是指纳税人将自产自用的应税消费品用于生产非应税消费品、在建工程、管理部门、非生产机构、提供劳务、馈赠、赞助、集资、广告、样品、职工福利、奖励等方面。

3. 视为生产销售应税消费品
工业企业以外的单位和个人的下列行为视为应税消费品的生产行为，按规定征收消费税：

（1）将外购的消费税非应税产品以消费税应税产品对外销售的。

（2）将外购的消费税低税率应税产品以高税率应税产品对外销售的。

（二）委托加工应税消费品

1. 委托加工的含义
委托加工的应税消费品，是指由委托方提供原料和主要材料，受托方只收取加工费和代垫部分辅助材料加工的应税消费品。对于由受托方提供原材料生产的应税消费品，或者受托方先将原材料卖给委托方，然后再接受加工的应税消费品，以及由受托方以委托方名义购进原材料生产的应税消费品，不论在财务上是否作为销售处理，都不得作为委托加工应税消费品，而应当按照销售自制应税消费品缴纳消费税。

2. 纳税义务
委托加工的应税消费品，委托方用于连续生产应税消费品的，所纳税款准予按规定抵扣。

委托方将收回的应税消费品，以不高于受托方的计税价格出售的，为直接出售，不再缴纳消费税；委托方以高于受托方的计税价格出售的，不属于直接出售，需按照规定申报缴纳消费税，在计税时准予扣除受托方已代收代缴的消费税。

（三）进口应税消费品

单位和个人进口应税消费品，于报关进口时缴纳消费税。为了减少征税成本，进口环节缴纳的消费税由海关代征。

(四)零售应税消费品

1. 商业零售金银首饰

自1995年1月1日起,金银首饰消费税由生产销售环节征收改为零售环节征收。改在零售环节征收消费税的金银首饰仅限于金基、银基合金首饰以及金、银和金基、银基合金的镶嵌首饰。自2002年1月1日起,对钻石及钻石饰品消费税的纳税环节由生产环节、进口环节后移至零售环节。自2003年5月1日起,铂金首饰消费税改为零售环节征税。

下列业务视同零售业,在零售环节缴纳消费税:

(1) 为经营单位以外的单位和个人加工金银首饰。加工包括带料加工、翻新改制、以旧换新等业务,不包括修理和清洗。

(2) 经营单位将金银首饰用于馈赠、赞助、集资、广告样品、职工福利、奖励等方面。

(3) 未经中国人民银行总行批准,经营金银首饰批发业务的单位将金银首饰销售给经营单位。

2. 零售超豪华小汽车

自2016年12月1日起,对超豪华小汽车,在生产(进口)环节按现行税率征收消费税基础上,在零售环节加征消费税,将超豪华小汽车销售给消费者的单位和个人为超豪华小汽车零售环节纳税人。

(五)批发销售卷烟、电子烟

1. 批发销售卷烟

自2015年5月10日起,将卷烟批发环节从价税税率由5%提高至11%,并按0.005元/支加征从量税。

烟草批发企业将卷烟销售给其他烟草批发企业的,不缴纳消费税。

卷烟消费税改为在生产和批发两个环节征收后,批发企业在计算应纳税额时不得扣除已含的生产环节的消费税税款。

纳税人兼营卷烟批发和零售业务的,应当分别核算批发和零售环节的销售额、销售数量;未分别核算批发和零售环节销售额、销售数量的,按照全部销售额、销售数量计征批发环节消费税。

2. 批发销售电子烟

自2022年11月1日起,电子烟实行从价定率的办法计算纳税,批发环节的税率为11%,不得扣除已含的生产(进口)环节的消费税税款。

四、消费税纳税人

消费税纳税人包括在中华人民共和国境内生产销售(自用)、委托加工、进口除金银首饰外的应税消费税的单位和个人,以及零售金银首饰、超豪华小汽车和批发销售卷烟、电子烟的单位和个人。

由于消费税是在对所有货物普遍征收增值税的基础上选择部分消费品征收的,因此,消费税纳税人同时也是增值税纳税人。

委托加工的应税消费品,由受托方在向委托方交货时代收代缴消费税,受托方为个人除外。委托个人加工应税消费品的,由委托方收回后缴纳消费税。

五、消费税税率

(一) 消费税税率的形式

消费税税率采取比例税率和定额税率两种形式,以适应不同应税消费品的实际情况。纳税人兼营不同税率的应税消费品,应当分别核算不同税率应税消费品的销售额、销售数量;未分别核算销售额、销售数量,或者将不同税率的应税消费品组成成套消费品销售的,从高适用税率。

(二) 消费税的具体税率

消费税根据不同的税目或子目确定相应的税率或单位税额。其中啤酒、黄酒、成品油为定额税率,卷烟、白酒复合征收,同时采用定额税率和比例税率,其他消费品采用比例税率。如表3.1所示。

表3.1 消费税税目税率

税目	税率
一、烟	
1. 卷烟	
(1) 甲类卷烟	56%加0.003元/支或150元/箱
(2) 乙类卷烟	36%加0.003元/支或150元/箱
(3) 卷烟批发环节	11%加0.005元/支或250元/箱
2. 雪茄烟	36%
3. 烟丝	30%
4. 电子烟	
(1) 生产环节	36%
(2) 批发环节	11%
二、酒	
1. 白酒	20%加0.5元/500克或500毫升
2. 黄酒	240元/吨
3. 啤酒	30%
(1) 甲类啤酒	250元/吨
(2) 乙类啤酒	220元/吨
4. 其他酒	10%
三、高档化妆品	15%
四、贵重首饰及珠宝玉石	
1. 金银首饰、铂金首饰和钻石及钻石饰品	5%
2. 其他贵重首饰和珠宝玉石	10%
五、鞭炮、焰火	15%

续表

税目	税率
六、成品油	
1. 汽油	1.52元/升
2. 柴油	1.20元/升
3. 航空煤油	1.20元/升
4. 石脑油	1.52元/升
5. 溶剂油	1.52元/升
6. 润滑油	1.52元/升
7. 燃料油	1.20元/升
七、摩托车	
1. 气缸容量(排气量)250毫升的	3%
2. 气缸容量在250毫升(不含)以上的	10%
八、小汽车	
1. 乘用车	
(1) 气缸容量在1.0升(含1.0升)以下的	1%
(2) 气缸容量在1.0升至1.5升(含1.5升)的	3%
(3) 气缸容量在1.5升至2.0升(含2.0升)的	5%
(4) 气缸容量在2.0升至2.5升(含2.5升)的	9%
(5) 气缸容量在2.5升至3.0升(含3.0升)的	12%
(6) 气缸容量在3.0升至4.0升(含4.0升)的	25%
(7) 气缸容量在4.0升以上的	40%
2. 中轻型商用客车	5%
3. 超豪华小汽车	10%(零售环节)
九、高尔夫球及球具	10%
十、高档手表	20%
十一、游艇	10%
十二、木制一次性筷子	5%
十三、实木地板	5%
十四、电池	4%
十五、涂料	4%

【拓展阅读】 唐王朝经贞观之治,国家统一,社会安定,农业生产能力和技术得到进一步发展,大大促进了茶的消费、生产和贸易,茶逐渐走入寻常百姓家。随着饮茶蔚然成风,茶叶已成为受消费者欢迎的大宗商品,提升了全社会种茶、制茶和贩茶的积极性,到唐玄宗时期,开设了用于与西北少数民族交易的茶马互市。安史之乱后,唐帝国国库日渐空虚,随着茶叶经济在经济总量的比例日益扩大,对茶叶交易的税收问题开始受到重视。德宗建中元年(780年)实行茶税,兴元二年(785年)罢茶税。贞元九年(793年)张滂奏立税茶法,复茶税,以代水旱田租,化为常税,产茶州县和茶山就地征税,商人贩茶以"三等定估,十取其一",这是茶叶首次作为一个独立的商品被征税,税率为10%,茶税收入为一年约40万贯。长庆元年(821年),茶税率增为15%,至宣宗大中六年(852年)更通过当时盐铁转运使裴休在长沙立《税茶十二法》,一方面规范了地方政府税收征收行为;另一方面打击偷税行为,还对茶农

的生产制定了一定的保护措施,使茶商、园户都很满意,促进了茶叶的生产和贸易,税率未增,却实现了税收倍增。为管理好茶税,唐代相继设立"盐茶道""盐铁使"等官职,茶税在财政收入中的比例逐步增加,到唐宣宗时(846—859年)"天下税茶,增倍贞元",茶税年收入达80万贯,已成与盐、铁等税并列的主要税种。

任务二 消费税税款计算

一、消费税计税方法

消费税税款的计算分为从价计征、从量计征和复合计征三种方法。

(一) 从价计征

对啤酒、黄酒、成品油、卷烟、白酒以外的应税消费品,税率为比例税率,均按销售额从价定率征收消费税,其计算公式为:

应纳税额＝销售额×比例税率

消费税计税销售额和增值税计税销售额一致,都是纳税人销售应税消费品向购买方收取的全部价款和价外费用,包括收取的消费税税款但不包括收取的增值税税款。

【例3.2】木地板厂为增值税一般纳税人,某年10月向某建材商场销售实木地板一批,取得含增值税销售额1130000元。实木地板消费税税率为5%,计算该厂当月应纳消费税税额。

【解析】从价计征消费税的销售额中不包括向购货方收取的增值税款,在计算消费税时,应将增值税款从计税依据中剔除。

不含增值税销售额＝1130000÷(1+13%)＝1000000。

应纳消费税税额＝1000000×5%＝50000。

纳税人通过自设非独立核算门市部销售的自产应税消费品,应按门市部对外销售额征收消费税;纳税人用于换取生产生活资料、投资入股、抵偿债务的应税消费品,按照同类应税消费品的最高销售额计算消费税。

【例3.3】某汽车生产企业为增值税一般纳税人,某月将生产的800辆汽车分两批出售。其中,300辆汽车增值税专用发票注明金额4500万元,税额为585万元;500辆汽车增税专用发票注明金额6500万元,税额845万元。又将生产的100辆小汽车用于换取生产资料,以成本12万元每辆互相开具,增值税专用发票注明金额1200万元,税额156万元。已知本企业汽车消费税税率为5%。试计算该厂本月应缴纳多少消费税?

【解析】正常销售的,按不含增值税价格计算消费税,换取生产资料的,按同类产品最高销售额计算消费税。

第一批售价＝4500÷300＝15(万元);第二批售价＝6500÷500＝13(万元);平均售价＝(4500+6500)÷800＝13.75(万元);最高售价为15万元。

则本月应纳消费税＝(4500+6500+15×100)×5%＝625(万元)。

（二）从量计征

对啤酒、黄酒、成品油三种液体应税消费品，因其税率为定额税率，采取从量定额征收消费税的方法，其计算公式为：

应纳税额＝销售数量×定额税率

其中，销售应税消费品的，为应税消费品的销售数量；自产自用应税消费品的，为应税消费品的移送使用数量；委托加工应税消费品的，为纳税人收回的应税消费品数量；进口应税消费品的，为海关核定的应税消费品进口征税数量。

为了规范不同产品的计量单位，以准确计算应纳税额，黄酒、啤酒、成品油等应税消费品规定了吨与升两个计量单位的换算标准，其中，黄酒1吨＝962升；啤酒1吨＝988升；汽油1吨＝1388升；柴油1吨＝1176升；石脑油1吨＝1385升；溶剂油1吨＝1282升；润滑油1吨＝1126升；燃料油1吨＝1015升；航空煤油1吨＝1246升。

【例3.4】石化公司6月销售汽油1000吨、柴油500吨，另向本公司在建工程车辆提供汽油5吨。已知消费税率为汽油1.52元/吨、柴油1.20元/吨，计算该公司当月应纳消费税税额。

【解析】应税消费品用于本公司车辆使用，按移送使用量征收消费税。

销售汽油应纳税额＝1000×1388×1.52＝2109760（元）

销售柴油应纳税额＝500×1176×1.2＝705600（元）

在建工程车辆使用汽油应纳税额＝5×1388×1.52＝10548.80（元）

应纳消费税合计＝2109760＋705600＋10548.80＝2825908.08（元）

（三）复合计征

对卷烟、白酒两种有害身体健康的应税消费品，采取从价定率和从量定额复合计征的方法计算消费税，其计算公式为：

应纳税额＝销售额×比例税率＋销售数量×定额税率

对酒类产品生产企业销售酒类产品而收取的包装物押金，无论押金是否返还与会计上如何核算，均需并入酒类产品销售额中，依酒类产品的适用税率征收消费税。白酒生产企业向商业销售单位收取的"品牌使用费"是随着应税白酒的销售而向购货方收取的，属于应税白酒销售价款的组成部分，因此，不论企业采取何种方式或以何种名义收取价款，均应并入白酒的销售额中缴纳消费税。

白酒生产企业销售给销售单位的白酒，生产企业消费税计税价格低于销售单位对外销售价格（不含增值税）70%以下的，税务机关应核定消费税最低计税价格。自2017年5月1日起最低计税价格统一为销售价格的60%。已核定最低计税价格的白酒，生产企业实际销售价格高于消费税最低计税价格的，按实际销售价格申报纳税；实际销售价格低于消费税最低计税价格的，按最低计税价格申报纳税。

涉及卷烟销售数量，折算标准如下：1标准箱＝250条；1条＝10包；1包＝20支。

【例3.5】某卷烟生产企业为增值税一般纳税人，10月销售乙类卷烟1500标准条，取得含增值税销售额84750元。计算该企业当月应纳消费税税额。

【解析】卷烟实行复合方法计征消费税，乙类卷烟比例税率36%，定额税率0.6元/条。

计税销售额=84750÷(1+13%)=75000(元)
应纳消费税=75000×36%+1500×0.6=27000+900=27900(元)

【例3.6】某白酒生产企业为增值税一般纳税人,10月销售粮食白酒30吨,取得不含增值税销售额1800000元;薯类白酒50吨,取得不含增值税销售额1500000元。计算该企业当月应纳消费税税额。

【解析】白酒实行复合方法计征消费税,比例税率20%,定额税率1元/千克。

应纳税额=(1800000+1500000)×20%+(30+50)×1000×1
　　　　=660000+80000=740000(元)

二、生产环节消费税的计算

(一) 生产后直接销售

纳税人生产的应税消费品,于销售时纳税。

【例3.7】某小汽车生产企业为增值税一般纳税人,某月生产某型号小轿车2000辆,每辆市场不含税售价20万元。本月销售小轿车1800辆,取得不含税销售收入36000万元。由于部分轿车属于新研制的产品,为此,收取优质费452万元并开具普通发票;本月销售电动轿车200辆,取得不含税销售收入5000万元。本月购进材料取得的增值税专用发票上注明增值税税额3735万元,取得运输企业开具的增值税专用发票,注明运费60万元。

已知该企业生产的小轿车适用的消费税税率为9%。试计算该厂本月应缴纳多少消费税?

【解析】销售小轿车的同时收取的优质费应作为价外费用,电动汽车不属于消费税征税范围,只缴纳增值税不缴纳消费税。

消费税计税销售额=36000+452÷(1+13%)=36400(万元)
应纳消费税=36400×9%=3276(万元)

(二) 自产自用

纳税人将自产的应税消费品用于视同销售等其他方面,按照纳税人生产的同类消费品的销售价格计算纳税;没有同类消费品销售价格的,按照组成计税价格计算纳税。

从价计征消费税的,其计算公式为:

组成计税价格=(成本+利润)÷(1-消费税比例税率)

复合计征消费税的,其计算公式为:

组成计税价格=(成本+利润+自产自用数量×定额税率)÷(1-比例税率)

上述公式中所说的"成本",是指应税消费品的产品生产成本;"利润",是指根据应税消费品的全国平均成本利润率计算的利润。应税消费品全国平均成本利润率由国家税务总局确定。如表3.2所示。

表3.2　平均利润率

货物名称	利润率	货物名称	利润率
1. 甲类卷烟	10%	11. 摩托车	6%
2. 乙类卷烟	5%	12. 高尔夫球及球具	10%
3. 雪茄烟	5%	13. 高档手表	20%
4. 烟丝	5%	14. 游艇	10%
5. 粮食白酒	10%	15. 木制一次性筷子	5%
6. 薯类白酒	5%	16. 实木地板	5%
7. 其他酒	5%	17. 乘用车	8%
8. 高档化妆品	5%	18. 中轻型商用客车	5%
9. 鞭炮、焰火	5%	19. 电池	4%
10. 贵重首饰及珠宝玉石	6%	20. 涂料	7%

【例3.8】 某地板企业为增值税一般纳税人，某月销售自产地板2批：第一批800箱，取得不含税收入160万元；第二批500箱，取得不含税收入113万元。另将同型号地板200箱赠送给福利院、300箱发放给职工作福利，已知实木地板消费税率为5%。试计算该企业本月应缴纳多少消费税？

【解析】 将自产地板赠送给福利院和发给职工作福利，要视同销售，于移送使用时纳税，价格按当期同类消费品的平均销售价格计算。

当期同类消费品每箱销售均价＝(160＋113)÷(800＋500)＝0.21(万元)

应纳消费税＝[160＋113＋0.21×(200＋300)]×5%＝18.9(万元)

【例3.9】 某汽车厂为增值税一般纳税人，小汽车不含税出厂价为12.5万元。本月销售小汽车8600辆，将2辆小汽车移送本厂研究所作破坏性碰撞实验，3辆作为广告样品，2辆用于加工豪华小轿车，向汽车拉力赛赠送2辆特制轿车，无同类轿车销售价格，成本为25万元/辆，特制轿车消费税税率25%，成本利润率8%。小汽车消费税税率为9%。试计算该厂本月应缴纳多少消费税？

【解析】 2辆用于破坏性碰撞试验，属于生产经营的一部分，不缴纳消费税；3辆作为广告样品和向汽车拉力赛赠送2辆特制轿车视同销售缴纳消费税；加工豪华小轿车的2辆车，属于连续加工应税消费品，移送时不缴纳消费税，将来销售豪华小轿车时再缴纳消费税。

特制轿车组成计税价格＝2×25×(1＋8%)÷(1－25%)＝72(万元)

应纳消费税＝(8600＋3)×12.5×9%＋72×25%＝9696.375(万元)

【例3.10】 某酒厂以自产特制粮食白酒1000千克用于厂庆庆典活动，每千克白酒成本24元，无同类产品售价。为啤酒节赞助自产啤酒10吨，已知每吨成本1000元，无同类产品售价。白酒成本利润率为10%，假设没有进项税，消费税比例税率为20%，定额税率为1元/千克；啤酒消费税单位税额为220元/吨。试计算该酒厂上述行为共应缴纳多少消费税？

【解析】 特制白酒用于厂庆视同销售，无同类产品售价按组成计税价格计税；赞助啤酒视同销售，啤酒实行从量定额征收。

白酒从量计征消费税＝1000×1＝1000(元)

白酒组成计税价格=[1000×24×(1+10%)+1000]÷(1-20%)=34250(元)
白酒应纳消费税=34250×20%+1000=7850(元)
啤酒应纳消费税=销售数量×单位税额=10×220=2200(元)
酒厂共纳消费税=7850+2200=10050(元)

三、委托加工环节消费税的计算

委托加工的应税消费品,按照受托方的同类消费品的销售价格计算纳税,没有同类消费品销售价格的,按照组成计税价格计算纳税。

实行从价定率办法计征消费税的,其计算公式为:
组成计税价格=(材料成本+加工费)÷(1-比例税率)

实行复合计税办法计征消费税的,其计算公式为:
组成计税价格=(材料成本+加工费+委托加工数量×定额税率)÷(1-比例税率)

材料成本是指委托方所提供加工材料的实际成本。委托加工应税消费品的纳税人,必须在委托加工合同上如实注明(或以其他方式提供)材料成本,凡未提供材料成本的,受托方税务机关有权核定其材料成本。加工费是指受托方加工应税消费品向委托方所收取的全部费用(包括代垫辅助材料的实际成本),不包括增值税税款。

【例3.11】某化妆品企业为增值税一般纳税人,受托为某商场加工一批高档化妆品。收取不含增值税加工费12000元,商场提供材料成本为90000元。已知受托方无同类化妆品销售,高档化妆品消费税税率为15%。试计算该化妆品企业应代收代缴多少消费税?

【解析】该行为符合委托加工,因受托方无同类产品销售,应按组成计税价格计算代收代缴的消费税。

组成计税价格=(90000+12000)÷(1-15%)=120000(元)
代收代缴消费税=120000×15%=18000(元)

委托加工是按照收回的数量计算消费税,如果只收回一部分,则材料成本、加工费、定额税都要按照收回的比例来计算。

四、进口环节消费税的计算

纳税人进口应税消费品,按照组成计税价格和规定的税率计算应纳税额。

(一)从价计征

进口应税消费品,实行从价定率计征消费税的,其计算公式为:
组成计税价格=(关税完税价格+关税)÷(1-消费税比例税率)
应纳税额=组成计税价格×消费税比例税率

【例3.12】某汽车贸易公司10月从国外进口小汽车50辆,海关核定的每辆小汽车关税完税价为280000元,已知小汽车关税税率为20%,消费税税率为25%。计算该公司进口小汽车应纳消费税税额。

【解析】纳税人进口应税消费品,按照组成计税价格和规定的税率计算应纳税额。

组成计税价格＝(50×280000)×(1+20％)÷(1－25％)＝22400000(元)
应纳消费税税额＝22400000×25％＝5600000(元)

(二) 复合计征

实行复合计税办法计征消费税的,其计算公式为:
组成计税价格＝(关税完税价格＋关税＋进口数量×定额税率)÷(1－消费税比例税率)
应纳税额＝组成计税价格×消费税比例税率＋进口数量×定额税率

甲类卷烟和乙类卷烟适用不同的消费税比例税率,因此,先按乙类卷烟比例税率36％、定额税率0.6元/标准条,计算每标准条进口卷烟价格。每标准条价格不低于70元的,适用比例税率为56％,否则适用比例税率36％。

进口环节消费税除国务院另有规定外,一律不得享受减税、免税优惠。

【例3.13】某烟草公司本月进口卷烟100标准箱,海关核定的每箱卷烟关税完税价格为30000元。已知卷烟关税税率为25％。计算该公司进口卷烟应纳消费税税额。

【解析】纳税人进口应税消费品,按照组成计税价格和规定的税率计征消费税,进口卷烟实行复合方法计算应纳税额。

应纳关税税额＝100×30000×25％＝750000(元)
进口卷烟定额消费税＝100×150＝15000(元)
按乙类卷烟计算组成计税价格＝(100×30000＋750000＋15000)÷(1－36％)＝5882812.5
每标准条价格＝5882812.5÷(100×250)＝235.31(元)。大于70元,属于甲类卷烟。
组成计税价格＝(100×30000＋750000＋15000)÷(1－56％)＝8556818.18(元)
应纳消费税税额＝8556818.18×56％＋15000＝4791818.18＋15000＝4806818.18(元)

五、零售环节消费税的计算

零售环节征收消费税包括金银首饰和超豪华小汽车两个子目。

(一) 金银首饰

金银首饰包括铂金、钻石,即金银铂钻,但是,其他贵重首饰和珠宝玉石,仍在生产销售环节交纳消费税,如镀金(银)、包金(银)首饰等。金银首饰在零售环节缴税,主要是因为金银首饰业务,在零售环节需要根据客户需求定做加工的比较多,销售行为的最终完成是在零售环节,而不是在生产环节,这是和其他消费品业务不同的地方。

金银首饰与其他产品组成成套消费品销售,按销售额全额征收消费税;金银首饰连同包装物销售,无论包装是否单独计价,均应并入金银首饰的销售额计征消费税;带料加工的金银首饰,按受托方销售同类金银首饰的价格征税,没有同类售价的按组价征税;以旧换新(含翻新改制)销售金银首饰,按实际收取的不含增值税的价款确定计税依据征收消费税。

银行买卖金砖,本质上不属于消费品,不属于金银首饰,不征收消费税。

【例3.14】某商场为增值税一般纳税人,某月珠宝部取得零售收入23.2万元,其中金银首饰零售收入13.92万元(包括以旧换新销售金银首饰的市场零售价5.8万元)。在以旧换新业务中,旧首饰的含税作价金额为3.48万元,该商场实际收取的含税金额为2.32万元。试计算该商场应缴纳的消费税。

【解析】零售收入视为含税价格,计算消费税时应折算为不含税价格。珠宝部销售收入能分别核算的,仅就金银首饰收入计征消费税。以旧换新销售金银首饰的,按实际收取的不含增值税价款计征消费税。

应纳消费税 $=(13.92-5.8+2.32)\div(1+13\%)\times5\%=0.46$（万元）

（二）超豪华小汽车

向消费者销售超豪华小汽车应在零售环节加征一道消费税,其计算公式为:

应纳税额＝零售环节销售额(不含增值税)×零售环节税率

汽车生产厂将汽车卖给4S店经销,不属于零售,汽车厂或4S店将汽车卖给单位或个人客户使用的环节才属于零售。国内汽车生产企业直接销售给消费者的超豪华小汽车,消费税税率按照生产环节税率和零售环节税率加总计算,其计算公式为:

应纳税额＝销售额(不含增值税)×(生产环节税率＋零售环节税率)

对我国驻外使领馆工作人员、外国驻华机构及人员、非居民常住人员、政府间协议规定等应税(消费税)进口自用的超豪华小汽车,按照生产(进口)环节税率和零售环节税率加总计算,由海关代征。

六、批发环节消费税的计算

卷烟和电子烟在批发环节加征消费税,卷烟复合计征,电子烟从价计征,其计算公式为:

卷烟应纳税额＝批发环节不含税销售额×11%＋从量税250元/箱

电子烟应纳税额＝批发环节不含税销售额×11%

烟草公司之间调拨,不缴纳批发环节消费税。批发企业在计算纳税时不得扣除已含的生产环节的消费税税款。

【例3.15】某卷烟批发企业本月批发销售卷烟500箱,其中批发给另一卷烟批发企业300箱、零售专卖店150箱、个体烟摊50箱。每箱不含税批发价格为13000元。该企业本月批发卷烟应缴纳多少消费税?

【解析】卷烟批发复合计征消费税;烟草公司之间调拨,不缴纳批发环节消费税。

批发卷烟应缴纳的消费税 $=13000\times(150+50)\times11\%+(150+50)\times250=336000$（元）

七、已纳消费税的扣除

为了避免重复征税,现行消费税规定,将外购应税消费品和委托加工收回的应税消费品继续生产应税消费品销售的,可以将外购和委托加工收回时已缴纳的消费税给予扣除。

（一）扣除范围

(1) 以外购、委托加工收回的已税烟丝为原料生产的卷烟。

(2) 以外购、委托加工收回的已税珠宝、玉石为原料生产的贵重首饰及珠宝、玉石。

(3) 以外购、委托加工收回的已税鞭炮、焰火为原料生产的鞭炮、焰火。

(4) 以外购、委托加工收回的已税杆头、杆身和握把为原料生产的高尔夫球杆。

(5) 以外购、委托加工收回的已税木制一次性筷子为原料生产的木制一次性筷子。

(6) 以外购、委托加工收回的已税实木地板为原料生产的实木地板。

(7) 以外购汽油、柴油、石脑油、燃料油、润滑油连续生产应税成品油。

(8) 以外购、委托加工收回的已税高档化妆品为原料生产的高档化妆品。

(9) 从葡萄酒生产企业购进、进口葡萄酒连续生产应税葡萄酒的,准予从葡萄酒消费税应纳税额中扣除所耗用应税葡萄酒已纳消费税税款。

(10) 啤酒生产集团内部企业间调拨销售的啤酒液,连续灌装生产并对外销售的啤酒,购入方单独建立使用台账,其外购啤酒液已纳的消费税额,可以从其当期应纳消费税额中抵减。

酒(葡萄酒、啤酒除外)、小汽车、摩托车、高档手表、游艇、电池、涂料7个税目无扣税规定,主要是这些消费品已经是最终消费品了,一般不存在再次加工成其他应税消费品的情况了。

(二) 扣税计算

1. 外购

当期准予扣除外购的应税消费品已纳消费税税款的计算公式为:

当期准予扣除的外购应税消费品已纳税款＝当期准予扣除的外购应税消费品买价×外购应税消费品适用税率

当期准予扣除的外购应税消费品买价＝期初库存的外购应税消费品的买价＋当期购进的应税消费品的买价－期末库存的外购应税消费品的买价

外购已税消费品的买价是指购货发票上注明的销售额(不包括增值税税款)。

2. 委托加工

当期准予扣除委托加工的应税消费品已纳消费税税款的计算公式为:

当期准予扣除的委托加工应税消费品已纳税款＝期初库存的委托加工应税消费品已纳税款＋当期收回的委托加工应税消费品已纳税款－期末库存的委托加工应税消费品已纳税款

【例3.16】某高档化妆品生产企业为增值税一般纳税人,以外购已税化妆品为原料生产高档化妆品。月初库存外购原料买价860000元,当月购进原料2600000元,月末库存外购原料买价1500000元。购进原材料按规定取得增值税专用发票,并于当月通过增值税发票选择确认平台勾选认证。

【解析】已知高档化妆品消费税税率为15%,当月准予扣除的外购应税消费品买价＝860000＋2600000－1500000＝1960000(元)。

当月准予扣除的已交消费税＝1960000×15%＝294000(元)

本期准予扣除税额计算表如表3.3所示。

表 3.3　本期准予扣除税额计算表

金额单位:元(列至角分)

准予扣除项目			应税消费品名称			
						合计
一、本期准予扣除的委托加工应税消费品已纳税款计算		期初库存委托加工应税消费品已纳税款	1			
		本期收回委托加工应税消费品已纳税款	2			
		期末库存委托加工应税消费品已纳税款	3			
		本期领用不准予扣除委托加工应税消费品已纳税款	4			
		本期准予扣除委托加工应税消费品已纳税款	5=1+2−3−4			
二、本期准予扣除的外购应税消费品已纳税款计算	(一)从价计税	期初库存外购应税消费品买价	6			
		本期购进应税消费品买价	7			
		期末库存外购应税消费品买价	8			
		本期领用不准予扣除外购应税消费品买价	9			
		适用税率	10			
		本期准予扣除外购应税消费品已纳税款	11=(6+7−8−9)×10			
	(二)从量计税	期初库存外购应税消费品数量	12			
		本期外购应税消费品数量	13			
		期末库存外购应税消费品数量	14			
		本期领用不准予扣除外购应税消费品数量	15			
		适用税率	16			
		计量单位	17			
		本期准予扣除的外购应税消费品已纳税款	18=(12+13−14−15)×16			
三、本期准予扣除税款合计			19=5+11+18			

(三) 扣除环节

纳税人用外购或委托加工收回的已税珠宝、玉石原料生产的改在零售环节征收消费税的金银首饰(镶嵌首饰),在计税时一律不得扣除外购或委托加工收回珠宝、玉石的已纳税款。

对自己不生产应税消费品,而只是购进后再销售应税消费品的工业企业,其销售的高档化妆品、鞭炮焰火和珠宝玉石,凡不能构成最终消费品直接进入消费品市场,而需进一步生产加工的,应当征收消费税,同时允许扣除上述外购应税消费品的已纳税款。

允许扣除已纳税款的应税消费品只限于从工业企业购进的应税消费品和进口环节已缴纳消费税的应税消费品,对从境内商业企业购进应税消费品的已纳税款一律不得扣除。

任务三　消费税申报

一、消费税征收管理

（一）纳税义务发生时间

(1) 纳税人销售应税消费品的,按不同的销售结算方式确定,分别为:

① 采取赊销和分期收款结算方式的,为书面合同约定的收款日期的当天,书面合同没有约定收款日期或者无书面合同的,为发出应税消费品的当天。

② 采取预收货款结算方式的,为发出应税消费品的当天。

③ 采取委托银行收款方式的,为发出应税消费品并办妥托收手续的当天。

④ 采取其他结算方式的,为收讫销售款项或者取得索取销售款项凭据的当天。

(2) 纳税人自产自用应税消费品的,为移送使用的当天。

(3) 纳税人委托加工应税消费品的,为纳税人提货的当天。

(4) 纳税人进口应税消费品的,为报关进口的当天。

（二）纳税地点

(1) 纳税人销售的应税消费品,以及自产自用的应税消费品,除国务院财政、税务主管部门另有规定外,应当向纳税人机构所在地或者居住地的税务机关申报纳税。

(2) 委托加工的应税消费品,除受托方为个人外,由受托方向机构所在地或者居住地的税务机关解缴消费税税款。受托方为个人的,由委托方向机构所在地的税务机关申报纳税。

(3) 进口的应税消费品,由进口人或者其代理人向报关地海关申报纳税。

(4) 纳税人到外县(市)销售或者委托外县(市)代销自产应税消费品的,于应税消费品销售后,向机构所在地或者居住地税务机关申报纳税。

(5) 纳税人的总机构与分支机构不在同一县(市)的,应当分别向各自机构所在地的税务机关申报纳税。

纳税人的总机构与分支机构不在同一县(市),但在同一省(自治区、直辖市)范围内,经省(自治区、直辖市)财政厅(局)、税务局审批同意,可以由总机构汇总向总机构所在地的税务机关申报缴纳消费税。省(自治区、直辖市)财政厅(局)、税务局应将审批同意的结果,上报财政部、国家税务总局备案。

(6) 纳税人销售的应税消费品,如因质量等原因由购买者退回时,经机构所在地或者居住地税务机关审核批准后,可退还已缴纳的消费税税款。

(7) 出口的应税消费品办理退税后,发生退关,或者国外退货进口时予以免税的,报关出口者必须及时向其机构所在地或者居住地税务机关申报补缴已退还的消费税税款。

纳税人直接出口的应税消费品办理免税后,发生退关或者国外退货,进口时已予以免税的,经机构所在地或者居住地税务机关批准,可暂不办理补税,待其转为国内销售时,再申报补缴消费税。

（8）个人携带或者邮寄进境的应税消费品的消费税，连同关税一并计征。

（三）纳税期限

消费税的纳税期限分别为1日、3日、5日、10日、15日、1个月或者1个季度；纳税人的具体纳税期限，由税务机关根据纳税人应纳税额的大小分别核定；不能按照固定期限纳税的，可以按次纳税。

纳税人以1个月或者1个季度为1个纳税期的，自期满之日起15日内申报纳税；以1日、3日、5日、10日或者15日为1个纳税期的，自期满之日起5日内预缴税款，于次月1日起至15日内申报纳税并结清上月应纳税款。

纳税人进口应税消费品，应当自海关填发海关进口消费税专用缴款书之日起15日内缴纳税款。

二、消费税纳税申报

自2021年8月1日起，为了进一步优化税收营商环境，提高办税效率，提升办税体验，实行消费税与附加税费申报表整合，实行"一表申报、同征同管"。新申报表将原分税目的消费税纳税申报表主表、附表进行了整合，包括1张主表、6张附表。系统根据纳税人登记的消费税征收品目信息，自动带出申报表主表中的"应税消费品名称""适用税率"等内容以及该纳税人需要填报的附表，方便纳税人填报。成品油消费税纳税人、卷烟消费税纳税人需要填报的专用附表，其他纳税人不需填报，系统也不会带出。

【例3.17】北京市云×烟草公司主要生产销售烟草制品，统一社会信用代码为91110101085844220N，某月销售甲类卷烟2760箱，不含税销售额104250000元，销售乙类卷烟850箱，不含税销售额12750000元，销售雪茄烟600箱，每箱250支，不含税销售额6000000元，销售烟丝3500千克，不含税销售额550000元。本期还将自产的10箱甲类卷烟作为员工福利发放给员工，不含税金额为500000元。当期外购烟丝买价18750000元，已知期初库存烟丝6500000元，期末库存3250000元；外购雪茄烟片3000000元，期初库存1500000元，期末库存1250000元。请根据以上情况填写当期消费税申报表。

【解析】卷烟消费税在生产环节甲类卷烟比例税率为56%，乙类卷烟为36%，定额税率均为30元/万支，雪茄烟税率为36%，烟丝税率为30%。10箱甲类卷烟发放员工福利视同销售，应缴纳消费税。已知每箱卷烟250条，每条200支，则每箱为5万支。

则　甲类卷烟销量＝2760＋10＝2770（箱）

　　甲类卷烟销售额＝104250000＋500000＝104750000（元）

则　甲类卷烟消费税＝2770×5×30＋104750000×56%
　　　　　　　　　＝415500＋58660000＝59075500（元）

乙类卷烟消费税＝850×5×30＋12750000×36%
　　　　　　　＝127500＋4590000＝4717500（元）

雪茄烟消费税＝6000000×36%＝2160000（元）

烟丝消费税＝550000×30%＝165000（元）

外购烟丝已纳税款可以扣除,雪茄烟片不在扣除范围。

当期准予扣除的外购烟丝已纳税款=[期初库存外购烟丝买价(6500000)+当期购进烟丝买价(18750000)-期末库存外购烟丝买价(3250000)]×烟丝消费税率30%=6600000(元)

当期应纳消费税=59075500+4717500+2160000+165000-6600000=59518000(元)

因此,消费税申报表填写如表3.4、表3.5所示。

表3.4 本期准予扣除税额计算表

纳税人识别号:91110101085844220N　　　纳税人名称:北京市云×烟草工业有限公司

所属时期:2021-04-01　　　填表日期:　　　金额单位:元(列至角分)

项目	金额
一、当期准予扣除的委托加工烟丝已纳税款计算	
1.期初库存委托加工烟丝已纳税款	
2.当期收回委托加工烟丝已纳税款	
3.期末库存委托加工烟丝已纳税款	
4.当期准予扣除委托加工烟丝已纳税款	
二、当期准予扣除的外购烟丝已纳税款计算	
1.期初库存外购烟丝买价	6500000
2.当期购进烟丝买价	18750000
3.期末库存外购烟丝买价	325000
4.当期准予扣除外购烟丝已纳税款	6600000
三、本期准予扣除税款合计	6600000

表3.5 消费税及附加税费申报表

税款所属期:自2021年04月01日至2021年04月30日

纳税人识别号(统一社会信用代码):91110101085844220N

纳税人名称:北京市云×烟草工业有限公司　　　金额单位:人民币元(列至角分)

应税消费品名称	适用税率		计量单位	本期销售数量	本期销售额	本期应纳税额
	定额税率	比例税率				
	1	2	3	4	5	6=1×4+2×5
卷烟	30元	56%	万支	13850	104750000	59075500
卷烟	30元	36%	万支	4250	12750000	4717500
雪茄烟		36%	支	150000	6000000	2160000
烟丝		30%	千克	3500	550000	165000
合计	—	—	—	—	—	66118000

项目	栏次	本期税费额
本期减(免)税额	7	
期初留抵税额	8	
本期准予扣除税额	9	6600000
本期应扣除税额	10=8+9	6600000
本期实际扣除税额	11[10<(6-7),则为10,否则为6-7]	6600000

续表

应税 消费品名称	适用税率		计量 单位	本期销售数量	本期销售额	本期应纳税额
	定额 税率	比例 税率				
	1	2	3	4	5	6＝1×4＋2×5
期末留抵税额				12＝10－11		
本期预缴税额				13		
本期应补(退)税额				14＝6－7－11－13	59518000	
城市维护建设税本期应补(退)税额				15	4166260	
教育费附加本期应补(退)费额				16	1785540	
地方教育附加本期应补(退)费额				17	1190360	

声明:此表是根据国家税收法律法规及相关规定填写的,本人(单位)对填报内容(及附带资料)的真实性、可靠性、完整性负责。

纳税人(签章):　　　　年　月　日

经办人:	
经办人身份证号:	受理人:
代理机构签章:	受理税务机关(章):
代理机构统一社会信用代码:	受理日期:　　年　月　日

【职场警示】白酒消费税征收改革建议

消费税主要是通过影响消费者的收入效应和替代效应影响消费行为,课征高额消费税率可以起到抑制高档消费、引导合理消费结构及收入分配的作用,白酒消费税税负越重,越能反向推升白酒产品价格,一定程度上起到了限制白酒消费的作用。

白酒消费税选择在不同渠道环节征收,征收比例和计税价格也不同。白酒消费税征收环节单一,目前在生产环节缴纳,采用从量从价的复合计税方法。目前从价税税率较高,已经发挥了引导消费结构和增加财政收入、促进收入公平的作用。白酒产量迅速放缓,从量税不利于行业放量。从量税对价格带分化较重的白酒行业而言有失公平性,统一的从量税率有明显弊端,不利于地方酒等低价位大众酒的发展,低价位地产酒企税负接近名优酒,也不利于带动地产酒所在地区的上游(粮食深加工)产业链发展。

2019年10月,国务院印发《实施更大规模减税降费后调整中央与地方收入划分改革推进方案》,表示为使地方政府开拓税源,将消费税后移至批零环节征收,先对高档手表、贵重首饰和珠宝玉石等条件成熟的品目实施改革,再结合消费税立法对其他品目试点。2020年5月,国务院印发《中共中央国务院关于新时代加快完善社会主义市场经济体制的意见》,提出将部分品目消费税征收环节后移,以加快建立现代财税制度。该改革意见的提出主要是出于目前国家税收层级较低和地方财政收支不平衡的考虑。由于2019年经济转型使得税源减幅较大,地方财政收支出现不匹配的现象。该改革意见可以给地方政府提供新的征税途径,解决地方财政困难和财政收入下滑难题,促进税收收入分配公平。

如果白酒消费税征收从生产环节后移至零售环节,那么白酒的零售价格即为白酒消费税计税价格,白酒计税价格与零售价格之间的差异将不复存在。一方面,这有利于压缩白酒生产企业避税空间,企业无法再通过设立关联销售企业手段规避纳税义务;另一方面,这有利于增强国家对白酒的宏观调控,政府能根据当年白酒行业的销售情况分析白酒消费税税款入库的完成情况,及时完善白酒调控政策。

白酒销售体系复杂,消费税后移短期推进难度大。对照目前已经在批零环节征收消费税的品类来看,能够在批零环节征税的品类其流通领域都具有以下特征:存在严格的管控制度:如烟草专卖制度;批零端消费场景相对固定,征收对象明确:如玉器、钻石等。在我国,烟草行业已率先实现了在流通环节征收消费税,但烟草行业与白酒行业渠道结构差异较大,决定了白酒消费税改革很难以烟草为模板简单推行。白酒行业渠道体系复杂,销售渠道包括销售公司、经销商、终端、消费者等多个环节。

在将白酒消费税征收环节后移至零售环节的同时,也应同步提高白酒消费税税收征管能力,促进白酒消费税征管现代化,以更好解决因白酒消费税征收环节后移带来的纳税人数量急剧增加等征管难题。首先,税务机关可利用人工智能、大数据、区块链等信息技术,搭建白酒消费税征管数字平台,要求白酒生产企业在数字平台申报端主动更新白酒产品的生产与销售信息,降低白酒消费税征管成本。其次,应加强各方联动,使用白酒溯源二维码,全方位掌握白酒的生产与流通信息,减少信息不对称,提高白酒消费税征管效率。

在我国现行的"价税合一"的价税列示方式下,消费者不能直观感知到白酒消费行为负担的税负成本大小,这在一定程度上影响了白酒消费税调控职能的发挥。未来,在改革白酒消费税征收环节、完善白酒消费税税率设置的基础上,还应将白酒消费税价税列示方式由"价税合一"改为"价税分列"。在白酒零售价格标签上将白酒价格与包含在价格中的白酒消费税分别列示,促进白酒消费税透明化,使消费者能清楚直观地认识到白酒消费行为需承担的消费税税负,增强白酒消费税税收凸显性,更好发挥白酒消费税引导白酒消费的职能与作用。

项目四

海关征税

> 学习目标

知识目标:熟悉关税的基本要素,掌握关税的计税依据,了解出口退税政策,掌握增值税出口退税额的计算,了解船舶吨税的基本规定。

能力目标:会计算进口关税,能查询具体商品出口退税率。

思政目标:了解关税和船舶吨税征收体现的国家主体意义。

任务一 关 税

一、关税概述

(一)关税的概念

关税是海关依法对进出国境或关境的货物、物品征收的一种税。

国境是一个主权国家的全面行使主权的境域,包括领土、领海、领空。关境又称税境,是一个国家的关税法令完全实施的境域。在通常情况下,一个国家的关境与其国境是一致的。但在国境内设有免税的自由港或自由贸易区时,关境就小于国境,如我国的香港和澳门地区保持自由港地位,为我国单独的关税地区;如果几个国家结成关税同盟,在成员国之间货物进出国境不征收关税,只对来自和运往非同盟成员国的货物进出共同关境时征收关税,这时就各成员国来说,关境大于国境,如欧洲联盟。

关税一般分为进口关税、出口关税和过境关税。我国目前对进出境货物征收的关税分为进口关税和出口关税两类。中国海关有监管、征税、查私和统计四项职能,关税和船舶吨税由海关负责征收,进口货物的增值税和消费税由海关代征。

现行关税的基本法律规范是全国人民代表大会常务委员会于2000年7月8日修订的《中华人民共和国海关法》,国务院于2003年11月颁布的《中华人民共和国进出口关税条例》及由海关总署印发的《海关进出口税则》《中华人民共和国海关入境旅客行李物品和个人邮递物品征收进口税办法》。

(二)关税的特点

1. 关税征收的对象是进出境的货物和物品

关税是对进出境的货品征税,在境内和境外流通的货物,不进出关境的不征关税。货物和物品只有在进出关境时,才能被征收关税。

2. 关税是单一环节的价外税

关税的完税价格中不包括关税,即在征收关税时以实际成交价格为计税依据,关税不包括在内。但海关代为征收增值税、消费税时,其计税依据包括关税在内。

3. 关税有较强的涉外性

关税只对进出境的货物和物品征收。对货物征收关税,势必会提高纳税人的经营成本,从而对商品入境后销售利润产生直接的影响。因此,关税税则的制定、税率的高低,直接会影响到国际贸易的开展。

二、关税的基本要素

(一) 关税的纳税人

关税的纳税人,包括进口货物的收货人、出口货物的发货人、进出境物品的所有人。进出口货物的收、发货人是依法取得对外贸易经营权,并进口或者出口货物的法人或者其他社会团体。进出境物品的所有人包括该物品的所有人和推定为所有人的人。一般情况下,对于携带进境的物品,推定其携带人为所有人;对分离运输的行李,推定相应的进出境旅客为所有人;对以邮递方式进境的物品,推定其收件人为所有人;以邮递或其他运输方式出境的物品,推定其寄件人或托运人为所有人。

(二) 关税的征税范围

关税的征税范围包括国家准许进出口的货物、进境物品,但法律、行政法规另有规定的除外。

货物是指贸易性商品;物品是指入境旅客随身携带的行李物品、个人邮递物品、各种运输工具上的服务人员携带进口的自用物品、馈赠物品及以其他方式进入国境的个人物品。对从境外进口国产货物也要征收进口关税。

(三) 关税的税目和税率

关税的税目和税率由《海关进出口税则》规定。进出口税则是为了体现关税政策和便于货物监管,根据世界海关组织发布的《商品名称及编码协调制度》,按商品分类目录编制。该制度是一部多用途的商品分类目录,可供海关税则、统计、国际贸易管理、信息、运输等方面使用。它包括三个主要部分:归类总规则、进口税率表、出口税率表。它将国际贸易中的商品分为21类、97章、1241个名目、5019个独立的商品组。每个商品名目和商品组都按一定的规律和顺序用数字编码,简称税号。我国在该制度的基础上,根据贯彻国家产业政策的需要和我国外贸进出口的实际情况,结合外贸许可证商品管理和海关统计业务的要求,增加了一些子目,将编码数字由该制度规定的6位增加到8位。按照税则归类总规则及其归类方法,每一种商品都能找到三个最适合的对应税目。

关税的税率为差别比例税率,分为进口关税税率、出口关税税率和特殊关税。

1. 进口货物关税税率

进口货物关税设置最惠国税率、协定税率、特惠税率、普通税率、关税配额税率等税率。

(1) 最惠国税率。适用原产于与我国共同适用最惠国待遇条款的世贸组织成员的进口货物,或原产于与我国签订有相互给予最惠国待遇条款的双边贸易协定的国家或者地区的进口货物,以及原产于我境内的进口货物。

(2) 协定税率。适用原产于我国参加的含有关税优惠条款的区域性贸易协定有关缔约方的进口货物,如曼谷协定税率。

（3）特惠税率。适用原产于与我国签订有特殊关税协定的国家或者地区的进口货物，如曼谷协定特惠税率。

（4）普通税率。适用原产于上述国家或地区以外的其他国家或地区的进口货物。

（5）关税配额税率。按照国家规定实行关税配额管理的进口货物，如对部分进口农产品和化肥产品实行关税配额制度，关税配额内的，适用较低的关税配额税率；关税配额外的，其税率的适用按上述税率的形式的规定执行，适用较高的配额外税率。

（6）暂定税率。根据经济发展需要，国家对部分进口原材料、零配件、农药原药和中间体、乐器及生产设备实行暂定税率。适用最惠国税率的进口货物有暂定税率的，应当适用暂定税率；适用协定税率、特惠税率的进口货物有暂定税率的，应当从低适用税率；适用普通税率的进口货物，不适用暂定税率。

对于货物的原产地我国基本上采用"全部产地生产标准"和"实质性加工标准"。全部产地生产标准是指完全在一个国家内生产货制造。实质性加工标准是指多国参与生产，以最后一个对货物进行经济上可以视为实质性加工的国家作为原产国。

2. 出口货物关税税率

出口关税税率是对出口货物征收减税而规定的税率。目前我国仅对少数资源性产品及易于竞相杀价，需要规范出口秩序的半制成品征收出口关税。

与进口关税税率一样，出口关税税率也规定有暂定税率。与进口暂定税率一样，出口暂定税率优先适用于出口税则中规定的出口关税税率。

未订有出口关税税率的货物，不征出口关税。

3. 特别关税

为了应对个别国家对我国出口货物的歧视，任何国家或者地区如对进口原产于我国的货物征收歧视性关税或者给予其他歧视性待遇的，海关可以对原产于该国或地区的进口货物征收特别关税。

特别关税包括报复性关税、反倾销税与反补贴税、保障性关税。报复性关税是指对违反与我国签订或者共同参加的贸易协定及相关协定，对我国在贸易方面采取禁止、限制、加征关税或者其他影响正常贸易的国家或地区所采取的一种进口附加税。反倾销税与反补贴税，是指进口国海关对外国的倾销货物，在征收关税的同时附加征收的一种特别关税，其目的在于抵消他国补贴。保障性关税，是指当某类货物进口量剧增，对我国相关产业带来巨大威胁或损害时，按照世贸有关规则，可以启动一般保障措施，主要是采取提高关税的形式。

三、关税的减免

（一）下列进出口货物免征关税

（1）关税税额在人民币50元以下的一票货物。
（2）无商业价值的广告品和货样。
（3）外国政府、国际组织无偿赠送的物资。
（4）在海关放行前损失的货物。

(5) 进出境运输工具装载的途中必需的燃料、物料和饮食用品。

在海关放行前遭受损坏的货物,可以根据海关认定的受损程度减征关税。

法律规定的其他免征或者减征关税的货物,海关根据规定予以免征或者减征。

(二) 其他情形

经海关批准暂时进境或者暂时出境的下列货物,在进境或者出境时纳税义务人向海关缴纳相当于应纳税款的保证金或者提供其他担保的,可以暂不缴纳关税,并应当自进境或者出境之日起6个月内复运出境或者复运进境;经纳税义务人申请,海关可以根据海关总署的规定延长复运出境或者复运进境的期限。

(1) 在展览会、交易会、会议及类似活动中展示或者使用的货物。
(2) 文化、体育交流活动中使用的表演、比赛用品。
(3) 进行新闻报道或者摄制电影、电视节目使用的仪器、设备及用品。
(4) 开展科研、教学、医疗活动使用的仪器设备及用品。
(5) 在本款第(1)—(4)项所列活动中使用的交通工具及特种车辆。
(6) 货样。
(7) 供安装、调试、检测设备时使用的仪器、工具。
(8) 盛装货物的容器。
(9) 其他用于非商业目的的货物。

四、关税的计税依据

我国对进出口货物征收关税,主要采取从价计征的办法,以货物的完税价格为计税依据征收关税。

(一) 进口关税完税价格

1. 以成交价格为基础的完税价格的确定

进口货物的完税价格,由海关以进口货物的成交价格,以及该货物运抵我国境内输入地点起卸前的运输及相关费用、保险费为基础审查确定。

进口货物的成交价格,是指卖方向我国境内销售该货物时,买方为进口该货物向卖方实付、应付的价款总额,包括直接支付的价款和间接支付的价款。进口货物的运费、保险费,应当按照实际支付的费用计算。如果进口货物的运费无法确定,海关应当按照该货物的实际运输成本或该货物进口同期运输行业公布的运费率(额)计算;如果进口货物的保险费无法确定或者未实际发生,海关应当按照"货价加运费"的3‰计算。

2. 进口货物的下列费用应当计入完税价格

(1) 由买方负担的除购货佣金以外的佣金和经纪费。
(2) 由买方负担的与该货物视为一体的容器的费用。
(3) 由买方负担的包装材料费用和包装劳务费用。
(4) 与该货物的生产和向我国境内销售有关的,由买方以免费或者以低于成本的方式提供并可以按适当比例分摊的料件、工具、模具、消耗材料及类似货物的价款,以及在境外开发、设计等相关服务的费用。

（5）作为该货物向我国境内销售的条件，买方必须支付的、与该货物有关的特许权使用费。

（6）卖方直接或者间接从买方获得的该货物进口后转售、处置或者使用的收益。

3. 进口时在货物的价款中列明的下列税收、费用不计入该货物的完税价格

（1）厂房、机械、设备等货物进口后进行建设、安装、装配、维修和技术服务的费用。

（2）进口货物运抵境内输入地点起卸后的运输及其相关费用、保险费。

（3）进口关税及其他国内税收。

（二）出口货物的完税价格

出口货物的完税价格，由海关以该货物的成交价格以及该货物运至我国境内输出地点装载前的运输及其相关费用、保险费为基础审查确定。

出口货物的成交价格，是指该货物出口时卖方为出口该货物应当向买方直接收取和间接收取的价款总额。

出口关税不计入完税价格。出口货物完税价格的计算公式为：

完税价格＝离岸价格÷（1＋出口关税税率）

五、关税应纳税额的计算

（一）从价税计算方法

关税应纳税额＝应税进（出）口货物数量×单位完税价格×适用税率

【例4.1】某单位进口原产于某世贸成员国的排气量为2.2 L的小轿车20辆，该批货物在出口国的离岸价格为3100000元，运抵我国关境内输入地点起卸前的包装费、运输费、保险费和其他费用共500000元；支付货物在我国输入地点起卸后的运输费用20000元。进口关税税率为28％。计算该单位应纳关税税额。

【解析】该单位应纳关税税额的计算方法为：

应纳税额＝（3100000＋500000）×28％＝1008000（元）

【例4.2】某单位从英国伦敦进口一批中厚钢板共计200000千克，成交价格为离岸价格25元/千克，已知单位运费为5元，保险费率为2％，中厚钢板是日本原产货物，适用于最惠国税率10％。计算该单位应纳关税税额。

【解析】完税价格＝（离岸价格＋运费）×（1＋保险费率）＝200000×（25＋5）×（1＋2％）＝6120000（元）

应纳进口关税税额＝完税价格×进口关税税率＝6120000×10％＝612000（元）

（二）从量税计算方法

目前，我国对原油、部分鸡产品、啤酒进口选择以数量、重量、体积、容积等计征从量税。

关税应纳税额＝应税进（出）口货物数量×关税单位税额

(三) 复合税计算方法

目前,我国对录像机、放像机、数字照相机和摄录一体机实行复合税,先计征从量税,再计征从价税。

关税应纳税额＝应税进(出)口货物数量×关税单位税额＋应税进(出)口货物数量×单位完税价格×适用税率

(四) 滑准税计算方法

滑准税,是指关税的税率随着进口货物价格的变动而反方向变动的一种税率形式,即价格越高,税率越低,税率为比例税率。因此,实行滑准税率的进口货物应纳关税税额的计算方法与从价税的计算方法相同。目前我国对新闻纸实行滑准税。

关税应纳税额＝应税进(出)口的货物数量×单位完税价格×滑准税税率

六、关税的征收管理

进口货物自运输工具申报进境之日起14日内,出口货物在货物运抵海关监管区后装货的24小时以前,由进出口货物的纳税人向货物的进(出)境地海关申报,海关根据《海关进出口税则》对进(出)口货物进行归类,并依据其完税价格和适用税率计算应缴纳的关税和进口环节代征税,并填发税款缴款书(表4.1)。纳税人应当自海关填发税款缴款书之日起15日内,向指定银行缴纳税款。纳税人未按期缴纳税款的,从滞纳税款之日起,按日加收滞纳税款万分之五的滞纳金。

表4.1 海关专用缴款书

收入系统		填发日期: 年 月 日			号码No:
收款单位	收入机关		缴款单位	名　　称	
	科　　目	预算级次		账　　号	
	收款国库			开户银行	
税号	货物名称	数量	单位	完税价格(¥)	税率(%)	税款金额(¥)
金额人民币(大写)				合计(¥)	
申请单位编号		报关单编号		填制单位	收款国库(银行)
合同(批文)号		运输工具(号)			
缴款期限	年 月 日前	提/装货单号		制单人＿＿＿＿ 复核人	
备注					

从填发缴款书之日起限15日缴纳(期末遇法定节假日顺延),逾期按日征收税款总额万分之五的滞纳金

任务二 出 口 退 税

一、出口退税基本政策

出口货物退、免税,简称出口退税,其基本含义是指对出口货物退还其在国内生产和流通环节实际缴纳的增值税、消费税。

(一)出口免税并退税

出口免税是指对货物在出口环节不征增值税、消费税;出口退税是指对货物在出口前实际承担的税收负担,按规定的退税率计算后予以退还。

适用出口免税并退税的包括生产企业自营或委托外贸企业代理出口自产货物;有出口经营权的外贸企业收购后直接出口或委托其他外贸企业代理出口货物;出口企业从小规模纳税人购进抽纱、工艺品、香料油、山货、草柳竹藤制品、渔网渔具、松香、五倍子、生漆、鬃尾、山羊板皮、纸制品等12类货物并取得增值税专用发票;特定企业出口的特定货物。

(二)出口免税但不退税

该政策是指出口环节免征增值税、消费税。适用该政策的货物在前一道环节是免税的,其价格本身就是不含税的,因此也无须退税。适用出口免税但不退税的包括生产企业的小规模纳税人自营出口或委托外贸企业代理出口的自产货物;外贸企业将从小规模纳税人购进并开具增值税普通发票的货物用于出口;外贸企业直接购进国家规定的免税货物、服务用于出口;其他免税货物或项目。

(三)出口不免税也不退税

出口不免税是指国家限制或禁止出口的某些货物,出口环节照常征税;出口不退税是指不退还货物出口前其所负担的增值税、消费税。下列货物出口不免税也不退税:国家计划外出口的原油;援外出口货物;天然牛黄、麝香、铜及铜基合金、白银等。

二、出口退税的范围

(一)出口退税的企业范围

出口退税的企业,一般是指经国家商务主管部门及其授权单位批准,享有进出口经营权的企业和委托出口企业代理出口自产货物的生产企业。我国现行享受出口退税的企业主要有:一是经国家商务主管部门及其授权单位批准的有进出口经营权的外贸企业;二是经国家商务主管部门及其授权单位批准的有进出口经营权的自营生产企业;三是外商投资企业;四是委托外贸企业代理出口的生产企业;五是特定退(免)税企业。

小规模纳税人出口自产货物实行免征增值税的办法。

(二) 出口退税的货物范围

我国现行出口退税的货物范围主要是报关出口的增值税、消费税应税货物。

一般退税货物范围,是指企业出口的凡属于已征或应征增值税、消费税的货物,除国家明确规定不予退税的货物外,都属于出口退税的货物范围。一般来说,享受退税的一般货物应同时具备以下四个条件:

一是必须是属于增值税、消费税征税范围的货物。

二是必须是报关离境的货物。货物是否输出海关,是判断是否属于出口货物的最主要标准,也是区别货物是否应退税的主要标准之一。凡是报关不离境的货物,不论出口企业以外汇结算还是以人民币结算,也不论企业在财务上和其他管理上作何处理,均不能视为出口货物予以退税。

三是必须是在财务会计上作对外销售处理的货物。即已实现销售收入并按规定入账的出口货物。出口货物销售价格一律以离岸价格折算为人民币入账。出口货物只有在财务上作销售后,才能办理退税。

四是必须是出口结汇并已核销的货物。结汇是指根据国家外汇管理制度的规定,外汇收入所有者将外汇收入出售给外汇指定银行,外汇指定银行按一定汇率付给等值的本币的行为。将出口退税与出口收汇核销挂钩,可以有效地防止出口企业高报出口价格,而骗取退税。

特准退(免)税货物范围,是指虽然不具备上述四个条件,但由于其销售方式、消费环节、结算办法等特殊性,国家特准退还或免征增值税、消费税的货物。如对外承包工程公司运出境外用于对外承包工程项目的货物、外商投资企业在投资总额内采购的国产设备等。

出口免税货物,是指按税法规定实行免税不退税办法的出口货物,如来料加工复出口货物、小规模纳税人出口货物、出口卷烟等。出口享受免征增值税的货物,其耗用的原材料、零部件等支付的进项税额,包括准予抵扣的运输费用所含的进项税额,不能从内销货物的销项税额中抵扣,应计入产品成本处理。

不予退、免税的出口货物,是指按税法规定不能享受出口退、免税且要视同内销征税的出口货物,如稀土金属、尿素、电解铝、钢铁初级产品等。

(三) 出口退税的税种范围

出口退税的税种仅限于增值税和消费税。

出口退税是国际上通行的税收规则。税收属国家行为,增值税、消费税有转嫁性质,若出口货物含增值税、消费税等流转税,则外国最终消费者必将承担出口国政府的税收负担,然而外国消费者没有义务承担货物出口国政府的税负,出口退税公平税负。另外,出口货物以不含税价格进入国际市场,可以增强货物竞争力。

三、出口退税的税率

出口退税率是指出口货物的应退税额与计税依据之间的比例。目前,我国增值税退税率为5%—13%,消费税退税率按该应税消费品所适用的消费税税率计算。出口企业应将不同税率的货物分开核算和申报,凡划分不清适用退税率的,一律从低适用税率计算退税。

出口退税税率可通过国家税务总局网站纳税服务模块进行出口退税率查询,输入商品代码或商品名称,即可查询该商品具体的征税率和退税率。如图4.1、图4.2所示。

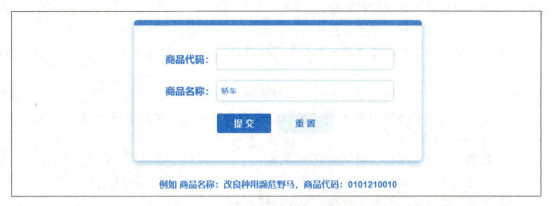

图4.1 出口退税率查询

查询结果				
商品编码	商品名称	计量单位	征税税率%	增值税退税率%
8408209020	升功率≥50kw的输出功率<132.39kw的轿车用柴油发动机	台/千克	13	13.0
8703213010	仅装有排量≤1升的点燃式活塞内燃发动机的小轿车	辆/千克	13	13.0

图4.2 查询结果

四、增值税出口退税额

(一)"免、抵、退"办法

自营或委托出口自产货物的生产企业以及提供适用零税率的应税服务和无形资产的企业适用"免、抵、退"办法。

实行免、抵、退税管理办法的"免"税是指生产企业出口的自产货物,在出口时免征本企业生产销售环节增值税;"抵"税是指生产企业出口自产货物所耗用的原材料、零部件、燃料、动力等所含应予退还的进项税额,抵顶内销货物的应纳税额;"退"税是指生产企业出口的自产货物在当月内应抵顶的进项税额大于应纳税额时,对未抵顶完的部分予以退税。

具体计算公式如下:

当期应纳税额=当期内销货物的销项税额-(当期进项税额-当期免抵退税不得免征和抵扣税额)-上期留抵税额

其中:

当期免抵退税不得免征和抵扣税额=出口货物离岸价×外汇人民币牌价×(出口货物

征收率—出口货物退税率)—免抵退税不得免征和抵扣税额抵减额

免抵退税不得免征和抵扣税额抵减额=免税购进原材料价格×(出口货物征收率—出口货物退税率)

免税购进原材料,包括从国内购进免税原材料和进料加工免税进口料件,其中进料加工免税进口料件的价格为组成计税价格。

进料加工免税进口料件组成计税价格=货物到岸价+海关实征关税和消费税

免抵退税额=出口货物离岸价×外汇人民币牌价×出口货物退税率—免抵退税抵减额

其中:

免抵退税抵减额=免税购进原材料×出口货物退税率

如当期没有免税购进原材料价格,"免抵退税不得免征和抵扣税额抵减额"、"免抵退税额抵减额"就不用计算。

若当期期末留抵税额≤当期免抵退税额,则:

当期应退税额=当期期末留抵税额

当期免抵税额=当期免抵退税额—当期应退税额

若当期期末留抵税额>当期免抵退税额,则:

当期应退税额=当期免抵退税额

当期免抵税额=0

当期期末留抵税额根据当期"增值税纳税申报表"中"期末留抵税额"确定。

【例4.3】某自营出口生产企业是增值税一般纳税人,出口货物的征税税率为13%,退税率为9%。某月购进原材料一批,取得增值税专用发票注明的价款300万元,外购货物进项税款39万元通过抵扣认证。上期期末留抵税额3万元。当期内销货物销售额100万元,销项税额13万元。本月出口货物销售折合人民币200万元。试问该企业本期免、抵、退税额是多少?

【解析】本月免抵退税不得免征和抵扣税额=200×(13%—9%)=8(万元)

本期应纳增值税额=13—(39—8)—3=—21(万元),当期期末留抵税额为21万元。

出口货物免抵退税额=200×9%=18(万元)

按规定,如当期期末留抵税额>当期免抵退税额时,当期应退税额=当期免抵退税额,即18万元。

本月免抵税额=0

(二)"先征后退"办法

"先征后退"办法适用于收购货物出口的外贸企业。

外贸企业以及实行外贸企业财务制度的工贸企业收购货物出口,免征其出口销售环节的增值税;其收购货物的成本,包括其在支付收购货款的同时所支付的增值税进项税款,因此,在货物出口后按收购成本与退税率计算退税,征、退税之差计入企业成本。

外贸企业从小规模纳税人购进特准退税出口货物,同样实行出口免税并退税的办法。

对外贸企业委托生产企业加工,收回后报关出口的货物,依购进国内原辅材料的增值税专用发票注明的进项金额,按原辅材料的退税率计算应退税额。支付的加工费,凭受托方开具的货物适用的退税率,计算加工费的应退税额。

应退税额＝外贸收购金额(不含增值税)×退税率

【例4.4】 某进出口公司,某月购进牛仔布委托加工成服装出口,购进时取得牛仔布税控专用发票一张,注明计税金额50000元,退税率10％;支付服装加工费税控专用发票上计税金额10000元,退税率13％。计算该企业当期的应退税额。

【解析】 该进出口公司进口货物,委托加工后出口,按先征后退方法计算当期应退税额。

本期应退税额＝50000×10％＋10000×13％＝6300(元)

五、消费税出口退税额

消费税出口退税采用退税计税依据和规定征收率计算应退税额。

(一) 从价征收

从价定率计征消费税的应税消费品,应依照外贸企业从工厂购进货物时征收消费税的价格计算应退消费税税额,其计算公式为:

应退消费税税额＝出口货物的工厂销售额×消费税比例税率

(二) 从量征收

从量定额计征消费税的应税消费品,应按货物购进和报关出口的数量计算应退消费税税额,其计算公式为:

应退消费税税额＝出口数量×单位税额

(三) 复合征收

复合计征消费税的应税消费品,按从价定率和从量定额的计税依据分别计算应退消费税税额,其计算公式为:

应退税额＝出口货物的工厂销售额×消费税比例税率＋出口数量×单位税额

任务三　船舶吨税

一、船舶吨税基本规定

(一) 征税范围与纳税人

自中华人民共和国境外港口进入境内港口的船舶,应当依法缴纳船舶吨税,应税船舶负责人为纳税人。

(二) 税率

吨税设置优惠税率和普通税率。中华人民共和国籍的应税船舶,船籍国(地区)与中华人民共和国签订含有相互给予船舶税费最惠国待遇条款的条约或者协定的应税船舶,适用优惠税率;其他应税船舶,适用普通税率。吨税按照船舶净吨位和吨税执照期限征收。应税船舶负责人在每次申报纳税时,可以按照"吨税税目税率表"(表4.2)选择申领一种期限的吨税执照。

表4.2 吨税税目税率表

税目 (按船舶净吨位划分)	税率(元/净吨)						备注
	普通税率 (按执照期限划分)			优惠税率 (按执照期限划分)			
	1年	90日	30日	1年	90日	30日	
不超过2000净吨	12.6	4.2	2.1	9.0	3.0	1.5	1. 拖船按照发动机功率每千瓦折合净吨位0.67吨。 2. 无法提供净吨位证明文件的游艇,按照发动机功率每千瓦折合净吨位0.05吨。 3. 拖船和非机动驳船分别按同净吨位船舶税率的50%计征税款
超过2000净吨,但不超过10000净吨	24.0	8.0	4.0	17.4	5.8	2.9	
超过10000净吨,但不超过50000净吨	27.6	9.2	4.6	19.8	6.6	3.3	
超过50000净吨	31.8	10.6	5.3	22.8	7.6	3.8	

(三)免税船舶

(1)应纳税额在人民币50元以下的船舶。
(2)自境外以购买、受赠、继承等方式取得船舶所有权的初次进口到港的空载船舶。
(3)吨税执照期满后24小时内不上下客货的船舶。
(4)非机动船舶(不包括非机动驳船)。
(5)捕捞、养殖渔船。
(6)避难、防疫隔离、修理、改造、终止运营或者拆解,并不上下客货的船舶。
(7)军队、武装警察部队专用或者征用的船舶。
(8)警用船舶。
(9)依照法律规定应当予以免税的外国驻华使领馆、国际组织驻华代表机构及其有关人员的船舶。
(10)国务院规定的其他船舶。

二、船舶吨税计算与征管

(一)税额计算

吨税的应纳税额按照船舶净吨位乘以适用税率计算。净吨位是指由船籍国(地区)政府签发或者授权签发的船舶吨位证明书上标明的净吨位。吨税执照期限是指按照公历年、日计算的期间。

（二）征管

吨税由海关负责征收，海关征收吨税应当制发缴款凭证。

应税船舶在进入港口办理入境手续时，应当向海关申报纳税领取吨税执照，或者交验吨税执照。应税船舶在离开港口办理出境手续时，应当交验吨税执照。应税船舶负责人缴纳吨税或者提供担保后，海关按照其申领的执照期限填发吨税执照。

吨税纳税义务发生时间为应税船舶进入港口的当天。应税船舶在吨税执照期满后尚未离开港口的，应当申领新的吨税执照，自上一次执照期满的次日起续缴吨税。吨税执照在期满前毁损或者遗失的，应当向原发照海关书面申请核发吨税执照副本，不再补税。

应税船舶负责人应当自海关填发吨税缴款凭证之日起15日内缴清税款。未按期缴清税款的，自滞纳税款之日起至缴清税款之日止，按日加收滞纳税款万分之五的税款滞纳金。

【职场警示】关税是贸易战重要武器

贸易战指的是一些国家通过高筑关税壁垒和非关税壁垒，限制别国商品进入本国市场，同时又通过倾销和外汇贬值等措施争夺国外市场，由此引起的一系列报复和反报复措施。

1929年美国产能已经严重过剩，同年夏季开始出现经济萧条。为了解决产能过剩问题，采取了针对贸易伙伴国的限制进口措施。但是结果事与愿违，美国宣布提高关税之后，贸易伙伴们也毫不犹豫地采取了报复性关税措施。从1929年到1933年，仅4年间由于各国纷纷提高关税，美国进口降低66%的同时，出口也降低了61%。全球贸易规模萎缩了大约66%。美国本身也遭遇重创，GDP跌幅一度达30%，失业率达到20%以上。

第二次世界大战后，日本实现了经济20多年的高速发展。日本汽车在美国市场份额一度超过20%，成为美国最大的汽车进口来源国，而美国车几乎没有出现在日本市场上。20世纪80年代初期，美国对日本的商品贸易赤字飙升至500亿美元，美日贸易逆差占美国贸易整体逆差的30%—40%。为了保护本国汽车业，1981年，美国里根政府限制从日本进口汽车；1983年，为了保护美国哈雷摩托，里根对日本进口摩托车征收45%的重税，直到1987年哈雷开始重新盈利才请求政府取消重税；1987年，里根政府对来自日本的电视、计算机等电子产品征收100%的重税。美国和日本在1981年达成协议，日本为缓和美国政府不满而"自愿出口限制"，日本汽车制造商也不断在美国开设工厂，实现在美国的本地化生产。然而，在启动对日贸易战后的10年，美日贸易逆差并未得到改变，1987年美日逆差曾达到567亿美元高峰。在这次美国针对日本的贸易战中，日本由于采取比较温和的反制措施，致使自己遭受到巨大的经济损失。

二战后，鸡肉大量从美国出口至欧洲。1962年，当时的欧共体瞄准美国农业中的冷冻鸡肉产品，施加关税壁垒，美国则对从欧洲进口的土豆和卡车等商品征收报复性关税。1999年3月，美国宣布单方面对来自欧盟的价值5.2亿美元的产品征收100%的惩罚性关税，以报复欧盟通过许可证和配额制度限制香蕉进口，对美国相关行业造成损害。2002年3月，美国又开始对欧盟和日韩等7国进口大多数种类钢材征收最高30%的关税，为期3年。此次贸易战，除了关税外，进口配额、进口许可证等也出现在美国的贸易限制措施中。不过，美国的行为遭到各国反制,作为报复,欧盟随即决定对进口钢材征收最高达26%的关税,同时进行进口配额制度。

2012年,美国政府下令对22种进口自中国的产品征收反倾销税,其中包括太阳能电池板以及专用管材等产品。在美国政府做出这项决定后,我国就立即将其状告至世贸组织。2018年,世贸组织的高级别争端调解法院做出裁决,判定美国针对中国进口商品采取的措施违规。世贸组织在2022年宣布,中国每年可以对价值6.45亿美元(人民币40.76亿元)的美国进口商品征收关税。根据世贸组织的裁决,我国可以合理合法地对美国进口商品征收报复性关税。现在中国已经成为世界上的第二大经济体,美国政府一方面想和我国在经济领域达成合作,另一方面又想阻止我国发展壮大。美国对中国进口商品征收反倾销税,损害的不仅仅是我们中国企业的利益,那些和中企有合作的美国本土企业也一样会受到连带冲击。

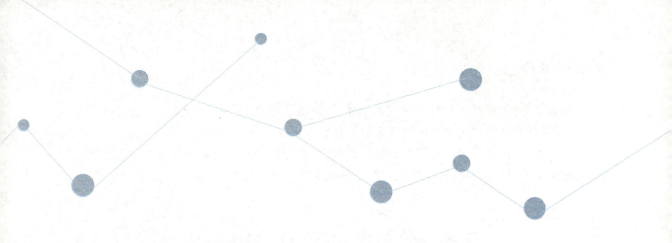

项目五

财产和行为税合并申报

学习目标

知识目标：了解财产和行为税涉及的税种，熟悉各财产和行为税的基本规定以及税收优惠政策，掌握各财产和行为税应纳税额的计算。

能力目标：能维护财产和行为税税源信息，会进行财产和行为税合并申报。

思政目标：依法纳税，明了财产和行为税的征税目的。

任务一 财产和行为税基本规定

一、房产税

（一）房产税概述

房产税是以房屋为征税对象，按照房屋的计税余值或租金收入，向房屋产权所有人征收的一种财产税。

新中国于1951年8月颁布了《城市房地产税暂行条例》，1973年简化税制将其并入了工商税，但外资企业仍就执行。现行房产税基本规范为1986年9月15日国务院颁布的《中华人民共和国房产税暂行条例》，从当年10月1日开始施行。2008年12月31日，国务院废止《城市房地产税暂行条例》，2009年1月1日在全国范围内实行内外资统一的房产税。2011年1月8日国务院对现行条例进行了修订。

房产税税源稳定，易于管理控制，有利于地方政府筹集财政收入，也有利于加强房产管理。

（二）房产税纳税人与征税对象

1. 纳税人

房产税以在征税范围内的房屋产权所有人为纳税人。其中，产权属于国家所有的，纳税人为经营管理单位；产权属于集体和个人所有的，纳税人为集体单位和个人；产权出典的，纳税人为承典人；产权所有人、承典人不在房屋所在地的，或者产权未确定及租典纠纷未解决的，纳税人为房产代管人或者使用人。

纳税单位和个人无租使用房产管理部门、免税单位及纳税单位的房产，应由使用人代为缴纳房产税。

2. 征税对象

房产税的征税对象是房产。房产是以房屋形态表现的财产。房屋则是指有屋面和围护结构（有墙或两边有柱），能够遮风避雨，可供人们在其中生产、工作、学习、娱乐、居住或储藏物资的场所。独立于房屋之外的建筑物，如围墙、烟囱、水塔、变电塔、油池油柜、酒窖菜窖、酒精池、糖蜜池、室外游泳池、玻璃暖房、砖瓦石灰窑以及各种油气罐等，以及加油站罩棚，则不属于房产。房地产开发企业建造的商品房，在出售前，不征收房产税；但对出售前房地产开发企业已使用或出租、出借的商品房应按规定征收房产税。

目前房产税的征税范围限于城镇的经营性房屋。房产税在城市、县城、建制镇和工矿区征收,不包括农村。主要是因为农村的房屋,除农副业生产用房外,大部分是农民居住用房。对农村房屋不纳入房产税征税范围,有利于减轻农民负担,繁荣农村经济,促进农业发展和社会稳定。

(三) 房产税的计算

1. 计税依据

房产税的计税依据是房产的计税余值或房产的租金收入。按照房产计税余值征税的,称为从价计征;按照房产租金收入计征的,称为从租计征。

(1) 从价计征。房产税的计税余值,是指依照税法规定按房产原值一次减除10%—30%损耗价值以后的余值。各地扣除比例由当地省级人民政府确定。房产原值是指纳税人按照会计制度规定,在账簿"固定资产"科目中记载的房屋原价,包括与房屋不可分割的各种附属设备或一般不单独计算价值的配套设施。纳税人对原有房屋进行改建、扩建,要相应增加房屋原值。更换房屋附属设备和配套设施的,在将其价值计入房产原值时,可扣减原来相应设备和设施的价值;对附属设备和配套设施中易损坏,需要经常更换的零配件,更新后不再计入房产原值,原零配件的原值也不扣除。

凡在房产税征收范围内的具备房屋功能的地下建筑,包括与地上房屋相连的地下建筑以及完全建在地面以下的建筑、地下人防设施等,均应当依据有关规定征收房产税。对于与地上房屋相连的地下建筑,如房屋的地下室、地下停车场、商场的地下部分等,应将地下部分与地上房屋视为一个整体,按照地上房屋建筑的有关规定计算征收房产税。独立地下建筑物工业用途的,以房屋原价的50%—60%作为应税房产原值;商业和其他用途房产,以房屋原价的70%—80%作为应税房产原值。

免收租金期限的,免收租金期间由产权所有人按照房产计税余值缴纳房产税;对按照房产原值计税的房产,无论会计如何核算,房产原值均应包含地价,包括为取得土地使用权支付的价款、开发土地发生的成本费用等。宗地容积率低于0.5的,按房产建筑面积的2倍计算土地面积并据此确定计入房产原值的地价。

(2) 从租计征。房产出租的,以不含增值税的房产租金收入为房产税的计税依据。所谓房产的租金收入,是房屋产权所有人出租房产使用权所得的报酬,包括货币收入和实物收入。出租的地下建筑,按照出租地上房屋建筑的有关规定计算征收房产税。

2. 税率

我国现行房产税采用的是比例税率。由于房产税的计税依据分为从价计征和从租计征两种形式,所以房产税的税率也有两种:一种是按房产原值一次减除10%—30%后的余值计征,税率为1.2%;另一种是按房产出租的租金收入计征,税率为12%。自2008年3月1日起,对个人出租住房,不区分用途,均按4%的税率征收房产税。对企事业单位、社会团体以及其他组织向个人、专业化规模化住房租赁企业出租住房的,减按4%的税率征收房产税。

3. 应纳税额的计算

(1) 从价计征。从价计征是按房产的原值减除一定比例后的余值计征,其计算公式为:

年应纳税额 = 应税房产原值 × (1 − 扣除比例) × 1.2%

【例5.1】某企业的经营用房原值为3000万元,按照当地规定允许减除30%后按余值计税,适用税率为1.2%。请计算其应纳房产税税额。

【解析】应纳税额=3000×(1-30%)×1.2%=25.2(万元)

(2) 从租计征。从租计征是按房产的租金收入计征,其计算公式为:

应纳税额=租金收入×12%(或4%)

【例5.2】某公司出租房屋10间,年租金收入为500000元,适用税率为12%。请计算其应纳房产税税额。

【解析】应纳税额=500000×12%=60000(元)

【例5.3】某企业当年度自有房屋10栋,其中8栋用于经营生产,房产原值1000万元,不包括冷暖通风设备60万元;2栋房屋租给某公司作经营用房,年租金收入50万元(不含增值税)。试计算该企业当年应纳的房产税(当地规定按房产原值一次扣除20%后的余值计税)。

【解析】自用房产应纳房产税=(1000+60)×(1-20%)×1.2%=10.176(万元)

出租房产应纳房产税=50×12%=6(万元)

当年应纳房产税=10.176+6=16.176(万元)

(四) 税收优惠

1. 基本规定

(1) 国家机关、人民团体、军队自用的房产免征房产税。

(2) 由国家财政部门拨付事业经费的单位,如学校、医疗卫生单位、托儿所、幼儿园、敬老院、文化、体育、艺术等实行全额或差额预算管理的事业单位所有的,本身业务范围内使用的房产免征房产税。

(3) 宗教寺庙、公园、名胜古迹自用的房产免征房产税。

(4) 个人所有非营业用的房产免征房产税。

2. 特殊规定

(1) 企业办的各类学校、医院、托儿所、幼儿园自用的房产免税。

(2) 经有关部门鉴定,对毁损不堪居住的房屋和危险房屋,在停止使用后,可免征房产税。

(3) 军队空余房产租赁收入暂免征收房产税。

(4) 凡是在基建工地为基建工地服务的各种工棚、材料棚和办公室、食堂等临时性房屋在施工期间一律免征房产税。但是如果在基建工程结束以后,施工企业将这种临时性房屋交还或者估价转让给基建单位的,应当从基建单位接收的次月起,依照规定征收房产税。

(5) 房屋大修导致连续停用半年以上的,在房屋大修期间免征房产税。

(6) 老年服务机构自用的房产暂免征收房产税。

(7) 按政府规定价格出租的廉租住房、经济适用房的租金收入,免征房产税;对经营公租房所取得的租金收入,免征房产税。公租房租金收入与其他住房经营收入应单独核算,未单独核算的,不得享受免征房产税优惠政策。

(8) 对专门经营农产品的批发市场、农贸市场使用的房产、土地,免征房产税。同时经营其他产品的,按场地面积比例确定免征。

(9) 对高校学生公寓免征房产税。

(10) 对饮水工程运营管理单位自用的生产、办公用房产,免征房产税。

(11) 符合条件的用于体育活动的场馆,免征房产税。

(12) 对农林牧渔用地和农民居住用房屋,不征收房产税。

(13) 增值税小规模纳税人可享受房产税50%减征。

(14) 其他。

(五) 征收管理

1. 纳税义务发生时间

纳税人将原有房产用于生产经营,从生产经营之月起,计征房产税。

纳税人自行新建房屋用于生产经营,从建成之次月起,计征房产税。

纳税人委托施工企业建设的房屋,从办理验收手续之次月起,计征房产税。

纳税人购置新建商品房,自房屋交付使用之次月起,计征房产税。

纳税人购置存量房,自办理房屋权属转移、变更登记手续,房地产权属登记机关签发房屋权属证书之次月起,缴纳房产税。

纳税人出租、出借房产,自交付出租、出借房产之次月起,缴纳房产税。

房地产开发企业自用、出租、出借本企业建造的商品房,自房屋使用或交付之次月起,缴纳房产税。

纳税人因房产的实物或权利状态发生变化而依法终止房产税纳税义务的,其应纳税款的计算应截止到房产的实物或权利状态发生变化的当月末。

2. 纳税期限

房产税实行"按年计算、分期缴纳"的征收方法,具体纳税期限由省级人民政府确定。各地一般按季度或半年征收一次,在季度或半年内规定某一月征收。

3. 纳税地点

房产税在房产所在地缴纳。房产不在同一地方的纳税人,应按房产的坐落地点分别向房产所在地的税务机关申报纳税。

【拓展阅读】重庆市政府、上海市政府先后于2011年试点开征房产税:

重庆房产税征收对象是独栋别墅高档公寓,以及无工作、无户口、无投资人员所购二套房,税率为0.5%—1.2%。对于房价达到当地均价2倍至3倍的房产,按房产价值的0.5%征税;达到3倍至4倍的房产,按房产价值的1%征税;达到4倍以上的房产,按1.2%的税率征税。

上海房产税的征收对象是本市居民家庭在本市新购且属于该居民家庭第二套及以上的住房(包括新购的二手存量住房和新建商品住房)和非本市居民家庭在本市新购的住房,适用税率暂定为0.6%,同时对本市居民家庭给予人均60平方米的免税住房建筑面积扣除。

二、契税

(一) 契税概述

契税是以在中华人民共和国境内转移不动产权属的行为为征税对象,向产权承受人征收的一种财产税。

现行契税的基本规范是2020年8月11日第十三届全国人民代表大会常务委员会第二十一次会议表决通过,并于2021年9月1日开始施行的《中华人民共和国契税法》。

征收契税有利于增加地方财政收入,有利于保护合法产权,避免产权纠纷,同时具有调控房地产市场、促进社会经济健康发展的作用。

【拓展阅读】我国的契税起源于东晋的"估税"。东晋时期,商品经济日趋活跃,为抑商励农,增加赋税收入,东晋政府开征了估税。估税分输估和散估两种。对买卖田宅、奴婢、马牛等价值较高、成交时立有契券的大交易,按成交价每一万钱抽税钱四百,卖方出三百,买方出一百,称为"输估";不立契券的小交易,按成交价格百分抽四,全部由卖方缴纳,称为"散估"。契税到宋代逐步趋于完备,宋太祖天宝二年(969年),规定民间典卖田宅,要在两个月内向官府输钱,请求加盖印契,称为"印契钱",超过期限者加倍处罚。宋徽宗崇宁三年(1104年),契纸开始由官府统一印制。元、明、清三代都征收契税。清初征收契税时,只在契尾加盖官印,官府无存据。为杜绝作弊现象,乾隆十二年(1747年)清政府制定了契税例,规定"布政司颁发契尾,编刻字号,于骑缝处钤印,发各州县,填注业主姓名、价值,一(份)存州县,一(份)同季册报(布政)司。如有不报税无契尾者,事发照漏税例治罪"。宣统三年(1911年),度支部制定了《契税试办章程》二十条,规定买契按财产价额征收9%的税,典契征收6%的税,无典后买者扣还原典契税。由于契税是政府以保证产权名义征收的,长期以来大多是纳税人自动申报缴纳,请求验证或发给契证的,因此民间素有"地凭文契官凭印"的说法。

(二)契税纳税人和征税对象

1. 纳税人

契税的纳税人是指在我国境内承受土地、房屋权属转移的单位和个人,即买方。

土地、房屋权属是指土地使用权和房屋所有权。

单位是指企业单位、事业单位、国家机关、军事单位和社会团体以及其他组织;个人是指个体经营者及其他个人,包括中国公民和外籍人员。

2. 征税对象

契税的征税对象是境内转移土地、房屋权属,具体包括:土地使用权的出让、转让及房屋的买卖、赠与、交换。

以获奖方式取得房屋产权,实质上是接受赠与房产的行为,也应缴纳契税。以作价投资(入股)、偿还债务、划转、奖励等方式转移土地、房屋权属的,应当依法征收契税。

(三)契税的计算

1. 计税依据

(1) 土地使用权出售、房屋买卖的,为土地、房屋权属转移合同确定的成交价格,包括应交付的货币以及实物、其他经济利益对应的价款。承受方计征契税的成交价格不含增值税;实际取得增值税发票的,成交价格以发票上注明的不含税价格确定。

(2) 土地使用权互换、房屋互换的,为所互换的土地使用权、房屋价格的差额。应分别确定互换土地使用权、房屋的不含税价格,再确定互换价格的差额。交换价格相等,免征契税;交换价格不相等,由支付差价款的一方缴纳契税。

(3) 土地使用权赠与、房屋赠与以及其他没有价格的转移土地、房屋权属行为的,为税务机关参照土地使用权出售、房屋买卖的市场价格依法核定的价格。税务机关核定的契税计税价格为不含增值税价格。

(4) 房屋附属设施(包括停车位、机动车库、非机动车库、顶层阁楼、储藏室及其他房屋附属设施)与房屋为同一不动产单元的,计税依据为承受方应交付的总价款,并适用与房屋相同的税率;房屋附属设施与房屋为不同不动产单元的,计税依据为转移合同确定的成交价格,并按当地确定的适用税率计税。

土地、房屋权属转让方免征增值税的,承受方计征契税的成交价格不扣减增值税额。

纳税人申报的成交价格、互换价格差额明显偏低且无正当理由的,由税务机关依照《中华人民共和国税收征收管理法》的规定核定。

2. 税率

契税实行3%—5%的幅度税率。具体执行税率,由各省级人民政府在3%—5%的幅度内提出,报同级人民代表大会常务委员会决定,并报全国人民代表大会常务委员会和国务院备案。

对个人购买家庭唯一住房(家庭成员范围包括购房人、配偶以及未成年子女),面积为90平方米及以下的,减按1%的税率征收契税;面积为90平方米以上的,减按1.5%的税率征收契税。

对个人购买家庭第二套改善性住房,面积为90平方米及以下的,减按1%的税率征收契税;面积为90平方米以上的,减按2%的税率征收契税。家庭第二套改善性住房是指已拥有一套住房的家庭,购买的家庭第二套住房。该项政策暂不适用于北京、上海、广州、深圳地区。

3. 应纳税额的计算

契税应纳税额=计税依据×税率

【例5.4】居民甲有两套住房,将一套出售给居民乙,成交价格为1500000元;将另一套两室住房与居民丙交换成两套一室住房,并支付给丙换房差价款500000元。请计算甲、乙、丙相关行为应缴纳的契税(假定税率为4%)。

【解析】甲应缴纳契税=500000×4%=20000(元)

乙应缴纳契税=1500000×4%=60000(元)

丙无须缴纳契税。

(四) 契税优惠政策

1. 有下列情形之一的,免征契税

(1) 国家机关、事业单位、社会团体、军事单位承受土地、房屋用于办公、教学、医疗、科研和军事设施。

(2) 非营利性的学校、医疗机构、社会福利机构承受土地、房屋权属用于办公、教学、医疗、科研、养老、救助。

(3) 承受荒山、荒地、荒滩土地使用权,并用于农、林、牧、渔业生产。

(4) 婚姻关系存续期间夫妻之间变更土地、房屋权属。

(5) 夫妻因离婚分割共同财产发生土地、房屋权属变更。

(6) 法定继承人通过继承承受土地、房屋权属。

(7) 城镇职工按规定第一次购买公有住房的。

(8) 对改制、合并、分立、资产划转、债转股等,承受原企业的土地、房屋权属。

(9) 银行业金融机构、金融资产管理公司接收抵债资产。

(10) 根据国民经济和社会发展的需要,国务院对居民住房需求保障、企业改制重组、灾后重建等情形可以规定免征或者减征契税,报全国人民代表大会常务委员会备案。

2. 省级人民政府可以决定对下列情形免征或者减征契税

(1) 因土地、房屋被县级以上人民政府征收、征用,重新承受土地、房屋权属。

(2) 因不可抗力灭失住房,重新承受住房权属。

免征或者减征契税的具体办法,由省级人民政府提出,报同级人民代表大会常务委员会决定,并报全国人民代表大会常务委员会和国务院备案。

(五) 征收管理

1. 纳税义务发生时间

契税申报以不动产单元为基本单位,契税的纳税义务发生时间是纳税人签订土地、房屋权属转移合同的当天,或者纳税人取得其他具有土地、房屋权属转移合同性质凭证的当天。

2. 纳税期限

纳税人应当在依法办理土地、房屋权属登记手续前申报缴纳契税。

3. 纳税地点

契税在土地、房屋所在地的税务征收机关缴纳。

三、车船税

(一) 车船税概述

车船税是对在中国境内应税的车辆、船舶的所有人或者管理人征收的一种税;是以车船为征税对象,向拥有车船的单位和个人征收的一种财产税。

现行车船税的基本规范是2011年2月25日由中华人民共和国第十一届全国人民代表大会常务委员会第十九次会议通过的《中华人民共和国车船税法》,自2012年1月1日起施行。

征收车船税有利于为地方政府筹集财政资金,支持交通运输事业的发展;加强对车船管理,有利于车船的合理配置;也有利于调节财富分配,体现社会公平。

(二) 纳税人与征税对象

1. 纳税人

在中国境内属于车船税法税目中规定的车辆、船舶的所有人或者管理人,为车船税的纳税人,应当缴纳车船税。

管理人是指对车船具有管理权或者使用权,不具有所有权的单位和个人。

从事机动车第三者责任强制保险业务的保险机构为机动车车船税的扣缴义务人,应当在收取保险费时依法代收车船税,并出具代收税款凭证。

2. 征税对象

车船税的征税对象是指在中国境内属于《车船税法》所附"车船税税目税额表"(表5.1)规定的车辆、船舶,包括乘用车、商用车、挂车、专用作业车、轮式专用机械车、摩托车、船舶,不包括拖拉机。

车辆、船舶是指依法应当在车船管理部门登记的机动车辆和船舶以及依法不需要在车船管理部门登记仅在单位内部场所行驶或者作业的机动车辆和船舶。

境内单位和个人租入外国籍船舶的,不征收车船税,征收船舶吨税。境内单位和个人将船舶出租到境外的,应依法征收车船税。

(三)车船税的计算

1. 税目与税率

车船税实行定额税率。车船税的适用税额,依照《车船税法》所附的"车船税税目税额表"执行。具体适用税额由省级人民政府依照《车船税法》所附"车船税税目税额表"规定的税额幅度和国务院的规定确定。

表5.1 车船税税目税额表

车船税的税目	车船税的计税单位	年基准税	备注
乘用车[按发动机汽缸容量(排气量)分档]1.0升(含)以下的	每辆	60元至360元	核定载客人数9人(含)以下
乘用车[按发动机汽缸容量(排气量)分档]1.0升以上至1.6升(含)的	每辆	300元至540元	核定载客人数9人(含)以下
乘用车[按发动机汽缸容量(排气量)分档]1.6升以上至2.0升(含)的	每辆	360元至660元	核定载客人数9人(含)以下
乘用车[按发动机汽缸容量(排气量)分档]2.0升以上至2.5升(含)的	每辆	660元至1200元	核定载客人数9人(含)以下
乘用车[按发动机汽缸容量(排气量)分档]2.5升以上至3.0升(含)的	每辆	1200元至2400元	核定载客人数9人(含)以下
乘用车[按发动机汽缸容量(排气量)分档]3.0升以上至4.0升(含)的	每辆	2400元至3600元	核定载客人数9人(含)以下
乘用车[按发动机汽缸容量(排气量)分档]4.0升以上的	每辆	3600元至5400元	核定载客人数9人(含)以下
商用车客车	每辆	480元至1440元	核定载客人数9人以上,包括电车
商用车货车	整备质量每吨	16元至120元	包括半挂牵引车、三轮汽车和低速载货汽车等
挂车	整备质量每吨	按照货车税额的50%计算	
其他车辆专用作业车	整备质量每吨	16元至120元	不包括拖拉机
其他车辆轮式专用机械车	整备质量每吨	16元至120元	不包括拖拉机

续表

车船税的税目	车船税的计税单位	年基准税	备注
摩托车	每辆	36元至180元	
船舶机动船舶	净吨位每吨	3元至6元	拖船、非机动驳船分别按照机动船舶税额的50%计算
船舶游艇	艇身长度每米	600元至2000元	无

2. 税额确定原则

(1) 乘用车依排气量从小到大递增税额。

(2) 客车按照核定载客人数20人以下和20人(含)以上两档划分,递增税额。

(3) 机动船舶净吨位不超过200吨的,每吨3元;净吨位超过200吨但不超过2000吨的,每吨4元;净吨位超过2000吨但不超过10000吨的,每吨5元;净吨位超过10000吨的,每吨6元。拖船按照发动机功率每1千瓦折合净吨位0.67吨计算征收车船税。

(4) 游艇艇身长度不超过10米的,每米600元;艇身长度超过10米但不超过18米的,每米900元;艇身长度超过18米但不超过30米的,每米1300元;艇身长度超过30米的,每米2000元;辅助动力帆艇,每米600元。

3. 车船税的计税依据

车船税的计税依据按车船的种类和性能,可分为辆、整备质量吨位、净吨位和艇身长度四种。

《车船税法》及其实施条例所涉及的排气量、整备质量、核定载客人数、净吨位、功率(千瓦或马力)、艇身长度,以车船登记管理部门核发的车船登记证书或者行驶证相应项目所载数据为准。

依法不需要办理登记、依法应当登记而未办理登记或者不能提供车船登记证书、行驶证的,以车船出厂合格证明或者进口凭证相应项目标注的技术参数、所载数据为准;不能提供车船出厂合格证明或者进口凭证的,由主管税务机关参照国家相关标准核定,没有国家相关标准的参照同类车船核定。

4. 应纳税额的计算

纳税人按照纳税地点所在的省级人民政府确定的具体适用税额缴纳车船税。车船税由税务机关负责征收。

购置的新车船,购置当年的应纳税额自纳税义务发生的当月起按月计算。计算公式为:

应纳税额=(年应纳税额÷12)×应纳税月数

在一个纳税年度内,已完税的车船被盗抢、报废、灭失的,纳税人可以凭有关管理机关出具的证明和完税证明,向纳税所在地的主管税务机关申请退还自被盗抢、报废、灭失月份起至该纳税年度终了期间的税款。已办理退税的被盗抢车船,失而复得的,纳税人应当从公安机关出具相关证明的当月起计算缴纳车船税。已缴纳车船税的车船在同一纳税年度内办理转让过户的,不另纳税,也不退税。

【例5.5】某运输公司拥有载货汽车30辆(货车整备质量全部为10吨),乘人大客车20辆、小客车10辆。计算该公司应纳车船税(注:载货汽车每吨年税额80元,乘人大客车每辆年税额800元,小客车每辆年税额700元)。

【解析】载货汽车应纳税额＝30×10×80＝24000(元)
乘人汽车应纳税额＝20×800＋10×700＝23000(元)
全年应纳车船税税额＝24000＋23000＝47000(元)

(四) 税收优惠

1. 法定减免

(1) 捕捞、养殖渔船。

(2) 军队、武装警察部队专用的车船。

(3) 警用车船。

(4) 悬挂应急救援专用号牌的国家综合性消防救援车辆和国家综合性消防救援专用船舶。

(5) 依照法律规定应当予以免税的外国驻华使领馆、国际组织驻华代表机构及其有关人员的车船。

2. 特定减免

(1) 对节约能源、使用新能源的车船可以减征或者免征车船税；对受严重自然灾害影响纳税困难以及有其他特殊原因确需减税、免税的，可以减征或者免征车船税。具体办法由国务院规定，并报全国人民代表大会常务委员会备案。

(2) 各省级人民政府根据当地实际情况，可以对公共交通车船，农村居民拥有并主要在农村地区使用的摩托车、三轮汽车和低速载货汽车定期减征或者免征车船税。

(3) 经批准临时入境的外国车船和中国香港特别行政区、中国澳门特别行政区、中国台湾地区的车船，不征收车船税。

(五) 征收管理

1. 纳税期限

车船税纳税义务发生时间为取得车船所有权或者管理权的当月。以购买车船的发票或其他证明文件所载日期的当月为准。车船税按年申报，分月计算，一次性缴纳。纳税年度为公历1月1日至12月31日。

2. 纳税地点

车船税的纳税地点为车船的登记地或者车船税扣缴义务人所在地。依法不需要办理登记的车船，车船税的纳税地点为车船的所有人或者管理人所在地。税务机关可以在车船登记管理部门、车船检验机构的办公场所集中办理车船税征收事宜。公安机关交通管理部门在办理车辆相关登记和定期检验手续时，经核查，对没有提供依法纳税或者免税证明的，不予办理相关手续。

扣缴义务人已代收代缴车船税的，纳税人不再向车辆登记地的主管税务机关申报缴纳车船税。没有扣缴义务人的，纳税人应当向主管税务机关自行申报缴纳车船税。

四、车辆购置税

(一) 车辆购置税概述

车辆购置税是以在中国境内购置应税车辆为课税对象、在特定的环节(最终消费环节)向车辆购置者征收的一种税。

现行车辆购置税基本规范为《中华人民共和国车辆购置税法》,经2018年12月29日第十三届全国人民代表大会常务委员会第七次会议通过,自2019年7月1日起施行。

开征车辆购置税有利于合理筹集财政资金,调节收入差距,配合打击车辆走私和维护国家利益。车辆购置税专税专用,用于交通建设投资。

(二) 车辆购置税纳税人与征税对象

1. 纳税人

在中国境内购置汽车、有轨电车、汽车挂车、排气量超过150毫升的摩托车的单位和个人,为车辆购置税的纳税人,应当缴纳车辆购置税。

2. 征税对象

车辆购置税实行一次性征收。购置已征车辆购置税的车辆,不再征收车辆购置税。购置是指以购买、进口、自产、受赠、获奖或者其他方式取得并自用应税车辆的行为。纳税人进口自用应税车辆,是指纳税人直接从境外进口或者委托代理进口自用的应税车辆,不包括在境内购买的进口车辆。

车辆购置税法中列举的应税车辆包括汽车、有轨电车、汽车挂车、排气量超过150毫升的摩托车。地铁、轻轨等城市轨道交通车辆,装载机、平地机、挖掘机、推土机等轮式专用机械车,以及起重机(吊车)、叉车、电动摩托车,不属于应税车辆。

3. 免税车辆

(1) 依照法律规定应当予以免税的外国驻华使馆、领事馆和国际组织驻华机构及其有关人员自用的车辆。

(2) 中国人民解放军和中国人民武装警察部队列入装备订货计划的车辆。

(3) 悬挂应急救援专用号牌的国家综合性消防救援车辆。

(4) 设有固定装置的非运输专用作业车辆。

(5) 城市公交企业购置的公共汽电车辆。

(6) 新能源汽车。免征车辆购置税的新能源汽车是指纯电动汽车、插电式混合动力(含增程式)汽车、燃料电池汽车。

(三) 车辆购置税的计算

1. 计税依据

(1) 纳税人购买自用应税车辆的计税价格,为纳税人实际支付给销售者的全部价款,不包括增值税税款。购买者随购买车辆支付的工具件和零部件价款、支付的车辆装饰费、销售单位开展优质销售活动所开票收取的有关费用以及凡使用代收单位票据收取的款项,均应并入计税价格中一并征税。

（2）纳税人进口自用应税车辆的计税价格,为关税完税价格加上关税和消费税。

（3）纳税人自产自用应税车辆的计税价格,按照纳税人生产的同类应税车辆的销售价格确定,不包括增值税税款。

（4）纳税人以受赠、获奖或者其他方式取得自用应税车辆的计税价格,按照购置应税车辆时相关凭证载明的价格确定,不包括增值税税款。

纳税人申报的应税车辆计税价格明显偏低,又无正当理由的,由税务机关依照税收征收管理法的规定核定其应纳税额。纳税人以外汇结算应税车辆价款的,按照申报纳税之日的人民币汇率中间价折合成人民币计算缴纳税款。

2. 税率

车辆购置税实行统一比例税率,税率为10%。

3. 应纳税额

车辆购置税的应纳税额按照应税车辆的计税价格乘以税率计算。

【例5.6】某年3月,李某从某销售公司购买轿车一辆供自己使用,支付含增值税的价款213000元,另支付购置工具件和零配件价款1000元,车辆装饰费4000元,销售公司代收保险费等8000元,支付的各项价款均由销售公司开具机动车销售统一发票。则李某应纳多少车辆购置税税额？

【解析】纳税人购买自用应税车辆的计税价格,为纳税人实际支付给销售者的全部价款,不包括增值税税款。

应纳车购置税＝(213000＋1000＋4000＋8000)÷(1＋13%)×10%＝20000(元)

（四）车辆购置税征收管理

1. 纳税期限

车辆购置税的纳税义务发生时间以纳税人购置应税车辆所取得的车辆相关凭证上注明的时间为准。纳税人应当自纳税义务发生之日起60日内申报缴纳车辆购置税。纳税人应当在向公安机关交通管理部门办理车辆注册登记前,缴纳车辆购置税。公安机关交通管理部门办理车辆注册登记,应当根据税务机关提供的应税车辆完税或者免税电子信息对纳税人申请登记的车辆信息进行核对,核对无误后依法办理车辆注册登记。

2. 纳税地点

车辆购置税由税务机关负责征收。纳税人购置应税车辆,应当向车辆登记地的主管税务机关申报缴纳车辆购置税；购置不需要办理车辆登记的应税车辆的,应当向纳税人所在地的主管税务机关申报缴纳车辆购置税。

3. 特殊情况办理

已经办理免税、减税手续的车辆因转让、改变用途等原因不再属于免税、减税范围的,纳税人、纳税义务发生时间、应纳税额按以下规定执行：

（1）发生转让行为的,受让人为车辆购置税纳税人；未发生转让行为的,车辆所有人为车辆购置税纳税人。

（2）纳税义务发生时间为车辆转让或者用途改变等情形发生之日。

（3）免税、减税车辆因转让、改变用途等原因不再属于免税、减税范围的,纳税人应当在办理车辆转移登记或者变更登记前缴纳车辆购置税,应纳税额不得为负数。计税价格以免税、减税车辆初次办理纳税申报时确定的计税价格为基准,每满一年扣减10%,计算公式如下:

应纳税额=初次办理纳税申报时确定的计税价格×(1-使用年限×10%)×10%-已纳税额

使用年限的计算方法是自纳税人初次办理纳税申报之日起,至不再属于免税、减税范围的情形发生之日止。使用年限取整计算,不满一年的不计算在内。

(4)纳税人将已征车辆购置税的车辆退回车辆生产企业或者销售企业的,可以向主管税务机关申请退还车辆购置税。退税额以已缴税款为基准,自缴纳税款之日至申请退税之日,每满一年扣减10%,应退税额不得为负数。已征车辆购置税的车辆退回车辆生产或销售企业,纳税人申请退还车辆购置税的,应退税额计算公式如下:

应退税额=已纳税额×(1-使用年限×10%)

使用年限的计算方法是自纳税人缴纳税款之日起,至申请退税之日止。

五、印花税

(一)印花税概述

印花税是对在经济活动和经济交往中书立、使用应税凭证,进行证券交易的单位和个人征收的一种行为税。印花税因原采用在应税凭证上粘贴印花税票的方法缴纳税款而得名。

现行印花税法的基本规范是2021年6月10日第十三届全国人大常委会第二十九次会议通过,并于2022年7月1日施行的《中华人民共和国印花税法》。

征收印花税有利于增加财政收入、有利于配合和加强对经济合同的监督管理、有利于培养纳税意识,也有利于配合对其他应纳税种的监督管理,具有征税范围广、税率低、税负轻等特点。

【拓展阅读】世界上最早的"印花税"始于1624年的荷兰政府。当时,荷兰政府发生经济危机,想增加税收但又怕人民反对,无奈之下通过公开招标办法,欲以重赏寻求新税设计方案,印花税脱颖而出。印花税的设计者可谓独具匠心。他观察到人们在日常生活中使用契约、借贷凭证之类的单据很多,连绵不断,所以,一旦征税,税源将很大;而且,人们还有一个心理,认为凭证单据上由政府盖个印,就成为合法凭证,在诉讼时可以有法律保障,因而对交纳印花税也乐于接受。正是这样,印花税被资产阶级经济学家誉为税负轻微、税源畅旺、手续简便、成本低廉的"良税",是"拔最多鹅毛,听最少鹅叫"的税种。

(二)纳税人和征税对象

1.征税对象

(1)书立应税凭证。应税凭证,是指印花税法所列明的合同、产权转移书据和营业账簿。所列明的应税合同包括借款合同、融资租赁合同、买卖合同、承揽合同、建设工程合同、运输合同、技术合同、租赁合同、保管合同、仓储合同、财产保险合同。

(2)进行证券交易。证券交易,是指转让在依法设立的证券交易所、国务院批准的其他全国性证券交易场所交易的股票和以股票为基础的存托凭证。

2. 纳税人

在中国境内书立应税凭证、进行证券交易的单位和个人,为印花税的纳税人,应当缴纳印花税。在中国境外书立在境内使用的应税凭证的单位和个人,也应当缴纳印花税。

按照书立、使用应税凭证的不同,印花税纳税人可以分别确定为立合同人、立据人、立账簿人、使用人和各类电子应税凭证的签订人以及证券交易出让方六种。

(1) 立合同人,即合同的甲方、乙方双方当事人,不包括合同的担保人、证人、鉴定人。各类合同的纳税人是立合同人。

(2) 立据人,是指土地、房屋权属转移过程中买卖双方的当事人。产权转移书据的纳税人是立据人。

(3) 立账簿人,即订立账簿的单位或个人,通常情况下就是建立会计账簿的单位。

(4) 使用人。在境外书立但在境内使用的应税凭证,其纳税人是该凭证的使用人。

(5) 各类电子应税凭证的签订人,即以电子形式签订的各类应税凭证的当事人。

(6) 证券交易出让方。证券交易印花税对证券交易的出让方征收,不对受让方征收,即对卖方单方征收。

纳税人为境外单位或者个人,在境内有代理人的,以其境内代理人为扣缴义务人;在境内没有代理人的,由纳税人自行申报缴纳印花税。

证券登记结算机构为证券交易印花税的扣缴义务人,应当向其机构所在地的主管税务机关申报解缴税款以及银行结算的利息。

(三) 印花税的计算

1. 税目与税率

印花税的税目税率如表5.2所示。

表5.2 印花税税目税率表

税目		税率	备注
合同(指书面合同)	借款合同	借款金额的万分之零点五	指银行业金融机构、经国务院银行业监督管理机构批准设立的其他金融机构与借款人(不包括同业拆借)的借款合同
	融资租赁合同	租金的万分之零点五	
	买卖合同	价款的万分之三	指动产买卖合同(不包括个人书立的动产买卖合同)
	承揽合同	报酬的万分之三	
	建设工程合同	价款的万分之三	
	运输合同	运输费用的万分之三	指货运合同和多式联运合同(不包括管道运输合同)
	技术合同	价款、报酬或者使用费的万分之三	不包括专利权、专有技术使用权转让书据
	租赁合同	租金的千分之一	

续表

税目		税率	备注
	保管合同	保管费的千分之一	
	仓储合同	仓储费的千分之一	
	财产保险合同	保险费的千分之一	不包括再保险合同
产权转移书据	土地使用权出让书据	价款的万分之五	转让包括买卖(出售)、继承、赠与、互换、分割
	土地使用权、房屋等建筑物和构筑物所有权转让书据(不包括土地承包经营权和土地经营权转移)	价款的万分之五	
	股权转让书据(不包括应缴纳证券交易印花税的)	价款的万分之五	
	商标专用权、著作权、专利权、专有技术使用权转让书据	价款的万分之三	
营业账簿		实收资本(股本)、资本公积合计金额的万分之二点五	
证券交易		成交金额的千分之一	自2023年8月28日起,证券交易印花税实施减半征收

(1) 在中华人民共和国境外书立在境内使用的应税凭证,应当按规定缴纳印花税。包括以下几种情形:应税凭证的标的为不动产的,该不动产在境内;应税凭证的标的为股权的,该股权为中国居民企业的股权;应税凭证的标的为动产或者商标专用权、著作权、专利权、专有技术使用权的,其销售方或者购买方在境内,但不包括境外单位或者个人向境内单位或者个人销售完全在境外使用的动产或者商标专用权、著作权、专利权、专有技术使用权;应税凭证的标的为服务的,其提供方或者接受方在境内,但不包括境外单位或者个人向境内单位或者个人提供完全在境外发生的服务。

(2) 企业之间书立的确定买卖关系、明确买卖双方权利义务的订单、要货单等单据,且未另外书立买卖合同的,应当按规定缴纳印花税。

(3) 发电厂与电网之间、电网与电网之间书立的购售电合同,应当按买卖合同税目缴纳印花税。

(4) 下列情形的凭证,不属于印花税征收范围:人民法院的生效法律文书,仲裁机构的仲裁文书,监察机关的监察文书;县级以上人民政府及其所属部门按照行政管理权限征收、收回或者补偿安置房地产书立的合同、协议或者行政类文书;总公司与分公司、分公司与分公司之间书立的作为执行计划使用的凭证。

2. 计税依据

(1) 应税合同的计税依据,为合同所列的金额,不包括列明的增值税税款。

(2) 应税产权转移书据的计税依据,为产权转移书据所列的金额,不包括列明的增值税税款。

(3) 应税营业账簿的计税依据,为账簿记载的实收资本(股本)、资本公积合计金额。已缴纳印花税的营业账簿,以后年度记载的实收资本(股本)、资本公积合计金额比已缴纳印花税的实收资本(股本)、资本公积合计金额增加的,按照增加部分计算应纳税额。

(4) 证券交易的计税依据,为成交金额。

应税合同、产权转移书据未列明金额的,印花税的计税依据按照实际结算的金额确定。若仍不能确定的,按照书立合同、产权转移书据时的市场价格确定;依法应当执行政府定价或者政府指导价的,按照国家有关规定确定。

证券交易无转让价格的,按照办理过户登记手续时该证券前一个交易日收盘价计算确定计税依据;无收盘价的,按照证券面值计算确定计税依据。

3. 免税凭证

(1) 应税凭证的副本或者抄本。

(2) 依照法律规定应当予以免税的外国驻华使馆、领事馆和国际组织驻华代表机构为获得馆舍书立的应税凭证。

(3) 中国人民解放军、中国人民武装警察部队书立的应税凭证。

(4) 农民、家庭农场、农民专业合作社、农村集体经济组织、村民委员会购买农业生产资料或者销售农产品书立的买卖合同和农业保险合同。

(5) 无息或者贴息借款合同、国际金融组织向中国提供优惠贷款书立的借款合同。

(6) 财产所有权人将财产赠与政府、学校、社会福利机构、慈善组织书立的产权转移书据。

(7) 非营利性医疗卫生机构采购药品或者卫生材料书立的买卖合同。

(8) 个人与电子商务经营者订立的电子订单。

(9) 银行业金融机构、金融资产管理公司接收、处置抵债资产过程中涉及的合同、产权转移书据和营业账簿。

根据国民经济和社会发展的需要,国务院对居民住房需求保障,企业改制重组、破产,支持小型微型企业发展等情形可以规定减征或者免征印花税,报全国人民代表大会常务委员会备案。如延续对增值税小规模纳税人、小型微利企业和个体工商户可以在50%的税额幅度内减征资源税、城市维护建设税、房产税、城镇土地使用税、印花税(不含证券交易印花税)、耕地占用税和教育费附加、地方教育附加(即"六税两费")至2024年底。

4. 应纳税额的计算

印花税的应纳税额按照计税依据乘以适用税率计算。

应纳税额＝应税凭证计税金额×适用税率

同一应税凭证载有两个以上税目事项并分别列明金额的,按照各自适用的税目税率分别计算应纳税额;未分别列明金额的,从高适用税率。同一应税凭证由两方以上当事人书立的,按照各自涉及的金额分别计算应纳税额。

【例5.7】某企业签订钢材采购合同一份,采购金额8000万元;签订以货换货合同一份,用库存的3000万元A型钢材换取对方相同金额的B型钢材;签订钢材销售合同一份,销售金额15000万元。请计算该企业上述事项应缴纳的印花税。

【解析】应税合同的计税依据,为合同所列的金额。购销合同的印花税纳税人包括签订合同的双方当事人,以货换货应分别作为购进和销售处理;购销合同印花税率为万分之三。

该企业应缴纳的印花税＝(8000+3000×2+15000)×0.3‰×10000
　　　　　　　　　　＝87000(元)

【例5.8】某企业因为生产规模扩大,购置了乙企业的仓库1栋,产权转移书据上注明的交易价格为1200万元,在企业"固定资产"科目上记载的原值为1250万元,取得了房屋权属证书。请计算购置仓库应该缴纳的印花税。

【解析】应税产权转移书据的计税依据,为产权转移书据所列的金额,不包括列明的增值税税款,其印花税率为万分之五。

购置仓库应纳印花税＝1200×10000×0.5‰＝6000(元)

(四) 征收管理

1. 纳税时间

印花税的纳税义务发生时间为纳税人书立应税凭证或者完成证券交易的当天。

印花税按季、按年或者按次计征。实行按季、按年计征的,纳税人应当自季度、年度终了之日起15日内申报缴纳税款;实行按次计征的,纳税人应当自纳税义务发生之日起15日内申报缴纳税款。

证券交易印花税扣缴义务发生时间为证券交易完成的当天。

证券交易印花税按周解缴。证券交易印花税扣缴义务人应当自每周终了之日起5日内申报解缴税款以及银行结算的利息。

2. 纳税地点

纳税人为单位的,应当向其机构所在地的主管税务机关申报缴纳印花税;纳税人为个人的,应当向应税凭证书立地或者纳税人居住地的主管税务机关申报缴纳印花税。

不动产产权发生转移的,纳税人应当向不动产所在地的主管税务机关申报缴纳印花税。

3. 印花税申报与征管

纳税人应当根据书立印花税应税合同、产权转移书据和营业账簿情况,填写"印花税税源明细表",进行财产行为税综合申报。印花税也可以采用粘贴印花税票或者由税务机关依法开具其他完税凭证的方式缴纳。印花税票粘贴在应税凭证上的,由纳税人在每枚税票的骑缝处盖戳注销或者画销。印花税票由国务院税务主管部门监制。

六、资源税

(一) 资源税概述

资源税是以部分自然资源为课税对象,对在我国境内开发应税资源的单位和个人,就其应税产品销售额或销售量为计税依据而征收的一种税。

中国的资源税开征于1984年,对原油、天然气、煤炭等先行开征资源税,主要是为了调节资源开采中的级差收入、促进资源合理开发利用。从1994年开始实行从量定额征收的办法,征税范围扩大到应税矿产品和盐。2010年实行从价计征。2011年修订了《中华人民共和国资源税暂行条例》。2016年率先在河北试点水资源税改革。现行资源税基本规范是2019年8月26日十三届全国人大常委会第十二次会议表决通过的《中华人民共和国资源税法》,自2020年9月1日起施行。

通过征收资源税,促进资源的合理开采,节约使用,有效配置;资源税合理调节资源级差收入水平,促进企业之间的公平竞争;开征资源税有利于配合其他税种,发挥税收杠杆的整体功能,并为国家增加一定的财政收入。

（二）纳税人和征税对象

1. 纳税人

在中国领域和中国管辖的其他海域开发应税资源的单位和个人，为资源税的纳税人，包括内外资企业、单位、机关、社团、个人。

2. 征税对象

资源税的征税对象包括应税矿产品和盐，其中应税产品为矿产品的，包括原矿和选矿产品。

（1）能源矿产，包括原油、天然气、页岩气、天然气水合物、原煤或选煤、煤成（层）气、铀、钍、油页岩、油砂、天然沥青、石煤、地热。

（2）金属矿产，分为黑色金属和有色金属两类。

黑色金属包括铁、锰、铬、钒、钛；有色金属包括金、银、铜、铅、锌、锡、镍、锑、镁、钴、铋、汞、钨、钼、铂、钯、钌、锇、铱、铑、铍、锂、锆、锶、铷、铯、铌、锗、钽、镓、铟、铊、铪、铼、镉、硒、碲、铝土矿、稀土。

（3）非金属矿产，包括矿物类、岩石类和宝玉石。

矿物类有高岭土、石灰岩、磷、石墨、萤石、硫铁矿、自然硫、石英、水晶、金刚石、天然碱、芒硝、砷、硼、碘、溴、黏土、石棉、石膏、硅灰石、陶瓷土等；岩石类有大理岩、花岗岩、白云岩、石英岩、砂岩、火山灰、泥炭、砂石等；宝玉石有宝石、玉石、宝石级金刚石、玛瑙、黄玉、碧玺。

（4）水气矿产，包括矿泉水、二氧化碳气、硫化氢气、氦气、氡气。

（5）盐，包括钠盐、钾盐、镁盐、锂盐、天然卤水、海盐。

国务院根据国民经济和社会发展需要，对取用地表水或者地下水的单位和个人试点征收水资源税。征收水资源税的，停止征收水资源费。水资源税不同于水气矿产中的"矿泉水"税目，需要分别申报缴纳。

【拓展阅读】夏王朝建立后，便有"因田制赋，任土作贡"——即根据各地资源产出情况不同，需要上供不同的资源。这种上供，一般认为是税赋的原型，而供盐，便是盐税的雏形。在春秋时期，齐国管仲认为，强制征税自然会招致百姓不满，而若将税赋加到向百姓销售的生活必需品的价格中，则可收税于无形。于是官府垄断经营盐、铁，将税赋加到盐、铁的价格中。至此，盐税已经基本形成。到了汉朝初期，为刺激经济，开始允许盐、铁民营，但这一政策使盐、铁商人富比王侯，严重威胁到中央政权与社会安定。汉武帝迫于政治和财政压力，又下令实施盐铁官营政策，由国家垄断盐铁的生产销售。在此之后，虽有过几次短暂的免盐税时期，但大体上各朝各国的食盐时而由官府专卖、时而由商人贩卖并征税，没有定制，唯一不变的就是盐税一直都是政府财政收入的重要部分。一直到1994年1月1日税制改革，盐税列入资源税税目征收资源税，并规定盐的资源税一律在出厂环节由生产者缴纳。此后，便不再有专门的"盐税"，而是以资源税的名目保留至今。

（三）应纳税额计算

1. 税目税率

资源税实行幅度税率，具体适用税率由省级人大统筹考虑该应税资源的品位、开采条件以及对生态环境的影响等情况确定。征税对象为原矿或者选矿的，应当分别确定具体适用税率。

资源税税目税率表如表5.3所示。

表5.3 资源税税目税率表

税目			征税对象	税率
能源矿产	原油		原矿	6%
	天然气、页岩气、天然气水合物		原矿	6%
	煤		原矿或者选矿	2%—10%
	煤成(层)气		原矿	1%—2%
	铀、钍		原矿	4%
	油页岩、油砂、天然沥青、石煤		原矿或者选矿	1%—4%
	地热		原矿	1%—20%或者每立方米1—30元
金属矿产	黑色金属	铁、锰、铬、钒、钛	原矿或者选矿	1%—9%
	有色金属	铜、铅、锌、锡、镍、锑、镁、钴、铋、汞	原矿或者选矿	2%—10%
		铝土矿	原矿或者选矿	2%—9%
		钨	选矿	6.5%
		钼	选矿	8%
		金、银	原矿或者选矿	2%—6%
		铂、钯、钌、锇、铱、铑	原矿或者选矿	5%—10%
		轻稀土	选矿	7%—12%
		中重稀土	选矿	20%
		铍、锂、锆、锶、铷、铯、铌、钽、锗、镓、铟、铊、铪、铼、镉、硒、碲	原矿或者选矿	2%—10%
非金属矿产	矿物类	高岭土	原矿或者选矿	1%—6%
		石灰岩	原矿或者选矿	1%—6%或者每吨(或者每立方米)1—10元
		磷	原矿或者选矿	3%—8%
		石墨	原矿或者选矿	3%—12%
		萤石、硫铁矿、自然硫	原矿或者选矿	1%—8%
		天然石英砂、脉石英、粉石英、水晶、工业用金刚石、冰洲石、蓝晶石、硅线石(矽线石)、长石、滑石、刚玉、菱镁矿、颜料矿物、天然碱、芒硝、钠硝石、明矾石、砷、硼、碘、溴、膨润土、硅藻土、陶瓷土、耐火黏土、铁矾土、凹凸棒石黏土、海泡石黏土、伊利石黏土、累托石黏土	原矿或者选矿	1%—12%
		叶蜡石、硅灰石、透辉石、珍珠岩、云母、沸石、重晶石、毒重石、方解石、蛭石、透闪石、工业用电气石、白垩、石棉、蓝石棉、红柱石、石榴子石、石膏	原矿或者选矿	2%—12%

续表

税目		征税对象	税率
	其他黏土（铸型用黏土、砖瓦用黏土、陶粒用黏土、水泥配料用黏土、水泥配料用红土、水泥配料用黄土、水泥配料用泥岩、保温材料用黏土）	原矿或者选矿	1%—5%或者每吨（或每立方米）0.1—5元
岩石类	大理岩、花岗岩、白云岩、石英岩、矽岩、辉绿岩、安山岩、闪长岩、板岩、玄武岩、片麻岩、角闪岩、页岩、浮石、凝灰岩、黑曜岩、霞石正长岩、蛇纹岩、麦饭石、泥灰岩、含钾岩石、含钾砂页岩、天然油石、橄榄岩、松脂岩、粗面岩、辉长岩、辉石岩、正长岩、火山灰、火山渣、泥炭	原矿或者选矿	1%—10%
	砂石	原矿或者选矿	1%—5%或者每吨（或者每立方米）0.1—5元
宝玉石类	宝石、玉石、宝石级金刚石、玛瑙、黄玉、碧玺	原矿或者选矿	4%—20%
水气矿产	二氧化碳气、硫化氢气、氦气、氡气	原矿	2%—5%
	矿泉水	原矿	1%—20%或者每立方米1—30元
盐	钠盐、钾盐、镁盐、锂盐	选矿	3%—15%
	天然卤水	原矿	3%—15%或者每吨（或者每立方米）1—10元
	海盐		2%—5%

纳税人开采或者生产不同税目应税产品的，应当分别核算不同税目应税产品的销售额或者销售数量；未分别核算或者不能准确提供不同税目应税产品的销售额或者销售数量的，从高适用税率。

2. 应纳税额

资源税实行从价计征或者从量计征。纳税人开采或者生产应税产品自用的，应当缴纳资源税；但是，自用于连续生产应税产品的，不缴纳资源税。

（1）从价计征。实行从价计征的，应纳税额按照应税资源产品的销售额乘以具体适用税率计算，计算公式为：

应纳税额＝销售额×比例税率

销售额是指纳税人销售应税产品向购买方收取的全部价款和价外费用，不包括增值税销项税额和运杂费用。运杂费用是指应税产品从坑口或洗选（加工）地到车站、码头或购买方指定地点的运输费用、建设基金以及随运销产生的装卸、仓储、港杂费用。运杂费用应与销售额分别核算，凡未取得相应凭据或不能与销售额分别核算的，应当一并计征资源税。

（2）从量计征。实行从量计征的，应纳税额按照应税产品的销售数量乘以具体适用税率计算，计算公式为：

应纳税额＝课税数量×适用的定额税率

纳税人课税数量为销售或自用数量。

【例5.9】某企业将境内开采的原油200吨对外销售,该企业原油平均每吨含增值税销售价格6552元,当月全部销售,原油资源税率5%,计算应缴纳多少资源税?

【解析】应纳资源税＝6552×200÷(1+13%)×5%＝57982.30(元)

纳税人以外购原矿与自采原矿混合为原矿销售,或者以外购选矿产品与自产选矿产品混合为选矿产品销售的,在计算应税产品销售额或者销售数量时,直接扣减外购原矿或者外购选矿产品的购进金额或者购进数量。

纳税人以外购原矿与自采原矿混合洗选加工为选矿产品销售的,在计算应税产品销售额或者销售数量时,按照下列方法进行扣减:

准予扣减的外购应税产品购进金额(数量)＝外购原矿购进金额(数量)×(本地区原矿适用税率÷本地区选矿产品适用税率)

不能按照上述方法计算扣减的,按照主管税务机关确定的其他合理方法进行扣减。

3. 资源税减免税规定

(1) 开采原油以及在油田范围内运输原油过程中用于加热的原油、天然气免征资源税。

(2) 煤炭开采企业因安全生产需要抽采的煤成(层)气免征资源税。

(3) 对青藏铁路公司及其所属单位运营期间自采自用的砂、石等材料免征资源税。

(4) 从低丰度油气田开采的原油、天然气,减征20%资源税。

(5) 高含硫天然气、三次采油和从深水油气田开采的原油、天然气,减征30%资源税。

(6) 稠油、高凝油减征40%资源税。

(7) 从衰竭期矿山开采的矿产品,减征30%资源税。

(8) 自2014年12月1日至2023年8月31日,对充填开采置换出来的煤炭,资源税减征50%。

(9) 纳税人开采或者生产应税产品过程中,因意外事故或者自然灾害等原因遭受重大损失以及纳税人开采共伴生矿、低品位矿、尾矿,地方有权决定免征或者减征资源税。

【拓展阅读】低丰度油气田,包括陆上低丰度油田、陆上低丰度气田、海上低丰度油田、海上低丰度气田。陆上低丰度油田是指每平方千米原油可开采储量丰度低于25万立方米的油田;陆上低丰度气田是指每平方千米天然气可开采储量丰度低于2.5亿立方米的气田;海上低丰度油田是指每平方千米原油可开采储量丰度低于60万立方米的油田;海上低丰度气田是指每平方千米天然气可开采储量丰度低于6亿立方米的气田。高含硫天然气,是指硫化氢含量在每立方米30克以上的天然气;三次采油,是指二次采油后继续以聚合物驱、复合驱、泡沫驱、气水交替驱、二氧化碳驱、微生物驱等方式进行采油;深水油气田,是指水深超过300米的油气田。稠油,是指地层原油黏度大于或等于每秒50毫帕或原油密度大于或等于每立方厘米0.92克的原油;高凝油,是指凝固点高于40摄氏度的原油。衰竭期矿山,是指设计开采年限超过15年,且剩余可开采储量下降到原设计可开采储量的20%以下或者剩余开采年限不超过5年的矿山。

（四）征收管理

纳税人销售应税产品，纳税义务发生时间为收讫销售款或者取得索取销售款凭据的当天；自用应税产品的，纳税义务发生时间为移送应税产品的当天。

纳税人应当向应税产品开采地或者生产地的税务机关申报缴纳资源税。

资源税按月或者按季申报缴纳；不能按固定期限计算缴纳的，可以按次申报缴纳。纳税人按月或者按季申报缴纳的，应当自月度或者季度终了之日起15日内，向税务机关办理纳税申报并缴纳税款；按次申报缴纳的，应当自纳税义务发生之日起15日内，向税务机关办理纳税申报并缴纳税款。

中外合作开采陆上、海上石油资源的企业依法缴纳资源税；在合同有效期内，缴纳矿区使用费，暂不缴纳资源税。

七、耕地占用税

（一）耕地占用税概述

耕地占用税是对占用耕地建房或从事其他非农业建设的单位和个人，就其实际占用的耕地按面积征收的一种税，它属于对特定土地资源占用课税。其中所指耕地，是指用于种植农作物的土地。

现行耕地占用税的基本规范《中华人民共和国耕地占用税法》，经第十三届全国人民代表大会常务委员会第七次会议通过，从2019年9月1日起施行。

耕地占用税的开征主要是为了合理利用土地资源，加强土地管理，保护耕地。

（二）耕地占用税的纳税人和征税对象

1. 纳税人

在中国境内占用耕地建设建筑物、构筑物或者从事非农业建设的单位和个人，为耕地占用税的纳税人，应当缴纳耕地占用税。占用耕地建设农田水利设施的，不缴纳耕地占用税。

经批准占用耕地的，纳税人为农用地转用审批文件中标明的建设用地人；农用地转用审批文件中未标明建设用地人的，纳税人为用地申请人，其中用地申请人为各级人民政府的，由同级土地储备中心、自然资源主管部门或政府委托的其他部门、单位履行耕地占用税申报纳税义务；未经批准占用耕地的，纳税人为实际用地人。

2. 征税对象

耕地占用税的征税对象为耕地，包括用于建房或从事其他非农业建设占用的国家所有和集体所有的耕地。

耕地是指种植农业作物的土地，如种植粮食作物、经济作物的基本农田，还包括种植蔬菜和果树的菜地、园地、林地、草地、养殖水面、渔业水域滩涂以及其他农用地。耕地还包括其附属的土地，如田间道路、农田水利用地等。

【拓展阅读】园地包括果园、茶园、橡胶园、其他园地。其他园地包括种植桑树、可可、咖啡、油棕、胡椒、药材等其他多年生作物的园地。林地包括乔木林地、竹林地、红树林地、森林沼泽、灌木林地、灌丛沼泽、其他林地，不包括城镇村庄范围内的绿化林木用地，铁路、公路征地范围内的林木用地，以及河流、沟渠的护堤林用地。其他林地包括疏林地、未成林地、迹地、苗圃等林地。草地包括天然牧草地、沼泽草地、人工牧草地，以及用于农业生产并已由相关行政主管部门发放使用权证的草地。农田水利用地包括农田排灌沟渠及相应附属设施用地。农田水利设施不论是否包含建筑物、构筑物占用耕地，均不属于耕地占用税征税范围，不征收耕地占用税。养殖水面包括人工开挖或者天然形成的用于水产养殖的河流水面、湖泊水面、水库水面、坑塘水面及相应附属设施用地。渔业水域滩涂包括专门用于种植或者养殖水生动植物的海水潮浸地带和滩地，以及用于种植芦苇并定期进行人工养护管理的苇田。直接为农业生产服务的生产设施，是指直接为农业生产服务而建设的建筑物和构筑物。具体包括：储存农用机具和种子、苗木、木材等农业产品的仓储设施；培育、生产种子、种苗的设施；畜禽养殖设施；木材集材道、运材道；农业科研、试验、示范基地；野生动植物保护、护林、森林病虫害防治、森林防火、木材检疫的设施；专为农业生产服务的灌溉排水、供水、供电、供热、供气、通信基础设施；农业生产者从事农业生产必需的食宿和管理设施；其他直接为农业生产服务的生产设施。

3. 减免税政策

（1）军事设施、学校、幼儿园、社会福利机构、医疗机构占用耕地，免征耕地占用税。

（2）铁路线路、公路线路、飞机场跑道、停机坪、港口、航道、水利工程占用耕地，减按每平方米2元的税额征收耕地占用税。

（3）农村居民在规定用地标准以内占用耕地新建自用住宅，按照当地适用税额减半征收耕地占用税；其中农村居民经批准搬迁，新建自用住宅占用耕地不超过原宅基地面积的部分，免征耕地占用税。

（4）农村烈士遗属、因公牺牲军人遗属、残疾军人以及符合农村最低生活保障条件的农村居民，在规定用地标准以内新建自用住宅，免征耕地占用税。

（5）根据国民经济和社会发展的需要，国务院可以规定免征或者减征耕地占用税的其他情形，报全国人民代表大会常务委员会备案。

免征或者减征耕地占用税后，纳税人改变原占地用途，不再属于免征或者减征耕地占用税情形的，应当按照当地适用税额补缴耕地占用税。

（三）耕地占用税应纳税额的计算

1. 计税依据

耕地占用税的计税依据为纳税人实际占用的耕地面积，包括经批准占用的耕地面积和未经批准占用的耕地面积，以平方米为单位。

2. 税额

耕地占用税实行地区差别幅度定额税率，每一地区单位最高税额是单位最低税额的5倍。

（1）人均耕地不超过1亩的地区，每平方米为10元至50元。

（2）人均耕地超过1亩但不超过2亩的地区，每平方米为8元至40元。

（3）人均耕地超过2亩但不超过3亩的地区，每平方米为6元至30元。

（4）人均耕地超过3亩的地区，每平方米为5元至25元。

各省、自治区、直辖市耕地占用税平均税额表如表5.4所示。

表5.4　各省、自治区、直辖市耕地占用税平均税额表

省、自治区、直辖市	平均税额（元/平方米）
上海	45
北京	40
天津	35
江苏、浙江、福建、广东	30
辽宁、湖北、湖南	25
河北、安徽、江西、山东、河南、重庆、四川	22.5
广西、海南、贵州、云南、陕西	20
山西、吉林、黑龙江	17.5
内蒙古、西藏、甘肃、青海、宁夏、新疆	12.5

人均耕地面积越少，单位税额越高，具体定额由当地省级人民政府确定。

在人均耕地低于0.5亩的地区，省级政府可以根据当地经济发展情况，适当提高耕地占用税的适用税额，但提高的部分不得超过确定的适用税额的50%。

3. 应纳税额

耕地占用税以纳税人实际占用的耕地面积为计税依据，按照规定的适用税额一次性征收，应纳税额为纳税人实际占用的耕地面积（平方米）乘以适用税额，计算公式为：

应纳税额＝纳税人实际占用的耕地面积×适用税额标准

【例5.10】某房地产开发公司，新建商品房占用耕地20000平方米，建物业管理楼占用耕地400平方米，建配套幼儿园占用耕地800平方米，建配电房占用耕地200平方米，已知当地适用耕地占用税定额25元/平方米，该房地产公司应该缴纳多少耕地占用税？

【解析】配套幼儿园占用耕地免征。

应纳税额＝(20000＋400＋200)×25＝515000(元)

占用基本农田的，应当按照确定的当地适用税额，加按150%征收，其计算公式为：

应纳税额＝应税土地面积×适用税额×150%

（四）征收管理

耕地占用税由税务机关负责征收。税务机关应当与相关部门建立耕地占用税涉税信息共享机制和工作配合机制。县级以上地方人民政府自然资源、农业农村、水利等相关部门应当定期向税务机关提供农用地转用、临时占地等信息，协助税务机关加强耕地占用税征收管理。

经批准占用耕地的，耕地占用税纳税义务发生时间为纳税人收到自然资源管理部门办理占用农用地手续通知的当天。纳税人应当自纳税义务发生之日起30日内申报缴纳耕地占用税。自然资源主管部门凭耕地占用税完税凭证或者免税凭证和其他有关文件发放建设

用地批准书。

纳税人因建设项目施工或者地质勘查临时占用耕地,应当依法缴纳耕地占用税。纳税人在批准临时占用耕地期满之日起一年内依法复垦,恢复种植条件的,全额退还已经缴纳的耕地占用税。

八、城镇土地使用税

(一)城镇土地使用税概述

城镇土地使用税是以开征范围内的土地为征税对象,以实际占用的土地面积为计税依据,按规定税额对拥有土地使用权的单位和个人征收的一种税。

地产税在新中国成立初期,是和房产税一并征收的,1951年8月新中国颁布《城市房地产税暂行条例》,1973年简化税制时并入工商税,后一直实行行政划拨、无偿使用的办法未征税。1988年9月27日国务院发布了《城镇土地使用税暂行条例》并于当年11月1日施行,城镇土地使用税是我国当前在土地保有环节征收的唯一税种。现行基本规范是2006年12月31日修订的《城镇土地使用税暂行条例》,该规范统一了内外资企业,从2007年1月1日起开始施行。

开征城镇土地使用税,主要是为了合理利用城镇土地,调节土地级差收入,提高土地使用效益,加强土地管理。

(二)城镇土地使用税的纳税人和征税对象

1. 纳税人

在城市、县城、建制镇、工矿区范围内使用土地的单位和个人,为城镇土地使用税的纳税人,应当缴纳土地使用税。单位包括国有企业、集体企业、私营企业、股份制企业、外商投资企业、外国企业以及其他企业和事业单位、社会团体、国家机关、军队以及其他单位;个人,包括个体工商户以及其他个人。

城镇土地使用税由拥有土地使用权的单位或个人缴纳;拥有土地使用权的单位和个人不在土地所在地的,其土地的实际使用人和代管人为纳税人;土地使用权未确定或权属纠纷未解决的,由实际使用人纳税;土地使用权共有的,由共有各方分别纳税。

房地产开发企业变相租赁农村集体土地进行开发但未办理土地使用权流转手续的,由实际使用集体土地的单位和个人按规定缴纳城镇土地使用税;承租集体所有建设用地的后又转租的,也应缴纳城镇土地使用税。

2. 征税对象

土地使用税是对占用土地的行为征税,其征税对象是土地,但征税范围有所限定。城镇土地使用税的征税范围是城市、县城、建制镇和工矿区,不包括农村。

其中城市的征税范围包括市区和郊区;县城的征税范围为县人民政府所在地的城镇;建制镇的征税范围一般为镇人民政府所在地。城市、县城、建制镇、工矿区以外的工矿企业不缴纳城镇土地使用税。但为提高土地利用效率,促进节约集约用地,企业范围内荒山、林地、湖泊等占地全额征收城镇土地使用税。

3. 税收优惠政策

（1）国家机关、人民团体、军队自用的土地。

（2）由国家财政部门拨付事业经费的单位自用的土地。

（3）宗教寺庙、公园、名胜古迹自用的土地。

（4）市政街道、广场、绿化地带等公共用地。

（5）直接用于农、林、牧、渔业的生产用地。

（6）经批准开山填海整治的土地和改造的废弃土地，从使用的月份起免缴城镇土地使用税5年至10年。

（7）对非营利性医疗机构、疾病控制机构和妇幼保健机构等卫生机构自用的土地，免征城镇土地使用税。对营利性医疗机构自用的土地自2000年起免征城镇土地使用税3年。

（8）企业办的学校、医院、托儿所、幼儿园，其用地能与企业其他用地明确区分的，免征城镇土地使用税。

（9）免税单位无偿使用纳税单位的土地（如公安、海关等单位使用铁路、民航等单位的土地），免征城镇土地使用税。纳税单位无偿使用免税单位的土地，纳税单位应照章缴纳城镇土地使用税。纳税单位与免税单位共同使用、共有使用权的土地上的多层建筑，对纳税单位可按其占用的建筑面积占建筑总面积的比例计征城镇土地使用税。

（10）对个人出租住房，不区分用途，免征城镇土地使用税。

（11）房地产开发公司开发建造商品房的用地，除经批准开发建设廉租房、经济适用房的用地外，对各类房地产开发用地一律不得减免城镇土地使用税。对公共租赁住房建设期间用地及公共租赁住房建成后占地免税。对改造安置住房建设用地免征城镇土地使用税。在商品住房等开发项目中配套建造安置住房的，依据政府部门出具的相关材料、房屋征收（拆迁）补偿协议或棚户区改造合同（协议），按改造安置住房建筑面积占总建筑面积的比例免征城镇土地使用税。

（12）自2023年1月1日起至2027年12月31日止，对物流企业自有（包括自用和出租）或承租的大宗商品仓储设施用地，减按所属土地等级适用税额标准的50%计征城镇土地使用税。大宗商品仓储设施，是指同一仓储设施占地面积在6000平方米及以上，且主要储存粮食、棉花、油料、糖料、蔬菜、水果、肉类、水产品、化肥、农药、种子、饲料等农产品和农业生产资料，煤炭、焦炭、矿砂、非金属矿产品、原油、成品油、化工原料、木材、橡胶、纸浆及纸制品、钢材、水泥、有色金属、建材、塑料、纺织原料等矿产品和工业原材料的仓储设施。仓储设施用地，包括仓库库区内的各类仓房（含配送中心）、油罐（池）、货场、晒场（堆场）、罩棚等储存设施和铁路专用线、码头、道路、装卸搬运区域等物流作业配套设施的用地。

（三）土地使用税应纳税额的计算

1. 计税依据

以实际占用的土地面积为计税依据。

凡有由省、自治区、直辖市人民政府确定的单位组织测定土地面积的，以测定的面积为准；尚未组织测量，但纳税人持有政府部门核发的土地使用证书的，以证书确认的土地面积为准；尚未核发出土地使用证书的，应由纳税人申报土地面积，据以纳税，待核发土地使用证以后再作调整。

2. 税率

城镇土地使用税适用地区幅度差别定额税率,按大、中、小城市和县城、建制镇、工矿区分别规定每平方米城镇土地使用税年应纳税额,每档最高税率是最低税率的20倍。

城镇土地使用税每平方米年税额标准具体规定如下:大城市1.5—30元;中等城市1.2—24元;小城市0.9—18元;县城、建制镇、工矿区0.6—12元。

【拓展阅读】合肥市区土地使用税2022年税额标准共分四等:一环路以内的应税土地为一等,每平方米年税额20元;一环路以外、二环路以内的应税土地划分为二等,每平方米年税额15元;二环路以外的应税土地(不含四等规定范围内的应税土地)划分为三等,每平方米年税额10元;单独列举的合肥高新技术产业开发区、经济技术开发区、新站高新技术产业开发区、龙岗综合经济开发区、庐阳经济开发区、蜀山经济开发区以及包河经济开发区为四等应税土地,每平方米年税额5元。

3. 应纳税额的计算

城镇土地使用税根据实际使用土地的面积,按税法规定的单位税额交纳,其计算公式如下:

应纳城镇土地使用税额＝应税土地的实际占用面积×适用单位税额

【例5.11】武泰钢材进出口公司占用土地面积为1500平方米,每平方米年税额为6元,计算本年应交纳土地使用税。

【解析】应纳城镇土地使用税额＝1500×6＝9000(元)

(四) 城镇土地使用税征管

1. 纳税义务发生时间

购置新建商品房,自房屋交付使用之次月起计征城镇土地使用税。

购置存量房,自办理房屋权属转移、变更登记手续,房地产权属登记机关签发房屋权属证书之次月起计征城镇土地使用税。

出租、出借房产,自交付出租、出借房产之次月起计征城镇土地使用税。

以出让或转让方式有偿取得土地使用权的,应由受让方从合同约定交付土地使用时间的次月起缴纳城镇土地使用税;合同未约定交付土地时间的,由受让方从合同签订的次月起缴纳城镇土地使用税。

纳税人新征用的耕地,自批准征用之日起满1年时开始缴纳城镇土地使用税。

纳税人新征用的非耕地,自批准征用次月起缴纳城镇土地使用税。

2. 纳税申报

纳税人新征用的土地,必须于批准新征用之日起30日内申报登记。

3. 纳税地点

纳税人使用的土地不属于同一省管辖范围内的,由纳税人分别向土地所在地的税务机关申报缴纳。

在同一省管辖范围内,纳税人跨地区使用的土地,由各省级税务局确定纳税地点。

九、土地增值税

(一) 土地增值税概述

土地增值税是对有偿转让国有土地使用权及地上建筑物和其他附着物产权,取得增值收入的单位和个人征收的一种税。

现行土地增值税的基本规范是1993年12月13日国务院颁布的《中华人民共和国土地增值税暂行条例》。

征收土地增值税增强了政府对房地产开发和交易市场的调控,有利于抑制房地产炒作等投机行为,对于规范房地产市场健康、有序发展有着重要作用。

(二) 土地增值税的纳税人和征税对象

1. 纳税人

土地增值税的纳税人为转让国有土地使用权、地上的建筑及其附着物并取得收入的单位和个人,分为房地产开发企业和非房地产开发企业两类。

不论法人与自然人,不论经济性质,不论内资与外资企业、中国公民与外籍个人,不论行业与部门只要有偿转让房地产,都是土地增值税的纳税人。

2. 征税对象

土地增值税的征税对象是土地,一般须同时满足以下三个条件:一是土地增值税只对转让国有土地使用权的行为课税;二是土地使用权、地上建筑物及其附着物发生权属改变;三是转让房地产取得收入,包括转让房地产的全部价款及有关的经济收益。

转让国有土地使用权、地上的建筑物及其附着物并取得收入,是指以出售或者其他方式有偿转让房地产的行为,不包括以继承、赠与方式无偿转让房地产的行为。国有土地是指按国家法律规定属于国家所有的土地;地上的建筑物是指建于土地上的一切建筑物,包括地上地下的各种附属设施;附着物是指附着于土地上的不能移动,一经移动即遭损坏的物品。

3. 特殊规定

(1) 单位、个人在改制重组时以房地产作价入股进行投资,对其将房地产转移、变更到被投资的企业,暂不征土地增值税。该改制重组有关土地增值税政策不适用于房地产转移任意一方为房地产开发企业的情形。

(2) 房地产的出租,出租人虽取得了收入,但没有发生房产产权、土地使用权的转让。因此,不属于土地增值税的征税范围。

(3) 房地产的抵押,在抵押期间不征收土地增值税。待抵押期满后,视该房地产是否转移占有而确定是否征收土地增值税。对以房地产抵债而发生房地产权属转让的,应列入土地增值税的征税范围。

(4) 房地产的交换,属于土地增值税的征税范围。但对个人之间互换自有居住用房地产的,经当地税务机关核实,可以免征土地增值税。

(5) 合作建房。对于一方出地,一方出资金,双方合作建房,建成后按比例分房自用的,暂免征收土地增值税;建成后转让的,应征土地增值税。

（6）房地产的代建行为，是指房地产开发公司代客户进行房地产的开发，开发完成后向客户收取代建收入的行为。对于房地产开发公司而言，虽然取得了收入，但没有发生房地产权属的转移，其收入属于劳务收入性质，故不属于土地增值税的征税范围。

（7）房地产的重新评估，主要是指国有企业在清产核资时对房地产进行重新评估而使其升值的情况。这种情况下，房地产虽然有增值，但其既没有发生房地产权属的转移，房产产权、土地使用权人也未取得收入，所以不属于土地增值税的征税范围。

（三）土地增值税的计算

1. 计税依据

土地增值税的计税依据是纳税人转让房地产所取得的增值税，即纳税人转让房地产所取得的收入额减除规定的扣除项目金额后的余额。

纳税人转让房地产所取得的应税收入为不含增值税的收入，包括货币收入、实物收入和其他收入。计算增值额的扣除项目包括取得土地使用权所支付的金额、开发土地的成本费用、新建房及配套设施的成本费用或者旧房及建筑物的评估价格、与转让房地产有关的税金、财政部规定的其他扣除项目。

（1）取得土地使用权所支付的金额，是指纳税人为取得土地使用权所支付的地价款和按国家统一规定交纳的有关费用。

（2）开发土地和新建房及配套设施的成本，是指纳税人房地产开发项目实际发生的成本，包括土地征用及拆迁补偿费、前期工程费、建筑安装工程费、基础设施费、公共配套设施费、开发间接费用。

【拓展阅读】 土地征用及拆迁补偿费包括土地征用费，耕地占用税，劳动力安置费及有关地上、地下附着物拆迁补偿的净支出，安置动迁用房支出等。前期工程费包括规划、设计、项目可行性研究和水文、地质、勘察、测绘、"三通一平"等支出。建筑安装工程费是指以出包方式支付给承包单位的建筑安装工程费，以自营方式发生的建筑安装工程费。基础设施费包括开发小区内道路、供水、供电、供气、排污、排洪、通信、照明、环卫、绿化等工程发生的支出。公共配套设施费包括不能有偿转让的开发小区内公共配套设施发生的支出。开发间接费用是指直接组织、管理开发项目发生的费用，包括工资、职工福利费、折旧费、修理费、办公费、水电费、劳动保护费、周转房摊销等。

（3）开发土地和新建房及配套设施的费用，是指与房地产开发项目有关的销售费用、管理费用、财务费用。财务费用中的利息支出，凡能够按转让房地产项目计算分摊并提供金融机构证明的，允许据实扣除，但最高不能超过按商业银行同类同期贷款利率计算的金额。其他房地产开发费用，按取得土地使用权所支付的金额、开发土地和新建房及配套设施的成本两项计算的金额之和的5%以内计算扣除。凡不能按转让房地产项目计算分摊利息支出或不能提供金融机构证明的，房地产开发费用按取得土地使用权所支付的金额、开发土地和新建房及配套设施的成本两项规定计算的金额之和的10%以内计算扣除。计算扣除的具体比例，由各省级人民政府规定。

（4）与转让房地产有关的税金，是指在转让房地产时缴纳的城市维护建设税、印花税、教育费附加。凡能够按清算项目准确计算的，允许据实扣除；凡不能按清算项目准确计算的，则按该清算项目预缴增值税时实际缴纳的城建税、教育费附加扣除。未能计算抵扣的增值税额也可以计入扣除项目。

(5) 对从事房地产开发的纳税人,可按取得土地使用权所支付的金额、开发土地和新建房及配套设施的成本两项规定计算的金额之和,加计20%扣除。

(6) 旧房及建筑物的评估价格,是指在转让已使用的房屋及建筑物时,由政府批准设立的房地产评估机构评定的重置成本价乘以成新度折扣率后的价格。评估价格须经当地税务机关确认。

纳税人转让旧房及建筑物,凡不能取得评估价格,但能提供购房发票的,按照发票所载金额加上不允许抵扣的增值税进项税额之和,从购买年度起至转让年度止每年加计5%计算。购房发票所载日期起至售房发票开具之日止,每满12个月计1年;超过1年,未满12个月但超过6个月的,可以视同为1年。对纳税人购房时缴纳的契税,凡能提供契税完税凭证的,准予作为"与转让房地产有关的税金"予以扣除,但不作为加计5%的基数。

2. 税率

土地增值税实行四级超率累进税率,是我国唯一采用超率累进税率的税种(表5.5)。

表5.5 土地增值税四级超率累进税率表

级数	增值额与扣除项目金额的比率	税率	速算扣除数
1	不超过50%的部分	30%	0
2	超过50%至100%的部分	40%	5%
3	超过100%至200%的部分	50%	15%
4	超过200%的部分	60%	35%

3. 税收优惠

(1) 纳税人建造普通标准住宅出售,增值额未超过扣除项目金额20%的,免征土地增值税;增值额超过扣除项目金额20%的,应就其全部增值额按规定计税。普通标准住宅,是指按所在地一般民用住宅标准建造的居住用住宅。高级公寓、别墅、度假村等不属于普通标准住宅。

(2) 因国家建设需要依法征用、收回的房地产,免征土地增值税。

(3) 个人销售普通住宅暂免征收土地增值税。

4. 应纳税额的计算

第一步,计算增值额:

增值额=转让收入−扣除项目金额

第二步,计算增值率:

增值率=增值额÷扣除项目金额×100%

第三步,确定适用税率和速算扣除系数。

第四步,计算应纳税额:

应纳税额=Σ(每级距增值额×适用税率)

=土地增值额×适用税率−扣除项目金额×速算扣除系数

【例5.12】某房地产开发公司与某单位于2023年4月正式签署一写字楼转让合同,取得转让收入16350万元,公司即按税法规定缴纳了有关税金(增值税税率9%,城建税税率7%,教育费附加3%,印花税税率0.5‰)。已知该公司为取得土地使用权而支付的地价款和按国家统一规定缴纳的有关费用为3000万元;投入房地产开发成本为4000万元;房地产开发费用中的利息支出为1200万元(不能按转让房地产项目计算分摊利息支出,也不能提供金融机构证明)。另知该公司所在省人民政府规定的房地产开发费用的计算扣除比例为10%。请计算该公司转让此楼应纳的土地增值税税额。

【解析】转让收入=16350÷(1+9%)=15000(万元)

增值税=15000×9%=1350(万元)

扣除项目金额包括地价款3000万元、开发成本4000万元。

因不能分摊利息,扣除的开发费用=(3000+4000)×10%=700(万元)

相关税金包括城建税和教育费附加=1350×(7%+3%)=135(万元)

以及印花税=15000×0.05%=7.5(万元)

共可扣除销售税金=135+7.5=142.5(万元)

可加计扣除项目=(3000+4000)×20%=1400(万元)

扣除项目金额合计=3000+4000+700+142.5+1400=9242.5(万元)

增值额=15000-9242.5=5757.5(万元)

增值率=5757.5÷9242.5×100%=62%,属于第2级次,税率为40%,速算扣除系数为5%。

土地增值税=5757.5×40%-9242.5×5%=2303-462.125=1840.875(万元)

【例5.13】甲企业转让旧办公楼一栋,土地发票注明地价款200万元,办公楼评估重置价格1000万元,四成新,缴纳评估费20万元。转让收入1260万元,销售不动产简易计税方法的增值税率5%,城市维护建设税税率7%,教育费附加3%,地方教育费附加2%。计算甲企业应当缴纳的土地增值税(说明:假设购销合同分别注明销售额和增值税,印花税按不含税价格计算)。

【解析】转让旧房能提供评估价格的。

转让收入=1260÷(1+5%)=1200(万元)

扣除项目金额=地价+旧房评估价+转让时税金+其他准予扣除的金额
　　　　　　=200+1000×40%+1200×5%×(7%+3%+2%)+1200×0.5‰+20
　　　　　　=627.8(万元)

土地增值额=1200-627.8=572.2(万元)

增值率=572.2÷627.8=91%,属第2级次,税率为40%,速算扣除系数为5%。

土地增值税=572.2×40%-627.8×5%=197.49(万元)

(四) 土地增值税征收管理

1. 预征管理

由于房地产开发与转让周期较长,造成土地增值税征管难度大,根据《土地增值税暂行条例实施细则》的规定,对纳税人在项目全部竣工结算前转让房地产取得的收入,可以预征土地增值税,具体办法由各省、自治区、直辖市税务局根据当地情况制定。为了发挥土地增值税在预征阶段的调节作用,对已经实行预征办法的地区,可根据不同类型房地产的实际情况,确定适当的预征率。除保障性住房外,东部地区省份预征率不得低于2%,中部和东北地区省份不得低于1.5%,西部地区省份不得低于1%。

对于纳税人预售房地产所取得的收入,凡当地税务机关规定预征土地增值税的,纳税人应当到主管税务机关办理纳税申报,并按规定比例预交税款,待办理决算后,多退少补;凡当地税务机关规定不预征土地增值税的,也应在取得收入时先到税务机关登记或备案。

2. 清算

土地增值税清算,是指纳税人在符合土地增值税清算条件后,依照税收法律、法规及土地增值税有关政策规定,计算房地产开发项目应缴纳的土地增值税税额,并填写"土地增值税清算申报表",向主管税务机关提供有关资料,办理土地增值税清算手续,结清该房地产项目应缴纳土地增值税税款的行为。

(1) 强制性清算:房地产开发项目全部竣工、完成销售的;整体转让未竣工决算房地产开发项目的;直接转让土地使用权的。

(2) 选择性清算:已竣工验收的房地产开发项目,已转让的房地产建筑面积占整个项目可售建筑面积的比例在85%以上,或该比例虽未超过85%,但剩余的可售建筑面积已经出租或自用的;取得销售(预售)许可证满三年仍未销售完毕的;纳税人申请注销税务登记但未办理土地增值税清算手续的;省级税务机关规定的其他情况。

3. 纳税时间

土地增值税义务发生时间,应在纳税人签订房地产转让合同之后、办理房地产权属转让手续之前(即在过户登记前)。纳税人应当自转让房地产合同签订之日起七日内向房地产所在地主管税务机关办理纳税申报,并在税务机关核定的期限内缴纳土地增值税。提交房屋及建筑物产权、土地使用权证书,土地转让、房产买卖合同,房地产评估报告及其他与转让房地产有关的资料。

4. 纳税地点

房地产所在地,即房地产的坐落地。纳税人转让房地产坐落在两个或两个以上地区的,应按房地产所在地分别申报纳税。在实际工作中,纳税地点的确定可分为以下两种情况:

(1) 法人纳税人。当转让的房地产坐落地与其机构所在地或经营所在地一致时,在办理税务登记的原管辖税务机关申报纳税即可;当转让的房地产坐落地与其机构所在地或经营所在地不一致时,应在房地产坐落地所管辖的税务机关申报纳税。

(2) 自然人纳税人。当转让的房地产坐落地与其居住所在地一致时,在住所所在地税务机关申报纳税;当转让的房地产坐落地与其居住所在地不一致时,在房地产坐落地的税务机关申报纳税。

十、环境保护税

(一) 环境保护税概述

环境保护税是指以保护环境为目的,针对污染破坏环境的特定行为征收税款的专门税种。荷兰是征收环境保护税比较早的国家,为环境保护设计的税收主要包括燃料税、噪音税、水污染税等,其税收政策已为不少发达国家研究和借鉴。此外,1984年意大利开征了废物回收费用,作为地方政府处置废物垃圾的资金来源,法国开征森林砍伐税,欧盟开征了碳税。

【拓展阅读】作为全球首个生效的"碳关税",欧盟碳边境调节机制涉及六大行业,即电力、钢铁、水泥、铝、化肥、氢气以及特定条件下的间接排放。这一法案将于2023年10月开始试运行,并于2026年到2034年之间分阶段实施。非欧盟生产商未来想在欧盟销售相关商品,必须为碳排放付费,付费金额是生产国碳价格与欧盟碳价格的差价。

我国现行环境保护税基本规范是2016年12月25日第十二届全国人民代表大会常务委员会第二十五次会议通过,自2018年1月1日起施行的《中华人民共和国环境保护税法》及其实施条例。

我国环境保护税的开征是为了保护和改善环境,减少污染物排放,推进生态文明建设。

(二)纳税人和征税对象

1. 纳税人

在中国领域和中国管辖的其他海域,直接向环境排放应税污染物的企事业单位和其他生产经营者为环境保护税的纳税人。

企业事业单位和其他生产经营者向依法设立的污水集中处理、生活垃圾集中处理场所排放应税污染物的,以及在符合国家和地方环境保护标准的设施、场所贮存或者处置固体废物的,不属于直接向环境排放污染物,不缴纳相应污染物的环境保护税。

依法设立的城乡污水集中处理、生活垃圾集中处理场所超过国家和地方规定的排放标准向环境排放应税污染物的,应当缴纳环境保护税。企业事业单位和其他生产经营者贮存或者处置固体废物不符合国家和地方环境保护标准的,应当缴纳环境保护税。

达到省级人民政府确定的规模标准并且有污染物排放口的畜禽养殖场,应当依法缴纳环境保护税;依法对畜禽养殖废弃物进行综合利用和无害化处理的,不属于直接向环境排放污染物,不缴纳环境保护税。

2. 征税对象

环境保护税的征税对象确定为应税污染物,包括大气污染物、水污染物、固体废物和噪声,具体应税污染物依据"环境保护税目税额表""应税污染物和当量值表"的规定执行。其中,大气污染物是指向大气排放,导致大气污染的物质,包括二氧化硫、氮氧化物、粉尘、甲醛等;水污染物是指直接或者间接向水体排放的,能导致水体污染的物质,包括重金属、悬浮物、动植物油等;固体废物是指在生产、生活和其他活动中产生的丧失原有利用价值或者虽未丧失利用价值但被抛弃或者放弃的固态、半固态和置于容器中的气态的物品、物质以及法律行政法规规定纳入固体废物管理的物品、物质,包括煤矸石、尾矿等;噪声是指工业噪声,即在工业生产活动中使用固定的设备时产生的超过国家规定的环境噪声排放标准的、干扰周围生活环境的声音。

3. 税收减免

下列情形,暂予免征环境保护税:

(1)农业生产(不包括规模化养殖)排放应税污染物的。

(2)机动车、铁路机车、非道路移动机械、船舶和航空器等流动污染源排放应税污染物的。

(3)依法设立的城乡污水集中处理、生活垃圾集中处理场所排放相应应税污染物,不超过国家和地方规定的排放标准的。

(4) 纳税人综合利用的固体废物,符合国家和地方环境保护标准的。
(5) 国务院批准免税的其他情形。

纳税人排放应税大气污染物或者水污染物的浓度值低于国家和地方规定的污染物排放标准30%的,减按75%征收环境保护税。纳税人排放应税大气污染物或者水污染物的浓度值低于国家和地方规定的污染物排放标准50%的,减按50%征收环境保护税。

应税大气污染物或者水污染物的浓度值,是指纳税人安装使用的污染物自动监测设备当月自动监测的应税大气污染物浓度值的小时平均值再平均所得数值或者应税水污染物浓度值的日平均值再平均所得数值,或者监测机构当月监测的应税大气污染物、水污染物浓度值的平均值。

(三) 应纳税额的计算

1. 计税依据

应税污染物的计税依据,按照下列方法确定:
(1) 应税大气污染物按照污染物排放量折合的污染当量数确定。
(2) 应税水污染物按照污染物排放量折合的污染当量数确定。
(3) 应税固体废物按照固体废物的排放量确定。
(4) 应税噪声按照超过国家规定标准的分贝数确定。

污染当量,是指根据污染物或者污染排放活动对环境的有害程度以及处理的技术经济性,衡量不同污染物对环境污染的综合性指标或者计量单位。同一介质相同污染当量的不同污染物,其污染程度基本相当。各类污染物的污染当量值如表5.6、表5.7、表5.8、表5.9、表5.10所示。

表5.6 第一类水污染物污染当量值

污染物	污染当量值(千克)
1. 总汞	0.0005
2. 总镉	0.005
3. 总铬	0.04
4. 六价铬	0.02
5. 总砷	0.02
6. 总铅	0.025
7. 总镍	0.025
8. 苯并(a)芘	0.0000003
9. 总铍	0.01
10. 总银	0.02

表5.7 第二类水污染物污染当量值

污染物	污染当量值(千克)
11. 悬浮物(SS)	4
12. 生化需氧量(BOD5)	0.5
13. 化学需氧量(COD)	1
14. 总有机碳(TOC)	0.49
15. 石油类	0.1

续表

污染物	污染当量值(千克)
16. 动植物油	0.16
17. 挥发酚	0.08
18. 总氰化物	0.05
19. 硫化物	0.125
20. 氨氮	0.8
21. 氟化物	0.5
22. 甲醛	0.125
23. 苯胺类	0.2
24. 硝基苯类	0.2
25. 阴离子表面活性剂(LAS)	0.2
26. 总铜	0.1
27. 总锌	0.2
28. 总锰	0.2
29. 彩色显影剂(CD-2)	0.2
30. 总磷	0.25
31. 元素磷(以P计)	0.05
32. 有机磷农药(以P计)	0.05
33. 乐果	0.05
34. 甲基对硫磷	0.05
35. 马拉硫磷	0.05
36. 对硫磷	0.05
37. 五氯酚及五氯酚钠(以五氯酚计)	0.25
38. 三氯甲烷	0.04
39. 可吸附有机卤化物(AOX)(以Cl计)	0.25
40. 四氯化碳	0.04
41. 三氯乙烯	0.04
42. 四氯乙烯	0.04
43. 苯	0.02
44. 甲苯	0.02
45. 乙苯	0.02
46. 邻—二甲苯	0.02
47. 对—二甲苯	0.02
48. 间—二甲苯	0.02
49. 氯苯	0.02
50. 邻二氯苯	0.02
51. 对二氯苯	0.02
52. 对硝基氯苯	0.02
53. 2,4-二硝基氯苯	0.02
54. 苯酚	0.02
55. 间-甲酚	0.02

续表

污染物	污染当量值(千克)
56. 2,4-二氯酚	0.02
57. 2,4,6-三氯酚	0.02
58. 邻苯二甲酸二丁酯	0.02
59. 邻苯二甲酸二辛酯	0.02
60. 丙烯腈	0.125
61. 总硒	0.02

说明：1. 第一、二类污染物的分类依据为《污水综合排放标准》(GB 8978—1996)。

2. 同一排放口中的化学需氧量(COD)、生化需氧量(BOD5)和总有机碳(TOC)，只征收一项。

表5.8　pH值、色度、大肠菌群数、余氯量污染当量值

污染物		污染当量值
1. pH值	1.0—1,13—14	0.06吨污水
	2.1—2,12—13	0.125吨污水
	3.2—3,11—12	0.25吨污水
	4.3—4,10—11	0.5吨污水
	5.4—5,9—10	1吨污水
	6.5—6,	5吨污水
2. 色度		5吨水·倍
3. 大肠菌群数(超标)		3.3吨污水
4. 余氯量(用氯消毒的医院废水)		3.3吨污水

说明：1. 大肠菌群数和总余氯只征收一项。

2. pH5—6指大于或等于5，小于6；pH9—10指大于9，小于或等于10，其余类推。

表5.9　禽畜养殖业、小型企业和第三产业污染当量值

类型		污染当量值
禽畜养殖场	1. 牛	0.1头
	2. 猪	1头
	3. 鸡、鸭等家禽	30羽
4. 小型企业		1.8吨污水
5. 饮食娱乐服务业		0.5吨污水
6. 医院	消毒	0.14床
		2.8吨污水
	不消毒	0.07床
		1.4吨污水

说明：1. 本表仅适用于计算无法进行实际监测或物料衡算的禽畜养殖业、小型企业和第三产业等小型排污者的污染当量数。

2. 仅对存栏规模大于50头牛，500头猪，5000羽鸡、鸭等的禽畜养殖场征收。

3. 医院病床数大于20张的按本表计算污染当量。

表5.10 大气污染物污染当量值

污染物	污染当量值（千克）
1. 二氧化硫	0.95
2. 氮氧化物	0.95
3. 一氧化碳	16.7
4. 氯气	0.34
5. 氯化氢	10.75
6. 氟化物	0.87
7. 氰化氢	0.005
8. 硫酸雾	0.6
9. 铬酸雾	0.0007
10. 汞及其化合物	0.0001
11. 一般性粉尘	4
12. 石棉尘	0.53
13. 玻璃棉尘	2.13
14. 碳黑尘	0.59
15. 铅及其化合物	0.02
16. 镉及其化合物	0.03
17. 铍及其化合物	0.0004
18. 镍及其化合物	0.13
19. 锡及其化合物	0.27
20. 烟尘	2.18
21. 苯	0.05
22. 甲苯	0.18
23. 二甲苯	0.27
24. 苯并(a)芘	0.000002
25. 甲醛	0.09
26. 乙醛	0.45
27. 丙烯醛	0.06
28. 甲醇	0.67
29. 酚类	0.35
30. 沥青烟	0.19
31. 苯胺类	0.21
32. 氯苯类	0.72
33. 硝基苯	0.17
34. 丙烯腈	0.22
35. 氯乙烯	0.55
36. 光气	0.04
37. 硫化氢	0.29
38. 氨	9.09
39. 三甲胺	0.32
40. 甲硫醇	0.04

续表

污染物	污染当量值(千克)
41. 甲硫醚	0.28
42. 二甲二硫	0.28
43. 苯乙烯	25
44. 二硫化碳	20

应税大气污染物、水污染物、固体废物的排放量和噪声的分贝数,按照下列方法和顺序计算:纳税人安装使用符合国家规定和监测规范的污染物自动监测设备的,按照污染物自动监测数据计算;纳税人未安装使用污染物自动监测设备的,按照监测机构出具的符合国家有关规定和监测规范的监测数据计算;因排放污染物种类多等原因不具备监测条件的,按照国务院环境保护主管部门规定的排污系数、物料衡算方法计算;不能按照以上方法计算的,按照省级环境保护主管部门规定的抽样测算的方法核定计算。排污系数,是指在正常技术经济和管理条件下,生产单位产品所应排放的污染物量的统计平均值。物料衡算,是指根据物质质量守恒原理对生产过程中使用的原料、生产的产品和产生的废物等进行测算的一种方法。

纳税人有下列情形之一的,以其当期应税大气污染物、水污染物的产生量作为污染物的排放量:未依法安装使用污染物自动监测设备或者未将污染物自动监测设备与环境保护主管部门的监控设备联网;损毁或者擅自移动、改变污染物自动监测设备;篡改、伪造污染物监测数据;通过暗管、渗井、渗坑、灌注或者稀释排放以及不正常运行防治污染设施等方式违法排放应税污染物;进行虚假纳税申报。

2. 税目税额

环境保护税的税目、税额,依照"环境保护税税目税额表"执行(表5.11)。

表5.11 环境保护税税目税额表

税目		计税单位	税额	备注
大气污染物		每污染当量	1.2元至12元	
水污染物		每污染当量	1.4元至14元	
固体废物	煤矸石	每吨	5元	
	尾矿	每吨	15元	
	危险废物	每吨	1000元	
	冶炼渣、粉煤灰、炉渣、其他固体废物(含半固态、液态废物)	每吨	25元	
噪声	工业噪声	超标1—3分贝	每月350元	1. 一个单位边界上有多处噪声超标,根据最高一处超标声级计算应纳税额;当沿边界长度超过100米有两处以上噪声超标,按照两个单位计算应纳税额。2. 一个单位有不同地点作业场所的,应当分别计算应纳税额,合并计征
		超标4—6分贝	每月700元	
		超标7—9分贝	每月1400元	
		超标10—12分贝	每月2800元	

续表

税目	计税单位	税额	备注
	超标13—15分贝	每月5600元	3. 昼、夜均超标的环境噪声,昼、夜分别计算应纳税额,累计计征。
	超标16分贝以上	每月11200元	4. 声源一个月内超标不足15天的,减半计算应纳税额。 5. 夜间频繁突发和夜间偶然突发厂界超标噪声,按等效声级和峰值噪声两种指标中超标分贝值高的一项计算应纳税额

应税大气污染物和水污染物的具体适用税额的确定和调整,由省级人民政府统筹考虑本地区环境承载能力、污染物排放现状和经济社会生态发展目标要求,在规定的税额幅度内提出,报同级人民代表大会常务委员会决定,并报全国人民代表大会常务委员会和国务院备案。

3. 应纳税额

(1) 应税大气污染物。应税大气污染物的应纳税额为污染当量数乘以具体适用税额,其计算公式为:

应纳税额=污染当量数×适用税额

应税大气污染物的污染当量数,以该污染物的排放量除以该污染物的污染当量值计算。每一排放口或者没有排放口的应税大气污染物,按照污染当量数从大到小排序,对前三项污染物征收环境保护税。

【例5.14】某企业8月向大气直接排放二氧化硫、氟化物各10千克,一氧化碳、氯化氢各100千克,假设大气污染物每污染当量税额按"环境保护税税目税额表"最低标准1.2元计算,该企业只有一个排放口。请计算企业8月大气污染物应缴纳的环境保护税(结果保留两位小数)。

【解析】第一步,计算各污染物的污染当量数:

二氧化硫:10/0.95=10.53　　氟化物:10/0.87=11.49
一氧化碳:100/16.7=5.99　　氯化氢:100/10.75=9.3

第二步,按污染物的污染当量数排序(每一排放口或者没有排放口的应税大气污染物,对前三项污染物征收环境保护税):

氟化物(11.49)>二氧化硫(10.53)>氯化氢(9.3)>一氧化碳(5.99),选取前三项污染物。

第三步,计算应纳税额:

应纳税额=(11.49+10.53+9.3)×1.2=37.58(元)

(2) 应税水污染物。应税水污染物的应纳税额为污染当量数乘以具体适用税额,其计算公式为:

应纳税额=污染当量数×适用税额

应税水污染物的污染当量数,以该污染物的排放量除以该污染物的污染当量值计算。每一排放口的应税水污染物,区分第一类水污染物和其他类水污染物,按照污染当量数从大到小排序,对第一类水污染物按照前五项征收环境保护税,对其他类水污染物按照前三项征收环境保护税。

【例5.15】某企业8月向水体直接排放第一类水污染物总汞、总镉、总铬、总砷、总铅、总银各10千克。排放第二类水污染物悬浮物(SS)、总有机碳(TOC)、挥发酚、氨氮各10千克。假设水污染物每污染当量税额按"环境保护税税目税额表"最低标准1.4元计算,请计算企业8月水污染物应缴纳的环境保护税(结果保留两位小数)。

【解析】第一步,计算第一类水污染物的污染当量数:

总汞:10/0.0005＝20000　　总镉:10/0.005＝2000　　总铬:10/0.04＝250
总砷:10/0.02＝500　　总铅:10/0.025＝400　　总银:10/0.02＝500

第二步,对第一类水污染物污染当量数排序(每一排放口的应税水污染物按照污染当量数从大到小排序,对第一类水污染物按照前五项征收环境保护税):

总汞(20000)＞总镉(2000)＞总砷(500)＝总银(500)＞总铅(400)＞总铬(250),选取前五项污染物。

第三步,计算第一类水污染物应纳税额:

应纳税额＝(20000＋2000＋500＋500＋400)×1.4＝32760(元)

第四步,计算第二类水污染物的污染当量数:

悬浮物(SS):10/4＝2.5　　总有机碳(TOC):10/0.49＝20.41
挥发酚:10/0.08＝125　　氨氮:10/0.8＝12.5

第五步,对第二类水污染物污染当量数排序(每一排放口的应税水污染物按照污染当量数从大到小排序,对其他类水污染物按照前三项征收环境保护税):

挥发酚(125)＞总有机碳(20.41)＞氨氮(12.5)＞悬浮物(2.5)

第六步,计算第二类水污染物应纳税额:

(125＋20.41＋12.5)×1.4＝221.07(元)

因此,企业8月水污染物应缴纳的环境保护税＝32760＋221.07＝32981.07(元)。

(3)应税固体废物。应税固体废物的应纳税额为固体废物排放量乘以具体适用税额,其计算公式为:

应纳税额＝固体废物排放量×适用税额

应税固体废物按照固体废物的排放量确定。固体废物的排放量为当期应税固体废物的产生量减去当期应税固体废物的贮存量、处置量、综合利用量的余额。非法倾倒应税固体废物或进行虚假纳税申报的,以其当期应税固体废物的产生量作为固体废物的排放量。

【例5.16】假设某企业8月产生尾矿1000吨,其中综合利用的尾矿300吨(符合国家和地方环境保护标准),在符合国家和地方环境保护标准的设施贮存200吨。计算该企业8月尾矿应缴纳的环境保护税。

【解析】固体废物的排放量为当期应税固体废物的产生量减去当期应税固体废物的贮存量、处置量、综合利用量的余额。

应缴纳环保税＝(1000－300－200)×15＝7500(元)

(4)应税噪声。应税噪声的应纳税额为超过国家规定标准的分贝数对应的具体适用税额。

一个单位边界上有多处噪声超标,根据最高一处超标声级计算应纳税额;当沿边界长度超过100为有两处以上噪声超标,按照两个单位计算应纳税额。

一个单位有不同地点作业场所的,应当分别计算应纳税额,合并计征。

昼、夜均超标的环境噪声,昼、夜分别计算应纳税额,累计计征。

声源一个月内超标不足15天的,减半计算应纳税额。

夜间频繁突发和夜间偶然突发厂界超标噪声,按等效声级和峰值噪声两种指标中超标分贝值高的一项计算应纳税额。

【例5.17】某工业企业某年3月厂界外定点测量结果昼间均超标,A点测量超标5分贝,B点测量超标10分贝。请计算其噪声污染应缴环境保护税。

【解析】情形一:若该企业只有一处作业场所,且两个测量点在100米以内,则按照最高一处超标声级计算应纳税额,即直接按照超标10分贝计算应纳税额。查表可知:超标10分贝,税额为每月2800元。

情形二:若该企业只有一处作业场所,且两个测量点在100米以上,则按照两个单位计算应纳税额。超标5分贝,税额为每月700元;超标10分贝,税额为每月2800元。应按最高一处超标声级且翻倍计算应纳税额,3月应纳税额=2800×2=5600元。

情形三:A、B两点分处该企业两处作业场所,应当分别计算应纳税额,合并计征。

A点超标5分贝,税额为每月700元;B点超标10分贝,税额为每月2800元,两者相加,得3月应纳环境保护税3500元。

(四)征收管理

1. 纳税时间

纳税义务发生时间为纳税人排放应税污染物的当天。

环境保护税按月计算,按季申报缴纳。不能按固定期限计算缴纳的,可以按次申报缴纳。

纳税人按季申报缴纳的,应当自季度终了之日起15日内,向税务机关办理纳税申报并缴纳税款。纳税人按次申报缴纳的,应当自纳税义务发生之日起15日内,向税务机关办理纳税申报并缴纳税款。

申报缴纳时,应当向税务机关报送所排放应税污染物的种类、数量,大气污染物、水污染物的浓度值,以及税务机关根据实际需要要求纳税人报送的其他纳税资料。

2. 纳税地点

纳税人应当向应税污染物排放地的税务机关申报缴纳环境保护税。

应税污染物排放地是指应税大气污染物、水污染物排放口所在地,应税固体废物产生地,应税噪声产生地。

纳税人从事海洋工程向中国管辖海域排放应税大气污染物、水污染物或者固体废物,申报缴纳环境保护税的具体办法,由国务院税务主管部门会同国务院海洋主管部门规定。

十一、烟叶税

(一)烟叶税概述

烟叶税是以纳税人收购烟叶的收购金额为计税依据征收的一种税。我国在2006年取消农业税后,考虑到烟草行业的特殊性和烟叶产区县乡经济发展等因素,为了保持政策的连续性,作为农业特产税之一的烟叶特产税保留下来,同年国务院发布了《烟叶税条例》。

现行的烟叶税基本法律规范为2017年12月27日第十二届全国人民代表大会常务委员会第三十一次会议通过,自2018年7月1日起施行的《中华人民共和国烟叶税法》。

烟叶税的征收,有利于保护地方政府引导和发展烟叶种植的积极性,保障优质原料供给,为烟草产业发挥对国民经济和财政收入的积极贡献作用打下了坚实基础。

(二)烟叶税纳税人和征税对象

1. 纳税人

在中国境内,依照《中华人民共和国烟草专卖法》的规定收购烟叶的单位为烟叶税的纳税人。收购烟叶的单位是指有权收购烟叶的烟草公司或者受其委托收购烟叶的单位。查处没收的违法收购的烟叶,由收购罚没烟叶的单位按照购买金额计算缴纳烟叶税。

2. 征税对象

烟叶税的纳税对象是指晾晒烟叶和烤烟叶。

(三)应纳税额的计算

1. 计税依据

烟叶税的计税依据为纳税人收购烟叶实际支付的价款总额。

纳税人收购烟叶实际支付的价款总额包括纳税人支付给烟叶生产销售单位和个人的烟叶收购价款和价外补贴。其中,价外补贴统一按烟叶收购价款的10%计算。

2. 税率

烟叶税的税率为20%。

3. 应纳税额

烟叶税的应纳税额按照纳税人收购烟叶实际支付的价款总额乘以税率计算,其计算公式为:

应纳税额=烟叶收购价款×(1+10%)×20%

【例5.18】某烟草公司为增值税一般纳税人,7月末收购烟叶20000千克,烟叶收购价格7元/千克,实际支付价外补贴5000元。计算该公司当月应缴纳的烟叶税。

【解析】烟叶收购价款=20000×7=140000(元)

应纳烟叶税额=140000×(1+10%)×20%=30800(元)

(四)征收管理

烟叶税的纳税义务发生时间为纳税人收购烟叶的当天。

烟叶税按月计征,纳税人应当于纳税义务发生月终了之日起15日内申报并缴纳税款。纳税人应当向烟叶收购地的主管税务机关申报缴纳烟叶税。

任务二　财产行为税申报

一、财产和行为税合并申报

（一）财产和行为税合并申报概述

财产和行为税是现有税种中财产类和行为类税种的统称。自2021年6月1日起，全国纳税人申报财产和行为税时，进行合并申报。财产和行为税合并申报，通俗讲就是"简并申报表，一表报多税"，纳税人在申报多个财产和行为税税种时，不再单独使用分税种申报表，而是在一张纳税申报表上同时申报多个税种。对纳税人而言，可简化报送资料、减少申报次数、缩短办税时间。财产和行为税合并申报的税种范围包括城镇土地使用税、房产税、车船税、印花税、耕地占用税、资源税、土地增值税、契税、环境保护税、烟叶税等10个税种。

城市维护建设税是增值税、消费税的附加税种，与增值税、消费税申报表整合，不纳入财产和行为税合并申报范围。资源税申报中也不包括水资源税。车辆购置税单独申报。

（二）简并税费申报的意义

1. 优化办税流程

财产和行为税10个税种原有分税种纳税申报存在"入口多、表单多、数据重复采集"等问题。合并申报按照"一表申报、税源信息采集前置"的思路，对申报流程进行优化改造，将10税种申报统一到一个入口，将税源信息从申报环节分离至税源基础数据采集环节，便于数据的统筹运用，提高数据使用效率。

2. 减轻办税负担

简并税费申报对原有表单和数据项进行全面梳理整合，减少了表单数量和数据项。新申报表充分利用部门共享数据和其他征管环节数据，可实现已有数据自动预填，大幅减轻纳税人填报负担，降低纳税人申报错误概率。

3. 提高办税质效

简并税费申报利用信息化手段实现税额自动计算、数据关联比对、申报异常提示等功能，可有效避免漏报、错报，确保申报质量，还有利于优惠政策及时落实到位。通过整合各税种申报表，实现多税种"一张报表、一次申报、一次缴款、一张凭证"，提高了办税效率。

（三）财产行为税纳税申报表内容与格式

纳税申报时，各税种统一采用"财产行为税纳税申报表"。该申报表由一张主表和一张减免税附表组成（表5.12、表5.13），主表为纳税情况，附表为申报享受的各类减免税情况。纳税申报前，需先维护税源信息。税源信息没有变化的，确认无变化后直接进行纳税申报；税源信息有变化的，通过填报"税源明细表"进行数据更新维护后再进行纳税申报。

表5.12　财产和行为税纳税申报表

纳税人识别号(统一社会信用代码)：□□□□□□□□□□□□□□□□□□□□

纳税人名称：　　　　　　　　　　　　　　　　　　　金额单位：人民币元(列至角分)

序号	税种	税目	税款所属期起	税款所属期止	计税依据	税率	应纳税额	减免税额	已缴税额	应补(退)税额
1										
2										
3										
4										
5										
6										
7										
8										
9										
10										
11	合计	—	—	—	—	—				

声明：此表是根据国家税收法律法规及相关规定填写的，本人(单位)对填报内容(及附带资料)的真实性、可靠性、完整性负责。

　　　　　　　　　　　　　　　　　　　　　　　纳税人(签章)：　　　　年　月　日

经办人： 经办人身份证号： 代理机构签章： 代理机构统一社会信用代码：	受理人： 受理税务机关(章)： 受理日期：　年　月　日

表5.13　财产和行为税减免税明细申报附表

纳税人识别号(统一社会信用代码)：□□□□□□□□□□□□□□□□□□□□

纳税人名称：　　　　　　　　　　　　　　　　　　　金额单位：人民币元(列至角分)

本期是否适用增值税小规模纳税人减征政策	□是 □否	本期适用增值税小规模纳税人减征政策起始时间	年　月
		本期适用增值税小规模纳税人减征政策终止时间	年　月
合计减免税额			

城镇土地使用税					
序号	土地编号	税款所属期起	税款所属期止	减免性质代码和项目名称	减免税额
1					
2					
小计	—			—	

项目五　财产和行为税合并申报

续表

房产税					
序号	房产编号	税款所属期起	税款所属期止	减免性质代码和项目名称	减免税额
1					
2					
小计	—			—	

车船税					
序号	车辆识别代码/船舶识别码	税款所属期起	税款所属期止	减免性质代码和项目名称	减免税额
1					
2					
小计	—			—	

印花税					
序号	税目	税款所属期起	税款所属期止	减免性质代码和项目名称	减免税额
1					
2					
小计	—			—	

资源税						
序号	税目	子目	税款所属期起	税款所属期止	减免性质代码和项目名称	减免税额
1						
2						
小计	—	—			—	

耕地占用税					
序号	税源编号	税款所属期起	税款所属期止	减免性质代码和项目名称	减免税额
1					
2					
小计	—			—	

契税					
序号	税源编号	税款所属期起	税款所属期止	减免性质代码和项目名称	减免税额
1					
2					
小计	—			—	

续表

土地增值税					
序号	项目编号	税款所属期起	税款所属期止	减免性质代码和项目名称	减免税额
1					
2					
小计	—				

环境保护税							
序号	税源编号	污染物类别	污染物名称	税款所属期起	税款所属期止	减免性质代码和项目名称	减免税额
1							
2							
小计	—	—	—			—	

声明:此表是根据国家税收法律法规及相关规定填写的,本人(单位)对填报内容(及附带资料)的真实性、可靠性、完整性负责。

纳税人(签章): 年 月 日

经办人:
经办人身份证号:
代理机构签章:
代理机构统一社会信用代码:

受理人:
受理税务机关(章):
受理日期: 年 月 日

纳税人可以自由选择维护税源信息的时间,既可以在申报期之前维护税源信息,也可以在申报期内维护税源信息。为确保税源信息和纳税申报表逻辑一致,减轻纳税人填报负担,征管系统将根据各税种税源信息自动生成新申报表,纳税人审核确认后即可完成申报。无论选择何种填报方式,纳税人申报时,系统都会根据已经登记的税源明细表自动生成申报表。

税源信息是财产和行为税各税种纳税申报和后续管理的基础数据来源,是生成纳税申报表的主要依据。

纳税人通过填报税源明细表提供税源信息。纳税人仅就发生纳税义务的税种填报对应的税源明细表,如表5.14、表5.15、表5.16、表5.17、表5.18、表5.19、表5.20、表5.21、表5.22、表5.23所示。

表5.14 城镇土地使用税房产税税源明细表

纳税人识别号(统一社会信用代码):□□□□□□□□□□□□□□□□□□
纳税人名称: 金额单位:人民币元(列至角分);面积单位:平方米

		一、城镇土地使用税税源明细		
纳税人类型	土地使用权人□ 集体土地使用人□ 无偿使用人□ 代管人□ 实际使用人□(必选)	土地使用权人纳税人识别号(统一社会信用代码)		土地使用权人名称

续表

土地编号	*	土地名称		不动产权证号	
不动产单元号		宗地号		土地性质	国有□ 集体□（必选）
土地取得方式	划拨□ 出让□ 转让□ 租赁□ 其他□（必选）		土地用途	工业□ 商业□ 居住□ 综合□ 房地产开发企业的开发用地□ 其他□（必选）	
土地坐落地址（详细地址）	省（自治区、直辖市） 市（区） 县（区） 乡镇（街道） （必填）				
土地所属主管税务所（科、分局）					
土地取得时间	年 月	变更类型	纳税义务终止（权属转移□ 其他□） 信息项变更（土地面积变更□ 土地等级变更□ 减免税变更□其他□）	变更时间	年 月
占用土地面积		土地等级		税额标准	
地价		其中取得土地使用权支付金额		其中土地开发成本	

减免税部分	序号	减免性质代码	减免项目名称	减免起止时间		减免税土地面积	月减免税金额
				起始月份	终止月份		
	1			年 月	年 月		
	2						
	3						

二、房产税税源明细

（一）从价计征房产税明细

纳税人类型	产权所有人□ 经营管理人□ 承典人□ 房屋代管人□ 房屋使用人□ 融资租赁承租人□ （必选）	所有权人纳税人识别号（统一社会信用代码）		所有权人名称	
房产编号	*	房产名称			
不动产权证号		不动产单元号			
房屋坐落地址（详细地址）	省（自治区、直辖市） 市（区） 县（区） 乡镇（街道） （必填）				
房产所属主管税务所（科、分局）					
房屋所在土地编号	*	房产用途	工业□ 商业及办公□ 住房□ 其他□（必选）		

续表

房产取得时间	年　月	变更类型	纳税义务终止 (权属转移□ 其他□) 信息项变更 (房产原值变更□ 出租房产原值变更□ 减免税变更□ 其他□)		变更时间	年　月
建筑面积		（必填）	其中:出租房产面积			
房产原值		（必填）	其中:出租房产原值		计税比例	系统设定

减免税部分	序号	减免性质代码	减免项目名称	减免起止时间		减免税房产原值	月减免税金额
				起始月份	终止月份		
	1						
	2						
	3						

(二)从租计征房产税明细

房产编号	*		房产名称	
房产用途	工业□ 商业及办公□ 住房□ 其他□			
房产坐落地址 (详细地址)	省(自治区、直辖市)　　市(区)　　县(区)　　乡镇(街道)　　（必填）			
房产所属主管税务所 (科、分局)				
承租方纳税人识别号 (统一社会信用代码)			承租方名称	
出租面积			合同租金总收入	
合同约定租赁期起			合同约定租赁期止	
申报租金收入		申报租金所属租赁期起		申报租金所属租赁期止	
减免性质代码		减免项目名称		享受减免税租金收入	
减免税额				

声明:此表是根据国家税收法律法规及相关规定填写的,本人(单位)对填报内容(及附带资料)的真实性、可靠性、完整性负责。

纳税人(签章):　　　　年 月 日

经办人: 经办人身份证号: 代理机构签章: 代理机构统一社会信用代码:	受理人: 受理税务机关(章): 受理日期:　　年 月 日

表 5.15 车船税税源明细表

纳税人识别号(统一社会信用代码):□□□□□□□□□□□□□□□□□□

纳税人名称: 体积单位:升;质量单位:吨;功率单位:千瓦;长度单位:米

车辆税源明细											
序号	车牌号码	*车辆识别代码(车架号)	*车辆类型	车辆品牌	车辆型号	*车辆发票日期或注册登记日期	排(气)量	核定载客	整备质量	*单位税额	减免性质代码和项目名称	纳税义务终止时间
1												
2												
3												

船舶税源明细													
序号	船舶登记号	*船舶识别号	*船舶种类	*中文船名	初次登记号码	船籍港	发证日期	取得所有权日期	建成日期	净吨位	主机功率	艇身长度(总长)	*单位税额	减免性质代码和项目名称	纳税义务终止时间
1															
2															
3															

表 5.16 印花税税源明细表

纳税人识别号(统一社会信用代码):□□□□□□□□□□□□□□□□□□

纳税人名称: 金额单位:人民币元(列至角分)

序号	*税目	*税款所属期起	*税款所属期止	应纳税凭证编号	应纳税凭证书立(领受)日期	*计税金额或件数	核定比例	*税率	减免性质代码和项目名称
按期申报									
1									
2									
3									
按次申报									
1									
2									
3									

表5.17 契税税源明细表

纳税人识别号(统一社会信用代码):□□□□□□□□□□□□□□□□□□

纳税人名称: 　　　　　　　　　　　　　　金额单位:人民币元(列至角分);面积单位:平方米

*税源编号		*土地房屋坐落地址		不动产单元代码	
合同编号		*合同签订日期		*共有方式	□ 单独所有/按份共有 □ 共同共有 (共有人:____)
*权属转移对象		*权属转移方式		*用途	
*成交价格		*权属转移面积		*成交单价	
*评估价格				*计税价格	
*适用税率		减免性质代码和项目名称			

表5.18 权属转移对象、方式、用途逻辑关系对照表

权属转移对象			权属转移方式	用途
一级(大类)	二级(小类)	三级(细目)		
土地	无	无	国有土地使用权出让	1.居住用地;2.商业用地;3.工业用地;4.综合用地;5.其他用地
			土地使用权出售	1.居住用地;2.商业用地;3.工业用地;4.综合用地;5.其他用地
			土地使用权赠与	1.居住用地;2.商业用地;3.工业用地;4.综合用地;5.其他用地
			土地使用权交换	1.居住用地;2.商业用地;3.工业用地;4.综合用地;5.其他用地
			其他	1.居住用地;2.商业用地;3.工业用地;4.综合用地;5.其他用地
房屋	增量房	商品住房	1.房屋买卖;2.房屋赠与;3.房屋交换;4.其他	1.居住
		保障性住房	1.房屋买卖;2.房屋赠与;3.房屋交换;4.其他	1.居住

注：土地使用权转让包含土地使用权出售、土地使用权赠与、土地使用权交换、其他。

续表

权属转移对象			权属转移方式	用途
一级（大类）	二级（小类）	三级（细目）		
		其他住房	1.房屋买卖;2.房屋赠与;3.房屋交换;4.其他	1.居住
		非住房	1.房屋买卖;2.房屋赠与;3.房屋交换;4.其他	2.商业;3.办公;4.商住;5.附属建筑;6.工业;7.其他
存量房		商品住房	1.房屋买卖;2.房屋赠与;3.房屋交换;4.其他	1.居住
		保障性住房	1.房屋买卖;2.房屋赠与;3.房屋交换;4.其他	1.居住
		其他住房	1.房屋买卖;2.房屋赠与;3.房屋交换;4.其他	1.居住
		非住房	1.房屋买卖;2.房屋赠与;3.房屋交换;4.其他	2.商业;3.办公;4.商住;5.附属建筑;6.工业;7.其他

表5.19 资源税税源明细表

税款所属期限：自 年 月 日至 年 月 日

纳税人识别号(统一社会信用代码)：□□□□□□□□□□□□□□□□□□

纳税人名称： 金额单位：人民币元(列至角分)

申报计算明细									
序号	税目	子目	计量单位	销售数量	准予扣减的外购应税产品购进数量	计税销售数量	销售额	准予扣除的运杂费	准予扣减的外购应税产品购进金额	计税销售额
1	2	3	4	5	6=4−5	7	8	9	10=7−8−9
1										
2										
合计										

减免税计算明细									
序号	税目	子目	减免性质代码和项目名称	计量单位	减免税销售数量	减免税销售额	适用税率	减征比例	本期减免税额
1	2	3	4	5	6	7	8	9①=5×7×8
									9②=6×7×8
1									
2									
合计									

表5.20 耕地占用税税源明细表

纳税人识别号(统一社会信用代码):□□□□□□□□□□□□□□□□□□
纳税人名称: 面积单位:平方米;金额单位:人民币元(列至角分)

占地方式	1. 经批准按批次转用□ 2. 经批准单独选址转用□ 3. 经批准临时占用□	项目(批次)名称		批准占地文号	
		批准占地部门		经批准占地面积	
		收到书面通知日期(或收到经批准改变原占地用途日期)	年 月 日	批准时间	年 月 日
	4. 未批先占□	认定的实际占地日期(或认定的未经批准改变原占地用途日期)	年 月 日	认定的实际占地面积	
损毁耕地	挖损□ 采矿塌陷□ 压占□ 污染□	认定的损毁耕地日期	年 月 日	认定的损毁耕地面积	

税源编号	占地位置	占地用途	征收品目	适用税额	计税面积	减免性质代码和项目名称	减免税面积

表5.21 土地增值税税源明细表

税款所属期限:自 年 月 日至 年 月 日
纳税人识别号(统一社会信用代码):□□□□□□□□□□□□□□□□□□
纳税人名称: 金额单位:人民币元(列至角分);面积单位:平方米

土地增值税项目登记表(从事房地产开发的纳税人适用)				
项目名称			项目地址	
土地使用权受让(行政划拨)合同号			受让(行政划拨)时间	
建设项目起讫时间		总预算成本	单位预算成本	
项目详细坐落地点				
开发土地总面积		开发建筑总面积	房地产转让合同名称	
转让次序	转让土地面积 (按次填写)	转让建筑面积 (按次填写)	转让合同签订日期 (按次填写)	
第1次				
第2次				

续表

……			
备注			

土地增值税申报计算及减免信息

申报类型：
1. 从事房地产开发的纳税人预缴适用 □
2. 从事房地产开发的纳税人清算适用 □
3. 从事房地产开发的纳税人按核定征收方式清算适用 □
4. 纳税人整体转让在建工程适用 □
5. 从事房地产开发的纳税人清算后尾盘销售适用 □
6. 转让旧房及建筑物的纳税人适用 □
7. 转让旧房及建筑物的纳税人核定征收适用 □

项目名称		项目编码	
项目地址			
项目总可售面积		自用和出租面积	
已售面积	其中:普通住宅已售面积	其中:非普通住宅已售面积	其中:其他类型房地产已售面积
清算时已售面积		清算后剩余可售面积	

申报类型	项目	序号	金额			
			普通住宅	非普通住宅	其他类型房地产	总额
1.从事房地产开发的纳税人预缴适用	一、房产类型子目	1				——
	二、应税收入	2=3+4+5				
	1.货币收入	3				
	2.实物收入及其他收入	4				
	3.视同销售收入	5				
	三、预征率(%)	6				——
2.从事房地产开发的纳税人清算适用	一、转让房地产收入总额	1=2+3+4				
	1.货币收入	2				
	2.实物收入及其他收入	3				
	3.视同销售收入	4				
	二、扣除项目金额合计	5=6+7+14+17+21+22				
	1.取得土地使用权所支付的金额	6				
	2.房地产开发成本	7=8+9+10+11+12+13				
	其中:土地征用及拆迁补偿费	8				
	前期工程费	9				
	建筑安装工程费	10				
	基础设施费	11				

续表

3. 从事房地产开发的纳税人按核定征收方式清算适用		公共配套设施费	12			
		开发间接费用	13			
	3. 房地产开发费用		14＝15＋16			
	其中:利息支出		15			
	其他房地产开发费用		16			
	4. 与转让房地产有关的税金等		17＝18＋19＋20			
	其中:营业税		18			
	城市维护建设税		19			
	教育费附加		20			
	5. 财政部规定的其他扣除项目		21			
	6. 代收费用(纳税人整体转让在建工程不填此项)		22			
	三、增值额		23＝1－5			
	四、增值额与扣除项目金额之比(%)		24＝23÷5			
4. 纳税人整体转让在建工程适用	五、适用税率(核定征收率)(%)		25			
	六、速算扣除系数(%)		26			
	七、减免税额		27＝29＋31＋33			
	其中:减免税(1)	减免性质代码和项目名称(1)	28			
		减免税额(1)	29			
	减免税(2)	减免性质代码和项目名称(2)	30			
		减免税额(2)	31			
	减免税(3)	减免性质代码和项目名称(3)	32			
		减免税额(3)	33			
5. 从事房地产开发的纳税人清算后尾盘销售适用	一、转让房地产收入总额		1＝2＋3＋4			
	1. 货币收入		2			
	2. 实物收入及其他收入		3			
	3. 视同销售收入		4			
	二、扣除项目金额合计		5＝6×7＋8			
	1. 本次清算后尾盘销售的销售面积		6			
	2. 单位成本费用		7			
	3. 本次与转让房地产有关的税金		8＝9＋10＋11			
	其中:营业税		9			
	城市维护建设税		10			
	教育费附加		11			
	三、增值额		12＝1－5			

项目五 财产和行为税合并申报 181

续表

	四、增值额与扣除项目金额之比(%)		13＝12÷5				
	五、适用税率(核定征收率)(%)		14				
	六、速算扣除系数(%)		15				
	七、减免税额		16＝18＋20＋22				
	其中:减免税(1)	减免性质代码和项目名称(1)	17				
		减免税额(1)	18				
	减免税(2)	减免性质代码和项目名称(2)	19				
		减免税额(2)	20				
	减免税(3)	减免性质代码和项目名称(3)	21				
		减免税额(3)	22				
6.转让旧房及建筑物的纳税人适用 7.转让旧房及建筑物的纳税人核定征收适用	一、转让房地产收入总额		1＝2＋3＋4				
	1.货币收入		2				
	2.实物收入		3				
	3.其他收入		4				
	二、扣除项目金额合计		(1) 5＝6＋7＋10＋15 (2) 5＝11＋12＋14＋15				
	(1) 提供评估价格						
	1.取得土地使用权所支付的金额		6				
	2.旧房及建筑物的评估价格		7＝8×9				
	其中:旧房及建筑物的重置成本价		8				
	成新度折扣率		9				
	3.评估费用		10				
	(2) 提供购房发票						
	1.购房发票金额		11				
	2.发票加计扣除金额		12＝11×5%×13				
	其中:房产实际持有年数		13				
	3.购房契税		14				
	4.与转让房地产有关的税金等		15＝16＋17＋18＋19				
	其中:营业税		16				
	城市维护建设税		17				
	印花税		18				
	教育费附加		19				

续表

三、增值额		20＝1－5	
四、增值额与扣除项目金额之比(％)		21＝20÷5	
五、适用税率(核定征收率)(％)		22	
六、速算扣除系数(％)		23	
七、减免税额		24＝26＋28＋30	
其中:减免税(1)	减免性质代码和项目名称(1)	25	
	减免税额(2)	26	
减免税(2)	减免性质代码和项目名称(2)	27	
	减免税额(2)	28	
减免税(3)	减免性质代码和项目名称(3)	29	
	减免税额(3)	30	

表 5.22　环境保护税税源明细表

纳税人识别号(统一社会信用代码):□□□□□□□□□□□□□□□□□□□

纳税人名称:　　　　　　　　　　　　　　　　　　　　金额单位:人民币元(列至角分)

1. 按次申报□		2. 从事海洋工程□			
3. 城乡污水集中处理场所□		4. 生活垃圾集中处理场所□			
*5. 污染物类别		大气污染物 □水污染物 □固体废物 □噪声 □			
6. 排污许可证编号					
*7. 生产经营所在区划					
*8. 生态环境主管部门					
税源基础采集信息					
新增□变更□删除□					
*税源编号		(1)			
排放口编号		(2)			
*排放口名称或噪声源名称		(3)			
*生产经营所在街乡		(4)			
排放口地理坐标	*经度	(5)			
	*纬度	(6)			
*有效期起止		(7)			
*污染物类别		(8)			
水污染物种类		(9)			
*污染物名称		(10)			
危险废物污染物子类		(11)			

续表

	*污染物排放量计算方法	(12)			
大气、水污染物标准排放限值	*执行标准	(13)			
	*标准浓度值(毫克/升或毫克/标立方米)	(14)			
产(排)污系数	*计税基数单位	(15)			
	*污染物单位	(16)			
	*产污系数	(17)			
	*排污系数	(18)			
固体废物信息	贮存情况	(19)			
	处置情况	(20)			
	综合利用情况	(21)			
噪声信息	*是否昼夜产生	(22)			
	*标准值——昼间(6时至22时)	(23)			
	*标准值——夜间(22时至次日6时)	(24)			
申报计算及减免信息					
	*税源编号	(1)			
	*税款所属月份	(2)			
	*排放口名称或噪声源名称	(3)			
	*污染物类别	(4)			
	*水污染物种类	(5)			
	*污染物名称	(6)			
	危险废物污染物子类	(7)			
	*污染物排放量计算方法	(8)			
大气、水污染物监测计算	*废气(废水)排放量(万标立方米、吨)	(9)			
	*实测浓度值(毫克/标立方米、毫克/升)	(10)			
	*月均浓度(毫克/标立方米、毫克/升)	(11)			
	*最高浓度(毫克/标立方米、毫克/升)	(12)			
产(排)污系数计算	*计算基数	(13)			
	*产污系数	(14)			
	*排污系数	(15)			
固体废物计算	*本月固体废物的产生量(吨)	(16)			

续表

	*本月固体废物的贮存量（吨）	(17)			
	*本月固体废物的处置量（吨）	(18)			
	*本月固体废物的综合利用量(吨)	(19)			
噪声计算	*噪声时段	(20)			
	*监测分贝数	(21)			
	*超标不足15天	(22)			
	*两处以上噪声超标	(23)			
抽样测算计算	特征指标	(24)			
	特征单位	(25)			
	特征指标数量	(26)			
	特征系数	(27)			
污染物排放量（千克或吨）		大气、水污染物监测计算：(28)＝(9)×(10)÷100(1000) 大气、水污染物产（排）污系数计算： (28)＝(13)×(14)×M (28)＝(13)×(15)×M pH值、大肠菌群数、余氯量等水污染物计算：(28)＝(9) 色度污染物计算：(28)＝(9)×色度超标倍数 固体废物排放量(含综合利用量)： (28)＝(16)－(17)－(18)			
*污染当量值(特征值)（千克或吨）		(29)			
*污染当量数		大气、水污染物污染当量数计算： (30)＝(28)÷(29)			
减免性质代码和项目名称		(31)			
*单位税额		(32)			

续表

*本期应纳税额	大气、水污染物应纳税额计算： (33)=(30)×(32) 固体废物应纳税额计算:(33)=(28)×(32) 噪声应纳税额计算： (33)=0.5或1[(22)为是的用0.5；为否的用1]×2或1[(23)为是的用2,为否的用1]×(32) 按照税法所附表二中畜禽养殖业等水污染物当量值表计算:(33)=(26)÷(29)×(32) 采用特征系数计算： (33)=(26)×(27)÷(29)×(32) 采用特征值计算： (33)=(26)×(29)×(32)			
本期减免税额	大气、水污染物减免税额计算:(34)=(30)×(32)×N 固体废物减免税额计算:(34)=(19)×(32)			
本期已缴税额	(35)			
*本期应补(退)税额	(36)=(33)-(34)-(35)			

表5.23 烟叶税税源明细表

税款所属期限：自 年 月 日至 年 月 日

纳税人识别号(统一社会信用代码)：□□□□□□□□□□□□□□□□□□

纳税人名称： 金额单位：人民币元(列至角分)

序号	烟叶收购价款总额	税率
1		
2		
3		
4		
5		
6		

每个税种的税源明细表根据该税种的税制特点设计。对于城镇土地使用税、房产税、车船税等稳定税源,可以"一次填报,长期有效"。例如,某企业按季缴纳城镇土地使用税、房产税,8月15日购入厂房,假设当季申报期为10月1日至10月20日,则企业可在8月15日至10月20日之间的任意时刻填写"城镇土地使用税、房产税税源明细表",然后申报,只要厂房不发生转让、损毁等变化情况,就可以一直使用该税源明细表。

对于耕地占用税、印花税、资源税等一次性税源,纳税人可以在发生纳税义务后立即填写税源明细表,也可以在申报时填报所有税源信息。例如,某煤炭企业分别在8月5日、10日、15日销售应税煤炭并取得价款,则可当天立即填写资源税税源明细表,也可以在申报期结束前,一并填报所有税源信息。

纳税人发现错填、漏填税源信息时,可以直接修改已填写的税源明细表。例如,纳税人填写了"印花税税源明细表",申报前发现遗漏了应税合同信息,则可直接修改已填写的税源明细表,补充相应合同信息,然后继续申报或更正申报。

合并申报不强制要求一次性申报全部税种,纳税人可以自由选择一次性或分别申报当期税种。例如,纳税人7月应申报城镇土地使用税、房产税、印花税和资源税等4个税种,7月5日申报时只申报了城镇土地使用税、房产税、印花税等3个税种,遗漏了资源税,则可在申报期结束前单独申报资源税,不用更正此前的申报。

二、财产和行为税合并申报操作流程

第一步,登录电子税务局,如图5.1所示。

图5.1 登录电子税务局

第二步,选择"我要办税"—"税费申报及缴纳"—"综合申报"—"税(费)综合申报",如图5.2、图5.3所示。

图5.2　税费申报及缴纳

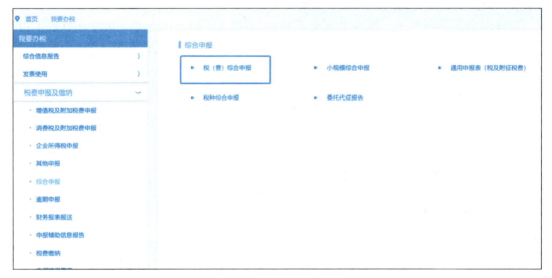

图5.3　税(费)综合申报

第三步,税源数据采集。

此次财产行为税合并申报对申报流程进行了优化改造,将10税种申报统一到一个入口,将税源信息从申报环节分离至税源基础数据采集环节,因此纳税人在进行每个税种的申报时,需先维护税源管理信息,纳税人可以自由选择维护税源信息的时间,可以在申报期之前,也可以在申报期内。如图5.4、图5.5所示。

下面以城镇土地使用税税源信息采集为例:

初始化为查询页面,自动带出已采集的城镇土地使用税土地信息,如果没有采集过土地信息则显示为空。纳税人可输入查询条件查询对应的土地信息。如果存在已采集的土地应税信息,未终止的土地信息底色为白色,可通过操作栏进行后续操作,已终止的土地信息底色为灰暗色。如图5.6所示。

图 5.4　选择税源信息报告

图 5.5　财产和行为税源信息报告

项目五　财产和行为税合并申报

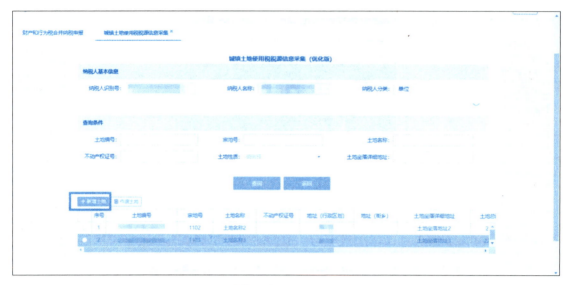

图5.6 城镇土地使用税税源信息采集

点击页面"新增土地"按钮，自行填写土地信息。如图5.7所示。

图5.7 新增土地

若需变更应税信息，点击"应税信息"，系统出现弹窗显示应税信息，点击操作类型里的"变更"进行应税信息维护。点击"保存"后保存应税信息。如图5.8所示。

若在纳税申报前发现错填、漏填税源信息，可直接修改已填写的税源明细表，然后继续申报；若在纳税申报后发现，则需要通过更正申报修改已填写信息，再重新申报。合并申报支持单税种更正，纳税人更正申报一个或部分税种，不影响其他已申报税种。

第四步，查看申报表，进行申报。

合并申报不强制要求一次性申报全部税种，纳税人可以自由选择一次性或分别申报当期税种。

进入财产和行为税纳税申报表后,系统自动带出申报数据。如图5.9所示。

图5.8 变更应税信息

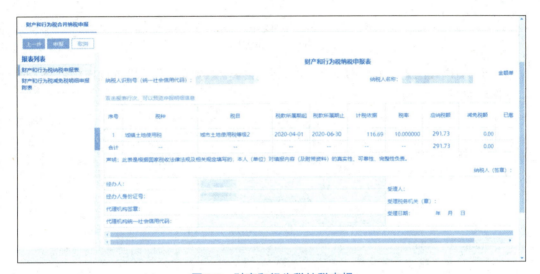

图5.9 财产和行为税纳税申报

确认申报数据无误后,点击"申报"进行财产和行为税合并申报。如图5.10所示。

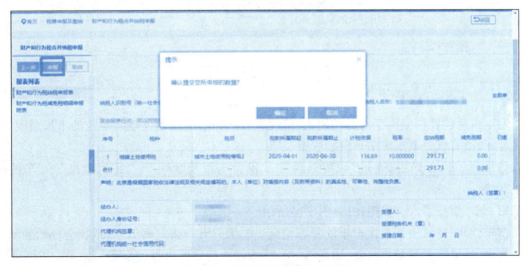

图5.10 财产和行为税合并申报

项目五 财产和行为税合并申报 191

第五步,申报成功,点击"去缴税"。如图5.11所示

图5.11　去缴税

第六步,纳税人已完成的申报业务,可以通过电子税务局申报结果查询申报结果及进行后续操作。如图5.12所示。

图5.12　查询申报结果

三、其他申报

(一) 车辆购置税申报

发生车辆购置税应税行为的纳税人,依照税收法律法规及相关规定确定的申报期限、申报内容,向税务机关申报缴纳车辆购置税。

登录电子税务局后,通过"我要办税"—"税费申报及缴纳"—"其他申报"—"车购税申报"。

第一步,信息录入。如图5.13、图5.14所示。

首先,需要确认一下本次申报的发票信息。如果只有一张发票信息,系统会自动展示该发票信息;如果有多张发票信息,请点击"导入"按钮选择需要申报的发票。如图5.15所示。

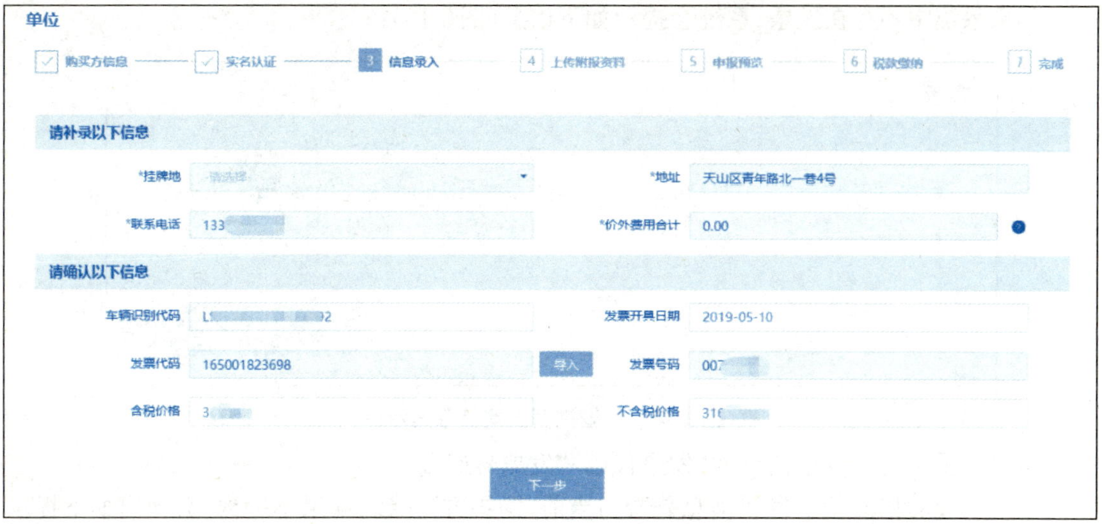

图5.13　单位信息录入

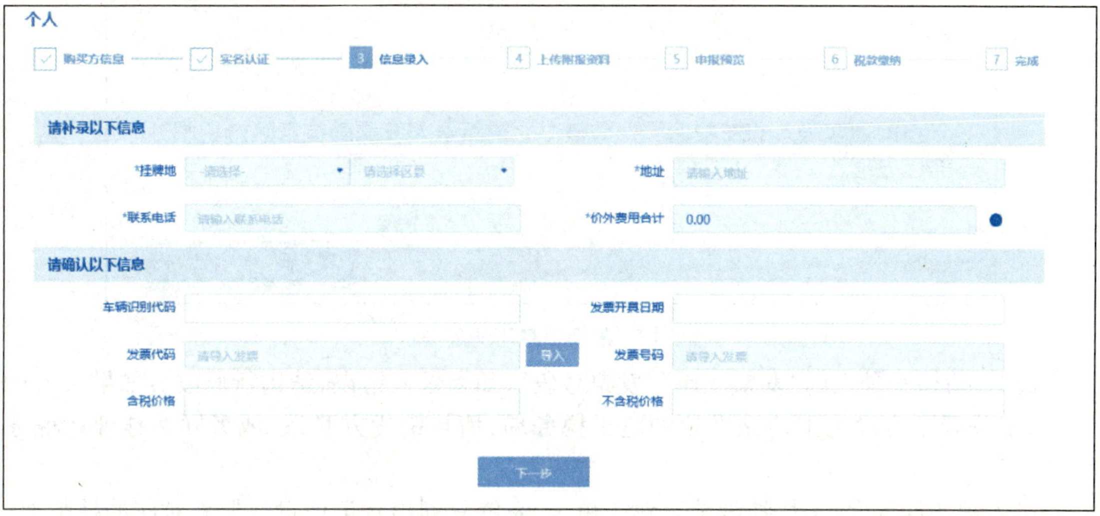

图5.14　个人信息录入

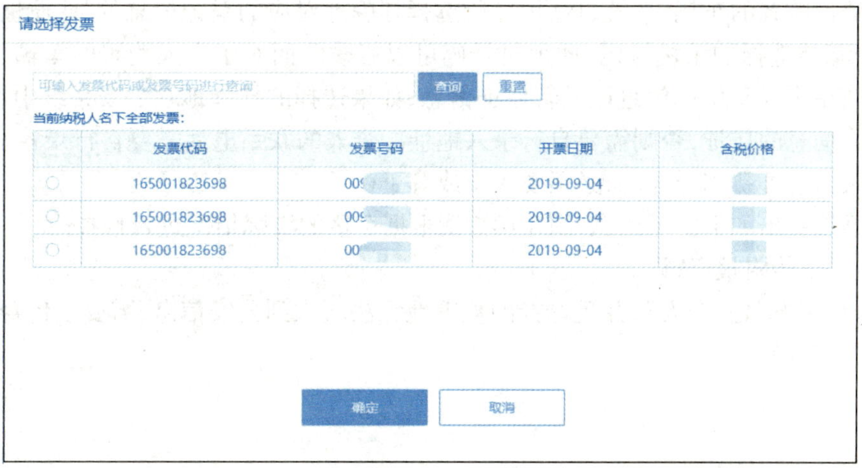

图5.15　选择发票

如果系统中不存在发票,系统会提示如下信息(图5.16):

图5.16　未查询到发票信息提示

也可以手工修改发票信息的"发票代码""发票号码"。

系统会校验修改后的发票信息是否与当前"购买方"一致,如果不一致,会弹出如下提示信息(图5.17):

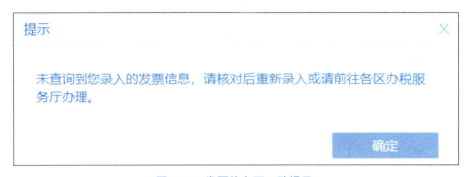

图5.17　发票信息不一致提示

此时,请检查录入的"发票代码""发票号码",如果录入错误,请进行修改。如果录入正确,可能是开票方没有上传该发票的电子税务局,请与销货方联系,或者联系挂牌地税务机关。

录入发票信息后,选择挂牌地。对于单位,系统只列出登记信息注册地对应的挂牌地;而个人可以选择全省范围内的各个挂牌地。

对于单位购置的车辆,系统自动填充所选择挂牌地对应的登记信息的"注册地址"和"实名认证"步骤所选择的手机号码,此手机号码可以修改。而对于个人购置的车辆,系统会从公安系统调用个人身份证信息以及暂住证信息,如果选择的挂牌地在公安系统中,系统自动填充该个人信息的住址,否则需要自行录入地址。个人的联系电话需要自行录入。

需要录入价外费用合计的,必须要大于或等于0。

如果系统弹出如下提示信息(图5.18),请根据车辆的实际情况进行选择。

第二步,上传附报资料。

如果"购买方"是"个人",并且选择的挂牌地无法获取到公安信息,需要上传身份证或暂住证照片(图5.19)。

图5.18　信息提示

图5.19　上传身份证或居住证照片

第三步,申报预览,如图5.20、图5.21所示。

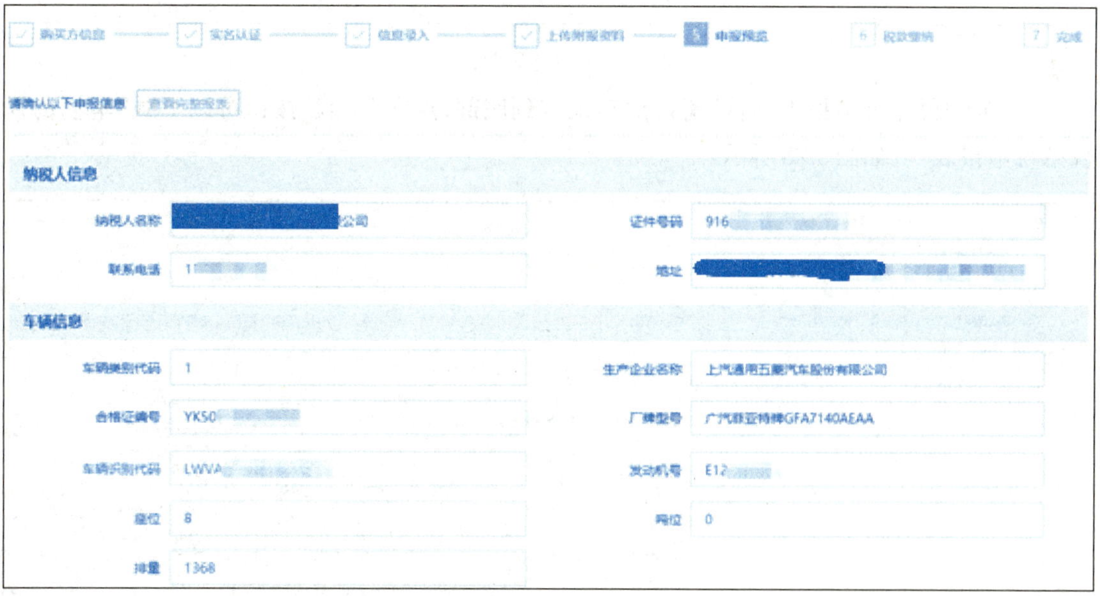

图5.20　纳税人及车辆信息

图5.21 机动车销售统一发票及税款信息

点击页面顶部的"查看完整报表"按钮打开车购税完整申报表预览,可以查看完整的"车辆购置税纳税申报表"(图5.22)。

图5.22 查看完整报表

将"车购税完整申报表预览"窗口滚动条拉到底部,点击"下载"按钮可以下载"车辆购置税纳税申报表"。如图5.23所示。

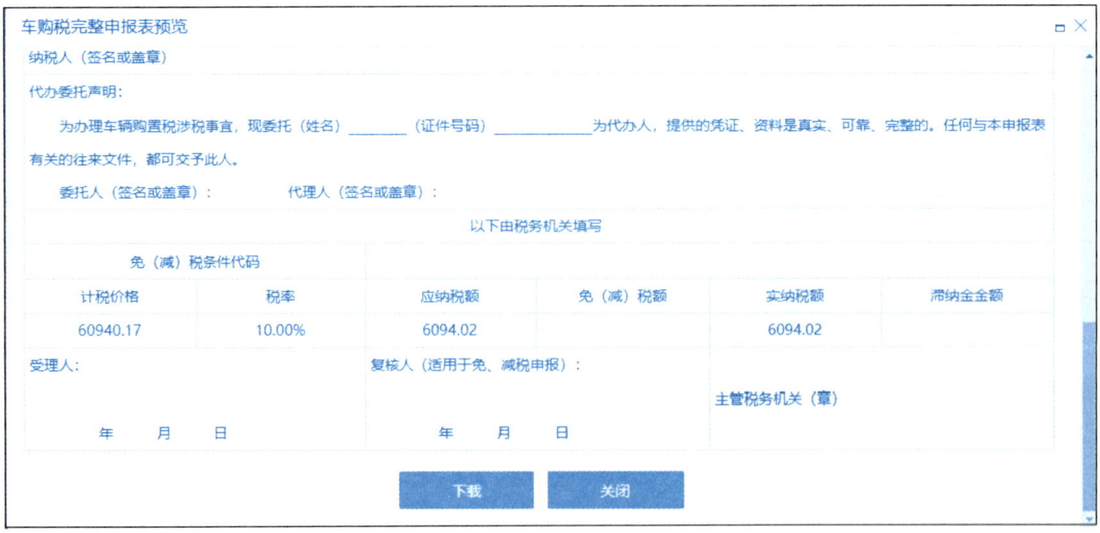

图5.23 下载车辆购置税纳税申报表

申报成功后,系统会弹出如下提示信息,点击"确定"按钮进入下一个步骤。如图5.24所示。

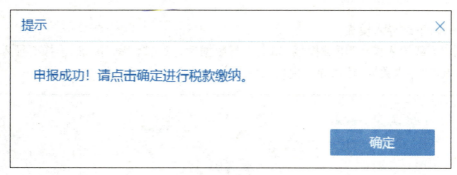

图5.24　申报成功

第四步,税款缴纳。

系统支持两种缴款方式:三方协议缴款、银联缴款。

其中,个人没有三方协议缴款。工行支付支持支付宝、微信缴款。

缴款成功后,点击"开具电子完税证明"按钮进入下一个步骤(图5.25)。

图5.25　税款缴纳

第五步,完成。

点击"《车辆购置税完税证明(电子版)》下载"按钮下载"车辆购置税完税证明(电子版)";点击"《税收完税证明(表格式)》下载"按钮下载"税收完税证明(表格式)"。如图5.26所示。

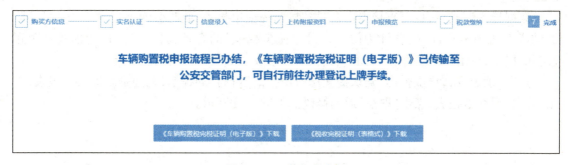

图5.26　下载相关资料

项目五　财产和行为税合并申报

完税证明开具后,可以前往公安交管部门办理上牌手续。

(二) 代收代缴车船税申报

第一步,下载导入模板。

点击"下载导入模板"下载模板,如实填写数据后,点击"浏览"按钮,选择要导入的数据文件,再点击"导入数据"按钮导入模板文件。如图5.27、图5.28所示。

图5.27 导入数据

图5.28 数据导入成功

第二步,申报提交。

数据导入完成后,点击"保存"按钮可以保存申报表;点击"取消"按钮关闭本功能。如图5.29所示。

数据导入完成后,也可直接点击"申报"按钮提交申报表,此时会弹出"您本次申报'实际缴纳税款滞纳金合计'的合计为【×××】,'减免税额'的合计为【×××】,请核实是否正确?"的提示,点击"确定"保存,点击"取消"返回修改。如图5.30所示。

点击"确定"后,再次弹出"确认提交您所申报的数据?"的提示,询问是否提交申报表,点击"确定"提交申报表,点击"取消"返回修改。如图5.31所示。

图 5.29　保存数据

图 5.30　核实金额

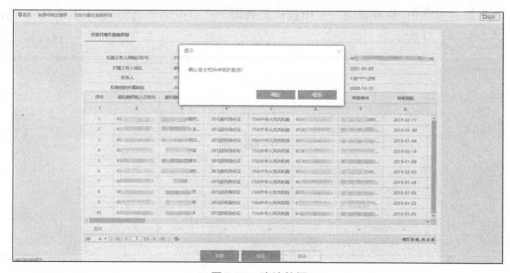

图 5.31　确认数据

提交申报表后,弹出温馨提示,点击"确定"继续发送申报表。如图5.32所示。

图5.32　提交报表

第三步,申报结果查询。

申报表发送后,弹出评价界面,关闭评价界面后,系统将自动跳转到"车船税代扣代缴批量申报情况查询"页面,查询申报情况。如图5.33所示。

图5.33　查询申报情况

也可以通过菜单"我要查询"—"申报信息查询"—"申报结果查询"进入查询模块查看申报结果。如图5.34所示。

图5.34　查询申报结果

点击“申报作废”按钮可以作废本次申报，作废成功后可以再次进行本税种的申报。

点击“缴款”按钮将进入缴款功能进行税款的缴纳。

点击“查看错误原因”按钮可以查看本次申报失败的错误原因。

点击“重新申报”按钮可以再次进行本税种的申报。

第四步，缴款。

在“申报结果查询”页面，点击“缴款”按钮进入缴款功能页面；也可以通过菜单“我要办税”—“税费申报及缴纳”—“税费缴纳”—“税费缴纳”进入缴费模块进行税费缴纳。如图5.35所示。

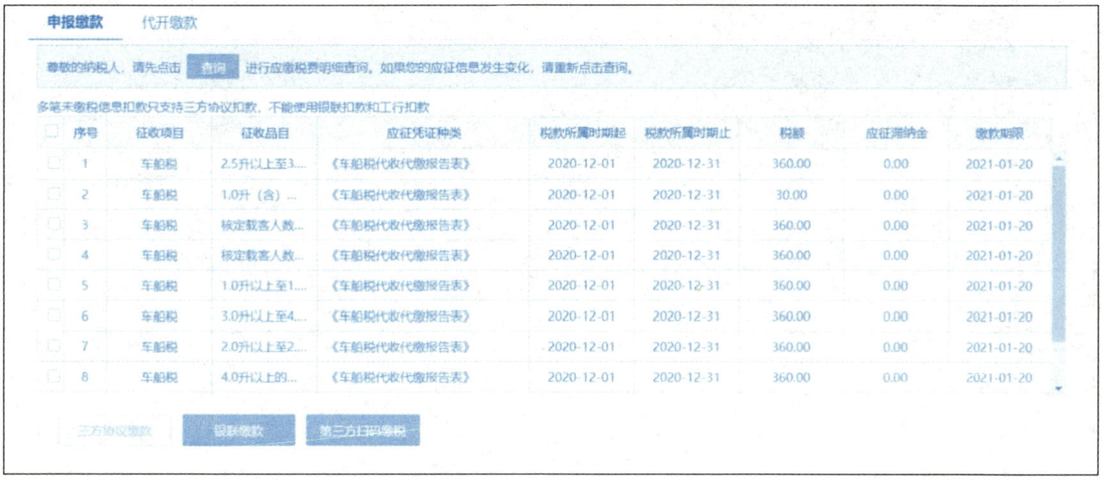

序号	征收项目	征收品目	应征凭证种类	税款所属时期起	税款所属时期止	税额	应征滞纳金	缴款期限
1	车船税	2.5升以上至3...	《车船税代收代缴报告表》	2020-12-01	2020-12-31	360.00	0.00	2021-01-20
2	车船税	1.0升（含）...	《车船税代收代缴报告表》	2020-12-01	2020-12-31	30.00	0.00	2021-01-20
3	车船税	核定载客人数...	《车船税代收代缴报告表》	2020-12-01	2020-12-31	360.00	0.00	2021-01-20
4	车船税	核定载客人数...	《车船税代收代缴报告表》	2020-12-01	2020-12-31	360.00	0.00	2021-01-20
5	车船税	1.0升以上至1....	《车船税代收代缴报告表》	2020-12-01	2020-12-31	360.00	0.00	2021-01-20
6	车船税	3.0升以上至4....	《车船税代收代缴报告表》	2020-12-01	2020-12-31	360.00	0.00	2021-01-20
7	车船税	2.0升以上至2....	《车船税代收代缴报告表》	2020-12-01	2020-12-31	360.00	0.00	2021-01-20
8	车船税	4.0升以上的...	《车船税代收代缴报告表》	2020-12-01	2020-12-31	360.00	0.00	2021-01-20

图5.35　税费缴纳

（三）水资源税申报

第一步，申报表提交。

按实际情况填写申报表，填写完成后点击“申报”按钮提交申报表。

1. 水资源税纳税申报表(A类)

水资源税纳税申报表(A类)如图5.36所示。

2. 水资源税纳税申报表(B类)

水资源税纳税申报表(B类)如图5.37所示。

点击“申报”按钮，提交申报数据。

点击“保存”按钮，系统会对已填写的内容进行数据校验，校验通过后进行保存。当再次进入本功能时，系统会提醒是否载入已暂存的数据。

点击“暂存”按钮，系统不会对已填写的内容进行数据校验，直接保存数据。当再次进入本功能时，系统会提醒是否载入已暂存的数据。

点击“取消”按钮，系统将关闭本功能。

申报表发送后，系统将提示跳转到申报查询页面。

图 5.36 水资源税纳税申报表（A 类）

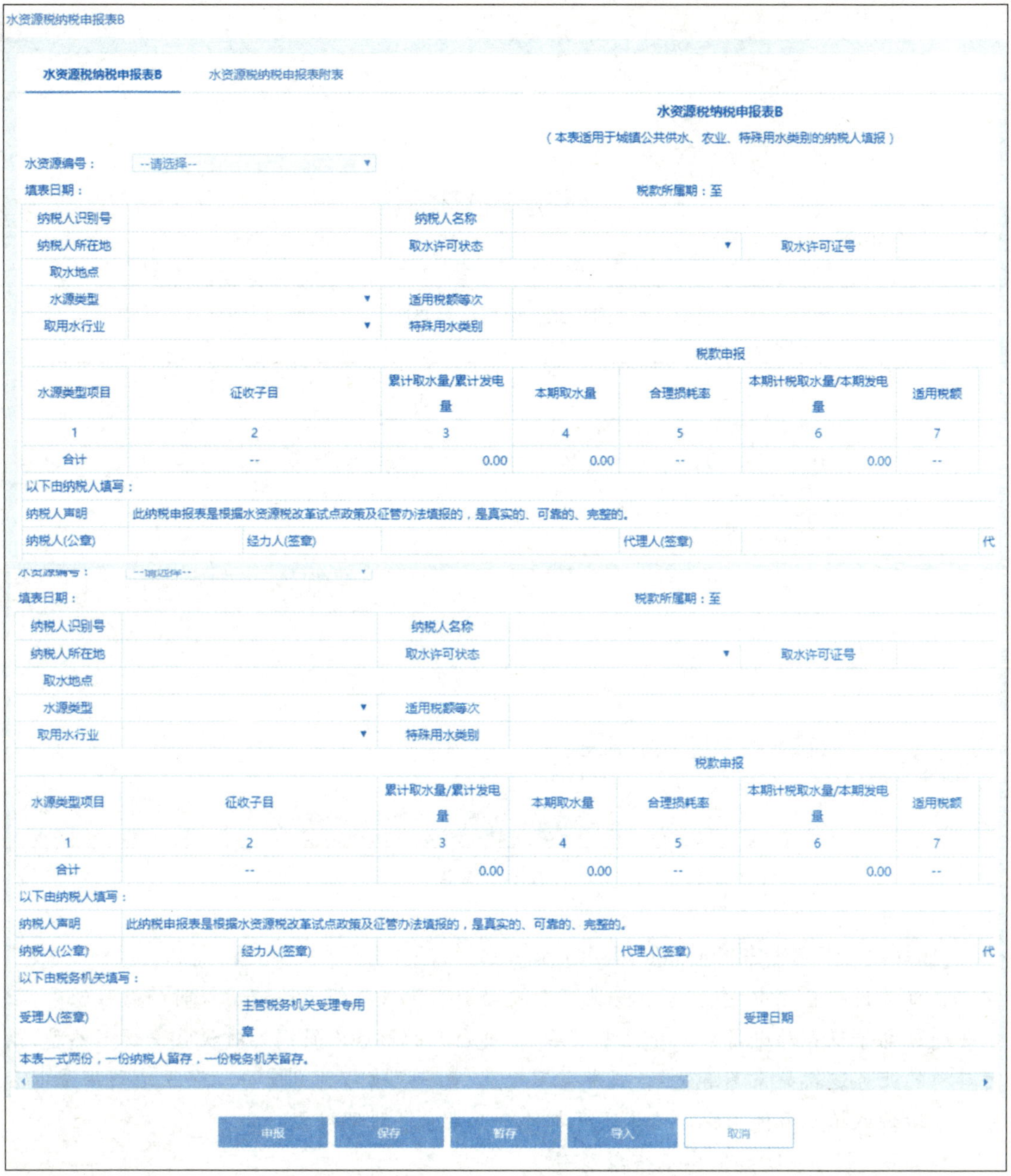

水资源税纳税申报表B

水资源税纳税申报表B　水资源税纳税申报表附表

水资源税纳税申报表B

（本表适用于城镇公共供水、农业、特殊用水类别的纳税人填报）

水资源编号：--请选择--

填表日期：　　税款所属期：至

纳税人识别号		纳税人名称				
纳税人所在地		取水许可状态			取水许可证号	
取水地点						
水源类型		适用税额等次				
取用水行业		特殊用水类别				

税款申报

水源类型项目	征收子目	累计取水量/累计发电量	本期取水量	合理损耗率	本期计税取水量/本期发电量	适用税额
1	2	3	4	5	6	7
合计	--	0.00	0.00	--	0.00	--

以下由纳税人填写：

纳税人声明　此纳税申报表是根据水资源税改革试点政策及征管办法填报的，是真实的、可靠的、完整的。

纳税人(公章)　经办人(签章)　代理人(签章)　代

水资源编号：--请选择--

填表日期：　　税款所属期：至

纳税人识别号		纳税人名称				
纳税人所在地		取水许可状态			取水许可证号	
取水地点						
水源类型		适用税额等次				
取用水行业		特殊用水类别				

税款申报

水源类型项目	征收子目	累计取水量/累计发电量	本期取水量	合理损耗率	本期计税取水量/本期发电量	适用税额
1	2	3	4	5	6	7
合计	--	0.00	0.00	--	0.00	--

以下由纳税人填写：

纳税人声明　此纳税申报表是根据水资源税改革试点政策及征管办法填报的，是真实的、可靠的、完整的。

纳税人(公章)　经办人(签章)　代理人(签章)　代

以下由税务机关填写：

受理人(签章)		主管税务机关受理专用章		受理日期

本表一式两份，一份纳税人留存，一份税务机关留存。

申报　保存　暂存　导入　取消

图5.37　水资源税纳税申报表(B类)

第二步，申报结果查询。

申报表提交后，系统将自动跳转到申报结果查询页面。如图5.38所示。

第三步，缴款。

在“申报结果查询”页面，点击“缴款”按钮进入缴款功能页面。如图5.39所示。

图5.38　申报结果查询

图5.39　缴款

【职场警示】房企申报土地使用税的误区

在日常税收管理中发现,不少房地产开发企业在申报城镇土地使用税时随意性较大,特别是通过电子税务局进行自主登记申报后,个别企业的财务人员因为对税收法规不熟悉,或对其中的业务逻辑关系不清楚,造成申报不规范,更有甚者以为只有办理了土地使用证以后才申报缴纳城镇土地使用税。这些误区都给企业带来了税务风险。

问题一:明细表时间信息不符合逻辑

一些房地产开发企业办理税源登记的日期,早于其土地取得时间,或与土地取得时间为同一天。这种填报记录与常理并不相符,容易给企业带来税款计算错误的风险。

比如,2023年2月1日,甲公司与其所在地政府相关部门签订了国有土地使用权出让合同,合同约定交付土地的时间为2023年2月1日。2023年4月1日,该公司财务人员填报了"城镇土地使用税房产税税源明细表",表内土地取得时间填写为2023年4月1日。

《财政部国家税务总局关于房产税城镇土地使用税有关政策的通知》(财税[2006]186号)第二条对有偿取得土地使用权的城镇土地使用税纳税义务发生时间作了规定:以出让或转让方式有偿取得土地使用权的,应由受让方从合同约定交付土地时间的次月起,缴纳城镇土地使用税;合同未约定交付土地时间的,由受让方从合同签订的次月起缴纳城镇土地使用税。

根据上述规定,甲公司城镇土地使用税的纳税义务发生时间,应是合同约定交付土地时间的次月,或受让方签订合同的次月,取得土地前或者合同签订的当天即填写税源明细表,不符合逻辑。

经税务人员核查,这主要是因为该公司财务人员错误地认为,采集税源后,企业才会发生纳税义务。实际上,甲公司取得土地并办理税源登记时,土地取得时间应填写为2023年2月1日。甲公司错误地填写了土地取得时间,导致企业未按期缴纳城镇土地使用税。

这个案例,再次提醒房地产开发企业,办理城镇土地使用税税源登记的时间,不应早于或等同于土地使用权转让合同的签订时间。企业应按照税收法律法规的规定,在发生城镇土地使用税纳税义务的次月,及时、合规申报城镇土地使用税。

问题二:税源所属期起始时间填写不规范

一些房地产开发企业填写的税源所属期起始时间,为办理土地税源登记之日,或者合同签订之日,未关注该时点与土地交付时间的差异,导致城镇土地使用税计算错误。

比如,乙房地产开发公司于2022年11月1日实际取得土地,2023年2月1日与所在地政府有关部门补签了国有土地使用权出让合同,合同约定的土地交付时间为2022年11月1日。2023年4月1日,该公司财务人员在2023年第二季度申报城镇土地使用税时,填写的土地取得时间为2023年2月1日、税源所属期起始时间为2023年2月1日。

根据税法规定,以出让或转让方式有偿取得土地使用权的,应由受让方从合同约定交付土地时间的次月起,申报缴纳城镇土地使用税。也就是说,税源所属期起始时间,同样应当是交付土地的次月,本案例中,乙公司合同签订时间,晚于合同约定的土地交付时间。申报时,企业将税源所属期起始时间填写为合同签订之日,使得土地交付时间次月至合同签订时间这一段时期内,企业已经产生纳税义务,却未及时合规缴纳税款,显然有错。

乙公司取得交付土地后,应于2023年第一季度申报缴纳相应的城镇土地使用税,而不应拖至第二季度才办理申报。如果该公司确实由于各种原因,在2023年4月1日才能办理申报,土地取得时间应当填写为2022年11月1日,税源所属期起始时间应当填写为2022年12月1日。由于乙公司填报不准确,应当主动补缴2022年12月至2023年2月税款所属期的城镇土地使用税。

问题三:土地使用面积扣减不规范

一些房地产开发企业在填报时,按照销控表、预售合同或发票相应的减少土地面积,还有一些房地产开发企业为了避免风险,直到土地使用证面积减少时再扣减面积,有的将出租、出借房产也一并扣减,少缴、多缴城镇土地使用税的情况时有发生。

比如,丙公司2022年1月取得一块面积5万平方米的土地进行开发,容积率为2。2023年,该公司共对外开具预收款发票3亿元,相应预售合同的建筑面积为4万平方米,尚未达到交房要求。2024年1月起,企业根据预售合同销售面积占总可售面积的比例,自主计算扣减相应的城镇土地使用税面积2万平方米,申报土地面积3万平方米。

《国家税务总局关于房产税城镇土地使用税有关政策规定的通知》(国税发〔2003〕89号)第二条规定,购置新建商品房,自房屋交付使用之次月起计征房产税和城镇土地使用税;购置存量房,自办理房屋权属转移、变更登记手续,房地产权属登记机关签发房屋权属证书之次月起计征房产税和城镇土地使用税;出租、出借房产,自交付出租、出借房产之次月起计征房产税和城镇土地使用税。根据法律规定,房地产开发项目竣工,经验收合格后,方可交付使用;未经验收或者验收不合格的,不得交付使用。

根据上述规定,房地产开发企业自行开发商品房,应在办理竣工结算、实际交付商品房后,按照已交付房产面积占总可售面积的比例,计算扣减相应的城镇土地使用税应税面积。

2024年1月,丙公司尚未完成全部交付,仍存在城镇土地使用税纳税义务,而公司又根据预售合同所约定的销售面积情况,自主扣减占用土地面积,这导致企业少申报缴纳了城镇土地使用税。因此,房地产开发企业需要根据实际交付情况,扣减城镇土地使用税应税面积,而不应根据预售情况或开具发票等情况进行城镇土地使用税的扣减,也无须在办理土地使用权变更手续后再扣减。

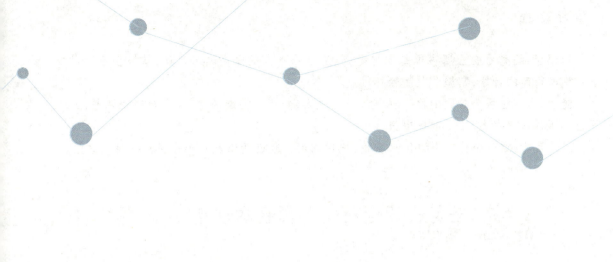

项目六

企业所得税纳税申报

> **学习目标**

知识目标:熟悉企业所得税基本规定,熟悉企业所得税税收优惠政策,掌握企业所得税应纳税所得额的计算,掌握各项扣除标准。

能力目标:能区分居民纳税人和非居民纳税人,判断所得来源地,能进行纳税调整,会填写企业所得税申报表,完成纳税申报。

思政目标:通过企业所得税优惠政策,把握国家鼓励创新以及对小微企业扶持的政策。

任务一 企业所得税基本规定

一、企业所得税概述

企业所得税是对我国境内的企业和其他取得收入的组织的生产经营所得和其他所得征收的所得税。企业缴纳税款的多少与企业的所得直接相关,具有"所得多的多征,所得少的少征,无所得的不征"的内在调节机制。所得是指纳税人按企业所得税法规定,以收入总额扣除各项成本费用后的余额。它既不完全等同于企业实现的利润,更不是企业的收入,也不是企业的增值,它以税务所得为计税依据。若会计处理方法与税法规定相抵触,以税法规定为准。

现行企业所得税的基本规范是2007年3月16日第十届全国人民代表大会第五次会议通过的《中华人民共和国企业所得税法》,2017年2月24日第十二届全国人民代表大会常务委员会第二十六次会议第一次修正,2018年12月29日第十三届全国人民代表大会常务委员会第七次会议第二次修正。

企业所得税是调节国家与企业单位之间分配关系的重要工具,通过制定优惠措施,能够充分体现国家的产业政策,促进经济的良性运行与发展;企业所得税有利于加强国家对经济的监督力度,通过对纳税人应纳税所得额的核算,能直接监督企业对成本、费用、利润等有关财经制度的执行情况,有助于及时发现并矫正纳税人违法违规行为,发挥国家对经济的调控作用;企业所得税还是国家筹集财政收入的重要渠道,近十年来企业所得税占税收收入的比例已达20%以上。

【拓展阅读】王莽首创的"无所得税之名,而有所得税之实"的"贡",比英国1799年开征所得税早1700多年。公元8年,王莽登上皇帝宝座,把国号改为"新"。公元9年,王莽开始推行他的经济改革措施,设立了对工商业者的纯经营利润额征收的税种"贡"。《汉书·食货志下》记载:"诸取众物鸟兽鱼鳖百虫于山林水泽及畜牧者,嫔妇桑蚕织纴纺绩补缝,工匠医巫卜祝及它方技商贩贾人坐肆列里区谒舍,皆各自占所为于其在所之县官,除其本,计其利,十一分之,而以其一为贡,敢不自占,自占不以实者,尽没入所采取。"其大意是凡从事采集、狩猎、捕捞、畜牧、养蚕、纺织、缝纫、织补、医疗、卜卦算命之人及其他艺人,还有商贾经营者,都要从其经营收入扣除成本,算出纯利,按纯利额的十分之一纳税,自由申报,官吏核实,如有不报或不实者,没收全部收入。从税收制度的构成要素来说,王莽的贡已具备所得税的特征:其征税对象为纯盈利额;以从事多种经营活动取得纯收入的人为纳税人;税率为10%;纳税人自行申报,官吏核实;对违法者有处罚措施。

二、企业所得税纳税人

在中国境内,企业和其他取得收入的组织,为企业所得税的纳税人,依法缴纳企业所得税。企业所得税纳税人具体包括国有企业、集体企业、私营企业、联营企业、股份制企业、中外合资经营企业、中外合作经营企业、外国企业、外资企业、事业单位、社会团体、民办非企业单位和从事经营活动的其他组织。由于个人独资企业、合伙企业属于自然人性质企业,没有法人资格,股东承担无限责任,因此依照中国法律、行政法规成立的个人独资企业、合伙企业,由业主缴纳个人所得税,不是企业所得税的纳税人。

为了更好地保障我国税收管辖权的有效行使和避免双重课税,基于不同企业承担的纳税义务,将企业所得税纳税人分为居民企业和非居民企业。

居民企业是指依法在中国境内成立,或者依照外国(地区)法律成立但实际管理机构在中国境内的企业。依法在中国境内成立的企业,包括依照中国法律、行政法规在中国境内成立的企业、事业单位、社会团体以及其他取得收入的组织;依照外国(地区)法律成立的企业,包括依照外国(地区)法律成立的企业和其他取得收入的组织;实际管理机构,是指对企业的生产经营、人员、账务、财产等实施实质性全面管理和控制的机构。如在开曼群岛注册的新浪集团(北京)、阿里巴巴(杭州)、腾讯(深圳)、百度(北京)等公司实际管理机构在我国境内,也是我国的居民企业。

非居民企业是指依照外国(地区)法律成立且实际管理机构不在中国境内,但在中国境内设立机构、场所的,或者在中国境内未设立机构、场所,但有来源于中国境内所得的企业。机构、场所,是指在中国境内从事生产经营活动的机构、场所,包括管理机构、营业机构、办事机构;工厂、农场、开采自然资源的场所;提供劳务的场所;从事建筑、安装、装配、修理、勘探等工程作业的场所以及其他从事生产经营活动的机构、场所。非居民企业委托营业代理人在中国境内从事生产经营活动的,包括委托单位或者个人经常代其签订合同,或者储存、交付货物等,该营业代理人视为非居民企业在中国境内设立的机构、场所。

三、企业所得税征税对象

企业所得税的征税对象为企业的生产经营所得和其他所得。

(一) 居民企业的征税对象

居民企业承担无限纳税义务,应当就其来源于中国境内、境外的所得缴纳企业所得税,包括销售货物所得、提供劳务所得、转让财产所得、股息红利等权益性投资所得、利息所得、租金所得、特许权使用费所得、接受捐赠所得和其他所得。

(二)非居民企业的征税对象

非居民企业承担有限的纳税义务。在中国境内设立机构、场所的,应当就其所设机构、场所取得的来源于中国境内的所得,以及发生在中国境外但与其所设机构、场所有实际联系的所得,缴纳企业所得税;非居民企业在中国境内未设立机构、场所的,或者虽设立机构、场所但取得的所得与其所设机构、场所没有实际联系的,应当就其来源于中国境内的所得缴纳企业所得税。实际联系是指非居民企业在中国境内设立的机构、场所拥有据以取得所得的股权、债权,以及拥有、管理、控制据以取得所得的财产等。

(三)所得来源地的确定

来源于中国境内、境外的所得,按照以下原则确定:销售货物所得,按照交易活动发生地确定;提供劳务所得,按照劳务发生地确定;转让财产所得,不动产转让所得按照不动产所在地确定,动产转让所得按照转让动产的企业或者机构、场所所在地确定,权益性投资资产转让所得按照被投资企业所在地确定;股息、红利等权益性投资所得,按照分配所得的企业所在地确定;利息所得、租金所得、特许权使用费所得,按照负担、支付所得的企业或者机构、场所所在地确定,或者按照负担、支付所得的个人的住所地确定;其他所得,由国务院财政、税务主管部门确定。

四、企业所得税税率

我国企业所得税实行比例税率,基本税率为25%。

对小型微利企业减按20%的税率缴纳企业所得税。

【拓展阅读】小型微利企业,是指从事国家非限制和禁止行业,且同时符合年度应纳税所得额不超过300万元、从业人数不超过300人、资产总额不超过5000万元等三个条件的企业。从业人数包括与企业建立劳动关系的职工人数和企业接受的劳务派遣用工人数。从业人数和资产总额指标,应按企业全年的季度平均值确定,年度中间开业或者终止经营活动的,以其实际经营期作为一个纳税年度确定上述相关指标。具体计算公式如下:

季度平均值=(季初值+季末值)÷2

全年季度平均值=全年各季度平均值之和÷4

国家需要重点扶持的高新技术企业,减按15%的税率缴纳企业所得税。国家需要重点扶持的高新技术企业,是指在"国家重点支持的高新技术领域"范围内,持续进行研究开发与技术成果转化,形成企业核心自主知识产权,并以此为基础开展经营活动,在中国境内(不包括港澳台地区)注册的居民企业。

在中国境内未设立机构、场所或者虽设立机构、场所但取得的所得与其所设机构、场所没有实际联系的非居民企业,减按10%的税率征收企业所得税。

任务二　企业所得税纳税调整

一、应纳税所得额

企业每一纳税年度的收入总额,减除不征税收入、免税收入、各项扣除以及允许弥补的以前年度亏损后的余额,为应纳税所得额,其计算公式为:

应纳税所得额＝收入总额－不征税收入－免税收入－各项扣除－允许弥补的以前年度亏损

(一) 收入

1. 收入总额

企业以货币形式和非货币形式从各种来源取得的收入,为收入总额,包括销售货物收入、提供劳务收入、转让财产收入、股息红利等权益性投资收益、利息收入、租金收入、特许权使用费收入、接受捐赠收入和其他收入。其中,企业取得收入的货币形式包括现金、存款、应收账款、应收票据、准备持有至到期的债券投资以及债务的豁免等,非货币形式包括固定资产、生物资产、无形资产、股权投资、存货、不准备持有至到期的债券投资、劳务以及有关权益等。企业以非货币形式取得的收入,应当按照公允价值确定收入额。

(1) 销售货物收入。销售货物收入是指企业销售商品、产品、原材料、包装物、低值易耗品以及其他存货取得的收入。企业一般在实现货物销售的同时确认收入的实现。特殊情况如下:以分期收款方式销售货物的,按照合同约定的收款日期确认收入的实现;采取托收承付方式的,在办妥托收承付时确认收入;预收款方式的,在发出商品时确认收入;货物需要安装和检验时,一般在安装和检验完毕时确认收入,若安装程序比较简单,在发出商品时确认收入;以支付手续费方式的委托代销,在收到代销清单时确认收入;企业受托加工制造大型机械设备、船舶、飞机,以及从事建筑、安装、装配工程业务或者提供其他劳务等,持续时间超过12个月的,按照纳税年度内完工进度或者完成的工作量确认收入的实现;采取产品分成方式取得收入的,按照企业分得产品的日期确认收入的实现,其收入额按照产品的公允价值确定。

采取售后回购方式销售货物的,销售商品按售价作收入,回购的商品作为购进商品处理;发生商业折扣的,按扣除商业折扣后的金额作为收入;发生现金折扣的,按现金折扣前的金额作为收入,现金折扣实际发生时作为财务费用扣除;发生销售折让的,在发生当期直接冲减当期销售收入;采取以旧换新销售方式的,按销售新商品的价格确认收入,回收旧货作为购进商品处理;企业以买一赠一等方式组合销售本企业商品的,不属于捐赠,应将总的销售金额按各项商品的公允价值的比例来分摊确认各项销售收入。

(2) 提供劳务收入。提供劳务收入是指企业从事建筑安装、修理修配、交通运输、仓储租赁、金融保险、邮电通信、咨询经纪、文化体育、科学研究、技术服务、教育培训、餐饮住宿、中介代理、卫生保健、社区服务、旅游、娱乐、加工以及其他劳务服务活动取得的收入。

企业一般应按照从接受劳务方已收或应收的合同价款确定劳务收入总额。特殊情况如下,安装费按完工进度确认收入,若安装是商品销售附带条件的,在确认商品销售实现时确认;宣传媒介收费在相关广告或商业行为出现在公众面前时确认,广告制作费根据制作完工进度确认;为特定客户开发软件的,根据开发的完工进度确认;含在商品售价内可区分的服务费,在提供服务期间确认;艺术表演、招待宴会和其他特殊活动的收费,在相关活动发生时确认;只有会籍,其他服务或商品另收费的,在取得该会员费时确认,加入会员后,不再付费或低于非会员价格销售商品或提供服务的,会员费应在整个受益期内分期确认;长期为客户提供重复的劳务收取的劳务费,在相关劳务活动发生时确认。

(3) 转让财产收入。转让财产收入是指企业转让固定资产、生物资产、无形资产、股权、债权等财产取得的收入。

企业转让股权收入应于转让协议生效且完成股权变更手续时确认收入的时限。转让股权收入扣除为取得该股权所发生的成本后,为股权转让所得。企业在计算股权转让所得时,不得扣除被投资企业未分配利润等股东留存收益中按该项股权所可能分配的金额。

(4) 股息、红利等权益性投资收益。股息、红利等权益性投资收益是指企业因权益性投资从被投资方取得的收入。

股息、红利等权益性投资收益,除国务院财政、税务主管部门另有规定外,按照被投资方股东会或股东大会做出利润分配或转股决定的日期确认收入的实现。

投资方企业从被清算企业分得的剩余资产,其中相当于从被清算企业累计未分配利润和累计盈余公积中应当分得的部分,应当确认为股息所得;剩余资产减除股息所得后的余额,超过或者低于投资成本的部分,应当确认为投资资产转让所得或者损失。

被投资企业将股权(票)溢价所形成的资本公积转为股本的,不作为投资方企业的股息、红利收入;以未分配利润、盈余公积转增股本,作为投资方企业的股息、红利收入。

(5) 利息收入。利息收入是指企业将资金提供给他人使用但不构成权益性投资,或者因他人占用本企业资金取得的收入,包括存款利息、贷款利息、债券利息、欠款利息等收入。

利息收入,按照合同约定的债务人应付利息的日期确认收入的实现。

(6) 租金收入。租金收入是指企业提供固定资产、包装物或者其他有形资产的使用权取得的收入。

租金收入,按照合同约定的承租人应付租金的日期确认收入的实现。

(7) 特许权使用费收入。特许权使用费收入是指企业提供专利权、非专利技术、商标权、著作权以及其他特许权的使用权取得的收入。

特许权使用费收入,按照合同约定的特许权使用人应付特许权使用费的日期确认收入的实现。

属于提供设备和其他有形资产的特许权费,在交付资产或转移资产所有权时确认;属于提供初始及后续服务的特许权费,在提供服务时确认。

(8) 接受捐赠收入。接受捐赠收入是指企业接受的来自其他企业、组织或者个人无偿给予的货币性资产、非货币性资产。

接受捐赠收入,按照实际收到捐赠资产的日期确认收入的实现。

企业接受捐赠的货币性资产,直接并入当期的应纳税所得额;企业接受捐赠的非货币性资产,计入应纳税所得额的内容包括受赠资产价值和由捐赠企业代为支付的增值税,不包括由受赠企业另外支付或应付的相关税费。

(9) 其他收入。其他收入是指企业取得的除以上收入外的其他收入,包括企业资产溢余收入、逾期未退包装物押金收入、确实无法偿付的应付款项、已作坏账损失处理后又收回的应收款项、债务重组收入、补贴收入、违约金收入、汇兑收益等。

一般企业收入明细表见表6.1。

表6.1 一般企业收入明细表(A101010)

行次	项目	金额
1	一、营业收入(2+9)	
2	(一)主营业务收入(3+5+6+7+8)	
3	1.销售商品收入	
4	其中:非货币性资产交换收入	
5	2.提供劳务收入	
6	3.建造合同收入	
7	4.让渡资产使用权收入	
8	5.其他	
9	(二)其他业务收入(10+12+13+14+15)	
10	1.销售材料收入	
11	其中:非货币性资产交换收入	
12	2.出租固定资产收入	
13	3.出租无形资产收入	
14	4.出租包装物和商品收入	
15	5.其他	
16	二、营业外收入(17+18+19+20+21+22+23+24+25+26)	
17	(一)非流动资产处置利得	
18	(二)非货币性资产交换利得	
19	(三)债务重组利得	
20	(四)政府补助利得	
21	(五)盘盈利得	
22	(六)捐赠利得	
23	(七)罚没利得	
24	(八)确实无法偿付的应付款项	
25	(九)汇兑收益	
26	(十)其他	

2. **不征税收入**

(1) 财政拨款。财政拨款是指各级人民政府对纳入预算管理的事业单位、社会团体等组织拨付的财政资金,但国务院和国务院财政、税务主管部门另有规定的除外。

(2) 依法收取并纳入财政管理的行政事业性收费、政府性基金。行政事业性收费是指依照法律法规等有关规定,按照国务院规定程序批准,在实施社会公共管理,以及在向公民、法人或者其他组织提供特定公共服务过程中,向特定对象收取并纳入财政管理的费用。如法院收取的诉讼费、公安部门收取的证照费、自然资源部门收取的土地闲置费等。政府性基金是指企业依照法律、行政法规等有关规定,代政府收取的具有专项用途的财政资金。如水利建设基金、残疾人就业保障金、民航发展基金、教育费附加、地方教育费附加、国家电影事业发展专项资金等。

(3) 国务院规定的其他不征税收入。国务院规定的其他不征税收入是指企业取得的,由国务院财政、税务主管部门规定专项用途并经国务院批准的财政性资金。

企业从县级以上各级人民政府财政部门及其他部门取得的应计入收入总额的财政性资金,凡同时符合以下条件的,可以作为不征税收入,在计算应纳税所得额时从收入总额中减除:企业能够提供规定资金专项用途的资金拨付文件;财政部门或其他拨付资金的政府部门对该资金有专门的资金管理办法或具体管理要求;企业对该资金以及以该资金发生的支出单独进行核算。

财政性资金作为不征税收入用于支出所形成的费用,不得在计算应纳税所得额时扣除;用于支出所形成的资产,其计算的折旧、摊销不得在计算应纳税所得额时扣除。财政性资金作不征税收入处理后,在5年(60个月)内未发生支出且未缴回财政部门或其他拨付资金的政府部门的部分,应计入取得该资金第六年的应税收入总额;计入应税收入总额的财政性资金发生的支出,允许在计算应纳税所得额时扣除。

专项用途财政性资金纳税调整明细表见表6.2。

表6.2 专项用途财政性资金纳税调整明细表(A105040)

行次	项目	取得年度	财政性资金金额	其中:符合不征税收入条件的财政性资金		以前年度支出情况					本年支出情况		本年结余情况		
				金额	其中:计入本年损益的金额	前五年度	前四年度	前三年度	前二年度	前一年度	支出金额	其中:费用化支出金额	结余金额	其中:上缴财政金额	应计入本年应税收入金额
		1	2	3	4	5	6	7	8	9	10	11	12	13	14
1	前五年度														
2	前四年度					*									
3	前三年度					*	*								
4	前二年度					*	*	*							
5	前一年度					*	*	*	*						
6	本年					*	*	*	*	*					
7	合计(1+2+…+6)	*				*	*	*	*	*					

(4) 社保基金取得的直接股权投资收益、股权投资基金收益。社保基金是指为了使社会保险有可靠的资金保障,国家通过立法要求全社会统一建立的,用于支付社会保险待遇的专项资金,是社会保险基金、社会统筹基金、个人账户基金、企业年金和全国社会保障基金的

统称,它是全国社会保障资金、经国务院批准以其他方式筹集的资金及其投资收益形成的由中央政府集中的社会保障基金。

对社保基金会、社保基金投资管理人在运用社保基金投资过程中,提供贷款服务取得的全部利息及利息性质的收入和金融商品转让收入,免征增值税;对社保基金取得的直接股权投资收益、股权投资基金收益,作为企业所得税不征税收入;对社保基金会、社保基金投资管理人管理的社保基金转让非上市公司股权,免征社保基金会、社保基金投资管理人应缴纳的印花税。

3. 免税收入

企业享受免税收入优惠政策时,应按照免税收入优惠事项申报优惠事项名称和优惠金额。如表6.3所示。

表6.3 免税收入优惠事项表

序号	优惠事项名称
1	国债利息收入免征企业所得税
2	一般股息红利等权益性投资收益免征企业所得税
3	通过沪港通投资且连续持有H股满12个月取得的股息红利所得免征企业所得税
4	通过深港通投资且连续持有H股满12个月取得的股息红利所得免征企业所得税
5	持有创新企业CDR取得的股息红利所得免征企业所得税
6	永续债利息收入免征企业所得税
7	符合条件的非营利组织的收入免征企业所得税
8	中国清洁发展机制基金取得的收入免征企业所得税
9	投资者从证券投资基金分配中取得的收入免征企业所得税
10	取得的地方政府债券利息收入免征企业所得税
11	中国保险保障基金有限责任公司取得的保险保障基金等收入免征企业所得税
12	中国奥委会取得北京冬奥组委支付的收入免征企业所得税
13	中国残奥委会取得北京冬奥组委分期支付的收入免征企业所得税
14	取得的基础研究收入免征企业所得税
15	其他

(1)国债利息收入。国债利息收入是指企业持有国务院财政部门发行的国债取得的利息收入。

为鼓励企业积极购买国债,支援国家建设,企业从发行者直接投资购买的国债持有至到期,其从发行者取得的国债利息收入,全额免征企业所得税。企业到期前转让国债、或者从非发行者投资购买的国债,其持有期间按持有天数计算的国债利息收入,免征企业所得税。

企业转让国债应作为转让财产,其取得的收益(损失)应作为企业应纳税所得额计算纳税。

对企业和个人取得的2009年及以后年度发行的地方政府债券利息收入,免征企业所得税和个人所得税。地方政府债券是指经国务院批准同意,以省、自治区、直辖市和计划单列市政府为发行和偿还主体的债券。

(2)符合条件的居民企业之间的股息、红利等权益性投资收益。符合条件的居民企业之间的股息、红利等权益性投资收益,是指居民企业直接投资于其他居民企业取得的投资收益,不包括连续持有居民企业公开发行并上市流通的不足12个月股票取得的投资收益。但未上市的居民企业之间的投资,不受12个月的期限限制。如表6.4所示。

表6.4 符合条件的居民企业之间的股息、红利等权益性投资收益优惠明细表（A107011）

行次	被投资企业	被投资企业统一社会信用代码（纳税人识别号）	投资性质	投资成本	投资比例	被投资企业利润分配确认金额			被投资企业清算确认金额			撤回或减少投资确认金额				合计
						被投资企业做出利润分配或转让股权决定时间	依决定归属于本公司的股息、红利等权益性投资收益金额	应确认的股息所得	分得的被投资企业清算剩余资产	被清算企业累计未分配利润和累计盈余公积应享有部分	应确认的股息所得	从被投资企业撤回或减少投资取得的资产	减少投资比例	收回初始投资成本	取得资产中超过收回初始投资成本部分	撤回或减少投资应享有被投资企业累计未分配利润和累计盈余公积	应确认的股息所得	
	1	2	3	4	5	6	7	8	9	10(8与9孰小)	11	12	13(4×12)	14(11-13)	15	16(14与15孰小)	17(7+10+16)
1																	
2																	
3																	
4																	
5																	
6																	
7																	
8	合计																
9	其中：直接投资或非H股票投资																
10	股票投资——沪港通H股																
11	股票投资——深港通H股																
12	创新企业CDR																
13	永续债																

(3) 在中国境内设立机构、场所的非居民企业从居民企业取得与该机构、场所有实际联系的股息、红利等权益性投资收益。

(4) 符合条件的非营利组织的收入。符合条件的非营利组织,是指同时符合下列条件的组织:依法履行非营利组织登记手续;从事公益性或者非营利性活动;取得的收入除用于与该组织有关的、合理的支出外,全部用于登记核定或者章程规定的公益性或者非营利性事业;财产及其孳息不用于分配;按照登记核定或者章程规定,该组织注销后的剩余财产用于公益性或者非营利性目的,或者由登记管理机关转赠给与该组织性质、宗旨相同的组织,并向社会公告;投入人对投入该组织的财产不保留或者享有任何财产权利;工作人员工资福利开支控制在规定的比例内,不变相分配该组织的财产。

非营利组织的收入不包括非营利组织从事营利性活动取得的收入,但国务院财政、税务主管部门另有规定的除外。

4. 收入类纳税调整项目

收入类调整项目包括视同销售收入、未按权责发生制原则确认的收入、投资收益、按权益法核算长期股权投资对初始投资成本调整确认收益、交易性金融资产初始投资调整、公允价值变动净损益、不征税收入、销售折扣折让和退回以及其他(表6.5)。其中,视同销售收入、交易性金融资产初始投资调整两项为调增,按权益法核算长期股权投资对初始投资成本调整确认收益为调减,剩余项目视情况调整增减。

表6.5 收入类纳税调整

行次	项目	账载数额	税收数额	调增数额	调减数额
		1	2	3	4
1	一、收入类调整项目(2+…+10)	*	*		
2	(一)视同销售收入	*			*
3	(二)未按权责发生制原则确认的收入				
4	(三)投资收益				
5	(四)按权益法核算长期股权投资对初始投资成本调整确认收益	*	*	*	
6	(五)交易性金融资产初始投资调整	*	*		*
7	(六)公允价值变动净损益		*		
8	(七)不征税收入	*	*		
9	(八)销售折扣、折让和退回				
10	(九)其他				

(1) 视同销售收入。视同销售收入调整会计上不作为销售核算,而在税收上应作为应税收入缴纳企业所得税的收入,主要包括非货币性资产交换视同销售收入、用于市场推广或销售视同销售收入、用于交际应酬视同销售收入、用于职工奖励或福利视同销售收入、用于股息分配视同销售收入、用于对外捐赠视同销售收入、用于对外投资项目视同销售收入、提供劳务视同销售收入和其他(表6.6)。

表6.6 视同销售收入纳税调整

行次	项目	税收金额	纳税调整金额
		1	2
1	一、视同销售(营业)收入(2+3+4+5+6+7+8+9+10)		
2	(一)非货币性资产交换视同销售收入		
3	(二)用于市场推广或销售视同销售收入		
4	(三)用于交际应酬视同销售收入		
5	(四)用于职工奖励或福利视同销售收入		
6	(五)用于股息分配视同销售收入		
7	(六)用于对外捐赠视同销售收入		
8	(七)用于对外投资项目视同销售收入		
9	(八)提供劳务视同销售收入		
10	(九)其他		

《企业所得税法实施条例》第二十五条明确规定：企业发生非货币性资产交换，以及将货物、财产、劳务用于捐赠、赞助、集资、广告、样品、职工福利和利润分配等用途的，应当视同销售货物、转让财产和提供劳务，国务院财政、税务主管部门另有规定的除外。

企业所得税资产处置视同销售是以企业资产所有权属在形式和实质上是否改变为标准。企业将资产移送他人的下列情形，因资产所有权属已发生改变而不属于内部处置资产，应按规定视同销售确定收入：用于市场推广或销售；用于交际应酬；用于职工奖励或福利；用于股息分配；用于对外捐赠以及其他改变资产所有权属的用途。其中，除另有规定外，应按照被移送资产的公允价值确定销售收入。

企业发生下列情形的处置资产，除将资产转移至境外以外，由于资产所有权属在形式和实质上均不发生改变，可作为内部处置资产，不视同销售确认收入，相关资产的计税基础延续计算：将资产用于生产、制造、加工另一产品；改变资产形状、结构或性能；改变资产用途（如自建商品房转为自用或经营）；将资产在总机构及其分支机构之间转移；上述两种或两种以上情形的混合以及其他不改变资产所有权属的用途。

(2)未按权责发生制确认收入。企业应纳税所得额的计算，以权责发生制为原则，属于当期的收入和费用，不论款项是否收付，均作为当期的收入和费用；不属于当期的收入和费用，即使款项已经在当期收付，均不作为当期的收入和费用。税法另有规定的除外。如表6.7所示。

表6.7 未按权责发生制确认收入纳税调整明细表(A105020)

行次	项目	合同金额(交易金额)	账载金额		税收金额		纳税调整金额
			本年	累计	本年	累计	
		1	2	3	4	5	6(4-2)
1	一、跨期收取的租金、利息、特许权使用费收入(2+3+4)						
2	(一)租金						
3	(二)利息						
4	(三)特许权使用费						

续表

行次	项目	合同金额(交易金额)	账载金额		税收金额		纳税调整金额
			本年	累计	本年	累计	
		1	2	3	4	5	6(4-2)
5	二、分期确认收入(6+7+8)						
6	(一)分期收款方式销售货物收入						
7	(二)持续时间超过12个月的建造合同收入						
8	(三)其他分期确认收入						
9	三、政府补助递延收入(10+11+12)						
10	(一)与收益相关的政府补助						
11	(二)与资产相关的政府补助						
12	(三)其他						
13	四、其他未按权责发生制确认收入						
14	合计(1+5+9+13)						

未按权责发生制确认收入包括跨期收取的收入、分期确认的收入、政府补助递延收入等。税法规定租金、利息、特许权使用费收入在合同约定的付款日期确认收入。如果合同规定租赁期限跨年度,且租金提前一次性支付的,可在租赁期内分期均匀计入相关年度收入。

税收金额大于会计账载金额的,其差额应调增应纳税所得额;反之,则应调减应纳税所得额。

【例6.1】 合肥邦瑞商贸有限公司为增值税一般纳税人,执行企业会计准则。公司与承租人A公司签订四年房屋合同,租期是当年7月1日到第四年的6月30日,年租金60万元,合同约定在合同签订日一次性支付两年租金。根据税法规定,企业选择在合同签订日一次性确认收入120万元,而会计当年确认半年收入30万元。如表6.8、表6.9所示。

表6.8 未按权责发生制确认收入纳税调整明细表(A105020)

行次	项目	合同金额(交易金额)	账载金额		税收金额		纳税调整金额
			本年	累计	本年	累计	
		1	2	3	4	5	6(4-2)
1	一、跨期收取的租金、利息、特许权使用费收入(2+3+4)	1200000.00	300000.00	300000.00	1200000.00	1200000.00	900000.00
2	(一)租金	1200000.00	300000.00	300000.00	1200000.00	1200000.00	900000.00

表6.9 纳税调整项目明细表(表105000)

行次	项目	账载金额	税收金额	调增金额	调减金额
		1	2	3	4
1	一、收入类调整项目(2+3+…8+10+11)	*	*	900000.00	
2	(一)视同销售收入(填写A105010)	*			*
3	(二)未按权责发生制原则确认的收入(填写A105020)	300000.00	1200000.00	900000.00	

(3)投资收益。投资收益项目调整纳税人根据税法规定和会计准则核算投资项目的持

有收益、处置收益的差额。持有收益仅指持有期间被投资单位分配股息或支付利息的税会差异,不含公允价值变动、减值准备、持有成本的变动。发生持有期间投资收益,并按税收规定为减免税收入的(如国债利息收入等),在税收优惠表中调整(表6.10)。处置收益仅指处置产生收益的税会差异,如处置投资项目按税收规定确认为损失的,在"资产损失税前扣除及纳税调整明细表"(A105090)进行纳税调整;处置投资项目符合企业重组且适用特殊性税务处理规定的,也不在本表调整。

企业在转让或者处置投资资产时,投资资产的成本,准予扣除。投资资产按照以下方法确定成本:通过支付现金方式取得的投资资产,以购买价款为成本;通过支付现金以外的方式取得的投资资产,以该资产的公允价值和支付的相关税费为成本。

若会计确认的投资收益大于税收规定,其差额应调减应纳税所得额;反之,则应调增应纳税所得额。

表6.10 投资收益纳税调整明细表(A105030)

行次	项目	持有收益			处置收益						纳税调整金额
		账载金额	税收金额	纳税调整金额	会计确认的处置收入	税收计算的处置收入	处置投资的账面价值	处置投资的计税基础	会计确认的处置所得或损失	税收计算的处置所得	纳税调整金额	
		1	2	3(2-1)	4	5	6	7	8(4-6)	9(5-7)	10(9-8)	11(3+10)
1	一、交易性金融资产											
2	二、可供出售金融资产											
3	三、持有至到期投资											
4	四、衍生工具											
5	五、交易性金融负债											
6	六、长期股权投资											
7	七、短期投资											
8	八、长期债券投资											
9	九、其他											
10	合计(1+2+3+4+5+6+7+8+9)											

(4)按权益法核算长期股权投资对初始投资成本调整确认收益。按权益法核算长期股权投资对初始投资成本调整确认收益,是指纳税人采取权益法核算时,初始投资成本小于取得投资时应享有的被投资单位可辨认净资产公允价值份额的,两者之间的差额在会计核算中计入取得投资当期的营业外收入的金额。税收规定对这部分收入不征税,调减应纳税所得额。

(5)交易性金融资产初始投资调整。会计上要求相关交易费用不计入以公允价值计量且其变动计入当期损益的金融资产的成本,作为投资损失;税法规定交易费用属于投资资产的购买价款,计入投资资产计税基础。交易性金融资产初始投资调整的即是税法确认的交易性金融资产初始投资金额与会计确认的交易性金融资产的初始投资账面价值的差额,应调增应纳税所得额。

【例6.2】 合肥邦瑞商贸有限公司3月通过上海证券交易所购买了A公司的股票10000股,每股10元,总价款100000元,按规定支付交易金额0.6%的交易费用600元,该股票不计划长期持有。A公司在当年4月1日宣告分配现金股利0.5元/股,并于5月10日发放。A公司股票在年底资产负债表日从每股10元下跌到9.50元。若下年邦瑞商贸有限公司将股票全部卖掉,每股12元,收到款项120000元。

【解析】 当年会计确认的损益包括初始计量损益—600元,持有期间的投资收益5000元,公允价值变动损益—5000元。

在税务处理上,购入股票发生的交易费用计入资产计税基础,不产生损益,故初始计量的投资收益—600元应进行调整,直接填报"纳税调整项目明细表"(A105000)第6行"(五)交易性金融资产初始投资调整"调增金额600;持有期间收到的股利5000元应确认计税收入,与会计处理一致,无税会差异,无需填写"投资收益纳税调整明细表"(A105030);期末会计上调整了资产的计价,税务上继续保持历史成本,应调整期末计价变量,直接填报"纳税调整项目明细表"(A105000)第7行"(六)公允价值变动净损益"调增金额5000。如表6.11所示。

6.11 纳税调整项目明细表

行次	项目	账载金额	税收金额	调增金额	调减金额
		1	2	3	4
1	一、收入类调整项目(2+3+…8+10+11)	*	*	5600.00	
2	(一)视同销售收入(填写A105010)	*			*
3	(二)未按权责发生制原则确认的收入(填写A105020)				
4	(三)投资收益(填写A105030)				
5	(四)按权益法核算长期股权投资对初始投资成本调整确认收益	*	*	*	
6	(五)交易性金融资产初始投资调整	*	*	600.00	*
7	(六)公允价值变动净损益	—5000.00	*	5000.00	

出售股票事项产生税会处置收入均为120000元,会计账面价值因股价下跌为95000元,计税基础不变,仍为初始投资支付的金额100600元,因此,会计确认的处置所得=120000—95000=25000元,税收上确认的处置所得=120000—100600=19400元。如表6.12所示。

(二)各项扣除

1. 扣除项目

企业实际发生的与取得收入有关的、合理的支出,包括成本、费用、税金、损失和其他支出,准予在计算应纳税所得额时扣除。支出要与取得收入直接相关,要符合生产经营活动常规,应当计入当期损益或者有关资产成本的必要和正常的支出。企业发生的支出应当区分收益性支出和资本性支出。收益性支出在发生当期直接扣除;资本性支出应当分期扣除或者计入有关资产成本,不得在发生当期直接扣除。企业的不征税收入用于支出所形成的费用或者财产,不得扣除或者计算对应的折旧、摊销扣除。除《企业所得税法》和《企业所得税法实施条例》另有规定外,企业实际发生的成本、费用、税金、损失和其他支出,不得重复扣除。如表6.13、表6.14所示。

表6.12 投资收益纳税调整明细表

行次	项目	持有收益			处置收益							纳税调整金额
		账载金额	税收金额	纳税调整金额	会计确认的处置收入	税收计算的处置收入	处置投资的账面价值	处置投资的计税基础	会计确认的处置所得或损失	税收计算的处置所得	纳税调整金额	
		1	2	3(2-1)	4	5	6	7	8(4-6)	9(5-7)	10(9-8)	11(3+10)
1	一、交易性金融资产				120000.00	120000.00	95000.00	105000.00	25000.00	19400.00	-5600.00	-5600.00

表6.13 一般企业成本支出明细表(A102010)

行次	项目	金额
1	一、营业成本(2+9)	
2	(一)主营业务成本(3+5+6+7+8)	
3	1. 销售商品成本	
4	其中:非货币性资产交换成本	
5	2. 提供劳务成本	
6	3. 建造合同成本	
7	4. 让渡资产使用权成本	
8	5. 其他	
9	(二)其他业务成本(10+12+13+14+15)	
10	1. 销售材料成本	
11	其中:非货币性资产交换成本	
12	2. 出租固定资产成本	
13	3. 出租无形资产成本	
14	4. 包装物出租成本	
15	5. 其他	
16	二、营业外支出(17+18+19+20+21+22+23+24+25+26)	
17	(一)非流动资产处置损失	

续表

行次	项目	金额
18	(二)非货币性资产交换损失	
19	(三)债务重组损失	
20	(四)非常损失	
21	(五)捐赠支出	
22	(六)赞助支出	
23	(七)罚没支出	
24	(八)坏账损失	
25	(九)无法收回的债券股权投资损失	
26	(十)其他	

表6.14 期间费用明细表(A104000)

行次	项目	销售费用	其中:境外支付	管理费用	其中:境外支付	财务费用	其中:境外支付
		1	2	3	4	5	6
1	一、职工薪酬		*		*	*	*
2	二、劳务费					*	*
3	三、咨询顾问费					*	*
4	四、业务招待费		*		*	*	*
5	五、广告费和业务宣传费		*		*	*	*
6	六、佣金和手续费						
7	七、资产折旧摊销费		*		*	*	*
8	八、财产损耗、盘亏及毁损损失		*		*	*	*
9	九、办公费		*		*	*	*
10	十、董事会费		*		*	*	*
11	十一、租赁费					*	*
12	十二、诉讼费		*		*	*	*
13	十三、差旅费					*	*
14	十四、保险费		*		*	*	*
15	十五、运输、仓储费					*	*
16	十六、修理费					*	*
17	十七、包装费		*		*	*	*
18	十八、技术转让费					*	*
19	十九、研究费用					*	*
20	二十、各项税费		*		*	*	*
21	二十一、利息收支	*	*	*	*		

续表

行次	项目	销售费用	其中：境外支付	管理费用	其中：境外支付	财务费用	其中：境外支付
		1	2	3	4	5	6
22	二十二、汇兑差额	*	*	*	*		
23	二十三、现金折扣	*	*	*	*		*
24	二十四、党组织工作经费	*	*		*	*	*
25	二十五、其他						
26	合计(1+2+3+…25)						

【拓展阅读】成本，是指企业在生产经营活动中发生的销售成本、销货成本、业务支出以及其他耗费。费用，是指企业在生产经营活动中发生的销售费用、管理费用和财务费用，已经计入成本的有关费用除外。税金，是指企业发生的除企业所得税和允许抵扣的增值税以外的各项税金及其附加。损失，是指企业在生产经营活动中发生的固定资产和存货的盘亏、毁损、报废损失，转让财产损失，呆账损失，坏账损失，自然灾害等不可抗力因素造成的损失以及其他损失。企业发生的损失，减除责任人赔偿和保险赔款后的余额，依照国务院财政、税务主管部门的规定扣除。企业已经作为损失处理的资产，在以后纳税年度又全部收回或者部分收回时，应当计入当期收入。其他支出，是指除成本、费用、税金、损失外，企业在生产经营活动中发生的与生产经营活动有关的、合理的支出。

2. 扣除类调整项目

扣除类调整项目如表6.15所示。

表6.15 扣除类调整项目

行次	项目	账载金额	税收金额	调增金额	调减金额
		1	2	3	4
12	二、扣除类调整项目(13+14+…24+26+27+28+29+30)	*	*		
13	(一)视同销售成本(填写A105010)		*		*
14	(二)职工薪酬(填写A105050)				
15	(三)业务招待费支出				*
16	(四)广告费和业务宣传费支出(填写A105060)	*	*		
17	(五)捐赠支出(填写A105070)				
18	(六)利息支出				
19	(七)罚金、罚款和被没收财物的损失			*	*
20	(八)税收滞纳金、加收利息			*	*
21	(九)赞助支出			*	*
22	(十)与未实现融资收益相关在当期确认的财务费用				
23	(十一)佣金和手续费支出				*

续表

行次	项目	账载金额	税收金额	调增金额	调减金额
		1	2	3	4
24	(十二)不征税收入用于支出所形成的费用	*	*		*
25	其中:专项用途财政性资金用于支出所形成的费用(填写A105040)	*	*		*
26	(十三)跨期扣除项目				
27	(十四)与取得收入无关的支出		*		*
28	(十五)境外所得分摊的共同支出	*	*		*
29	(十六)党组织工作经费				
30	(十七)其他				

(1) 视同销售(营业)成本,是指纳税人在按税收规定计算的与视同销售收入对应的成本,每一笔被确认为视同销售的经济事项,在确认计算应税收入的同时,均有与此收入相配比的应税成本,主要包括非货币性交换、用于市场推广或销售、用于交际应酬、用于职工奖励或福利、用于股息分配、用于对外捐赠、用于对外投资、提供劳务和其他视同销售成本。如表6.16所示。

表6.16 视同销售(营业)成本

行次	项目	税收金额	纳税调整金额
		1	2
11	二、视同销售(营业)成本(12+13+14+15+16+17+18+19+20)		
12	(一)非货币性资产交换视同销售成本		
13	(二)用于市场推广或销售视同销售成本		
14	(三)用于交际应酬视同销售成本		
15	(四)用于职工奖励或福利视同销售成本		
16	(五)用于股息分配视同销售成本		
17	(六)用于对外捐赠视同销售成本		
18	(七)用于对外投资项目视同销售成本		
19	(八)提供劳务视同销售成本		
20	(九)其他		

(2) 职工薪酬,包括工资薪金支出、职工福利费支出、工会经费支出、职工教育经费支出、各类基本社保金、住房公积金、补充养老保险、补充医疗保险和其他项目。如表6.17所示。

表6.17 职工薪酬支出及纳税调整明细表(A105050)

行次	项目	账载金额	实际发生额	税收规定扣除率	以前年度累计结转扣除额	税收金额	纳税调整金额	累计结转以后年度扣除额
		1	2	3	4	5	6(1-5)	7(1+4-5)
1	一、工资薪金支出			*	*			*
2	其中:股权激励			*	*			*
3	二、职工福利费支出				*			*
4	三、职工教育经费支出			*				
5	其中:按税收规定比例扣除的职工教育经费							
6	按税收规定全额扣除的职工培训费用				*			*
7	四、工会经费支出				*			*
8	五、各类基本社会保障性缴款			*	*			*
9	六、住房公积金			*	*			*
10	七、补充养老保险				*			*
11	八、补充医疗保险				*			*
12	九、其他			*	*			*
13	合计(1+3+4+7+8+9+10+11+12)			*				

工资薪金支出是指纳税人每一纳税年度支付给在本企业任职或受雇的员工的所有现金形式或者非现金劳动报酬,包括基本工资、奖金、津贴、补贴、年终加薪、加班工资,以及与员工任职或受雇有关的其他支出。企业发生的合理工资薪金支出,准予扣除,明显不合理的工薪支出,则不予扣除。对于企业已计入当年成本费用且在年度汇算清缴前实际发放的工薪支出,可以税前扣除。

股权激励是指规定的上市公司以本公司股票为标的,对其董事、监事、高级管理人员及其他员工进行的长期性激励。股权激励实行方式包括授予限制性股票、股票期权以及其他法律法规规定的方式。对股权激励计划实行后立即可以行权的,上市公司可以根据实际行权时该股票的公允价格与激励对象实际行权支付价格的差额和数量,计算确定作为当年上市公司工资薪金支出,依照税法规定进行税前扣除;对股权激励计划实行后,需待一定服务年限或者达到规定业绩条件方可行权的,上市公司等待期内会计上计算确认的相关成本费用,不得在对应年度计算缴纳企业所得税时扣除,在股权激励计划可行权后,上市公司方可根据该股票实际行权时的公允价格与当年激励对象实际行权支付价格的差额及数量,计算确定作为当年上市公司工资薪金支出,依照税法规定进行税前扣除。

纳税人实际支出的职工福利费、工会经费,分别按照工资薪金总额的14%、2%计算限额扣除,超过部分应调增应纳税所得额;纳税人的职工教育经费按工资薪金总额的8%计算扣除,超过部分,准予在以后纳税年度结转扣除。特殊的,软件生产企业发生的职工教育经费中的职工培训费,凡能准确划分的,可以全额税前扣除,其余部分按8%比例扣除。

纳税人按照规定范围和标准为职工缴纳的基本社会保险、住房公积金、补充养老保险和补充医疗保险,准予扣除;超过规定范围和标准部分应调增应纳税所得额。除企业依照国家有关规定为特殊工种职工支付的人身安全保险费和国务院财政、税务主管部门规定可以扣除的其他商业保险费外(如职工出差乘坐交通工具购买的交通意外保险),企业为投资者或者职工支付的商业保险费,不得扣除。

【例6.3】合肥邦瑞商贸有限公司为增值税一般纳税人,2022年发生业务如下:

(1)全年计提工资薪金1200万元,在2022年度实际发放工资1100万元,100万元年终奖在2023年1月发放。

(2)全年计提职工福利费228万元,实际发生福利费192万元。

(3)全年计提职工教育经费135万元,实际发生职工教育经费99万元。以前年度结转可扣除职工教育经费金额为10万元。

(4)全年计提工会经费25万元,实际申报缴纳工会经费24万元,取得"工会经费收入专用收据"。

根据以上业务,填写A105050、A105000申报表。

【解析】分别根据工资总额的14%、8%、2%计算职工福利费、职工教育经费、工会经费的扣除限额,比较实际发生额,确定税收金额,进行纳税调整(表6.18、表6.19)。

表6.18 职工薪酬支出及纳税调整明细表(A105050)

行次	项目	账载金额	实际发生额	税收规定扣除率	以前年度累计结转扣除额	税收金额	纳税调整金额	累计结转以后年度扣除额
		1	2	3	4	5	6(1−5)	7(1+4−5)
1	一、工资薪金支出	12000000.00	12000000.00	*	*	12000000.00	0.00	*
2	其中:股权激励			*	*			*
3	二、职工福利费支出	2280000.00	1920000.00	14%	*	1680000.00	600000.00	*
4	三、职工教育经费支出	1350000.00	990000.00	*	100000.00	960000.00	390000.00	130000.00
5	其中:按税收规定比例扣除的职工教育经费	1350000.00	990000.00	8%	100000.00	960000.00	390000.00	130000.00
6	按税收规定全额扣除的职工培训费用				*			*
7	四、工会经费支出	250000.00	240000.00	2%	*	240000.00	10000.00	*
8	五、各类基本社会保障性缴款			*	*			*
9	六、住房公积金			*	*			*
10	七、补充养老保险				*			*
11	八、补充医疗保险				*			*

续表

行次	项目	账载金额	实际发生额	税收规定扣除率	以前年度累计结转扣除额	税收金额	纳税调整金额	累计结转以后年度扣除额
		1	2	3	4	5	6(1−5)	7(1+4−5)
12	九、其他			*	*			*
13	合计(1+3+4+7+8+9+10+11+12)	15880000.00	15150000.00	*	100000.00	14880000.00	1000000.00	130000.00

表6.19　纳税调整项目明细表(A105000)

行次	项目	账载金额	税收金额	调增金额	调减金额
		1	2	3	4
12	二、扣除类调整项目(13+14+…24+26+27+28+29+30)	*	*	1000000.00	
14	(二) 职工薪酬(填写A105050)	15880000.00	14880000.00	1000000.00	

(3) 业务招待费支出。企业发生的与生产经营活动有关的业务招待费按发生额的60%扣除,但最高不得超过当年销售(营业)收入的5‰,超过部分应调增应纳税所得额。作为计算标准的销售(营业)收入包括销售货物收入、提供劳务收入等主营业务收入,还包括其他业务收入、视同销售收入和查补收入,但是不含营业外收入、投资收益。

【例6.4】合肥邦瑞商贸有限公司为增值税一般纳税人,当年发生业务如下:
(1) 全年取得销售收入2亿元,不包括应确认的视同销售收入1000万元。
(2) 发生与生产经营相关的业务招待费为200万元。
根据以上业务,填写A105000申报表。

【解析】业务招待费按实行发生额的60%扣除,但不得超过当年营业收入的5‰,超过部分进行纳税调增(表6.20)。

表6.20　纳税调整项目明细表

行次	项目	账载金额	税收金额	调增金额	调减金额
		1	2	3	4
12	二、扣除类调整项目(13+14+…24+26+27+28+29+30)	*	*	950000.00	
15	(三) 业务招待费支出	2000000.00	1050000.00	950000.00	*

(4) 广告费和业务宣传费支出。企业发生的符合条件的广告费和业务宣传费支出,除国务院财政、税务主管部门另有规定外,不超过当年销售(营业)收入15%的部分,准予扣除;超过部分,准予在以后纳税年度结转扣除。对化妆品制造与销售、医药制造和饮料制造(不含酒类制造)企业发生的广告费和业务宣传费支出,不超过当年销售收入30%的部分,准予扣除;超过部分,准予在以后纳税年度结转扣除。烟草企业的烟草广告费和业务宣传

支出,一律不得在计算应纳税所得额时扣除。

【例6.5】合肥喜燕化妆品有限公司为增值税一般纳税人,主营化妆品生产销售,当年发生业务如下:

(1) 经审计全年主营业务收入为15000万元,其中:销售商品收入13500万元,提供劳务收入为1500万元。

(2) 经审计全年其他业务收入为3000万元,其中:销售材料收入2000万元,出租固定资产收入为500万元,出租包装物收入为500万元。

(3) 自产产品用于对外捐赠视同销售收入,经审计全年视同销售收入为2000万元,视同销售成本1500万元。

(4) 经审计债务重组利得为1000万元。

(5) 发生广告宣传费为6850万元,非广告性赞助支出150万元。

根据以上业务,不考虑其他情况,填写相关申报表。

【解析】按收入项目填写收入明细表(表6.21)。

表6.21 一般企业收入明细表(A101010)

行次	项目	金额
1	一、营业收入(2+9)	180000000.00
2	(一)主营业务收入(3+5+6+7+8)	150000000.00
3	1.销售商品收入	135000000.00
4	其中:非货币性资产交换收入	
5	2.提供劳务收入	15000000.00
6	3.建造合同收入	
7	4.让渡资产使用权收入	
8	5.其他	
9	(二)其他业务收入(10+12+13+14+15)	30000000.00
10	1.销售材料收入	20000000.00
11	其中:非货币性资产交换收入	
12	2.出租固定资产收入	5000000.00
13	3.出租无形资产收入	
14	4.出租包装物和商品收入	5000000.00
15	5.其他	
16	二、营业外收入(17+18+19+20+21+22+23+24+25+26)	10000000.00
17	(一)非流动资产处置利得	
18	(二)非货币性资产交换利得	
19	(三)债务重组利得	10000000.00
20	(四)政府补助利得	
21	(五)盘盈利得	
22	(六)捐赠利得	

续表

行次	项目	金额
23	(七)罚没利得	
24	(八)确实无法偿付的应付款项	
25	(九)汇兑收益	
26	(十)其他	

视同销售、广告宣传费、赞助支出填写"纳税调整项目明细表"及"广告费和业务宣传费跨年度纳税调整明细表"(表6.22、表6.23)。

表6.22 纳税调整项目明细表(A105000)

行次	项目	账载金额 1	税收金额 2	调增金额 3	调减金额 4
1	一、收入类调整项目(2+3+…8+10+11)	*	*	20000000.00	
2	(一)视同销售收入(填写A105010)	*	20000000.00	20000000.00	*
12	二、扣除类调整项目(13+14+…24+26+27+28+29+30)	*	*	10000000.00	20000000.00
13	(一)视同销售成本(填写A105010)	*	15000000.00	*	15000000.00
16	(四)广告费和业务宣传费支出(填写A105060)	*	*	8500000.00	
21	(九)赞助支出	1500000.00	*	1500000.00	*
30	(十七)其他	15000000.00	20000000.00		5000000.00

6.23 广告费和业务宣传费等跨年度纳税调整明细表(A105060)

行次	项目	广告费和业务宣传费 1	保险企业手续费及佣金支出 2
1	一、本年支出	68500000.00	
2	减:不允许扣除的支出		
3	二、本年符合条件的支出(1−2)	68500000.00	
4	三、本年计算扣除限额的基数	200000000.00	
5	乘:税收规定扣除率	30%	
6	四、本企业计算的扣除限额(4×5)	60000000.00	
7	五、本年结转以后年度扣除额(3>6,本行=3−6;3≤6,本行=0)	8500000.00	

续表

行次	项目	广告费和业务宣传费	保险企业手续费及佣金支出
		1	2
8	加:以前年度累计结转扣除额		
9	减:本年扣除的以前年度结转额 [3>6,本行=0;3≤6,本行=8与(6-3)孰小值]		
10	六、按照分摊协议归集至其他关联方的金额(10≤3与6孰小值)		*
11	按照分摊协议从其他关联方归集至本企业的金额		*
12	七、本年支出纳税调整金额 (3>6,本行=2+3-6+10-11;3≤6,本行=2+10-11-9)	8500000.00	
13	八、累计结转以后年度扣除额(7+8-9)	8500000.00	

(5)捐赠支出。企业发生的公益性捐赠支出,在年度利润总额12%以内的部分,准予在计算应纳税所得额时扣除;超过年度利润总额12%的部分,准予结转以后三年内在计算应纳税所得额时扣除。公益性捐赠,是指企业通过公益性社会组织或者县级以上人民政府及其部门,用于符合法律规定的慈善活动、公益事业的捐赠。企业在对公益性捐赠支出计算扣除时,应先扣除以前年度结转的捐赠支出,再扣除当年发生的捐赠支出。如表6.24所示。

表6.24 捐赠支出及纳税调整明细表(A105070)

行次	项 目	账载金额	以前年度结转可扣除的捐赠额	按税收规定计算的扣除限额	税收金额	纳税调增金额	纳税调减金额	可结转以后年度扣除的捐赠额
		1	2	3	4	5	6	7
1	一、非公益性捐赠		*	*	*		*	*
2	二、限额扣除的公益性捐赠(5+6+7+8)							
3	前三年度(年)	*		*	*	*		*
4	前二年度(年)	*		*	*	*		*
5	前一年度(年)	*		*	*	*		*
6	本 年(年)		*				*	
7	三、全额扣除的公益性捐赠		*	*		*	*	*
8	1.			*	*		*	*
9	2.			*	*		*	*
10	3.			*	*		*	*
11	合计(1+2+7)							

行次	项目	账载金额	以前年度结转可扣除的捐赠额	按税收规定计算的扣除限额	税收金额	纳税调增金额	纳税调减金额	可结转以后年度扣除的捐赠额
		1	2	3	4	5	6	7
附列资料	2015年度至本年发生的公益性扶贫捐赠合计金额		*	*		*	*	*

(6) 利息支出。企业在生产经营活动中发生的下列利息支出,准予扣除:非金融企业向金融企业借款的利息支出、金融企业的各项存款利息支出和同业拆借利息支出、企业经批准发行债券的利息支出;非金融企业向非金融企业借款的利息支出,不超过按照金融企业同期同类贷款利率计算的数额的部分。

企业为购置、建造固定资产、无形资产和经过12个月以上的建造才能达到预定可销售状态的存货发生借款的,在有关资产购置、建造期间发生的合理的借款费用,应当作为资本性支出计入有关资产的成本,企业在生产经营活动中发生的合理的不需要资本化的借款费用,准予扣除。

在计算应纳税所得额时,企业实际支付给关联方的利息支出,如果能够按照规定提供相关资料,并证明相关交易活动符合独立交易原则,或者该企业的实际税负不高于境内关联方的,其实际支付给境内关联方的利息支出,在计算应纳税所得额时准予扣除,否则,金融企业债权性投资与权益性投资比例不超过5:1,其他企业不超过2:1计算的部分,准予扣除,超过的部分不得在发生当期和以后年度扣除。

凡企业投资者在规定期限内未缴足其应缴资本额的,该企业对外借款所发生的利息,相当于投资者实缴资本额与在规定期限内应缴资本额的差额应计付的利息,其不属于企业合理的支出,应由企业投资者负担,不得在计算企业应纳税所得额时扣除,其不得扣除的借款利息计算公式为:

企业每一计算期不得扣除的借款利息=该期间借款利息额×该期间未缴足注册资本额÷该期间借款额

【例6.6】 甲乙公司均为制造企业,甲公司对关联企业乙公司的股权投资额为5000万元。3月1日乙公司向甲公司借款20000万元用于生产,当年12月31日归还借款年利率为6%,金融机构同期同类贷款利率为4.8%,当年乙公司该项借款在企业所得税前应扣除的利息费用是多少万元?

【解析】 税前应扣除的利息费用=5000×2×4.8%÷12×10=400(万元)

【例6.7】 合肥喜燕电器制造有限公司为增值税一般纳税人,6月30日从其他非金融公司借入周转资金1000万元,期限从当年7月1日至下年6月30日,年利率8%,到期一次还本付息,金融企业同期同类贷款利率为6%。根据以上业务,填写A105000申报表。

【解析】 公司年底计提借款利息=1000×8%×6÷12=40(万元)

该利息会计上计入财务费用,税法规定按合同约定日期确认,应纳税调增(表6.25)。

表6.25 纳税调整项目明细表(A105000)

行次	项目	账载金额 1	税收金额 2	调增金额 3	调减金额 4
12	二、扣除类调整项目(13+14+…24+26+27+28+29+30)	*	*	400000.00	
18	(六)利息支出	400000.00	0.00	400000.00	

(7)佣金和手续费支出。保险企业按当年全部保费收入扣除退保金等后余额的18%计算限额扣除,超过部分准予结转以后年度扣除;从事代理服务,主营业务收入为手续费、佣金的企业(证券、期货、保险代理),为取得该类收入而实际发生的手续费及佣金,据实扣除;其他企业按与具有合法经营资格中介服务机构和个人所签订合同确认收入金额的5%计算限额。

(8)党组织工作经费。企业加强党建活动发生的支出,不超过职工年度工资薪金总额1%的部分可以扣除。

3. 不得扣除项目

(1)向投资者支付的股息、红利等权益性投资收益款项。

(2)企业所得税税款。

(3)税收滞纳金。

(4)罚金、罚款和被没收财物的损失,其中罚款指行政性罚款,不包括违反合同给予的经营性罚款。

(5)不符合扣除条件的捐赠支出,包括直接捐赠和非公益性捐赠支出。

(6)赞助支出,是指企业发生的与生产经营活动无关的各种非广告性质支出。

(7)未经核定的准备金支出,是指不符合国务院财政、税务主管部门规定的各项资产减值准备、风险准备等准备金支出。

(8)与取得收入无关的其他支出。

(9)企业之间支付的管理费、企业内营业机构之间支付的租金和特许权使用费,以及非银行企业内营业机构之间支付的利息。

[例6.8] 安徽喜燕钢铁有限公司为增值税一般纳税人,当年发生业务如下:

(1)因少申报税款,被税务机关处以税收滞纳金3万元,罚款8万元。

(2)因违反环境保护法被环保局处以5万元行政罚款。

(3)公司车辆因交通违规被处以交通罚款0.1万元。

(4)因产品质量问题被工商管理部门罚没商品一批,产品生产成本6万元,增值税0.78万元。

(5)因经济合同未履行,支付甲公司违约金12万元。

(6)因购买发票构成虚开发票等偷税行为,被税务机关处以10万元罚金。

根据以上业务,填写A105000申报表。

【解析】税收滞纳金不得税前扣除,纳税调增3万元;违约金属于违反合同经济处理,可以税前扣除,其他罚金、行政罚款支出不得税前扣除,应纳税调增29.88万元(表6.26)。

表6.26 纳税调整项目明细表

行次	项目	账载金额 1	税收金额 2	调增金额 3	调减金额 4
12	二、扣除类调整项目(13+14+…24+26+27+28+29+30)	*	*	328800.00	
19	(七)罚金、罚款和被没收财物的损失	298800.00	*	298800.00	*
20	(八)税收滞纳金、加收利息	30000.00	*	30000.00	*

4. 资产类调整项目

资产类调整项目涉及资产折旧摊销、资产减值准备金、资产损失等的调整。如表6.27所示。

表6.27 资产类调整项目

行次	项目	账载金额 1	税收金额 2	调增金额 3	调减金额 4
31	三、资产类调整项目(32+33+34+35)	*	*		
32	(一)资产折旧、摊销(填写A105080)				
33	(二)资产减值准备金		*		
34	(三)资产损失(填写A105090)				
35	(四)其他				

(1)资产折旧、摊销。企业资产包括固定资产、生物资产、无形资产、长期待摊费用、投资资产、存货等,除盘盈固定资产外,均以历史成本为计税基础。企业持有各项资产期间资产增值或减值,除按规定可以确认损益外,不得调整该资产的计税基础。企业享受资产加速折旧、摊销优惠政策时,应选择申报优惠事项名称及相关资产情况。同一资产符合多项加速折旧、摊销和一次性扣除优惠政策条件的,仅可选择一项优惠事项填报,不得重复填报。如表6.28所示。

表6.28 资产折旧、摊销及纳税调整明细表(A105080)

行次	项目	账载金额			税收金额					纳税调整金额
		资产原值	本年折旧、摊销额	累计折旧、摊销额	资产计税基础	税收折旧额	享受加速折旧政策的资产按税收一般规定计算的折旧、摊销额	加速折旧统计额	累计折旧、摊销额	
		1	2	3	4	5	6	7(5−6)	8	9(2−5)
1	一、固定资产(2+3+4+5+6+7)						*	*		
2	所有固定资产 (一)房屋、建筑物						*	*		
3	(二)飞机、火车、轮船、机器、机械和其他生产设备						*	*		
4	(三)与生产经营活动有关的器具、工具、家具等						*	*		

续表

行次	项目	账载金额			税收金额					纳税调整金额
		资产原值	本年折旧、摊销额	累计折旧、摊销额	资产计税基础	税收折旧额	享受加速折旧政策的资产按税收一般规定计算的折旧、摊销额	加速折旧统计额	累计折旧、摊销额	
		1	2	3	4	5	6	7(5−6)	8	9(2−5)
5	(四)飞机、火车、轮船以外的运输工具						*	*		
6	(五)电子设备						*	*		
7	(六)其他						*	*		
8	其中:享受固定资产加速折旧及一次性扣除政策的资产加速折旧额大于一般折旧额的部分 (一)重要行业固定资产加速折旧(不含一次性扣除)									*
9	(二)其他行业研发设备加速折旧									*
10	(三)允许一次性扣除的固定资产(11+12+13)									*
11	1.单价不超过100万元专用研发设备									*
12	2.重要行业小型微利企业单价不超过100万元研发生产共用设备									*
13	3.5000元以下固定资产									*
14	(四)技术进步、更新换代固定资产									*
15	(五)常年强震动、高腐蚀固定资产									*
16	(六)外购软件折旧									*
17	(七)集成电路企业生产设备									*
18	二、生产性生物资产(19+20)						*	*		
19	(一)林木类						*	*		
20	(二)畜类						*	*		
21	三、无形资产(22+23+24+25+26+27+28+30)						*	*		
22	(一)专利权						*	*		
23	(二)商标权						*	*		
24	(三)著作权						*	*		

续表

行次	项目	账载金额			税收金额					纳税调整金额
		资产原值	本年折旧、摊销额	累计折旧、摊销额	资产计税基础	税收折旧额	享受加速折旧政策的资产按税收一般规定计算的折旧、摊销额	加速折旧统计额	累计折旧、摊销额	
		1	2	3	4	5	6	7(5-6)	8	9(2-5)
25	（四）土地使用权						*	*		
26	（五）非专利技术						*	*		
27	（六）特许权使用费						*	*		
28	（七）软件						*	*		
29	其中：享受企业外购软件加速摊销政策									*
30	（八）其他						*	*		
31	四、长期待摊费用(32+33+34+35+36)						*	*		
32	（一）已足额提取折旧的固定资产的改建支出						*	*		
33	（二）租入固定资产的改建支出						*	*		
34	（三）固定资产的大修理支出						*	*		
35	（四）开办费						*	*		
36	（五）其他						*	*		
37	五、油气勘探投资						*	*		
38	六、油气开发投资						*	*		
39	合计(1+18+21+31+37+38)									
附列资料	全民所有制改制资产评估增值政策资产						*	*		

　　固定资产是指企业为生产产品、提供劳务、出租或者经营管理而持有的、使用时间超过12个月的非货币性资产，包括房屋、建筑物、机器、机械、运输工具以及其他与生产经营活动有关的设备、器具、工具等。固定资产按照以下方法确定计税基础：外购的固定资产，以购买价款和支付的相关税费以及直接归属于使该资产达到预定用途发生的其他支出为计税基础；自行建造的固定资产，以竣工结算前发生的支出为计税基础；融资租入的固定资产，以租赁合同约定的付款总额和承租人在签订租赁合同过程中发生的相关费用为计税基础，租赁合同未约定付款总额的，以该资产的公允价值和承租人在签订租赁合同过程中发生的相关费用为计税基础；盘盈的固定资产，以同类固定资产的重置完全价值为计税基础；通过捐赠、投资、非货币性资产交换、债务重组等方式取得的固定资产，以该资产的公允价值和支付的相关税费为计税基础；改建的固定资产，以改建过程中发生的改建支出增加计税基础。

固定资产按照直线法计算的折旧,准予扣除。为支持制造业企业加快技术改造和设备更新,自2019年1月1日起,固定资产加速折旧优惠的行业范围,扩大至全部制造业领域。采取缩短折旧年限方法的,最低折旧年限不得低于税法规定的折旧年限的60%;采取加速折旧方法的,可以采取双倍余额递减法或年数总和法。除国务院财政、税务主管部门另有规定外,固定资产计算折旧的最低年限如下:房屋、建筑物,为20年;飞机、火车、轮船、机器、机械和其他生产设备,为10年;与生产经营活动有关的器具、工具、家具等,为5年;飞机、火车、轮船以外的运输工具,为4年;电子设备,为3年。

企业固定资产会计折旧年限如果短于税法规定的最低折旧年限,其按会计折旧年限计提的折旧高于按税法规定的最低折旧年限计提的折旧部分,应调增当期应纳税所得额;企业固定资产会计折旧年限已期满且会计折旧已提足,但税法规定的最低折旧年限尚未到期且税收折旧尚未足额扣除,其未足额扣除的部分准予在剩余的税收折旧年限继续按规定扣除。企业固定资产会计折旧年限如果长于税法规定的最低折旧年限,其折旧应按会计折旧年限计算扣除,税法另有规定除外。石油天然气开采企业在计提油气资产折耗(折旧)时,由于会计与税法规定计算方法不同导致的折耗(折旧)差异,应按税法规定进行纳税调整。

对生物药品制造业,专用设备制造业,铁路、船舶、航空航天和其他运输设备制造业,计算机、通信和其他电子设备制造业,仪器仪表制造业,信息传输、软件和信息技术服务业等6个行业的企业2014年1月1日后新购进的固定资产,可缩短折旧年限或采取加速折旧的方法。对所有行业企业2014年1月1日后新购进的专门用于研发的仪器、设备,单位价值不超过500万元的,允许一次性计入当期成本费用在计算应纳税所得额时扣除,不再分年度计算折旧;单位价值超过500万元的,可缩短折旧年限或采取加速折旧的方法。对所有行业企业持有的单位价值不超过5000元的固定资产,允许一次性计入当期成本费用在计算应纳税所得额时扣除,不再分年度计算折旧。

高新技术企业在2022年10月1日至2022年12月31日期间新购置的设备、器具,允许当年一次性全额在计算应纳税所得额时扣除,并允许在税前实行100%加计扣除。凡在2022年第四季度内具有高新技术企业资格的企业,均可适用该项政策。企业选择适用该项政策当年不足扣除的,可结转以后年度按现行有关规定执行。中小微企业在2022年1月1日至2022年12月31日期间新购置的设备、器具,单位价值在500万元以上的,按照单位价值的一定比例自愿选择在企业所得税税前扣除。其中,企业所得税法实施条例规定最低折旧年限为3年的设备器具,单位价值的100%可在当年一次性税前扣除;最低折旧年限为4年、5年、10年的,单位价值的50%可在当年一次性税前扣除,其余50%按规定在剩余年度计算折旧进行税前扣除。如表6.29所示。

表6.29 优惠事项

序号	优惠事项名称
1	500万元以下设备器具一次性扣除
2	海南自由贸易港企业固定资产一次性扣除
3	海南自由贸易港企业无形资产一次性摊销
4	横琴粤澳深度合作区企业固定资产一次性扣除
5	横琴粤澳深度合作区企业无形资产一次性扣除
6	中小微企业单价500万元以上设备器具一次性扣除(折旧年限为3年)

序号	优惠事项名称
7	中小微企业单价500万元以上设备器具50%部分一次性扣除(折旧年限为4、5年)
8	中小微企业单价500万元以上设备器具50%部分一次性扣除(折旧年限为10年)
9	高新技术企业单价500万元以下设备器具一次性扣除
10	高新技术企业单价500万元以上设备器具一次性扣除

房屋、建筑物以外未投入使用的固定资产；以经营租赁方式租入的固定资产；以融资租赁方式租出的固定资产；已足额提取折旧仍继续使用的固定资产；与经营活动无关的固定资产；单独估价作为固定资产入账的土地等固定资产不得计算折旧扣除。

【例6.9】企业为了提高产品性能与安全度,6月从国内购入2台安全生产设备并于当月投入使用,增值税专用发票注明价款400万元,进项税额52万元,企业采用直线法按5年计提折旧,残值率8%(经税务机构认可),税法规定该设备按直线法折旧年限为10年。在计算应纳税所得额时,该安全设备折旧费应调整的金额是多少万元?

【解析】会计上计提的折旧＝400×(1－8%)÷(5×12)×6＝36.8(万元)

所得税允许扣除的折旧＝400×(1－8%)÷(10×12)×6＝18.4(万元)

所以,安全设备折旧费影响应纳税所得额的调增额为18.4万元。

【例6.10】某公司于2022年11月购进一台1200万元生产设备和两台单位价值300万元的工具,并获得了高新技术企业资格。生产设备预计使用10年,工具预计使用5年。试计算对企业当年应纳税所得额的影响。

【解析】一台1200万元的生产设备,当年会计折旧额＝1200÷(10×12)×1＝10(万元),税前一次性扣除1200万元,因此纳税调减1190万元,并加计扣除1200万元；两台单位价值300万的工具,当年会计折旧额＝300×2÷(5×12)×1＝10(万元),税前一次性扣除600万元,因此纳税调减590万元,并加计扣除600万元。

【例6.11】合肥喜燕信息技术有限公司为增值税一般纳税人,企业执行企业会计准则,2022年6月30日购入一台不需要安装的电子设备,不含税价格为300万元,进项税额为39万元,企业选择年限平均法计提折旧,会计折旧年限为3年,预计净残值为0。企业选择享受国家税务总局公告2018年第46号一次性税前扣除政策。根据以上业务,填写纳税调整明细表。

【解析】按会计准则,电子设备下半年折旧额＝300÷3÷2＝50(万元),税法上一次性税前扣除300万元,需纳税调减250万元。如表6.30所示。

表6.30 纳税调整项目明细表

行次	项目	账载金额	税收金额	调增金额	调减金额
		1	2	3	4
31	三、资产类调整项目(32＋33＋34＋35)	*	*		2500000.00
32	(一)资产折旧、摊销(填写A105080)	500000.00	3000000.00		2500000.00

生产性生物资产,是指企业为生产农产品、提供劳务或者出租等而持有的生物资产,包括经济林、薪炭林、产畜和役畜等。生产性生物资产按照以下方法确定计税基础：外购的生产性生物资产,以购买价款和支付的相关税费为计税基础；通过捐赠、投资、非货币性资产交换、债务重组等方式取得的生产性生物资产,以该资产的公允价值和支付的相关税费为计税基础。生产性生物资产按照直线法计算的折旧,准予扣除。林木类生产性生物资产计算折旧的最低年限为10年,畜类生产性生物资产为3年。

无形资产,是指企业为生产产品、提供劳务、出租或者经营管理而持有的、没有实物形态的非货币性长期资产,包括专利权、商标权、著作权、土地使用权、非专利技术、商誉等。外购的无形资产,以购买价款和支付的相关税费以及直接归属于使该资产达到预定用途发生的其他支出为计税基础;自行开发的无形资产,以开发过程中该资产符合资本化条件后至达到预定用途前发生的支出为计税基础;通过捐赠、投资、非货币性资产交换、债务重组等方式取得的无形资产,以该资产的公允价值和支付的相关税费为计税基础。无形资产按照直线法计算的摊销费用,准予扣除。无形资产的摊销年限不得低于10年。作为投资或者受让的无形资产,有关法律规定或者合同约定了使用年限的,可以按照规定或者约定的使用年限分期摊销。企业外购的软件,符合条件,可以按照固定资产或无形资产进行核算,其折旧或摊销年限可以适当缩短,最短可为2年。外购商誉的支出,在企业整体转让或者清算时,准予扣除。自行开发的支出已在计算应纳税所得额时扣除的无形资产、自创商誉、与经营活动无关的无形资产等不得计算摊销费用扣除。

已足额提取折旧的固定资产的改建支出,按照固定资产预计尚可使用年限分期摊销;租入固定资产的改建支出,按照合同约定的剩余租赁期限分期摊销;修理支出达到取得固定资产时的计税基础50%以上,且修理后固定资产的使用年限延长2年以上的,按照固定资产尚可使用年限分期摊销;其他应当作为长期待摊费用的支出,自支出发生月份的次月起,分期摊销,摊销年限不得低于3年。以上按照规定摊销的长期待摊费用,准予在计算应纳税所得额时扣除。

(2)资产损失。企业发生的损失,减除责任人赔偿和保险赔款后的余额,依照国务院财政、税务主管部门的规定扣除。企业已经作为损失处理的资产,在以后纳税年度又全部收回或者部分收回时,应当计入当期收入。

为了进一步深化税务系统"放管服"改革,简化企业纳税申报资料报送,减轻企业办税负担,企业向税务机关申报扣除资产损失,仅需填报企业所得税年度纳税申报表"资产损失税前扣除及纳税调整明细表"(表6.31),不再报送资产损失相关资料,相关资料由企业留存备查。企业应当完整保存资产损失相关资料,保证资料的真实性、合法性。

表6.31 资产损失税前扣除及纳税调整明细表(A105090)

行次	项目	资产损失直接计入本年损益金额	资产损失准备金核销金额	资产处置收入	赔偿收入	资产计税基础	资产损失的税收金额	纳税调整金额
		1	2	3	4	5	6(5-3-4)	7
1	一、现金及银行存款损失		*					
2	二、应收及预付款项坏账损失							
3	其中:逾期三年以上的应收款项损失							
4	逾期一年以上的小额应收款项损失							
5	三、存货损失							
6	其中:存货盘亏、报废、损毁、变质或被盗损失							

续表

行次	项目	资产损失直接计入本年损益金额	资产损失准备金核销金额	资产处置收入	赔偿收入	资产计税基础	资产损失的税收金额	纳税调整金额
		1	2	3	4	5	6(5-3-4)	7
7	四、固定资产损失							
8	其中:固定资产盘亏、丢失、报废、损毁或被盗损失							
9	五、无形资产损失							
10	其中:无形资产转让损失							
11	无形资产被替代或超过法律保护期限形成的损失							
12	六、在建工程损失		*					
13	其中:在建工程停建、报废损失		*					
14	七、生产性生物资产损失							
15	其中:生产性生物资产盘亏、非正常死亡、被盗、丢失等产生的损失							

(三) 亏损弥补

企业在汇总计算缴纳企业所得税时,其境外营业机构的亏损不得抵减境内营业机构的盈利。一般企业纳税年度发生的亏损,准予向以后年度结转,用以后年度的所得弥补,但结转年限最长不得超过5年。自2018年1月1日起,当年具备高新技术企业或科技型中小企业资格(以下统称资格)的企业,其具备资格年度之前5个年度发生的尚未弥补完的亏损,准予结转以后年度弥补,最长结转年限由5年延长至10年;自2020年1月1日起,国家鼓励的线宽小于130纳米(含)的集成电路生产企业,属于国家鼓励的集成电路生产企业清单年度之前5个纳税年度发生的尚未弥补完的亏损,准予向以后年度结转,总结转年限最长不得超过10年;受疫情影响较大的交通运输、餐饮、住宿、旅游(指旅行社及相关服务、游览景区管理)四大类困难行业企业2020年度发生的亏损,最长结转年限由5年延长至8年;对电影制作、发行和放映企业2020年度发生的亏损,最长结转年限由5年延长至8年。

纳税人弥补以前年度亏损时,应按照"先到期亏损先弥补、同时到期亏损先发生的先弥补"的原则处理。

【例6.12】合肥喜燕运输公司为交通运输企业,2018年成立,无境外所得,无合并分立事项,成立当年盈利10万元,2019年盈利20万元,2020年受疫情影响亏损30万元,2021年受疫情影响亏损20万元,2022年盈利5万元。请填写企业所得税弥补亏损明细表。

【解析】交通运输企业属于四大困难行业,根据新政策,2020年的亏损最长弥补年限由2025年延长到2028年;2021年的亏损最长弥补年限由2026年延长到2029年。如表6.32所示。

表6.32 企业所得税弥补亏损明细表（A106000）

行次	项目	年度	当年境内所得额	分立转出的亏损额	合并、分立转入的亏损额			弥补亏损类型 企业类型	当年亏损额	当年待弥补的亏损额	用本年度所得额弥补的以前年度亏损额		当年可结转以后年度弥补的亏损额
					可弥补年限5年	可弥补年限8年	可弥补年限10年				使用境内所得额弥补	使用境外所得额弥补	
		1	2	3	4	5	6	7	8	9	10	11	12
1	前十年度	2012											
2	前九年度	2013											
3	前八年度	2014											
4	前七年度	2015											
5	前六年度	2016											
6	前五年度	2017											
7	前四年度	2018	100000.00					100					
8	前三年度	2019	200000.00					100					
9	前二年度	2020	−300000.00					500	−300000.00	−250000.00	50000.00		250000.00
10	前一年度	2021	−200000.00					500	−200000.00	−200000.00	0.00		200000.00
11	本年度	2022	50000.00					500	0.00				0.00
12								可结转以后年度弥补的亏损额合计					450000.00

二、企业所得税税收优惠

(一) 免税、减计收入及加计扣除优惠

1. 免税收入

免税收入,是指纳税人本年度发生的根据税收规定免征企业所得税的收入,具体包括国债利息收入、符合条件的居民企业之间的股息红利等权益性投资收益、符合条件的非营利组织的收入和其他专项优惠。如表6.33所示。

表6.33 免税收入

行次	项目	金额
1	一、免税收入 (2+3+9+…+16)	
2	(一) 国债利息收入免征企业所得税	
3	(二) 符合条件的居民企业之间的股息、红利等权益性投资收益免征企业所得税 (4+5+6+7+8)	
4	1. 一般股息红利等权益性投资收益免征企业所得税 (填写A107011)	
5	2. 内地居民企业通过沪港通投资且连续持有H股满12个月取得的股息红利所得免征企业所得税 (填写A107011)	
6	3. 内地居民企业通过深港通投资且连续持有H股满12个月取得的股息红利所得免征企业所得税 (填写A107011)	
7	4. 居民企业持有创新企业CDR取得的股息红利所得免征企业所得税 (填写A107011)	
8	5. 符合条件的永续债利息收入免征企业所得税 (填写A107011)	
9	(三) 符合条件的非营利组织的收入免征企业所得税	
10	(四) 中国清洁发展机制基金取得的收入免征企业所得税	
11	(五) 投资者从证券投资基金分配中取得的收入免征企业所得税	
12	(六) 取得的地方政府债券利息收入免征企业所得税	
13	(七) 中国保险保障基金有限责任公司取得的保险保障基金等收入免征企业所得税	
14	(八) 中国奥委会取得北京冬奥组委支付的收入免征企业所得税	
15	(九) 中国残奥委会取得北京冬奥组委分期支付的收入免征企业所得税	
16	(十) 其他 (16.1+16.2)	
16.1	1. 取得的基础研究资金收入免征企业所得税	
16.2	2. 其他	

2. 减计收入

减计收入,包括综合利用资源生产产品取得的收入和其他专项优惠。企业享受减计收入优惠政策时,应申报优惠事项名称和优惠金额。如表6.34所示。

表6.34 优惠事项

序号	优惠事项名称
1	综合利用资源生产产品取得的收入在计算应纳税所得额时减计收入

续表

序号	优惠事项名称
2	金融、保险等机构取得的涉农利息、保费减计收入（20＋21＋22）
3	金融机构取得的涉农贷款利息收入在计算应纳税所得额时减计收入
4	保险机构取得的涉农保费收入在计算应纳税所得额时减计收入
5	小额贷款公司取得的农户小额贷款利息收入在计算应纳税所得额时减计收入
6	取得铁路债券利息收入减半征收企业所得税
7	其他

（1）综合利用资源。综合利用资源生产产品取得的收入是指纳税人以"资源综合利用企业所得税优惠目录"内的资源为主要原材料，生产非国家限定并符合国家和行业相关标准的产品所取得的收入，减按90％计入收入总额，调减按政策规定减计10％的收入的部分。

（2）其他专项优惠。其他专项优惠包括金融、保险机构取得的涉农贷款利息、涉农保费收入、农户小贷利息收入以及提供社区养老、托育、家政服务取得的收入，减按90％计入收入总额；取得铁路债券利息收入减半征收企业所得税。

3. 加计扣除

加计扣除，主要包括研发费用加计扣除和安置残疾人员所支付的工资加计扣除以及高新技术企业设备器具加计扣除等税收优惠政策。如表6.35所示。

表6.35 加计扣除

行次	项目	金额
25	三、加计扣除（26＋27＋28＋29＋30）	
26	（一）开发新技术、新产品、新工艺发生的研究开发费用加计扣除（填写A107012）	
27	（二）科技型中小企业开发新技术、新产品、新工艺发生的研究开发费用加计扣除（填写A107012）	
28	（三）企业为获得创新性、创意性、突破性的产品进行创意设计活动而发生的相关费用加计扣除（加计扣除比例及计算方法……）	
29	（四）安置残疾人员所支付的工资加计扣除	
30	（五）其他（30.1＋30.2＋30.3）	
30.1	1. 企业投入基础研究支出加计扣除	
30.2	2. 高新技术企业设备器具加计扣除	
30.3	3. 其他	

（1）研发费用。除烟草制造业、住宿和餐饮业、批发和零售业、房地产业、租赁和商务服务业、娱乐业等以外，其他行业企业开展研发活动中实际发生的研发费用，未形成无形资产计入当期损益的，在按规定据实扣除的基础上，自2023年1月1日起，再按照实际发生额的100％在税前加计扣除；形成无形资产的，自2023年1月1日起，按照无形资产成本的200％在税前摊销。

【拓展阅读】开发活动是指企业为获得科学与技术新知识，创造性运用科学技术新知识，或实质性改进技术、产品（服务）、工艺而持续进行的具有明确目标的系统性活动。但不包括下列活动：企业产品（服务）的常规性升级；对某项科研成果的直接应用，如直接采用公开的新工艺、材料、装置、产品、服务或知识等；企业在商品化后为顾客提供的技术支持活动；

对现存产品、服务、技术、材料或工艺流程进行的重复或简单改变;市场调查研究、效率调查或管理研究;作为工业(服务)流程环节或常规的质量控制、测试分析、维修维护;社会科学、艺术或人文学方面的研究。

可加计扣除的研发费用范围包括:人员人工费用;直接投入费用;折旧、摊销费用;新产品设计费、新工艺规程制定费、新药研制的临床试验费、勘探开发技术的现场试验费和其他相关费用。其他相关费用总额不得超过可加计扣除研发费用总额的10%。

企业委托外部机构或个人进行研发活动所发生的费用,按照费用实际发生额的80%计入委托方研发费用并计算加计扣除,受托方不得再进行加计扣除。委托境外进行研发活动所发生的费用,按照费用实际发生额的80%计入委托方的委托境外研发费用。委托境外研发费用不超过境内符合条件的研发费用三分之二的部分,可以按规定在企业所得税前加计扣除。企业共同合作开发的项目,由合作各方就自身实际承担的研发费用分别计算加计扣除。企业集团根据生产经营和科技开发的实际情况,对技术要求高、投资数额大,需要集中研发的项目,其实际发生的研发费用,可以按照权利和义务相一致、费用支出和收益分享相配比的原则,合理确定研发费用的分摊方法,在受益成员企业间进行分摊,由相关成员企业分别计算加计扣除。企业应对研发费用和生产经营费用分别核算,准确、合理归集各项费用支出,对划分不清的,不得实行加计扣除。如表6.36所示。

表6.36 研发费用加计扣除优惠明细表(A107012)

行次	项目	金额(数量)
1	本年可享受研发费用加计扣除项目数量	
2	一、自主研发、合作研发、集中研发(3+7+16+19+23+34)	
3	(一)人员人工费用(4+5+6)	
4	1. 直接从事研发活动人员工资薪金	
5	2. 直接从事研发活动人员五险一金	
6	3. 外聘研发人员的劳务费用	
7	(二)直接投入费用(8+9+10+11+12+13+14+15)	
8	1. 研发活动直接消耗材料费用	
9	2. 研发活动直接消耗燃料费用	
10	3. 研发活动直接消耗动力费用	
11	4. 用于中间试验和产品试制的模具、工艺装备开发及制造费	
12	5. 用于不构成固定资产的样品、样机及一般测试手段购置费	
13	6. 用于试制产品的检验费	
14	7. 用于研发活动的仪器、设备的运行维护、调整、检验、维修等费用	
15	8. 通过经营租赁方式租入的用于研发活动的仪器、设备租赁费	
16	(三)折旧费用(17+18)	
17	1. 用于研发活动的仪器的折旧费	
18	2. 用于研发活动的设备的折旧费	
19	(四)无形资产摊销(20+21+22)	
20	1. 用于研发活动的软件的摊销费用	

续表

行次	项目	金额(数量)
21	2.用于研发活动的专利权的摊销费用	
22	3.用于研发活动的非专利技术(包括许可证、专有技术、设计和计算方法等)的摊销费用	
23	(五)新产品设计费等(24＋25＋26＋27)	
24	1.新产品设计费	
25	2.新工艺规程制定费	
26	3.新药研制的临床试验费	
27	4.勘探开发技术的现场试验费	
28	(六)其他相关费用(29＋30＋31＋32＋33)	
29	1.技术图书资料费、资料翻译费、专家咨询费、高新科技研发保险费	
30	2.研发成果的检索、分析、评议、论证、鉴定、评审、评估、验收费用	
31	3.知识产权的申请费、注册费、代理费	
32	4.职工福利费、补充养老保险费、补充医疗保险费	
33	5.差旅费、会议费	
34	(七)经限额调整后的其他相关费用	
35	二、委托研发(36＋37＋39)	
36	(一)委托境内机构或个人进行研发活动所发生的费用	
37	(二)委托境外机构进行研发活动发生的费用	
38	其中:允许加计扣除的委托境外机构进行研发活动发生的费用	
39	(三)委托境外个人进行研发活动发生的费用	
40	三、年度研发费用小计(2＋36×80％＋38)	
41	(一)本年费用化金额	
42	(二)本年资本化金额	
43	四、本年形成无形资产摊销额	
44	五、以前年度形成无形资产本年摊销额	
45	六、允许扣除的研发费用合计(41＋43＋44)	
46	减:特殊收入部分	
47	七、允许扣除的研发费用抵减特殊收入后的金额(45－46)	
48	减:当年销售研发活动直接形成产品(包括组成部分)对应的材料部分	
49	减:以前年度销售研发活动直接形成产品(包括组成部分)对应材料部分结转金额	
50	八、加计扣除比例及计算方法	
L1	本年允许加计扣除的研发费用总额(47－48－49)	
L1.1	其中:第四季度允许加计扣除的研发费用金额	
L1.2	前三季度允许加计扣除的研发费用金额(L1－L1.1)	
51	九、本年研发费用加计扣除总额(47－48－49)×50	
52	十、销售研发活动直接形成产品(包括组成部分)对应材料部分结转以后年度扣减金额(当47－48－49≥0,本行＝0;当47－48－49<0,本行＝47－48－49的绝对值)	

(2)支付残疾人员工资。企业支付给残疾职工的工资,在进行企业所得税预缴申报时,允许据实计算扣除;在年度终了进行企业所得税年度申报和汇算清缴时,再按照支付给残疾职工工资的100%加计扣除。

(3)高新技术企业购入设备器具。高新技术企业新购置的设备、器具,允许当年一次性全额在计算应纳税所得额时扣除,并允许在税前实行100%加计扣除。

(二)所得减免优惠

所得减免是指按照税法规定减征、免征企业所得税项目的所得,主要包括农林牧渔业项目、国家重点扶持的公共基础设施项目、符合条件的环境保护节能节水项目、符合条件的技术转让项目和其他专项优惠项目。如表6.37所示。

表6.37 所得减免优惠明细表(A107020)

行次	减免项目	项目名称	优惠事项名称	优惠方式	项目收入	项目成本	相关税费	应分摊期间费用	纳税调整额	项目所得额 免税项目	项目所得额 减半项目	减免所得额
		1	2	3	4	5	6	7	8	9	10	11(9+10×50%)
1	一、农、林、牧、渔业项目											
2												
3		小计	*	*								
4	二、国家重点扶持的公共基础设施项目											
5												
6		小计	*	*								
7	三、符合条件的环境保护、节能节水项目											
8												
9		小计	*	*								
10	四、符合条件的技术转让项目		*	*						*	*	*
11				*						*	*	*
12		小计		*								
13	五、清洁发展机制项目		*									
14			*									
15		小计	*	*								

续表

行次	减免项目	项目名称	优惠事项名称	优惠方式	项目收入	项目成本	相关税费	应分摊期间费用	纳税调整额	项目所得额 免税项目	项目所得额 减半项目	减免所得额
		1	2	3	4	5	6	7	8	9	10	11(9+10×50%)
16	六、符合条件的节能服务公司实施的合同能源管理项目		*									
17			*									
18		小计	*	*								
19	七、线宽小于130纳米(含)的集成电路生产项目											
20												
21		小计	*	*								
22	八、线宽小于65纳米(含)或投资额超过150亿元的集成电路生产项目											
23												
24		小计	*	*								
25	九、线宽小于28纳米(含)的集成电路生产项目		*									
26			*									
27		小计	*	*								
28	十、其他											
29												
30		小计	*	*								
31	合计	*	*	*								

1. 从事农、林、牧、渔业项目所得

(1) 企业从事下列项目的所得,免征企业所得税:蔬菜、谷物、薯类、油料、豆类、棉花、麻类、糖料、水果、坚果的种植;农作物新品种的选育;林木的培育和种植;林产品的采集;中药材的种植;牲畜、家禽的饲养;远洋捕捞;灌溉、农产品初加工、兽医、农技推广、农机作业和维修等农、林、牧、渔服务业项目。

(2) 企业从事下列项目的所得,减半征收企业所得税:花卉、茶以及其他饮料作物、香料作物和观赏作物的种植;海水养殖、内陆养殖。

2. 从事国家重点扶持的公共基础设施项目投资经营的所得

国家重点扶持的公共基础设施项目,是指《公共基础设施项目企业所得税优惠目录》规定的港口码头、机场、铁路、公路、城市公共交通、电力、水利等项目,但不包括企业承包经营、承包建设和内部自建自用的项目。企业从事国家重点扶持的公共基础设施项目投资经营的所得,自项目取得第一笔生产经营收入所属纳税年度起,第1年至第3年免征企业所得税,第4年至第6年减半征收企业所得税,俗称三免三减半。对饮水工程运营管理单位从事规定的饮水工程新建项目投资经营的所得,自项目取得第一笔生产经营收入所属纳税年度起,也可享受"三免三减半"优惠政策。

3. 符合条件的环境保护、节能节水项目的所得

从事符合条件的环境保护、节能节水项目的所得,包括环境污染防治(大气污染防治、公共污水处理、公共垃圾处理、沼气综合开发利用)、节能减排技术改造、节水改造及非常规水利用(污水利用、管网改造、海水淡化)等。自项目取得第一笔生产经营收入所属纳税年度起,享受"三免三减半"优惠政策。减免期内转让,受让方自受让之日起可以在剩余期限内享受规定的优惠;期满后转让的,不得重复享受优惠政策。

4. 符合条件的技术转让所得

在一个纳税年度内,居民企业技术转让所得不超过500万元的部分,免征企业所得税;超过500万元的部分,减半征收企业所得税。技术转让的范围包括居民企业转让专利技术、计算机软件著作权、集成电路布图设计权、植物新品种、生物医药新品种,以及财政部和国家税务总局确定的其他技术。技术转让所得是企业技术转让收入扣除技术转让成本和转让时发生的相关税费后的差额,不包括销售或转让设备、仪器、零部件、原材料等非技术性所得。享受技术转让所得减免企业所得税优惠的企业,应单独计算技术转让所得,并合理分摊企业的期间费用;没有单独计算的,不得享受技术转让所得企业所得税优惠。居民企业从直接或间接持有股权之和达到100%的关联方取得的技术转让所得,不享受技术转让减免企业所得税优惠政策。

【例6.13】甲公司2022年将自行开发的一项专利权转让,取得转让收入900万元,与该项技术转让有关的成本和费用为300万元。试计算甲公司该项技术转让共享受了多少所得减免优惠?

【解析】技术转让收入900万元,成本费用300万元,所得600万元,其中500万元免税,100万元减半。所以共减免所得550万元。

5. 清洁发展机制项目(简称CDM项目)

对企业实施的将温室气体减排量转让收入的65%上缴给国家的氢氟碳化物(HFC)和全氟碳化物(PFC)类CDM项目,以及将温室气体减排量转让收入的30%上缴给国家的氧化亚氮(N_2O)类CDM项目,其实施该类CDM项目的所得,自项目取得第一笔减排量转让收入所属纳税年度起,第一年至第三年免征企业所得税,第四年至第六年减半征收企业所得税。企业实施CDM项目的所得,是指企业实施CDM项目取得的温室气体减排量转让收入扣除上缴国家的部分,再扣除企业实施CDM项目发生的相关成本、费用后的净所得。企业应单独核算其享受优惠的CDM项目的所得,并合理分摊有关期间费用,没有单独核算的,不得享受上述企业所得税优惠政策。

6. 符合条件的节能服务公司实施的合同能源管理项目

对符合条件的节能服务公司实施合同能源管理项目,符合规定的,自项目取得第一笔生产经营收入所属纳税年度起,第一年至第三年免征企业所得税,第四年至第六年按照25%的法定税率减半征收企业所得税。符合条件是指同时满足以下条件:具有独立法人资格,注册资金不低于100万元,且能够单独提供用能状况诊断、节能项目设计、融资、改造(包括施工、设备安装、调试、验收等)、运行管理、人员培训等服务的专业化节能服务公司;节能服务公司实施合同能源管理项目相关技术应符合国家规定的技术要求;节能服务公司与用能企业签订合同的格式和内容符合规定;节能服务公司实施合同能源管理的项目符合节能减排技术改造规定;节能服务公司投资额不低于实施合同能源管理项目投资总额的70%;节能服务公司拥有匹配的专职技术人员和合同能源管理人才,具有保障项目顺利实施和稳定运行的能力。

(三)抵扣应纳税所得额

创业投资企业采取股权投资方式投资于未上市的中小高新技术企业2年(24个月)以上,可以按照其对中小高新技术企业投资额的70%,在股权持有满2年的当年抵扣该创业投资企业的应纳税所得额;当年不足抵扣的,可以在以后纳税年度结转抵扣。

【例6.14】某企业为创业投资企业,2020年8月1日,该企业向境内某未上市中小高新技术企业投资200万元。2022年该创投企业利润总额900万元,无其他纳税调整项目,则2022年该企业应纳税所得额为多少万元?

【解析】符合条件的创投企业2022年可抵扣应纳税所得额=200×70%=140(万元),则该企业2022年应纳税所得额=900-140=760(万元)。

(四)减免所得税优惠

减免所得税优惠是指依法享受所得税减免的政策,包括符合条件的小微企业、国家重点扶持的高新技术企业、集成电路和软件及动漫企业、特别地区和民族自治地方企业等专项优惠。企业享受减免所得税额优惠政策时,应申报优惠事项名称和优惠金额。如表6.38所示。

表6.38 优惠事项

序号	类别	优惠事项名称
1	小微企业	符合条件的小型微利企业减免企业所得税
2	高新技术企业	国家需要重点扶持的高新技术企业减按15%的税率征收企业所得税
3		经济特区和上海浦东新区新设立的高新技术企业在区内取得的所得定期减免企业所得税
4	软件集成电路企业(原政策继续执行至到期)	线宽小于0.8微米(含)的集成电路生产企业减免企业所得税
5		线宽小于0.25微米的集成电路生产企业减免企业所得税
6		投资额超过80亿元的集成电路生产企业减免企业所得税
7		新办集成电路设计企业减免企业所得税
8		符合条件的软件企业减免企业所得税
9		线宽小于130纳米(含)的集成电路生产企业减免企业所得税

续表

序号	类别	优惠事项名称
10		线宽小于65纳米(含)或投资额超过150亿元的集成电路生产企业减免企业所得税
11		国家鼓励的线宽小于28纳米(含)集成电路生产企业减免企业所得税
12		国家鼓励的线宽小于65纳米(含)集成电路生产企业减免企业所得税
13		国家鼓励的线宽小于130纳米(含)集成电路生产企业减免企业所得税
14		国家鼓励的集成电路设计企业减免企业所得税
15	软件、集成电路企业(新政策)	国家鼓励的重点集成电路设计企业减免企业所得税
16		国家鼓励的集成电路装备企业减免企业所得税
17		国家鼓励的集成电路材料企业减免企业所得税
18		国家鼓励的集成电路封装、测试企业减免企业所得税
19		国家鼓励的软件企业减免企业所得税
20		国家鼓励的重点软件企业减免企业所得税
21	技术先进型服务企业	技术先进型服务企业(服务外包类)减按15%的税率征收企业所得税
22		技术先进型服务企业(服务贸易类)减按15%的税率征收企业所得税
23		动漫企业自主开发、生产动漫产品定期减免企业所得税
24	特定类型企业	经营性文化事业单位转制为企业的免征企业所得税
25		符合条件的生产和装配伤残人员专门用品企业免征企业所得税
26		从事污染防治的第三方企业减按15%的税率征收企业所得税
27		设在西部地区的鼓励类产业企业减按15%的税率征收企业所得税
28		新疆困难地区新办企业定期减免企业所得税
29		新疆喀什、霍尔果斯特殊经济开发区新办企业定期免征企业所得税
30		福建平潭综合实验区鼓励类产业企业减按15%税率征收企业所得税
31	区域性政策	深圳前海深港现代服务业合作区鼓励类产业企业减按15%的税率征收企业所得税
32		广东横琴粤澳深度合作区鼓励类产业企业减按15%的税率征收企业所得税
33		上海自贸试验区临港新片区的重点产业企业减按15%的税率征收企业所得税
34		海南自由贸易港鼓励类企业减按15%的税率征收企业所得税
35		南沙先行启动区鼓励类产业企业减按15%税率征收企业所得税
36	专项政策	北京冬奥组委、北京冬奥会测试赛赛事组委会免征企业所得税
37	其他	其他

1. **小微企业优惠**

对小型微利企业年应纳税所得额不超过300万元的部分,减按25%计入应纳税所得额,按20%的税率缴纳企业所得税。

【例6.15】某企业纳税调整后的所得额为30万元,职工人数80人,资产总额500万元,从事国家非限制和禁止行业。

【解析】符合条件的小型微利企业减免所得税=30×20%−30×25%×20%=6−1.5=4.5(万元)。如表6.39所示。

表6.39 减免所得税优惠明细表(A107040)

行次	项目	金额
1	一、符合条件的小型微利企业减免企业所得税	45000.00

2. 高新技术企业优惠

高新技术企业优惠情况及明细表如表6.40所示。

表6.40 高新技术企业优惠情况及明细表(A107041)

行次		项目				
		税收优惠基本信息				
1	企业主要产品(服务)发挥核心支持作用的技术所属范围	国家重点支持的高新技术领域	一级领域			
2			二级领域			
3			三级领域			
		税收优惠有关情况				
4	收入指标	一、本年高新技术产品(服务)收入(5+6)				
5		其中:产品(服务)收入				
6		技术性收入				
7		二、本年企业总收入(8−9)				
8		其中:收入总额				
9		不征税收入				
10		三、本年高新技术产品(服务)收入占企业总收入的比例(4÷7)				
11	人员指标	四、本年科技人员数				
12		五、本年职工总数				
13		六、本年科技人员占企业当年职工总数的比例(11÷12)				
14		高新研发费用归集年度	本年度	前一年度	前二年度	合计
			1	2	3	4
15		七、归集的高新研发费用金额(16+25)				
16		(一)内部研究开发投入(17+…+22+24)				
17		1.人员人工费用				
18		2.直接投入费用				
19		3.折旧费用与长期待摊费用				
20	研发费用指标	4.无形资产摊销费用				
21		5.设计费用				
22		6.装备调试费与实验费用				
23		7.其他费用				
24		其中:可计入研发费用的其他费用				
25		(二)委托外部研发费用[(26+28)×80%]				
26		1.境内的外部研发费				
27		2.境外的外部研发费				
28		其中:可计入研发费用的境外的外部研发费				
29		八、销售(营业)收入				
30		九、三年研发费用占销售(营业)收入的比例(15行4列÷29行4列)				
31	减免税额	十、国家需要重点扶持的高新技术企业减征企业所得税				
32		十一、经济特区和上海浦东新区新设立的高新技术企业定期减免税额				

国家需要重点扶持的高新技术企业,减按15%的税率征收企业所得税。

国家需要重点扶持的高新技术企业,在经济特区和上海浦东新区内取得的所得,自取得第一笔生产经营收入所属纳税年度起,第一年至第二年免征企业所得税,第三年至第五年按照25%法定税率减半征收企业所得税。

3. 软件、集成电路企业优惠

经认定的动漫企业自主开发、生产动漫产品,享受软件企业所得税优惠政策,自获利年度起,第一年至第二年免征所得税,第三年至第五年按照25%的法定税率减半征收所得税。

2017年12月31日前设立的集成电路线宽小于0.8微米(含)的集成电路生产企业,自获利年度起第一年至第二年免征企业所得税,第三年至第五年按照25%的法定税率减半征收企业所得税;2017年12月31日前设立的线宽小于0.25微米的集成电路生产企业,经营期在15年以上的,自获利年度起计算优惠期,第一年至第五年免征企业所得税,第六年至第十年按照25%的法定税率减半征收企业所得税;2017年12月31日前设立的投资额超过80亿元的集成电路生产企业,经营期在15年以上的,自获利年度起计算优惠期,第一年至第五年免征企业所得税,第六年至第十年按照25%的法定税率减半征收企业所得税;我国境内新办的集成电路设计企业、软件企业,自获利年度起计算优惠期,第一年至第二年免征企业所得税,第三年至第五年按照25%的法定税率减半征收企业所得税;符合条件的集成电路封装、测试企业、集成电路关键专用材料生产企业、集成电路专用设备生产企业,在2017年(含2017年)前实现获利的,自获利年度起第一年至第二年免征企业所得税,第三年至第五年按照25%的法定税率减半征收企业所得税;2017年前未实现获利的,自2017年起计算优惠期。如表6.41所示。

表6.41 软件、集成电路企业优惠情况及明细表(A107042)

		税收优惠基本信息		
选择适用优惠政策		□延续适用原有优惠政策	□适用新出台优惠政策	
减免方式1			获利年度\开始计算优惠期年度1	
减免方式2			获利年度\开始计算优惠期年度2	
		税收优惠有关情况		
行次		项目		金额
1		一、企业本年月平均职工总人数		
2	人员指标	其中:签订劳动合同关系且具有大学专科以上学历的职工人数		
3		研究开发人员人数		
4	研发	二、研发费用总额		
5	指标	其中:企业在中国境内发生的研发费用金额		
6	收入	三、企业收入总额		
7	指标	四、符合条件的销售(营业)收入		
8		五、其他1(指标名称:……)		
9	其他指标	六、其他2(指标名称:……)		
10		七、其他3(指标名称:……)		
11	减免税额			

国家鼓励的集成电路线宽小于28纳米(含),且经营期在15年以上的集成电路生产企业或项目,第一年至第十年免征企业所得税;国家鼓励的集成电路线宽小于65纳米(含),且经营期在15年以上的集成电路生产企业或项目,第一年至第五年免征企业所得税,第六年至第十年按照25%的法定税率减半征收企业所得税;国家鼓励的集成电路线宽小于130纳米(含),且经营期在10年以上的集成电路生产企业或项目,第一年至第二年免征企业所得税,第三年至第五年按照25%的法定税率减半征收企业所得税。国家鼓励的集成电路设计、装备、材料、封装、测试企业和软件企业,自获利年度起,第一年至第二年免征企业所得税,第三年至第五年按照25%的法定税率减半征收企业所得税。国家鼓励的重点集成电路设计企业和软件企业,自获利年度起,第一年至第五年免征企业所得税,接续年度减按10%的税率征收企业所得税。

4. 特别地区和项目优惠

从事新闻出版、广播影视和文化艺术的经营性文化事业单位转制为企业的,自转制注册之日起五年内免征企业所得税;符合条件的生产和装配伤残人员专门用品的企业免征企业所得税;技术先进型服务企业(服务外包类、服务贸易类)减按15%的税率征收企业所得税;设在西部地区以及广东横琴、福建平潭、深圳前海、广东南沙等地区的鼓励类产业企业减按15%的税率征收企业所得税;对在新疆困难地区新办的属于《新疆困难地区重点鼓励发展产业企业所得税优惠目录》范围内的企业,自取得第一笔生产经营收入所属纳税年度起,第一年至第二年免征企业所得税,第三年至第五年减半征收企业所得税;对在新疆喀什、霍尔果斯两个特殊经济开发区内新办的属于《新疆困难地区重点鼓励发展产业企业所得税优惠目录》范围内的企业,自取得第一笔生产经营收入所属纳税年度起,五年内免征企业所得税;对符合条件的从事污染防治的第三方企业减按15%的税率征收企业所得税。

5. 叠加享受减免税优惠调整

企业从事农林牧渔业项目、国家重点扶持的公共基础设施项目、符合条件的环境保护及节能节水项目、符合条件的技术转让、集成电路生产项目、其他专项优惠等所得额应按法定税率25%减半征收,同时享受小型微利企业、高新技术企业、技术先进型服务企业、集成电路生产企业、重点软件企业和重点集成电路设计企业等优惠税率政策,由于申报表填报顺序,按优惠税率减半叠加享受减免税优惠部分,应对该部分金额进行调整。

【例6.16】合肥喜燕科技有限公司被认定为国家扶持的高新技术企业,当年取得正常所得2000万元,技术转让所得1000万元,试计算该企业当年享受多少企业所得税减免?

【解析】技术转让所得应征税所得额=(1000−500)×50%=250(万元)

国家需要重点扶持的高新技术企业减征企业所得税=(2000+250)×(25%−15%)=225(万元)

技术转让所得按法定税率25%减半征收,税收优惠与高新技术企业减按15%叠加享受部分,应从减免税中扣除,叠加享受减免税优惠=250×(25%−15%)=25(万元)

该企业当年实际享受企业所得税减免=225−25=200(万元)

(五)境内税额抵免优惠

境内税额抵免,是指企业购置并实际使用《环境保护专用设备企业所得税优惠目录》《节能节水专用设备企业所得税优惠目录》和《安全生产专用设备企业所得税优惠目录》规定的环境保护、节能节水、安全生产等专用设备的,该专用设备的投资额的10%可以从企业当年的应纳税额中抵免;当年不足抵免的,可以在以后5个纳税年度结转抵免。

享受税额抵免的专用设备,企业应当实际购置并投入使用;若在5年内转让、出租的,应当停止享受企业所得税优惠,并补缴已经抵免的企业所得税税款。进行税额抵免时,如增值税进项税额允许抵扣,其专用设备投资额不再包括增值税进项税额;如增值税进项税额不允许抵扣,其专用设备投资额应为增值税专用发票上注明的价税合计金额或普通发票上注明的金额。如表6.42所示。

表6.42 税额抵免优惠明细表(A107050)

行次	项目	年度	本年抵免前应纳税额	本年允许抵免的专用设备投资额	本年可抵免税额	以前年度已抵免额					本年实际抵免的各年度税额	可结转以后年度抵免的税额
						前五年度	前四年度	前三年度	前二年度	前一年度 小计		
		1	2	3	4(3×10%)	5	6	7	8	9	10(5+…+9)	11	12(4−10−11)
1	前五年度											*
2	前四年度					*						
3	前三年度					*	*					
4	前二年度					*	*	*				
5	前一年度					*	*	*	*			
6	本年度					*	*	*	*	*		
7	本年实际抵免税额合计											*
8	可结转以后年度抵免的税额合计											
9	专用设备投资情况	本年允许抵免的环境保护专用设备投资额										
10		本年允许抵免节能节水的专用设备投资额										
11		本年允许抵免的安全生产专用设备投资额										

【例6.17】某企业2022年6月购置并投入使用优惠目录范围内的环境保护专用设备,取得增值税专用发票注明的金额300万元、税额39万元,则2022年该企业可以抵免的企业所得税税额是多少?

【解析】可抵免企业所得税＝300×10％＝30(万元)

三、境外税额抵免

为消除国际间重复征税,促进企业积极开拓国际市场,我国税法规定,居民企业来源于中国境外的应税所得已在境外缴纳的所得税税额,可以从其当期应纳税额中抵免,抵免限额为该项所得依照我国税法计算的应纳税额;超过抵免限额的部分,可以在以后5个年度内,用每年度抵免限额抵免当年应抵税额后的余额进行抵补。

(一)境外所得税收抵免

1. 境外应纳税所得额

居民企业在境外投资设立不具有独立纳税地位的分支机构,其来源于境外的所得,无论是否汇回中国境内,均应计入该企业所属纳税年度的境外应纳税所得额。居民企业应就其来源于境外的股息、红利等权益性投资收益,以及利息、租金、特许权使用费、转让财产等收入,扣除与取得该项收入有关的各项合理支出后的余额为应纳税所得额。境外应纳税所得额为境外所得纳税调整后所得弥补境外以前年度亏损后的余额。

2. 境外所得抵免限额

企业应按照税法有关规定分国(地区)别计算境外税额的抵免限额,其计算公式为:

某国(地区)所得税抵免限额＝中国境内外所得应纳税总额×来源于某国(地区)的应纳税所得额÷中国境内外应纳税所得总额＝来源于某国(地区)的应纳税所得额×我国税法规定的实际适用税率

3. 实际抵免境外税额

企业在境外一国(地区)当年缴纳和间接负担的符合规定的所得税税额低于所计算的该国(地区)抵免限额的,应以该项税额作为境外所得税抵免额从企业应纳税总额中据实抵免;超过抵免限额的,当年应以抵免限额作为境外所得税抵免额进行抵补,超过抵免限额的余额允许从次年起在连续五个纳税年度内,用每年度抵免限额抵免当年应抵税额后的余额进行抵补。

4. 简易办法计算抵免额

企业从境外取得营业利润所得以及符合境外税额间接抵免条件的股息所得,虽有所得来源国(地区)政府机关核发的具有纳税性质的凭证或证明,但因客观原因无法真实、准确地确认应当缴纳并已经实际缴纳的境外所得税税额的,除就该所得直接缴纳及间接负担的税额在所得来源国(地区)的实际有效税率低于我国25％规定税率50％以上的外,可按境外应纳税所得额的12.5％作为抵免限额简易计算,企业按该国(地区)税务机关或政府机关核发具有纳税性质凭证或证明的金额,其不超过抵免限额的部分,准予抵免;超过的部分不得抵免。如表6.43所示。

表6.43 境外所得税收抵免明细表（A108000）

行次	国家（地区）	境外税前所得	境外所得纳税调整后所得	弥补境外以前年度亏损	境外应纳税所得额	抵减境内亏损	抵减境内亏损后的境外应纳税所得额	税率	境外应纳税额	境外所得可抵免税额	境外所得抵免限额	本年可抵免境外所得税额	未超过境外所得抵免限额的余额	本年可抵免以前年度未抵免境外所得税额	按简易办法计算				境外所得抵免所得税额合计
															按低于12.5%的实际税率计算的抵免额	按12.5%计算的抵免额	按25%计算的抵免额	小计	
		1	2	3	4	5(3－4)	6	7(5－6)	8	9(7×8)	10	11	12	13(11－12)	14	15	16	17	18(15＋16＋17)	19(12＋14＋18)
1																				
2																				
10	合计																			

(二)境外所得纳税调整后所得

1. 境外税后所得

境外税后所得包括居民企业来源于境外非独立核算的分支机构取得的各项经营所得和股息、红利等权益性投资收益以及利息、租金、特许权使用费、转让财产等所得。

2. 境外所得可抵免的所得税额

境外所得可抵免的所得税额,是指企业来源于中国境外的所得依照中国境外税收法律以及相关规定应当缴纳并已实际缴纳的企业所得税性质的税款,包括实际直接缴纳的境外所得税额和实际间接负担的境外所得税额以及税收饶让,但不包括按照境外所得税法律及相关规定属于错缴或错征的境外所得税税款;按照税收协定规定不应征收的境外所得税税款;因少缴或迟缴境外所得税而追加的利息、滞纳金或罚款;境外所得税纳税人或者其利害关系人从境外征税主体得到实际返还或补偿的境外所得税税款;按照我国税法规定,已经免征我国企业所得税的境外所得负担的境外所得税税款;按照国务院财政、税务主管部门有关规定已经从企业境外应纳税所得额中扣除的境外所得税税款。

直接缴纳的所得税额填报纳税人来源于境外的营业利润所得在境外所缴纳的企业所得税,以及就来源于或发生于境外的股息、红利等权益性投资所得、利息、租金、特许权使用费、财产转让等所得在境外被源泉扣缴的预提所得税;间接负担的所得税额填报纳税人从其直接或者间接控制的外国企业分得的来源于中国境外的股息、红利等权益性投资收益,外国企业在境外实际缴纳的所得税额中属于该项所得负担的部分;享受税收饶让抵免税额填报纳税人从与我国政府订立税收协定的国家(地区)取得的所得,按照该国(地区)税收法律享受了免税或减税待遇,且该免税或减税的数额按照税收协定应视同已缴税额的金额。

3. 新增境外直接投资所得

填报在海南自由贸易港等特定地区设立的旅游业、现代服务业、高新技术产业企业新增境外直接投资取得的所得。

境外所得纳税调整后所得明细表见表6.44。

(三)境外分支机构弥补亏损

分国(地区)别逐行填报境外分支机构本年及以前年度发生的税前尚未弥补的非实际亏损额和实际亏损额、结转以后年度弥补的非实际亏损额和实际亏损额。如表6.45所示。

(四)跨年度结转抵免境外所得税

居民企业每年应分国(地区)别在抵免限额内据实抵免境外已纳所得税额,超过抵免限额的部分可在以后连续5个纳税年度延续抵免。企业当年境外一国(地区)可抵免税额中既有属于当年已直接缴纳或间接负担的境外所得税额,又有以前年度结转的未逾期可抵免税额时,应首先抵免当年已直接缴纳或间接负担的境外所得税额后,抵免限额有余额的,可再抵免以前年度结转的未逾期可抵免税额,仍抵免不足的,继续向以后年度结转。如表6.46所示。

表6.44 境外所得纳税调整后所得明细表（A108010）

行次	国家(地区)	境外税后所得							境外所得纳税调整后所得									其中：新增境外直接投资所得						
		分支机构营业利润所得	股息、红利等权益性投资所得	利息所得	租金所得	特许权使用费所得	财产转让所得	其他所得	小计	境外所得可抵免所得税额			小计	境外分支机构收入与支出纳税调整额	境外分支机构调整分摊扣除的有关成本费用	境外所得对应调整的相关成本费用支出	境外所得纳税调整后所得	新设境外分支机构所得			新增境外直接投资相对应的股息所得	对应的股息所得境外所得税额	享受免税政策的所得	境外所得小计
										直接缴纳的所得税额	间接负担的所得税额	享受税收饶让抵免税额						营业利润	调整分摊扣除的有关成本费用	纳税调整额	纳税调整后所得	境外所得税额			
		1	2	3	4	5	6	7	8	9(2+…+8)	10	11	12	13(10+11+12)	14(9+10+11)	15	16	17	18(14+15−16−17)	19	20	21	22(19−20+21)	23	24	25	26(22+24)
1																											
2																											
10																											
合计																											

表6.45 境外分支机构弥补亏损明细表（A108020）

行次	国家(地区)	非实际亏损额的弥补			实际亏损额的弥补													
		以前年度结转尚未弥补的非实际亏损额	本年发生的非实际亏损额	本年弥补的以前年度非实际亏损额	结转以后年度弥补的非实际亏损额	以前年度结转尚未弥补的实际亏损额					本年发生的实际亏损额	本年弥补的以前年度实际亏损额	结转以后年度弥补的实际亏损额				
						前五年	前四年	前三年	前二年	前一年	小计			前四年	前三年	前二年	前一年	本年	小计
		1	2	3	4	5(2+3−4)	6	7	8	9	10	11(6+…+10)	12	13	14	15	16	17	18	19(14+…+18)
1																				
2																				
3																				
4																				
5																				
6																				
7																				
8																				
9																				
10	合计																			

表6.46 跨年度结转抵免境外所得税明细表（A108030）

行次	国家（地区）	前五年境外所得已缴所得税未抵免余额						本年实际抵免以前年度未抵免的境外所得已缴所得税税额					结转以后年度抵免的境外所得税额					
		前五年	前四年	前三年	前二年	前一年	小计	前五年	前四年	前三年	前二年	前一年	小计	前四年	前三年	前二年	前一年	本年	小计
		1	2	3	4	5	6	7(2+…+6)	8	9	10	11	12	13(8+…+12)	14 (3−9)	15 (4−10)	16 (5−11)	17 (6−12)	18	19 (14+…+18)
1																			
2																			
10	合计																		

四、应纳税额的计算

应纳税额＝应纳税所得额×适用税率－减免税额－抵免税额

【例6.18】某食品制造企业为居民企业，2022年发生经营业务如下：全年取得产品销售收入为5600万元，发生产品销售成本4000万元；其他业务收入800万元，其他业务成本660万元；取得国债利息收入40万元；缴纳税金及附加300万元；发生的管理费用760万元，其中新技术的研究开发费用为60万元、业务招待费用70万元；发生财务费用200万元；取得直接投资其他非上市居民企业的权益性收益34万元；取得营业外收入100万元，发生营业外支出250万元（其中含公益性捐赠38万元）。

要求：计算该企业2022年应纳的企业所得税。

【解析】直接法下应纳税所得额＝（收入总额－不征税收入－免税收入）－各项扣除金额－弥补亏损

第一步：计算收入总额。

收入总额＝产品销售收入＋其他业务收入＋国债利息收入＋投资收益＋营业外收入＝5600＋800＋40＋34＋100＝6574(万元)

第二步：计算应税收入。

其中国债利息收入和取得直接投资其他非上市居民企业的权益性投资收益属于免税收入，免征企业所得税，应税收入＝6574－40－34＝6500(万元)

第三步，计算各项扣除金额。

新技术研发费可加计100%扣除，加计扣除金额＝60×100%＝60(万元)

业务招待费按发生额的60%计算可扣除金额＝70×60%＝42(万元)，按销售(营业)收入的5‰计算可扣除金额＝(5600＋800)×5‰＝32(万元)，可见税前扣除限额应为32万元。

公益捐赠扣除限额为当年利润的12%＝(6574－4000－660－300－760－200－250)×12%＝404×12%＝48.48(万元)，实际捐赠额38万元小于扣除标准48.48万元，可全额扣除。

可扣除金额＝4000＋660＋300＋(760＋60－70＋32)＋200＋250＝6192(万元)

第四步：计算应纳税所得额和应纳税额。

应纳税所得额＝6500－6192＝308(万元)

该企业2022年应缴纳企业所得税＝308×25%＝77(万元)

间接法下应纳税所得额＝会计利润±纳税调整项目金额

第一步，计算利润总额。

利润总额＝产品销售收入＋其他业务收入＋国债利息收入＋投资收益＋营业外收入－产品销售成本－其他业务成本－税金及附加－管理费用－财务费用－营业外支出＝5600＋800＋40＋34＋100－4000－660－300－760－200－250＝404(万元)

第二步，纳税调整。

国债利息收入和直接投资其他非上市居民企业的权益性投资收益属于免税收入，调减金额＝40＋34＝74(万元)

新技术研发费可加计100%扣除，加计扣除金额＝60×100%＝60(万元)，调减60万元。

业务招待费按发生额的60%计算可扣除金额＝70×60%＝42(万元)，按销售(营业)收入的5‰计算可扣除金额＝(5600+800)×5‰＝32(万元)，可见税前扣除限额应为32万元，调增金额＝70-32=38(万元)

公益捐赠扣除限额为当年利润的12%＝(6574-4000-660-300-760-200-250)×12%=404×12%=48.48(万元)，实际捐赠额38万元小于扣除标准48.48万元，可全额扣除，不需调整。

第三步，计算应纳税所得额和应纳税额。

应纳税所得额＝404-74-60+38=308(万元)

该企业2022年应缴纳企业所得税＝308×25%=77(万元)

【例6.19】位于市区的灯具制造甲企业为增值税一般纳税人，2022年取得产品销售收入13200万元，仓库出租收入300万元，债务重组利得50万元，营业外收入200万元，投资收益400万元；扣除的成本、费用、税金及营业外支出共计12460万元，自行核算利润总额1690万。2023年3月聘请税务师对2022年企业所得税进行汇算清缴，发现如下事项：

(1) 将一批灯具用于股息分配，灯具成本为100万元，市场不含税售价120万元，未申报相关增值税，直接以成本价计入应付股利。若考虑城市维护建设税、教育费附加、地方教育附加，事项(1)应调增企业所得税应纳税所得额(   )万元。

(2) 以2300万元对乙公司进行投资，取得30%股权，乙公司净资产公允价值8000万元，甲企业对该项长期股权投资采用权益法核算，对初始投资成本调整部分已计入营业外收入。撤回对丙公司长期股权投资，投资成本为400万元，撤回投资收回资金700万元，包含按照投资比例计算的属于甲企业的未分配利润80万元。事项(2)应调减企业所得税应纳税所得额(   )万元。

(3) 购买一台环保设备用于污水治理，取得增值税专用发票注明金额540万元、税额70.2万元，该设备符合《环境保护专用设备企业所得税优惠目录》，进项税额已抵扣。市级财政部门因此给予甲企业20万元环保配套资金，该资金符合不征税收入条件，会计上尚未确认政府补助收益。事项(3)中财政配套资金作为企业不征税收入应满足的条件有(   )。

A. 企业自取得资金30日内向主管税务机关备案
B. 省级人民政府对该资金有专门的具体管理要求
C. 企业能够提供规定资产专项用途的资金拨付文件
D. 财政部门对该资金有专门的资金管理办法
E. 企业对该资金以及以该资金发生的支出单独进行核算

(4) 营业外支出列支甲企业直接向承担疫情防治的医院捐赠现金10万元，直接向社区防疫捐赠现金8万元；因延迟执行合同支付违约金20万元；缴纳税收滞纳金6万元。事项(4)应调增企业所得税应纳税所得额(   )万元。

(5) 发生业务招待费80万元；发生广告费2400万元，广告已经播映。事项(5)应调增企业所得税应纳税所得额(   )万元。

(6) 甲企业2022年应缴纳企业所得税(   )万元。

【解析】事项(1)城建税及附加＝120×13%×(7%+3%+2%)=1.87万元，应调增应纳税所得额＝120-100-1.87=18.13(万元)。

事项(2)权益法核算下初始投资成本小于享有份额部分会计上计入当期营业外收入，税法规定不征税，应纳税调减；转让股权收入扣除为取得该股权所发生的成本后，为股权转让

所得。企业在计算股权转让所得时,不得扣除被投资企业未分配利润等股东留存收益中按该项股权所可能分配的金额。因此,共调减应纳税所得额=(8000×30%-2300)+80=180(万元)。

事项(3)企业从县级以上各级人民政府财政部门及其他部门取得的应计入收入总额的财政性资金,作为不征税收入应满足的条件:(1)企业能够提供规定资金专项用途的资金拨付文件;(2)财政部门或其他拨付资金的政府部门对该资金有专门的资金管理办法或具体管理要求;(3)企业对该资金以及以该资金发生的支出单独进行核算。故应选CDE。

事项(4)企业直接向承担疫情防治任务的医院捐赠用于应新型冠状病毒感染的肺炎疫情的"物品",允许在计算应纳税所得额时全额扣除,违约金允许税前扣除,税收滞纳金不得税前扣除,故应调增应纳税所得额=10+8+6=24(万元)。

当期营业收入=产品销售收入+仓库出租收入+视同销售收入=13200+300+120=13620(万元);则业务招待费税前扣除限额标准1=80×60%=48(万元),小于税前扣除限额标准2=13620×5‰=68.1(万元),应纳税调增额=80-48=32(万元);广告费税前扣除限额=13620×15%=2043(万元),小于实际发生额2400万元,应纳税调增=2400-2043=357(万元),事项(5)共应纳税调增所得额=32+357=389(万元)。

事项(6)购买环保专用设备可按购买价款的10%直接抵减当期税额,甲企业2022年应缴纳企业所得税=(1690+18.13-180+24+389)×25%-540×10%=431.28(万元)。

任务三 企业所得税纳税申报

一、企业所得税的征收管理

(一)纳税期限

企业所得税实行按纳税年度计算,分月或者分季预缴,年终汇算清缴,多退少补的征收办法。企业所得税的纳税年度,自公历1月1日起至12月31日止。企业在一个纳税年度的中间开业,或者由于合并、关闭等原因终止经营活动,使该纳税年度的实际经营期不足12个月的,应当以其实际经营期为1个纳税年度。企业清算时,应当以清算期间作为1个纳税年度。清算结束之日起15日内报送申报表结清税款。

纳税人应当在月份或季度终了后15日内,向其所在地主管税务机关报送预缴所得税申报表,预缴税款。企业自年度终了之日起5个月内,无论盈利或亏损,均应向税务机关报送年度企业所得税纳税申报表、财务会计报告和其他有关资料进行汇算清缴,结清应缴应退税款。企业在年度中间终止经营活动的,应当自实际经营终止之日起60日内,向税务机关办理当期企业所得税汇算清缴。扣缴义务人应当自代扣之日起7日内将代扣的税款解缴入库,并向所在地的税务机关报送扣缴企业所得税报告表。

纳税人在纳税年度内预缴企业所得税税款超过汇算清缴应纳税款的,纳税人应及时申请退税,主管税务机关应及时按有关规定办理退税,不再抵缴其下一年度应缴企业所得税税款。

(二) 纳税地点

企业所得税由纳税人向其所在地的主管税务机关缴纳。居民企业以企业登记注册地为纳税地点;登记注册地在境外的居民企业,以实际管理机构所在地为纳税地点;在中国境内设立不具有法人资格的营业机构的居民企业,应当汇总计算并缴纳企业所得税。

在中国境内设立机构、场所的非居民企业,取得的所得以及发生在中国境外但与其所设机构、场所有实际联系的所得,应当以机构、场所所在地为纳税地点;在中国境内未设立机构、场所,或者虽设立机构、场所但取得的所得与其所设机构、场所没有实际联系的非居民企业,以扣缴义务人所在地为纳税地点;在中国境内设立两个或两个以上机构、场所的非居民企业,经税务机关审核批准,可以选择由其主要机构、场所汇总缴纳企业所得税。

除国务院另有规定的情形外,企业之间不得合并缴纳企业所得税。

二、企业所得税预缴纳税申报

(一) 查账征收企业所得税预缴纳税申报表

查账征收企业适用"中华人民共和国企业所得税月(季)度纳税申报表(A类)",查账征收企业分期预缴企业所得税时,应当按照月度或者季度的实际利润额预缴;按照月度或者季度的实际利润额预缴有困难的,可以按照上一纳税年度应纳税所得额的月度或者季度平均额预缴,或者按照经税务机关认可的其他方法预缴。

"企业所得税月(季)度纳税申报表(A类)"包括一张主表和固定资产加速折旧(扣除)优惠明细表以及企业所得税汇总纳税分支机构所得税分配表两张附表。如表6.47、表6.48所示。

表6.47 固定资产加速折旧(扣除)优惠明细表(A201020)

行次	项目	资产原值	本年累计折旧(扣除)金额				
			账载折旧金额	按照税收一般规定计算的折旧金额	享受加速折旧优惠计算的折旧金额	纳税调减金额	享受加速折旧优惠金额
		1	2	3	4	5	6(4-3)
1	一、固定资产加速折旧(不含一次性扣除)	0.00	0.00	0.00	0.00	0.00	0.00
1.1							0.00
1.2							0.00
2	二、固定资产一次性扣除						
2.1							
2.2							
3	合计(1+2)	0.00	0.00	0.00	0.00	0.00	0.00

表6.48　企业所得税汇总纳税分支机构所得税分配表

税款所属时间自　年　月　日到　年　月　日

总机构名称：　　　　　　　　　　　　　　　　　　　　　　　金额单位：人民币元(列至角分)

总机构纳税人识别号		应纳所得税额	总机构分摊所得税额	总机构财政集中分配所得税额	分支机构分摊的所得税额	
分支机构情况	分支机构纳税人识别号	分支机构名称	三项因素			分配比例	分配所得税额
			营业收入	职工薪酬	资产总额		
	合计	——	0.00	0.00	0.00	0.00	0.00

主表申报表包括表头项目、优惠及附报事项信息、预缴税款计算、汇总纳税企业总分机构税款计算、实际缴纳企业所得税等部分。表头主要填写税款所属期间、纳税人识别号和纳税人名称；优惠事项按季度填报（按月申报的纳税人，在季度最后一个属期的月份填报）从业人数、资产总额、国家限制或禁止行业，从而判断是否为小微企业；纳税人发生符合税法相关规定的支持新型冠状病毒感染的肺炎疫情防控捐赠支出、扶贫捐赠支出、软件集成电路企业优惠政策适用类型等特定事项时，填报事项名称、该事项本年累计享受金额或选择享受优惠政策的有关信息；预缴税款计算为主要填报项目，预缴方式为"按照实际利润额预缴"的纳税人，填报第1行至第16行，预缴方式为"按照上一纳税年度应纳税所得额平均额预缴"的纳税人填报第10、11、12、13、14、16行，预缴方式为"按照税务机关确定的其他方法预缴"的纳税人填报第16行；"跨地区经营汇总纳税企业总机构"的纳税人填报第17、18、19、20行；"跨地区经营汇总纳税企业分支机构"的纳税人填报第21、22行，企业类型为"跨地区经营汇总纳税企业分支机构"的，不填报"优惠及附报事项有关信息"所有项目；实际缴纳企业所得税适用于民族自治地区纳税人填报。

资产加速折旧、摊销（扣除）优惠明细表，只对享受资产加速折旧、摊销和一次性扣除优惠政策的纳税人填报，不享受资产加速折旧、摊销和一次性扣除优惠政策的纳税人，无需填报。

【例6.20】北京市格莱美电器制造有限公司生产经营家用电器、电机及其零部件，为增值税一般纳税人，纳税人识别号为91110101905484673X，实行查账征收预缴企业所得税，税率25%。2021年第一季度初从业人数219人，资产总额5788.53万元，季末从业人数221人，资产总额7537.70万元。当季实现营业收入25936500元，营业成本13381425元，利润总额8337217.91元。根据实际利润预缴企业所得税，填写企业所得税季度预缴纳税申报表。

【解析】资产总额超过5000万元，不属于小型微利企业标准。如表6.49所示。

表6.49 企业所得税月(季)度预缴纳税申报表(A类)(A200000)

税款所属期间:2021年01月01日至2021年3月31日
纳税人识别号(统一社会信用代码):91110101905484673X
纳税人名称:北京市格莱美电器制造有限公司　　　　　金额单位:人民币元(列至角分)

优惠及附报事项有关信息									
项　目	一季度		二季度		三季度		四季度		季度平均值
	季初	季末	季初	季末	季初	季末	季初	季末	
从业人数	219	221							220
资产总额(万元)	5788.53	7537.70							6663.11
国家限制或禁止行业	□是√否					小型微利企业				□是√否
	附报事项名称									金额或选项
事项1	(填写特定事项名称)									
事项2	(填写特定事项名称)									

	预缴税款计算	本年累计
1	营业收入	25936500.00
2	营业成本	13381425.00
3	利润总额	8337217.91
4	加:特定业务计算的应纳税所得额	
5	减:不征税收入	
6	减:资产加速折旧、摊销(扣除)调减额(填写A201020)	0.00
7	减:免税收入、减计收入、加计扣除(7.1+7.2+…)	0.00
7.1	(填写优惠事项名称)	
7.2	(填写优惠事项名称)	
8	减:所得减免(8.1+8.2+…)	0.00
8.1	(填写优惠事项名称)	
8.2	(填写优惠事项名称)	
9	减:弥补以前年度亏损	0.00
10	实际利润额(3+4−5−6−7−8−9)\按照上一纳税年度应纳税所得额平均额确定的应纳税所得额	8337217.91
11	税率(25%)	25%
12	应纳所得税额(10×11)	2084304.48
13	减:减免所得税额(13.1+13.2+…)	0.00
13.1	(填写优惠事项名称)	
13.2	(填写优惠事项名称)	
14	减:本年实际已缴纳所得税额	0.00
15	减:特定业务预缴(征)所得税额	
16	本期应补(退)所得税额(12−13−14−15)\税务机关确定的本期应纳所得税额	2084304.48

(二)核定征收企业所得税纳税申报表

核定征收企业适用"中华人民共和国企业所得税月(季)度纳税申报表(B类)",核定征收企业分期预缴可以选择核定所得税额征收或核定应税所得率征收。如表6.50所示。

表6.50 中华人民共和国企业所得税月(季)度预缴和年度纳税申报表(B100000)
(B类,2018年版)

税款所属期间：　年　月　日至　年　月　日

纳税人识别号(统一社会信用代码)：□□□□□□□□□□□□□□□□□□

纳税人名称：　　　　　　　　　　　　　　　　　　　金额单位：人民币元(列至角分)

核定征收方式	• 核定应税所得率(能核算收入总额的)　• 核定应税所得率(能核算成本费用总额的) • 核定应纳所得税额								
按季度填报信息									
项目	一季度		二季度		三季度		四季度		季度平均值
	季初	季末	季初	季末	季初	季末	季初	季末	
从业人数									
资产总额(万元)									
国家限制或禁止行业	□是　□否				小型微利企业		□是　□否		
按年度填报信息									
从业人数 (填写平均值)					资产总额 (填写平均值,单位:万元)				
国家限制或禁止行业	□是　□否				小型微利企业		□是　□否		

行次	项目	本年累计金额
1	收入总额	
2	减:不征税收入	
3	减:免税收入(4+5+10+11)	
4	国债利息收入免征企业所得税	
5	符合条件的居民企业之间的股息、红利等权益性投资收益免征企业所得税(6+7.1+7.2+8+9)	
6	其中:一般股息红利等权益性投资收益免征企业所得税	
7.1	通过沪港通投资且连续持有H股满12个月取得的股息红利所得免征企业所得税	
7.2	通过深港通投资且连续持有H股满12个月取得的股息红利所得免征企业所得税	
8	居民企业持有创新企业CDR取得的股息红利所得免征企业所得税	
9	符合条件的居民企业之间属于股息、红利性质的永续债利息收入免征企业所得税	
10	投资者从证券投资基金分配中取得的收入免征企业所得税	
11	取得的地方政府债券利息收入免征企业所得税	
12	应税收入额(1−2−3)∖成本费用总额	
13	税务机关核定的应税所得率(%)	
14	应纳税所得额(第12×13行)∖[第12行÷(1−第13行)×第13行]	

续表

15	税率(25%)	
16	应纳所得税额(14×15)	
17	减:符合条件的小型微利企业减免企业所得税	
18	减:实际已缴纳所得税额	
L19	减:符合条件的小型微利企业延缓缴纳所得税额(是否延缓缴纳所得税 □ 是 □ 否)	
19	本期应补(退)所得税额(16−17−18−L19)\税务机关核定本期应纳所得税额	
20	民族自治地方的自治机关对本民族自治地方的企业应缴纳的企业所得税中属于地方分享的部分减征或免征(□ 免征　□ 减征:减征幅度___%)	
21	本期实际应补(退)所得税额	

三、企业所得税年度纳税申报

查账征收企业所得税的纳税人在年度汇算清缴时,无论盈利或亏损,都必须在规定的期限内进行纳税申报,填写企业基础信息表、企业所得税年度纳税申报表主表及其有关附表。

企业所得税年度纳税申报表(A类,2017年版)共有37张,包括1张基础信息表、1张主表和35张附表,其中主表的附表有15张,附表的附表有20张。填表种类上包括收入费用明细表6张、纳税调整表13张、亏损弥补表1张、税收优惠表9张、境外所得抵免表4张、汇总纳税表2张。

【例6.21】北京市格莱美电器制造有限公司生产经营家用电器、电机及其零部件,为增值税一般纳税人,纳税人识别号为91110101905484673X。企业基本信息如下:

纳税申报企业类型:100非跨地区经营企业;资产总额:7042.02万元;从业人数(填写平均值,单位:人):220人;所属国民经济行业:3852家用电力器具制造;从事国家限制或禁止行业:否;适用会计准则或会计制度:110一般企业;采用一般企业财务报表格式:是;小型微利企业:否;上市公司:否;从事股权投资业务:是;发生非货币性资产对外投资递延纳税事项:否;非货币性资产对外投资转让所得递延纳税年度:否;股东信息:李悦华(身份证号码:1101011982×××1353)投资比例100%,当年(决议日)分配的股息、红利等权益性投资收益金额为0.00;注册地址:中国;本年累计实际已缴纳的所得税额:175万元。

企业2020年具体财务状态如表6.51至表6.61所示。

表6.51　利润表

编制单位:　　　　　　　　　日期:　　　　　　　　　单位:元

项目	行数	本期金额	本年累计金额
一、营业收入	1	90910000.00	85454335.09
减:营业成本	2	49905200.00	47133856.97
税金及附加	3	5303600.00	4895992.15
销售费用	4	15249390.86	13176578.54
管理费用	5	6102857.24	5704484.95

续表

项目	行数	本期金额	本年累计金额
研发费用	6	3400000.00	2600000.00
财务费用	7	1389400.00	1410400.00
其中:利息费用	8	1365000.00	1365000.00
利息收入	9	205600.00	231100.00
加:其他收益	10	35000.00	
投资收益(损失以"—"号填列)	11		66840.00
其中:对联营企业和合营企业的投资收益	12		
公允价值变动收益(损失以"—"号填列)	13		
资产减值损失(损失以"—"号填列)	14		
资产处置收益(损失以"—"号填列)	15	−390000.00	
二、营业利润(亏损以"—"号填列)	16	9061971.90	10479489.15
加:营业外收入	17	250000.00	111946.67
减:营业外支出	18	1931500.00	54946.67
三、利润总额(亏损以"—"号填列)	19	7380471.90	10536489.15
减:所得税费用	20	1845117.98	2634122.29
四、净利润(净亏损以"—"号填列)	21	5535353.92	7902366.86

表6.52 收入类科目余额表

单位:元

总科目	明细科目	期初余额	本年累计借方发生额	本年累计贷方发生额	期末余额	备注
营业收入	销售商品收入	0.00	88430000.00	88430000.00	0.00	
	销售材料收入	0.00	860000.00	860000.00	0.00	多余原材料出售
	出租固定资产收入	0.00	1620000.00	1620000.00	0.00	出租部分办公楼,租期2020.4.1至2029.3.31,月租18万元
合计		0.00	90910000.00	90910000.00	0.00	
营业外收入	确实无法偿付的应付账款	0.00	150000.00	150000.00	0.00	对方违约,收取的无须返还定金
	捐赠利得	0.00	100000.00	100000.00	0.00	接受其他企业无偿现金捐赠
合计		0.00	250000.00	250000.00	0.00	

表6.53 成本类科目余额表

单位:元

总科目	明细科目	期初余额	本年累计借方发生额	本年累计贷方发生额	期末余额	备注
营业成本	销售商品成本	0.00	48155200.00	48155200.00	0.00	原材料、能源、生产车间人工成本及折旧等
	销售材料成本	0.00	850000.00	850000.00	0.00	多余原材料
	出租固定资产成本	0.00	900000.00	900000.00	0.00	出租部分办公楼,租期:10年,2020.4.1起租,直线法,原值1200万元,净残值为0
合计		0.00	49905200.00	49905200.00	0.00	
营业外支出	债务重组损失	0.00	375000.00	375000.00	0.00	债务重组损失
	捐赠支出	0.00	500000.00	500000.00	0.00	向国家扶贫基金会捐款20万元;支持防疫向武汉市政府捐赠30万元
	非常损失	0.00	56500.00	56500.00	0.00	因自然灾害导致存货受潮变质
	罚没支出	0.00	200000.00	200000.00	0.00	环保局罚款5万元;质量问题被市场监督局罚没成本10万元,进项转出1.3万元;银行罚息3.7万元
	其他	0.00	800000.00	800000.00	0.00	问题电器产品召回的和解金
合计		0.00	1931500.00	1931500.00	0.00	

表6.54 期间费用科目余额表

单位:元

总科目	明细科目	期初余额	本年累计借方发生额	本年累计贷方发生额	期末余额	备注
销售费用	职工薪酬	0.00	1851800.00	1851800.00	0.00	
	广告费和业务宣传费	0.00	7800000.00	7800000.00	0.00	与抖音达成战略合作;直播发布IP合作款;签约流量明星
	差旅费	0.00	897590.86	897590.86	0.00	
	运输仓储费	0.00	2500000.00	2500000.00	0.00	配送至各直营店、加盟店等及仓储产成品、半成品、原材料等
	安装修理费	0.00	2200000.00	2200000.00	0.00	
	小计	0.00	15249390.86	15249390.86	0.00	
管理费用	职工薪酬	0.00	1660000.00	1660000.00	0.00	
	业务招待费	0.00	800000.00	800000.00	0.00	
	资产折旧额	0.00	1822400.00	1822400.00	0.00	固定资产管理部门+长期待摊费用
	办公费	0.00	227527.52	227527.52	0.00	
	诉讼费	0.00	323896.00	323896.00	0.00	具备了法院开具的《人民法院诉讼费用专用票据》

续表

总科目	明细科目	期初余额	本年累计借方发生额	本年累计贷方发生额	期末余额	备注
	差旅费	0.00	463433.72	463433.72	0.00	
	其他	0.00	805600.00	805600.00	0.00	水电费、通信费、劳保费、会议费等
	小计	0.00	6102857.24	6102857.24	0.00	
	研发费用	0.00	3400000.00	3400000.00	0.00	
财务费用	利息收入	0.00	205600.00	205600.00		
	利息支出	0.00	1365000.00	1365000.00		其中:2018年1月1日借入5年期银行借款2100万元,年利率6.5%
	手续费	0.00	230000.00	230000.00	0.00	
	小计	0.00	1389400.00	1389400.00	0.00	

表6.55　应付职工薪酬明细表

单位:元

总账科目	明细科目	本年累计贷方/借方发生额	备注
应付职工薪酬	工资	4575600.00	无股权激励行权
	社保费	915120.00	
	职工福利费	385840.00	
	职工教育经费	200000.00	高技能人才培训
	工会经费	91215.00	
	住房公积金	549072.00	
	补充养老保险	210000.00	只为部分员工支付,据实缴纳
	补充医疗保险	230000.00	为全员支付,据实缴纳
	合计	7156847.00	企业当年度计入成本费用的应付职工薪酬在汇算前均已全部支付

表6.56　固定资产折旧明细表

单位:元

固定资产类别	原值	购入日期	折旧年限	月折旧额	本年折旧额	累计折旧	固定资产净值	备注
房屋及建筑物	24000000.00	2013年12月	20	100000.00	1200000.00	8400000.00	15600000.00	净残值为0
生产设备（新款）	840000.00	2020年11月	5	14000.00	14000.00	14000.00	826000.00	净残值为0
生产设备1	16200000.00	2013年12月	10	135000.00	1620000.00	11340000.00	4860000.00	净残值为0
生产设备2	5400000.00	2020年11月	10	45000.00	45000.00	45000.00	5355000.00	净残值为0
运输工具	2240000.00	2018年12月	5	37333.33	448000.00	896000.00	1344000.00	净残值为0

项目六　企业所得税纳税申报

续表

固定资产类别	原值	购入日期	折旧年限	月折旧额	本年折旧额	累计折旧	固定资产净值	备注
电子设备	1920000.00	2018年12月	5	32000.00	384000.00	768000.00	1152000.00	净残值为0
合计	50600000.00			363333.33	3711000.00	21463000.00	29137000.00	净残值为0

注：生产设备有一台（价值84万元，2020年11月购入）按税法规定享受"一次性税前扣除"政策。

表6.57　长期待摊费用摊销明细表

单位：元

长期待摊费用类别	原值	摊销期限	月摊销额	年摊销额	累计摊销额	长期待摊费用净值	备注
办公大楼软装	1200000.00	5	20000.00	240000.00	720000.00	480000.00	2018年1月完工

表6.58　资产减值准备金计算表

单位：元

公司名称	应收账款	账龄	比例	估计坏账损失额	本期应计提额
北京市敦实商场有限公司	1234000.00	逾期150天	3%	37020.00	37020.00
北京加旺实业有限公司	521600.00	逾期420天	5%	26080.00	26080.00
北京市卡卡批发有限公司	287600.00	逾期540天	10%	28760.00	28760.00
合计	2043200.00			91860.00	91860.00

注：逾期3年以上确实无法收回的应收账款，已进行专项申报，并有合同协议等证明资料。至上年末已计提5万元。

表6.59　存货跌价准备计算表

单位：元

存货名称	账面金额	估计存货跌价准备	本期应计提额
空调	240400.00	0.00	0.00
冰箱	80800.00	40400.00	40400.00
洗衣机	57600.00	40320.00	40320.00
合计	378800.00	80720.00	80720.00

注：2020年末冲回计提存货跌价准备3万元。2020年公司因自然灾害，导致价值5.65万元的存货变质不能销售，增值税税率13%。

表6.60　政府补助明细表

单位：元

项目	金额	取得时间	关联性	用途	备注
政府补助	4200000.00	2020年11月	资产	申请财政补贴购置设备	

注1：该政府补助不符合不征税条件，2020年11月1日取得政府补助420万元。

注2：2020年11月15日取得不需安装的生产设备（用于企业日常活动），取得增值税专用发票价款540万元，进项税额70.2万元，预计使用年限10年，直线法，预计净残值为0。采用总额法。

表6.61 研发费用明细

单位:元

项目名称	金额	备注
从事研发活动人员工资薪金	1350000.00	
从事研发活动人员五险一金	250000.00	
研发活动直接消耗材料	555000.00	
研发活动直接消耗动力费用	245000.00	
用于研发活动的设备的折旧费	100000.00	
新产品设计费	400000.00	
技术图书资料费	60000.00	
专家咨询费	80000.00	
研发成果的检索/分析费用	120000.00	
研发成果的评估/验收费用	130000.00	
知识产权注册费	32000.00	
职工福利费	28000.00	
补充医疗保险费	12500.00	
补充养老保险费	12500.00	
会议费	25000.00	
合计	3400000.00	

其中,北京东苑装饰有限公司(简称:东苑装饰)欠格莱美电器450万元。2020年由于东苑装饰公司发生财务困难,经双方协商,东苑装饰以其对控制的子公司的部分股权偿还债务405万元,其余45万元债务由格莱美电器公司豁免。该长期股权投资的账面价值与计税基础均为375万元,公允价值405万元。适用的所得税税率25%。格莱美电器公司对该应收账款计提坏账准备7.5万元。

另外,2020年北京市格莱美电器制造有限公司(简称:格莱美电器)将原值240万元、已计提折旧102万元的不动产(房屋)出售,经商定作价100万元(不含税),增值税税率9%,实际收到价税合计金额109万元,发生清理费用1万元。相关转让手续办理完成,有关款项已通过银行转账收支。转让时该固定资产的计税基础为118万元。

请根据已知情况填写该公司2020年汇算清缴时企业所得税年度纳税申报表及其附表。

【解析】第一步,填写企业所得税年度纳税申报表封面(图6.1),并根据已知情况选择填报表单(表6.62)。

中华人民共和国
企业所得税年度纳税申报表

(A类,2017年版)

税款所属期间:	2020—01	至	2020—12—31
纳税人识别号:	91110101905484673X		
纳税人名称:	北京市格莱美电器制造有限公司		

谨声明:此纳税申报表是根据《中华人民共和国企业所得税法》、《中华人民共和国企业所得税法实施条例》、有关税收政策以及国家统一会计制度的规定填报的,是真实的、可靠的、完整的。

法定代表人(签章):		日期:	2021.4.5
纳税人公章:	代理申报中介机构公章:	主管税务机关受理专用章:	
会计主管:	经办人:	受理人:	
	经办人执业证件号码:		
填表日期:	代理申报日期:	受理日期:	

国家税务总局监制

图6.1 企业所得税年度纳税申报表封面

表6.62 企业所得税年度纳税申报表填报表单

表单编号	表单名称	是否填报
A000000	企业所得税年度纳税申报基础信息表	√
A100000	中华人民共和国企业所得税年度纳税申报表(A类)	√
A101010	一般企业收入明细表	☑
A101020	金融企业收入明细表	☐
A102010	一般企业成本支出明细表	☑
A102020	金融企业支出明细表	☐
A103000	事业单位、民间非营利组织收入、支出明细表	☐
A104000	期间费用明细表	☑
A105000	纳税调整项目明细表	☑
A105010	视同销售和房地产开发企业特定业务纳税调整明细表	☐
A105020	未按权责发生制确认收入纳税调整明细表	☑
A105030	投资收益纳税调整明细表	☐
A105040	专项用途财政性资金纳税调整明细表	☐
A105050	职工薪酬支出及纳税调整明细表	☑
A105060	广告费和业务宣传费等跨年度纳税调整明细表	☑

续表

表单编号	表单名称	是否填报
A105070	捐赠支出及纳税调整明细表	☑
A105080	资产折旧、摊销及纳税调整明细表	☑
A105090	资产损失税前扣除及纳税调整明细表	☑
A105100	企业重组及递延纳税事项纳税调整明细表	☐
A105110	政策性搬迁纳税调整明细表	☐
A105120	贷款损失准备金及纳税调整明细表	☐
A106000	企业所得税弥补亏损明细表	☐
A107010	免税、减计收入及加计扣除优惠明细表	☑
A107011	符合条件的居民企业之间的股息、红利等权益性投资收益优惠明细表	☐
A107012	研发费用加计扣除优惠明细表	☑
A107020	所得减免优惠明细表	☐
A107030	抵扣应纳税所得额明细表	☐
A107040	减免所得税优惠明细表	☐
A107041	高新技术企业优惠情况及明细表	☐
A107042	软件、集成电路企业优惠情况及明细表	☐
A107050	税额抵免优惠明细表	☐
A108000	境外所得税收抵免明细表	☐
A108010	境外所得纳税调整后所得明细表	☐
A108020	境外分支机构弥补亏损明细表	☐
A108030	跨年度结转抵免境外所得税明细表	☐
A109000	跨地区经营汇总纳税企业年度分摊企业所得税明细表	☐
A109010	企业所得税汇总纳税分支机构所得税分配表	☐

说明:企业应当根据实际情况选择需费填表的表单。

第二步,根据企业基础信息填写企业所得税年度纳税申报基础信息表(表6.63)。

表6.63 企业所得税年度纳税申报基础信息表(A000000)

基本经营情况(必填项目)				
101纳税申报企业类型(填写代码)	100非跨地区经营企业	102分支机构就地纳税比例(％)		
103资产总额(填写平均值,单位:万元)	10312.87	104从业人数(填写平均值,单位:人)		220
105所属国民经济行业(填写代码)	3852	106从事国家限制或禁止行业		否
107适用会计准则或会计制度(填写代码)	110企业会计准则—一般企业	108采用一般企业财务报表格式(2019年版)		是
109小型微利企业	否	110上市公司	否	
有关涉税事项情况(存在或者发生下列事项时必填)				
201从事股权投资业务	√是	202存在境外关联交易		
203选择采用的境外所得抵免方式				

续表

204 有限合伙制创业投资企业的法人合伙人		205 创业投资企业		
206 技术先进型服务企业类型(填写代码)		207 非营利组织		
208 软件、集成电路企业类型(填写代码)		209 集成电路生产项目类型		
210 科技型中小企业	210−1 年(申报所属期年度)入库编号1		210−2 入库时间1	
	210−3 年(所属期下一年度)入库编号2		210−4 入库时间2	
211 高新技术企业申报所属期年度有效的高新技术企业证书	211−1 证书编号1		211−2 发证时间1	
	211−3 证书编号2		211−4 发证时间2	
212 重组事项税务处理方式		213 重组交易类型(填写代码)		
214 重组当事方类型(填写代码)		215 政策性搬迁开始时间		
216 发生政策性搬迁且停止生产经营无所得年度		217 政策性搬迁损失分期扣除年度		
218 发生非货币性资产对外投资递延纳税事项		219 非货币性资产对外投资转让所得递延纳税年度		
220 发生技术成果投资入股递延纳税事项		221 技术成果投资入股递延纳税年度		
222 发生资产(股权)划转特殊性税务处理事项		223 债务重组所得递延纳税年度		
主要股东及分红情况(必填项目)				
股东名称	证件种类	证件号码	投资比例(%)	当年(决议日)分配的股息、红利等权益性投资收益金额	国籍(注册地址)
李悦华	201−居民身份证	110101198202021353	100	0	中华人民共和国
其余股东合计	——				——

第三步,根据已知资料填写收入、成本支出、期间费用明细表。

表中销售商品收入88430000元,销售材料收入860000元,出租固定资产收入1620000元,捐赠利得100000元,确实无法偿付的应付款项150000元;销售商品成本48155200元,销售材料成本850000元,出租固定资产成本900000元,债务重组损失375000元,非常损失56500元,捐赠支出500000元,罚没支出200000元,其他800000元;期间费用按科目余额表将本年累计借方发生额分别填入销售费用、管理费用、财务费用对应栏目。如表6.64到表6.66所示。

表6.64　一般企业收入明细表(A101010)

行次	项目	金额
1	一、营业收入(2+9)	90910000.00
2	（一）主营业务收入(3+5+6+7+8)	88430000.00
3	1.销售商品收入	88430000.00
4	其中:非货币性资产交换收入	
5	2.提供劳务收入	
6	3.建造合同收入	
7	4.让渡资产使用权收入	
8	5.其他	
9	（二）其他业务收入(10+12+13+14+15)	2480000.00
10	1.销售材料收入	860000.00
11	其中:非货币性资产交换收入	
12	2.出租固定资产收入	1620000.00
13	3.出租无形资产收入	
14	4.出租包装物和商品收入	
15	5.其他	
16	二、营业外收入(17+18+19+20+21+22+23+24+25+26)	250000.00
17	（一）非流动资产处置利得	
18	（二）非货币性资产交换利得	
19	（三）债务重组利得	
20	（四）政府补助利得	
21	（五）盘盈利得	
22	（六）捐赠利得	100000.00
23	（七）罚没利得	
24	（八）确实无法偿付的应付款项	150000.00
25	（九）汇兑收益	
26	（十）其他	

表6.65　一般企业成本支出明细表(A102010)

行次	项目	金额
1	一、营业成本(2+9)	49905200.00
2	（一）主营业务成本(3+5+6+7+8)	48155200.00
3	1.销售商品成本	48155200.00
4	其中:非货币性资产交换成本	
5	2.提供劳务成本	
6	3.建造合同成本	
7	4.让渡资产使用权成本	
8	5.其他	
9	（二）其他业务成本(10+12+13+14+15)	1750000.00

续表

行次	项目	金额
10	1.销售材料成本	850000.00
11	其中:非货币性资产交换成本	
12	2.出租固定资产成本	900000.00
13	3.出租无形资产成本	
14	4.包装物出租成本	
15	5.其他	
16	二、营业外支出(17+18+19+20+21+22+23+24+25+26)	1931500.00
17	(一)非流动资产处置损失	
18	(二)非货币性资产交换损失	
19	(三)债务重组损失	375000.00
20	(四)非常损失	56500.00
21	(五)捐赠支出	500000.00
22	(六)赞助支出	
23	(七)罚没支出	200000.00
24	(八)坏账损失	
25	(九)无法收回的债券股权投资损失	
26	(十)其他	800000

表6.66 期间费用明细表(A104000)

行次	项目	销售费用	其中:境外支付	管理费用	其中:境外支付	财务费用	其中:境外支付
		1	2	3	4	5	6
1	一、职工薪酬	1851800.00	*	1660000.00	*	*	*
2	二、劳务费					*	*
3	三、咨询顾问费					*	*
4	四、业务招待费		*	800000.00	*	*	*
5	五、广告费和业务宣传费	7800000.00	*		*	*	*
6	六、佣金和手续费					230000.00	
7	七、资产折旧摊销费		*	1822400.00	*	*	*
8	八、财产损耗、盘亏及毁损损失		*		*	*	*
9	九、办公费		*	227527.52	*	*	*
10	十、董事会费		*		*	*	*
11	十一、租赁费					*	*
12	十二、诉讼费		*	323896.00	*	*	*
13	十三、差旅费	897590.86	*	463433.72	*	*	*

续表

行次	项目	销售费用	其中：境外支付	管理费用	其中：境外支付	财务费用	其中：境外支付
		1	2	3	4	5	6
14	十四、保险费		*		*	*	*
15	十五、运输、仓储费	2500000.00				*	*
16	十六、修理费	2200000.00				*	*
17	十七、包装费		*		*	*	*
18	十八、技术转让费					*	*
19	十九、研究费用			3400000.00		*	*
20	二十、各项税费		*		*	*	*
21	二十一、利息收支	*	*	*	*	1159400.00	
22	二十二、汇兑差额	*	*	*	*		
23	二十三、现金折扣						
24	二十四、党组织工作经费	*	*	*	*	*	*
25	二十五、其他			805600.00			
26	合计(1+2+3+…25)	15249390.86	0.00	9502857.24	0.00	1389400.00	0.00

第四步，进行纳税调整，填写纳税调整项目明细表及其附表。

纳税调整事项：与资产相关的政府补助不符合不征税收入条件，在收到当期应全额4200000元计入当年收入总额，该补助于当年11月购入生产设备用于生产经营活动，当年会计应确认收入＝4200000÷20÷12＝35000(元)，差额4165000元确认为递延收益的部分应纳税调增。如表6.67所示。

表6.67　未按权责发生制确认收入纳税调整明细表(A105020)

行次	项目	合同金额(交易金额)	账载金额 本年	账载金额 累计	税收金额 本年	税收金额 累计	纳税调整金额
		1	2	3	4	5	6(4－2)
9	三、政府补助递延收入(10+11+12)	4200000.00	35000.00	35000.00	4200000.00	4200000.00	4165000.00
10	(一)与收益相关的政府补助						
11	(二)与资产相关的政府补助	4200000.00	35000.00	35000.00	4200000.00	4200000.00	4165000.00
12	(三)其他						
14	合计(1+5+9+13)	4200000.00	35000.00	35000.00	4200000.00	4200000.00	4165000.00

实际发生的职工工资可以据实扣除4575600元，职工福利费支出根据工资薪金支出

14%限额扣除,职工福利费支出扣除限额=4575600×14%=640584(元),大于实际发生额385840元,因此职工福利费支出税收金额为385840元;职工教育经费根据工资薪金支出8%限额扣除,职工教育经费扣除限额=4575600×8%=366048(元),大于实际发生额200000元,因此职工教育经费税收金额为200000元;工会经费支出根据工资薪金支出2%限额扣除,工会经费支出扣除限额=4575600×2%=91512(元),大于实际发生额91215元,因此工会经费税收金额为91215元;各类基本社会保障性缴款和住房公积金根据实际发生额分别填列915120元、549072元;企业所得税可以按标准扣除的补充养老保险费补充医疗保险费必须是全体员工都有的,只给部分员工缴纳不允许税前扣除,需纳税调增210000元;补充医疗保险根据工资薪金支出5%限额扣除,补充医疗保险扣除限额=4575600×5%=228780(元),小于实际发生额230000元,因此补充医疗保险税收金额为228780元,需纳税调增1220元。因此,职工薪酬支出共纳税调增211220元。如表6.68所示。

表6.68 职工薪酬支出及纳税调整明细表(A105050)

行次	项目	账载金额	实际发生额	税收规定扣除率	以前年度累计结转扣除额	税收金额	纳税调整金额	累计结转以后年度扣除额
		1	2	3	4	5	6(1−5)	7(1+4−5)
1	一、工资薪金支出	4575600.00	4575600.00	*	*	4575600.00		*
2	其中:股权激励			*	*			*
3	二、职工福利费支出	385840.00	385840.00	14%	*	385840.00		*
4	三、职工教育经费支出	200000.00	200000.00	*		200000.00		
5	其中:按税收规定比例扣除的职工教育经费	200000.00	200000.00	8%		200000.00		
6	按税收规定全额扣除的职工培训费用				*			*
7	四、工会经费支出	91215.00	91215.00	2%	*	91215.00		*
8	五、各类基本社会保障性缴款	915120.00	915120.00	*	*	915120.00		*
9	六、住房公积金	549072.00	549072.00	*	*	549072.00		*
10	七、补充养老保险	210000.00	210000.00	5%	*	0.00	210000.00	*
11	八、补充医疗保险	230000.00	230000.00	5%	*	228780.00	1220.00	*
12	九、其他			*	*			*
13	合计(1+3+4+7+8+9+10+11+12)	7156847.00	7156847.00	*	0.00	6945627.00	211220.00	0.00

广告和业务宣传费支出实际发生额7800000元,按当年销售(营业)收入的15%限额扣除,扣除限额=90910000×15%=13636500(元),大于实际发生额,可以据实扣除,无需纳税调整。如表6.69所示。

表6.69 广告费和业务宣传费等跨年度纳税调整明细表(A105060)

行次	项目	广告费和业务宣传费	保险企业手续费及佣金支出
		1	2
1	一、本年支出	7800000.00	
2	减:不允许扣除的支出		
3	二、本年符合条件的支出(1-2)	7800000.00	
4	三、本年计算扣除限额的基数	90910000.00	
5	乘:税收规定扣除率	15%	
6	四、本企业计算的扣除限额(4×5)	13636500.00	
7	五、本年结转以后年度扣除额(3>6,本行=3-6;3≤6,本行=0)	0.00	
8	加:以前年度累计结转扣除额		
9	减:本年扣除的以前年度结转额[3>6,本行=0;3≤6,本行=8与(6-3)孰小值]		
10	六、按照分摊协议归集至其他关联方的金额(10≤3与6孰小值)		*
11	按照分摊协议从其他关联方归集至本企业的金额		*
12	七、本年支出纳税调整金额(3>6,本行=2+3-6+10-11;3≤6,本行=2+10-11-9)	0.00	
13	八、累计结转以后年度扣除额(7+8-9)	0.00	

用于目标脱贫地区的扶贫捐赠支出,准予在计算企业所得税应纳税所得额时据实扣除;企业和个人通过公益性社会组织或者县级以上人民政府及其部门等国家机关,捐赠用于应对新型冠状病毒感染的肺炎疫情的现金和物品,允许在计算应纳税所得额时全额扣除。如表6.70所示。

表6.70 捐赠支出及纳税调整明细表(A105070)

行次	项目	账载金额	以前年度结转可扣除的捐赠额	按税收规定计算的扣除限额	税收金额	纳税调增金额	纳税调减金额	可结转以后年度扣除的捐赠额
		1	2	3	4	5	6	7
7	三、全额扣除的公益性捐赠	500000.00	*	*	500000.00	*	*	*
8	1.扶贫捐赠	200000.00	*	*	200000.00	*	*	*
9	2.支持新型冠状病毒感染的肺炎疫情防控捐赠(通过公益性社会组织或国家机关捐赠)	300000.00	*	*	300000.00	*	*	*
10	3.		*	*		*	*	*
11	合计(1+2+7)	500000.00			500000.00			

续表

行次	项目	账载金额	以前年度结转可扣除的捐赠额	按税收规定计算的扣除限额	税收金额	纳税调增金额	纳税调减金额	可结转以后年度扣除的捐赠额
		1	2	3	4	5	6	7
附列资料	2015年度至本年发生的公益性扶贫捐赠合计金额		*	*		*	*	*

固定资产折旧中房屋建筑物税会无差额,新款生产设备会计折旧额为14000元,按税法规定可享受"一次性税收扣除政策",不再分年度计算折旧,其税收折旧额为840000元,差额826000元应纳税调减;飞机、火车、轮船、机器、机械和其他生产设备,税法规定最低折旧年限为10年,享受加速折旧政策的资产按税收一般规定计算的折旧额=840000÷(10×12)=7000(元),同时填写500万元以下设备器具一次性扣除栏;固定资产大修理支出本年发生额240000元无需纳税调整。如表6.71所示。

债务重组豁免债务450000元,已计提坏账准备75000元,实际发生损失375000元,纳税调减75000元;逾期三年无法收回的坏账确认损失,纳税调减50000元;当年因自然灾害实际发生的56500元的存货变质不能销售,允许据实扣除;会计上资产处置收入=1000000-10000=990000(元),资产账面价值=2400000-1020000=1380000(元),资产处置损失为390000元,税法实际确认的损失=1180000-1000000+10000=190000(元),应纳税调增200000元;所以资产损失共纳税调增额=200000-75000-50000=75000(元)。如表6.72所示。

业务招待费支出实际发生额800000元,按发生额的60%和当年销售(营业)收入的5‰两者之间取小数原则税前扣除,发生额的60%=800000×60%=480000(元),当年销售收入的5‰=90910000×5‰=454550(元),480000元大于454550元,扣除限额为454550元,与实际发生额的差额纳税调增345450元。

罚金、罚款和被没收财物的损失实际发生额163000元,不允许税前扣除,应纳税调增163000元。

发生的资产减值准备金142580元,不允许税前扣除,应纳税调增142580元。如表6.73所示。

第五步,填写税收优惠表。

计算研发费用加计扣除金额。

根据研发费用明细,统计人工费用1600000元,直接投入费用800000元,折旧、摊销费用100000元,新产品设计费400000元,其他相关费用500000元,但其他相关费用不得超过可加计扣除研发费用总额的10%。其他相关费用应扣除限额=(可加计扣除的研发费用-其他费用)÷90%×10%=(1600000+800000+100000+400000)÷90%×10%=322222.22(元),小于实际发生额500000元,应按限额填列,如表6.74所示。

2020年加计扣除政策的加计比例为75%,所以,加计扣除金额=(1600000+800000+100000+400000+322222.22)×75%=2416666.67(元)。如表6.75所示。

表6.71 资产折旧、摊销及纳税调整明细表（A105080）

行次	项目	账载金额			税收金额					纳税调整金额
		资产原值	本年折旧、摊销额	累计折旧、摊销额	资产计税基础	税收折旧、摊销额	享受加速折旧政策的资产按税收一般规定计算的折旧、摊销额	加速折旧、摊销统计额	累计折旧、摊销额	
		1	2	3	4	5	6	7(5-6)	8	9(2-5)
1	一、固定资产(2+3+4+5+6+7)	50600000.00	3711000.00	21463000.00	50600000.00	4537000.00	*	*	22289000.00	-826000.00
2	（一）房屋、建筑物	24000000.00	1200000.00	8400000.00	24000000.00	1200000.00	*	*	8400000.00	0.00
3	（二）飞机、火车、轮船、机器、机械和其他生产设备	22440000.00	1679000.00	11399000.00	22440000.00	2505000.00	*	*	12225000.00	-826000.00
4	（三）与生产经营活动有关的器具、工具、家具等						*	*		
5	（四）飞机、火车、轮船以外的运输工具	2240000.00	448000.00	896000.00	2240000.00	448000.00	*	*	896000.00	0.00
6	（五）电子设备	1920000.00	384000.00	768000.00	1920000.00	384000.00	*	*	768000.00	0.00

续表

行次	项目	账载金额			税收金额				纳税调整金额
		资产原值	本年折旧、摊销额	累计折旧、摊销额	资产计税基础	税收折旧、摊销额	享受加速折旧政策的资产按一般规定计算的折旧、摊销额	加速折旧、摊销统计额	累计折旧、摊销额	
		1	2	3	4	5	6	7 (5−6)	8	9(2−5)
7	(六) 其他						*	*		
11	(四) 500万元以下设备器具一次性扣除	840000.00	14000.00	14000.00	840000.00	840000.00	7000.00	833000.00	840000.00	*
12	(五) 500万元以上设备器具一次性扣除									*
33	四、长期待摊费用 (34+35+36+37+38)	1200000.00	240000.00	720000.00	1200000.00	240000.00	*	*	720000.00	
36	(三) 固定资产的大修理支出	1200000.00	240000.00	720000.00	1200000.00	240000.00	*	*	720000.00	
41	合计 (1+18+21+33+39+40)	51800000.00	3951000.00	22183000.00	51800000.00	4777000.00	7000.00	833000.00	23009000.00	−826000.00

表6.72 资产损失税前扣除及纳税调整明细表（A105090）

行次	项目	资产损失直接计入本年损益金额 1	资产损失准备金核销金额 2	资产处置收入 3	赔偿收入 4	资产计税基础 5	资产损失的税收金额 6(5-3-4)	纳税调整金额 7
1	一、现金及银行存款损失		*					
2	二、应收及预付款项坏账损失	375000.00	125000.00	4050000.00		4550000.00	500000.00	−125000.00
3	其中:逾期三年以上的应收款项损失		50000.00			50000.00	50000.00	−50000.00
4	逾期一年以上的小额应收款项损失							
5	三、存货损失	56500.00				56500.00	56500.00	
6	其中:存货盘亏、报废、损毁、变质或被盗损失	56500.00				56500.00	56500.00	
7	四、固定资产损失	390000.00		990000.00		1180000.00	190000.00	200000.00
8	其中:固定资产盘亏、丢失、报废、损毁或被盗损失							
29	合计	821500.00	125000.00	5040000.00	0.00	5786500.00	746500.00	75000.00

表6.73 纳税调整项目明细表(A105000)

行次	项目	账载金额 1	税收金额 2	调增金额 3	调减金额 4
1	一、收入类调整项目(2+3+…8+10+11)	*	*	4165000.00	
2	(一)视同销售收入(填写A105010)	*			*
3	(二)未按权责发生制原则确认的收入(填写A105020)	35000.00	4200000.00	4165000.00	
4	(三)投资收益(填写A105030)				
12	二、扣除类调整项目(13+14+…24+26+27+28+29+30)	*	*	719670.00	
13	(一)视同销售成本(填写A105010)	*		*	
14	(二)职工薪酬(填写A105050)	7156847.00	6945627.00	211220.00	
15	(三)业务招待费支出	800000.00	454550.00	345450.00	*
16	(四)广告费和业务宣传费支出(填写A105060)	*	*		
17	(五)捐赠支出(填写A105070)	500000.00	500000.00		
18	(六)利息支出				
19	(七)罚金、罚款和被没收财物的损失	163000.00	*	163000.00	*
20	(八)税收滞纳金、加收利息		*		*
21	(九)赞助支出		*		*
31	三、资产类调整项目(32+33+34+35)	*	*	217580.00	826000.00
32	(一)资产折旧、摊销(填写A105080)	3951000.00	4777000.00		826000.00
33	(二)资产减值准备金	142580.00	*	142580.00	
34	(三)资产损失(填写A105090)			75000.00	
35	(四)其他				
45	合计(1+12+31+36+43+44)	*	*	5102250.00	826000.00

表6.74 研发费用加计扣除优惠明细表(A107012)

行次	项目	金额(数量)
1	本年可享受研发费用加计扣除项目数量	
2	一、自主研发、合作研发、集中研发(3+7+16+19+23+34)	3222222.22
3	(一)人员人工费用(4+5+6)	1600000.00
4	1.直接从事研发活动人员工资薪金	1350000.00
5	2.直接从事研发活动人员五险一金	250000.00
6	3.外聘研发人员的劳务费用	
7	(二)直接投入费用(8+9+10+11+12+13+14+15)	800000.00
8	1.研发活动直接消耗材料费用	555000.00
9	2.研发活动直接消耗燃料费用	
10	3.研发活动直接消耗动力费用	245000.00
11	4.用于中间试验和产品试制的模具、工艺装备开发及制造费	

续表

行次	项目	金额(数量)
12	5. 用于不构成固定资产的样品、样机及一般测试手段购置费	
13	6. 用于试制产品的检验费	
14	7. 用于研发活动的仪器、设备的运行维护、调整、检验、维修等费用	
15	8. 通过经营租赁方式租入的用于研发活动的仪器、设备租赁费	
16	(三)折旧费用(17+18)	100000.00
17	1. 用于研发活动的仪器的折旧费	
18	2. 用于研发活动的设备的折旧费	100000.00
19	(四)无形资产摊销(20+21+22)	
20	1. 用于研发活动的软件的摊销费用	
21	2. 用于研发活动的专利权的摊销费用	
22	3. 用于研发活动的非专利技术(包括许可证、专有技术、设计和计算方法等)的摊销费用	
23	(五)新产品设计费等(24+25+26+27)	
24	1. 新产品设计费	
25	2. 新工艺规程制定费	
26	3. 新药研制的临床试验费	
27	4. 勘探开发技术的现场试验费	
28	(六)其他相关费用(29+30+31+32+33)	500000.00
29	1. 技术图书资料费、资料翻译费、专家咨询费、高新科技研发保险费	140000.00
30	2. 研发成果的检索、分析、评议、论证、鉴定、评审、评估、验收费用	250000.00
31	3. 知识产权的申请费、注册费、代理费	32000.00
32	4. 职工福利费、补充养老保险费、补充医疗保险费	53000.00
33	5. 差旅费、会议费	25000.00
34	(七)经限额调整后的其他相关费用	322222.22
35	二、委托研发(36+37+39)	
36	(一)委托境内机构或个人进行研发活动所发生的费用	
37	(二)委托境外机构进行研发活动发生的费用	
38	其中:允许加计扣除的委托境外机构进行研发活动发生的费用	
39	(三)委托境外个人进行研发活动发生的费用	
40	三、年度研发费用小计(2+36×80%+38)	3222222.22
41	(一)本年费用化金额	3222222.22
42	(二)本年资本化金额	
43	四、本年形成无形资产摊销额	
44	五、以前年度形成无形资产本年摊销额	
45	六、允许扣除的研发费用合计(41+43+44)	3222222.22
46	减:特殊收入部分	
47	七、允许扣除的研发费用抵减特殊收入后的金额(45−46)	3222222.22
48	减:当年销售研发活动直接形成产品(包括组成部分)对应的材料部分	

行次	项目	金额(数量)
49	减:以前年度销售研发活动直接形成产品(包括组成部分)对应材料部分结转金额	
50	八、加计扣除比例及计算方法	75%
51	九、本年研发费用加计扣除总额(47-48-49)×50	2416666.67
52	十、销售研发活动直接形成产品(包括组成部分)对应材料部分结转以后年度扣减金额(当47-48-49≥0,本行=0;当47-48-49<0,本行=47-48-49的绝对值)	

表6.75 免税、减计收入及加计扣除优惠明细表(A107010)

行次	项目	金额
25	三、加计扣除(26+27+28+29+30)	2416666.67
26	(一) 开发新技术、新产品、新工艺发生的研究开发费用加计扣除(填写A107012)	2416666.67
27	(二) 科技型中小企业开发新技术、新产品、新工艺发生的研究开发费用加计扣除(填写A107012)	
28	(三) 企业为获得创新性、创意性、突破性的产品进行创意设计活动而发生的相关费用加计扣除	
29	(四) 安置残疾人员所支付的工资加计扣除	
30	(五) 其他	
31	合计(1+17+25)	2416666.67

第六步,根据利润表、纳税调整项目表、税收优惠表,填写企业所得税年度纳税申报表。如表6.76所示。

表6.76 中华人民共和国企业所得税年度纳税申报表(A类)(A100000)

行次	类别	项目	金额
1		一、营业收入(填写A101010\101020\103000)	90910000.00
2		减:营业成本(填写A102010\102020\103000)	49905200.00
3		减:税金及附加	5303600.00
4		减:销售费用(填写A104000)	15249390.86
5		减:管理费用(填写A104000)	9502857.24
6	利润总额计算	减:财务费用(填写A104000)	1389400.00
7		减:资产减值损失	142580.00
8		加:公允价值变动收益	
9		加:投资收益	
10		二、营业利润(1-2-3-4-5-6-7+8+9)	9061971.90
11		加:营业外收入(填写A101010\101020\103000)	250000.00
12		减:营业外支出(填写A102010\102020\103000)	1931500.00
13		三、利润总额(10+11-12)	7380471.90
14		减:境外所得(填写A108010)	
15		加:纳税调整增加额(填写A105000)	5102250.00

续表

行次	类别	项目	金额
16	应纳税所得额计算	减:纳税调整减少额(填写A105000)	826000.00
17		减:免税、减计收入及加计扣除(填写A107010)	2416666.67
18		加:境外应税所得抵减境内亏损(填写A108000)	
19		四、纳税调整后所得(13-14+15-16-17+18)	9240055.23
20		减:所得减免(填写A107020)	
21		减:弥补以前年度亏损(填写A106000)	
22		减:抵扣应纳税所得额(填写A107030)	
23		五、应纳税所得额(19-20-21-22)	9240055.23
24	应纳税额计算	税率(25%)	25%
25		六、应纳所得税额(23×24)	2310013.81
26		减:减免所得税额(填写A107040)	
27		减:抵免所得税额(填写A107050)	
28		七、应纳税额(25-26-27)	2310013.81
29		加:境外所得应纳所得税额(填写A108000)	
30		减:境外所得抵免所得税额(填写A108000)	
31		八、实际应纳所得税额(28+29-30)	2310013.81
32		减:本年累计实际已预缴的所得税额	1750000.00
33		九、本年应补(退)所得税额(31-32)	560013.81
34		其中:总机构分摊本年应补(退)所得税额(填写A109000)	
35		财政集中分配本年应补(退)所得税额(填写A109000)	
36		总机构主体生产经营部门分摊本年应补(退)所得税额(填写A109000)	

四、特殊企业纳税申报案例

(一)小微企业所得税汇算清缴填报案例

政策要点:2021年1月1日至2022年12月31日,对小型微利企业年应纳税所得额不超过100万元的部分,减按12.5%计入应纳税所得额,按20%的税率缴纳企业所得税;超过100万元但不超过300万元的部分减按25%计入应纳税所得额,按20%的税率缴纳企业所得税。2023年1月1日至2027年12月31日,对小型微利企业年应纳税所得额不超过300万元的部分,减按25%计入应纳税所得额,按20%的税率缴纳企业所得税。

【例6.22】某公司符合小型微利条件,2022年度申报应纳税所得额为280万元,2022年度需要缴纳多少企业所得税?

【解析】2022年度企业所得税汇算清缴应纳税额115000元,2022年度汇算清缴减免企业所得税=2800000×25%-115000=585000(元)。如表6.77、表6.78所示。

(二)科技型中小企业汇算清缴填报案例

政策要点:科技型中小企业开展研发活动中实际发生的研发费用,未形成无形资产计入当期损益的,在按规定据实扣除的基础上,自2022年1月1日起,再按照实际发生额100%在税前加计扣除;形成无形资产的,自2022年1月1日起,按照无形资产成本的200%在税前摊销。

表6.77 中华人民共和国企业所得税年度纳税申报表(A类)(A100000)

行次	类别	项目	金额
23	应纳税额计算	五、应纳税所得额(19－20－21－22)	2800000.00
24		税率(25%)	
25		六、应纳所得税额(23×24)	700000.00
26		减:减免所得税额(填写A107040)	585000.00
27		减:抵免所得税额(填写A107050)	
28		七、应纳税额(25－26－27)	115000.00

表6.78 减免所得税优惠明细表(A107040)

行次	项目	金额
1	一、符合条件的小型微利企业减免企业所得税	585000.00

【例6.23】A企业为科技型中小企业,2022年度发生自主研发费用150万元,全额为允许扣除的研发费用。

【解析】2022年度汇缴时,对实际发生的计入当期损益的研发费用1500000元,可在据实扣除的基础上,再加计扣除1500000元。如表6.79、表6.80、表6.81所示。

(三) 中小微企业购置设备器具可选择一次性税前扣除的填报案例

中小微企业在2022年1月1日至2022年12月31日期间新购置的设备、器具,单位价值在500万元以上的,按照单位价值的一定比例自愿选择在企业所得税税前扣除。其中,企业所得税法实施条例规定最低折旧年限为3年的设备器具,单位价值的100%可在当年一次性税前扣除;最低折旧年限为4年、5年、10年的,单位价值的50%可在当年一次性扣除,期初50%按规定在剩余年度计算折旧进行税前扣除。

【例6.24】C公司为新成立的中小微企业,于2022年11月购进2项固定资产,分别为单位价值720万元的电子设备,以及单位价值1200万元的生产设备,以上2项资产的会计折旧年限与税收折旧年限相同,分别为3年和10年。

【解析】资产折旧、摊销及纳税调整明细表见表6.82。

(四) 高新技术企业所得税税前扣除和100%加计扣除填报案例

高新技术企业在2022年10月1日至2022年12月31日期间新购置的器具、设备,允许当年一次性全额在计算应纳税所得额时扣除,并允许在税前100%加计扣除。

【例6.25】D公司于2022年11月购进一台价值1200万元的生产设备,两台单位价值300万元于生产经营活动有关的工具,在2022年12月获得高新技术企业资格。2022年度汇算清缴时企业选择享受购置设备、器具企业所得税税前一次性扣除和100%加计扣除的税收优惠政策。

【解析】资产折旧、摊销及纳税调整明细表见表6.83。

表6.79 企业所得税年度纳税申报基础信息表（A000000）

210科技型中小企业	210—1 年（申报所属期年度）入库编号1	2023*******	210—2入库时间1	2023年2月1日
	210—3 年（所属期下一年度）入库编号2		210—4入库时间2	

表6.80 研发费用加计扣除优惠明细表（A107012）

45	六、允许扣除的研发费用合计(41+43+44)	1500000.00
46	减：特殊收入部分	
47	七、允许扣除的研发费用抵减特殊收入后的金额(45-46)	1500000.00
50	八、加计扣除比例及计算方法	100%
51	九、本年研发费用加计扣除总额	1500000.00

表6.81 免税、减计收入及加计扣除优惠明细表（A107010）

25	三、加计扣除(26+27+28+29+30)	1500000.00
26	（一）开发新技术、新产品、新工艺发生的研发费用加计扣除（填写A107012）	0.00
27	（二）科技型中小企业开发新技术、新产品、新工艺发生的研究开发费用加计扣除（填写A107012）	1500000.00

表6.82 资产折旧、摊销及纳税调整明细表（A105080）

行次	项目	账载金额				税收金额				纳税调整金额
		资产原值	本年折旧、摊销额	累计折旧、摊销额	资产计税基础	税收折旧、摊销额	享受加速折旧政策的资产按一般规定计算的折旧、摊销额	加速折旧、摊销统计额	累计折旧、摊销额	
		1	2	3	4	5	6	7(5-6)	8	9(2-5)
1	一、固定资产(2+3+4+5+6+7)	19200000.00	300000.00	300000.00	19200000.00	13200000.00	*	*	13200000.00	12900000.00
3	（二）飞机、火车、轮船、机器、机械和其他生产设备	12000000.00	100000.00	1000000.00	12000000.00	6000000.00	*	*	6000000.00	5900000.00

续表

行次	项目	账载金额			税收金额					纳税调整金额
		资产原值	本年折旧、摊销额	累计折旧、摊销额	资产计税基础	税收折旧、摊销额	享受加速折旧政策的资产按税收一般规定计算的折旧、摊销额	加速折旧、摊销统计额	累计折旧、摊销额	
		1	2	3	4	5	6	7 (5-6)	8	9 (2-5)
6	(五) 电子设备	7200000.00	200000.00	200000.00	7200000.00	7200000.00	*	*	7200000.00	7000000.00
12	(五) 500万元以上设备器具一次性扣除 (12.1+12.2+12.3+12.4)	19200000.00	300000.00	3000000.00	19200000.00	13200000.00	300000.00	12900000.00	13200000.00	*
12.1	1.最低折旧年限为3年的设备器具一次性扣除	200000.00	200000.00	200000.00	200000.00	7200000.00	200000.00	7000000.00	7200000.00	*
12.2	2.最低折旧年限为4、5年的设备器具50%部分一次性扣除									*
12.3	中小微企业购置单价500万元以上设备器具 3.最低折旧年限为10年的设备器具50%部分一次性扣除	100000.00	100000.00	100000.00	100000.00	6000000.00	100000.00	5900000.00	6000000.00	*

表 6.83 资产折旧、摊销及纳税调整明细表（A105080）

行次	项目	账载金额			税收金额					纳税调整金额
		资产原值	本年折旧、摊销额	累计折旧、摊销额	资产计税基础	税收折旧、摊销额	享受加速折旧政策的资产按税收一般规定计算的折旧、摊销额	加速折旧、摊销统计额	累计折旧、摊销额	
		1	2	3	4	5	6	7 (5-6)	8	9 (2-5)
1	一、固定资产 (2+3+4+5+6+7)	18000000.00	200000.00	200000.00	18000000.00	18000000.00	*	*	18000000.00	-17800000.00
3	（二）飞机、火车、轮船、机器、机械和其他生产设备	12000000.00	100000.00	100000.00	12000000.00	12000000.00	*	*	12000000.00	-11900000.00
4	（三）与生产经营活动有关的器具、工具、家具等	6000000.00	100000.00	100000.00	6000000.00	6000000.00	*	*	6000000.00	-5900000.00
11	（四）500万元以下设备器具一次性扣除 (11.1+11.2)	6000000.00	100000.00	100000.00	6000000.00	6000000.00	100000.00	5900000.00	6000000.00	*
11.1	1.高新技术企业2022年第四季度(10月—12月)购置单价500万元以下设备器具一次性扣除	6000000.00	100000.00	100000.00	6000000.00	6000000.00	100000.00	5900000.00	6000000.00	*
12	（五）500万元以上设备器具一次性扣(12.1+12.2+12.3+12.4)	12000000.00	100000.00	100000.00	12000000.00	12000000.00	100000.00	11900000.00	12000000.00	*
12.4	4.高新技术企业2022年第四季度(10月—12月)购置单价500万元以上设备器具一次性扣除	12000000.00	100000.00	100000.00	12000000.00	12000000.00	100000.00	11900000.00	12000000.00	*

【职场警示】坏账损失税前扣除必备条件

条件一:坏账已经实际发生。

《企业所得税法》第八条规定:企业实际发生的与取得收入有关的、合理的支出,包括成本、费用、税金、损失和其他支出,准予在计算应纳税所得额时扣除。

条件二:欠款时间至少1年以上或者甚至3年以上。

一年内的应收账款出现了坏账无法收回的损失是不能税前扣除的。

《国家税务总局关于发布〈企业资产损失所得税税前扣除管理办法〉的公告》(国家税务总局公告2011年第25号)第二十三条规定:企业逾期三年以上的应收款项在会计上已作为损失处理的,可以作为坏账损失,但应说明情况,并出具专项报告。

第二十四条规定:企业逾期一年以上,单笔数额不超过五万元或者不超过企业年度收入总额万分之一的应收款项,会计上已经作为损失处理的,可以作为坏账损失,但应说明情况,并出具专项报告。

条件三:会计上已经做了损失处理。

也就是会计人员必须对于无法收回的应收账款做账处理,仅仅是计提的坏账准备是不得税前扣除的。

《企业所得税法》第十条第七项规定:未经核定的准备金支出不得税前扣除。

《企业所得税法实施条例》第五十五条规定:企业所得税法第十条第(七)项所称未经核定的准备金支出,是指不符合国务院财政、税务主管部门规定的各项资产减值准备、风险准备等准备金支出。

条件四:应具有证明损失的外部和内部证据链。

资产损失的证据链条一定需要内外结合、相互印证,如果缺少外部证据,实务中被认可的可能性较小。

第十六条规定:企业资产损失相关的证据包括具有法律效力的外部证据和特定事项的企业内部证据。

第十七条规定:具有法律效力的外部证据,是指司法机关、行政机关、专业技术鉴定部门等依法出具的与本企业资产损失相关的具有法律效力的书面文件,主要包括:司法机关的判决或者裁定;公安机关的立案结案证明、回复;工商部门出具的注销、吊销及停业证明;企业的破产清算公告或清偿文件;行政机关的公文;专业技术部门的鉴定报告;具有法定资质的中介机构的经济鉴定证明;仲裁机构的仲裁文书;保险公司对投保资产出具的出险调查单、理赔计算单等保险单据;符合法律规定的其他证据。

第十八条规定:特定事项的企业内部证据,是指会计核算制度健全、内部控制制度完善的企业,对各项资产发生毁损、报废、盘亏、死亡、变质等内部证明或承担责任的声明,主要包括:有关会计核算资料和原始凭证;资产盘点表;相关经济行为的业务合同;企业内部技术鉴定部门的鉴定文件或资料;企业内部核批文件及有关情况说明;对责任人由于经营管理责任造成损失的责任认定及赔偿情况说明;法定代表人、企业负责人和企业财务负责人对特定事项真实性承担法律责任的声明。

第二十二条规定:企业应收及预付款项坏账损失应依据以下相关证据材料确认:相关事项合同、协议或说明;属于债务人破产清算的,应有人民法院的破产、清算公告;属于诉讼案件的,应出具人民法院的判决书或裁决书或仲裁机构的仲裁书,或者被法院裁定终(中)止执行的法律文书;属于债务人停止营业的,应有工商部门注销、吊销营业执照证明;属于债务人死亡、失踪的,应有公安机关等有关部门对债务人个人的死亡、失踪证明;属于债务重组的,应有债务重组协议及其债务人重组收益纳税情况说明;属于自然灾害、战争等不可抗力而无法收回的,应有债务人受灾情况说明以及放弃债权申明。

条件五:需要纳税人留存备查自行出具的有法定代表人、主要负责人和财务负责人签章证实有关损失的书面申明,坏账税前扣除不再需要出具专项报告了。

《国家税务总局关于取消20项税务证明事项的公告》(国家税务总局公告2018年第65号)规定:企业向税务机关申报扣除特定损失时,需留存备查专业技术鉴定意见(报告)或法定资质中介机构出具的专项报告。即"专业技术鉴定报告或法定资质中介机构出具的专项报告"已经不再需要,而改为纳税人留存备查自行出具的有法定代表人、主要负责人和财务负责人签章证实有关损失的书面申明。

福建省局《2020年9月12366咨询热点难点问题集》作出了明确的回答:应收款项的坏账损失,也只要出具的有法定代表人、主要负责人和财务负责人签章证实有关损失的书面申明和相关材料,不再需要专项报告了。

条件六:必须填报A105090表《资产损失税前扣除及纳税调整明细表》。

资产损失如要在所得税前扣除,无论有没有税会差异,必须填写《资产损失税前扣除及纳税调整明细表》(A105090)。

按照《企业资产损失所得税税前扣除管理办法》(国家税务总局公告2011年第25号)的规定,企业发生的资产损失,应按规定的程序和要求向主管税务机关申报后方能在税前扣除。未经申报的损失,不得在税前扣除。

根据《国家税务总局关于企业所得税资产损失资料留存备查有关事项的公告》(国家税务总局公告2018年第15号)的规定,企业向税务机关申报扣除资产损失,仅需填报企业所得税年度纳税申报表《资产损失税前扣除及纳税调整明细表》,不再报送资产损失相关资料,相关资料由企业留存备查。企业应当完整保存资产损失相关资料,并保证资料的真实性、合法性。

项目七

个人所得税扣缴

> **学习目标**

知识目标:熟悉个人所得税的基本要素,了解个人所得税免税规定,熟悉专项附加扣除规定,掌握个人所得税累计预扣法,了解个人所得税申报流程。

能力目标:能识别个人所得税纳税人,判断所得类别,会扣缴申报个人所得税。

思政目标:养成纳税光荣的意识。

任务一 个人所得税基本规定

一、个人所得税概述

个人所得税是以个人(自然人)取得的各项应税所得为对象征收的一种税。个人所得税最早起源于1799年的英国,目前已经成为世界各国普遍开征的一个税种,在征收时体现"劫富济贫"——量能负担的原则,有"罗宾汉税种"之称。新中国成立后,在《全国税政实施要则》中曾列举了薪给报酬所得税、证券存款利息所得税,但由于种种原因,一直没有开征。

现行的个人所得税管理规范是1980年9月制定并公布的《中华人民共和国个人所得税法》,经1993年10月、1999年8月、2005年10月、2007年6月、2007年12月、2011年6月、2018年8月共七次修订。

我国现行的个人所得税实行综合与分类相结合的课征制度,比例税率和累进税率并用,实行不同的费用扣除方式,运用源泉扣缴和自主申报不同征税方法。个人所得税能为国家财政筹集资金,调节收入差距,缓和社会分配不公的矛盾,增强公民纳税观念,维护国家权益。

二、个人所得税的纳税人

(一) 纳税人的规定

个人所得税以所得人为纳税人,以支付所得的单位或者个人为扣缴义务人。纳税人有中国公民身份号码的,以中国公民身份号码为纳税人识别号;纳税人没有中国公民身份号码的,由税务机关赋予其纳税人识别号。

个人所得税的所得人指自然人,包括中国公民、在中国境内有所得的外籍人员与港澳台同胞、个体工商业户以及个人独资企业投资者和合伙企业的普通合伙人。按住所和居住时间标准,个人所得税的纳税人分为居民个人和非居民个人。在中国境内有住所,或者无住所而一个纳税年度(自公历1月1日起至12月31日止)内在中国境内居住累计满183天的个人,为居民个人。居民个人承担无限纳税义务,从中国境内和境外取得的所得,都需要向中国政府缴纳个人所得税。在中国境内无住所又不居住,或者无住所而一个纳税年度内在中国境内居住累计不满183天的个人,为非居民个人。非居民个人承担有限纳税义务,仅从中国境内取得的所得,向中国政府缴纳个人所得税。

在中国境内有住所,是指因户籍、家庭、经济利益关系而在中国境内习惯性居住。

【拓展阅读】在中国境内停留的当天满24小时的,计入境内居住天数;不足24小时的,不计入境内居住天数。比如,李先生为国外居民,在深圳工作,每周一早上来深圳上班,周五晚上回国外。周一和周五当天停留都不足24小时,因此不计入境内居住天数,再加上周六、周日2天也不计入,这样,每周可计入的天数仅为3天,按全年52周计算,李先生全年在境内居住天数为156天,未超过183天,不构成居民个人,李先生取得的全部境外所得,就可免缴个人所得税。

在中国境内无住所的个人,在中国境内居住累计满183天的年度连续不满六年的,经向主管税务机关备案,其来源于中国境外且由境外单位或者个人支付的所得,免予缴纳个人所得税;在中国境内居住累计满183天的任一年度中有一次离境超过30天的,其在中国境内居住累计满183天的年度的连续年限重新起算。在中国境内无住所的个人,在一个纳税年度内在中国境内居住累计不超过90天的,其来源于中国境内的所得,由境外雇主支付并且不由该雇主在中国境内的机构、场所负担的部分,免予缴纳个人所得税。

【拓展阅读】连续居住"满六年"的年限从2019年1月1日起计算,且自2019年起任一年度如果有单次离境超过30天的情形,此前连续年限"清零",重新计算。比如,张先生为国外居民,2013年1月1日来深圳工作,2026年8月30日回到国外工作,在此期间,除2025年2月1日至3月15日临时回国外处理公务外,其余时间一直停留在深圳。张先生在境内居住累计满183天的年度自2019年开始计算,因此,2019年至2024年期间,张先生在境内居住累计满183天的年度连续不满六年,其取得的境外支付的境外所得,就可免缴个人所得税。2025年,张先生在境内居住满183天,且从2019年开始计算,他在境内居住累计满183天的年度已经连续满六年(2019年至2024年),且没有单次离境超过30天的情形,2025年,张先生应就在境内和境外取得的所得缴纳个人所得税。2026年,只要张先生2025年有单次离境超过30天的情形,其在内地居住累计满183天的连续年限清零,重新起算,2026年当年张先生取得的境外支付的境外所得,可以免缴个人所得税。

(二) 所得来源地的规定

(1) 除国务院财政、税务主管部门另有规定外,下列所得,不论支付地点是否在中国境内,均为来源于中国境内的所得:

① 因任职、受雇、履约等在中国境内提供劳务取得的所得。
② 将财产出租给承租人在中国境内使用而取得的所得。
③ 许可各种特许权在中国境内使用而取得的所得。
④ 转让中国境内的不动产等财产或者在中国境内转让其他财产取得的所得。
⑤ 从中国境内企业、事业单位、其他组织以及居民个人取得的利息、股息、红利所得。

(2) 居民个人有下列来源于中国境外所得,应按规定申报缴纳个人所得税:

① 因任职、受雇、履约等而在中国境外提供劳务取得的所得。
② 将财产出租给承租人在中国境外使用而取得的所得。
③ 转让中国境外的建筑物、土地使用权等财产或者在中国境外转让其他财产取得的所得。

④ 许可各种特许权在中国境外使用而取得的所得。

⑤ 从中国境外的公司、企业以及其他经济组织或者个人取得的利息、股息、红利所得。例如，我国某知名跨国集团公司派往境外全资子公司的总经理，在境外子公司取得的工资、薪金应按税法规定申报缴纳个人所得税。

【拓展阅读】对于一项跨境劳务所得，不仅劳务提供者的居住国要予以征税，主张劳务所得来源于本国境内的国家也要行使税收管辖权。由此导致的国际税收管辖权冲突，各国通常通过双边税收协定予以解决。183天规则依据税收协定的约定，在一般情况下都确认此类跨国所得原则上应由居住国一方独占，作为所得来源国的缔约国另一方不应课税，但是在缔约国一方居民到缔约国另一方境内从事非独立劳务活动停留时间已经超过一定期限(183天)的情况下，应由所得来源国履行征税权。此项原则在一定程度上考虑了雇员居民国和所得来源国税收权益的合理分配，并能最大限度地避免或者消除双重征税。

【例7.1】美籍华人苏明哲于2019年11月1日被美国母公司派往中国上海工作7年，每年其均在6月回美国探亲20天，12月返回美国母公司述职25天，2026年12月1日返回美国工作(假设中美没有相关税收协定)。

2019年12月，苏明哲取得四项所得：① 在美国出版图书《苏大强的故事》取得的稿酬；② 12月回美国述职期间由中国子公司发放的工资；③ 12月境内供职期间由美国母公司支付的出差补贴；④ 12月境内供职期间由中国子公司支付的现金形式的住房补贴。应当如何交纳个人所得税？若是2020年取得以上四项所得呢？

【解析】苏明哲2019年度在中国境内居住不满183天，为非居民个人，承担有限纳税义务，仅就来源于中国境内所得向中国政府缴纳个人所得税，同时因累计居住不满90天，境外支付的中国境内所得可以享受免税；苏明哲2020年度在中国境内居住满183天，为居民个人，承担无限纳税义务，来源于中国境内境外所得均应向中国政府缴纳个人所得税，但因其居住不满6年，境外支付的中国境外所得可以享受免税。如表7.1所示。

表7.1 个人所得税计算表

年度	居住天数	①	②	③	④
2019	累计居住不满90天	不征	不征	免征	应征
2020	累计居住满183天但不满6年	免征	应征	应征	应征

【例7.2】根据个人所得税法规定，在中国境内无住所但取得所得的下列外籍个人中，不属于居民纳税人的是( )。

A. 怀特，2020年3月1日入境，12月31日离境，期间三次临时离境，每次20天

B. 汤姆，2020年9月1日入境，次年3月1日离境

C. 戴维，2020年6月1日入境，12月31日离境

D. 麦克，2020年6月1日入境，12月31日离境，期间临时离境25天。

【解析】B，汤姆在2020年度、2021年度居住均不满183天。

三、个人所得税的征税范围

个人所得税的征税范围包括工薪所得、劳务报酬所得、稿酬所得、特许权使用费所得、经

营所得、财产租赁所得、财产转让所得、利息股息红利所得、偶然所得9项。

（一）综合所得

个人取得的工薪所得、劳务报酬所得、稿酬所得、特许权使用费所得为综合所得。

1. 工薪所得

工薪所得是指个人因任职或者受雇取得的工资、薪金、奖金、年终加薪、劳动分红、津贴、补贴以及与任职或者受雇有关的其他所得，但不包括独生子女补贴、托儿补助费、差旅费津贴、误餐补助、执行公务员工资制度未纳入基本工资总额的津补贴差额和家属成员的副食补贴。

因解除劳动关系获取的一次性补偿、退休退养人员再任职取得的收入及从原单位取得退休金（养老金）外的各类奖补资金或实物、上市公司奖励员工的"股票增值权"或"限制性股票"等均按工薪所得缴纳个人所得税。

2. 劳务报酬所得

劳务报酬所得，是指个人从事劳务取得的所得，包括从事设计、装潢、安装、制图、化验、测试、医疗、法律、会计、咨询、讲学、翻译、审稿、书画、雕刻、影视、录音、录像、演出、表演、广告、展览、技术服务、介绍服务、经纪服务、代办服务以及其他劳务取得的所得。

【拓展阅读】区分劳务报酬所得和工薪所得主要看是否存在雇佣与被雇佣的关系。工薪所得是个人从事非独立劳动，从所在单位领取的报酬，存在雇佣与被雇佣的关系，即在机关、团体、学校、部队、企事业单位及其他组织中任职、受雇而得到的报酬。如公司执行董事，担任公司董事的同时在公司任职、受雇，其因任职受雇而取得的报酬是工薪所得。而劳务报酬所得则是指个人独立从事某种技艺、提供某种劳务而取得的报酬，一般不存在雇佣关系。如公司独立董事，不在本公司任职、受雇，其取得的董事费所得，属于劳务报酬所得。如演员从其所属单位领取工资，教师从学校领取工资，就属于工薪所得；而演员"走穴"演出取得的报酬，教师自行举办培训班等取得的收入，就属于劳务报酬所得。

律师以个人名义再聘请其他人员为其工作而支付的报酬，应由该律师按劳务报酬所得负责代扣代缴个人所得税。个人兼职取得的收入、保险营销员和证券经纪人取得的佣金收入，按劳务报酬所得缴纳个人所得税。

3. 稿酬所得

稿酬所得是特殊的劳务报酬所得，是指个人因其文学、书画、摄影等作品以图书、报刊等形式出版、发表而取得的所得。作者去世后，财产继承人取得的遗作稿酬，也按稿酬所得缴纳个人所得税。

4. 特许权使用费所得

特许权使用费所得，是指个人提供专利权、商标权、著作权、非专利技术以及其他特许权的使用权取得的所得。

提供著作权的使用权取得的所得，不包括稿酬所得。作者将自己的文字作品手稿原件或复印件公开拍卖取得的所得、个人取得特许权的经济赔偿收入、编剧从电视剧的制作单位取得的剧本使用费（无论剧本给谁使用），均按特许权使用费所得缴纳个人所得税。

（二）分类所得

1. 财产租赁所得

财产租赁所得，是指个人出租不动产、机器设备、车船以及其他财产取得的所得，也包括个人取得的房屋转租收入。

房地产开发企业与商店购买者个人签订协议规定，以优惠价格出售其商店给购买者个人，购买者个人在一定期限内必须将购买的商店无偿提供给房地产开发企业对外出租使用。对购买者个人少支出的购房价款，应视同个人财产租赁所得，按照财产租赁所得征收个人所得税。每次财产租赁所得的收入额，按照少支出的购房价款和协议规定的租赁月份数平均计算确定。

2. 财产转让所得

财产转让所得，是指个人转让有价证券、股权、合伙企业中的财产份额、不动产、机器设备、车船以及其他财产取得的所得。

对个人转让非货币性资产所得、个人通过招标竞拍或其他方式购置债权后，通过相关程序主张债权而取得的所得、个人通过网络收购玩家的虚拟货币，加价后向他人出售取得的收入，均按财产转让所得征税。个人以非货币性资产投资，属于在投资同时发生非货币性资产转让。

国务院规定，个人转让沪、深证券交易所上市公司"非限售股"股票和全国中小企业股份转让系统挂牌公司非原始股取得的所得，暂免缴个人所得税；转让新三板挂牌公司原始股、非上市公司股权取得的所得，按照财产转让所得缴纳个人所得税。

3. 利息、股息、红利所得

利息、股息、红利所得，是指个人拥有债权、股权等而取得的利息、股息、红利所得。其中，利息一般是指存款、贷款和债券的利息。股息、红利是指个人拥有股权取得的公司、企业分红。按照一定的比率派发的每股息金，称为股息。根据公司、企业应分配的超过股息部分的利润，按股派发的红股，称为红利。

房屋买受人在未办理房屋产权证的情况下，按照与房地产公司约定条件（如对房屋的占有、使用、收益和处分权进行限制）在一定时期后无条件退房而取得的补偿款，应按照利息股息红利所得缴纳个人所得税，税款由支付补偿款的房地产公司代扣代缴。

上市公司股息红利实行差别化个人所得税政策。个人从公开发行和转让市场取得的上市公司股票，持股期限在1个月以内（含1个月）的，其股息红利所得全额计入应纳税所得额；持股期限在1个月以上至1年（含1年）的，暂减按50%计入应纳税所得额；持股期限超过1年的，免征个人所得税。

4. 偶然所得

偶然所得是指个人得奖、中奖中彩、获赠以及其他偶然性质的所得。

得奖是指参加各种有奖竞赛活动，取得名次得到的奖金，包括个人因在各行各业做出突出贡献而从省级以下人民政府及其所属部门取得的一次性奖励收入等（不论其奖金来源）。

中奖中彩是指参加各种有奖活动，经过规定程序，抽中、摇中号码而取得的奖金，包括个人参加有奖储蓄取得的各种形式的中奖所得、个人购买体育彩票的中奖收入、个人在境外取得博彩所得、个人获取企业对累积消费达到一定额度给予额外抽奖所得、个人取得有奖发票奖金所得等。个人因累积消费获取额外抽奖获取的获奖所得,按照偶然所得,全额缴纳个人所得税。个人取得单张有奖发票奖金所得不超过800元的,暂免征收个人所得税;超过800元的,应全额按照偶然所得征收个人所得税。对个人购买福利彩票、体育彩票,一次中奖收入在1万元及以下的暂免征收个人所得税;超过1万元的,全额征收个人所得税。

个人受赠收入包括受赠人因无偿受赠房屋取得的受赠收入(无偿赠送直系亲属、继承人、抚养或赡养人免税)、个人在其他企业业务宣传、广告等活动中,随机获取赠送礼品(包括网络红包),以及得到其他企业在年会、座谈会、庆典等活动中赠送的礼品等,但赠送的具有价格折扣或折让性质的消费券、代金券、抵用券、优惠券等礼品除外。

其他偶然所得包括个人为单位或他人提供担保获得收入、资产购买方企业向个人支付的不竞争款项等。不竞争款项是指资产购买方企业与资产出售方企业自然人股东之间在资产购买交易中,通过签订保密和不竞争协议等方式,约定资产出售方企业自然人股东在交易完成后一定期限内,承诺不从事有市场竞争的相关业务,并负有相关技术资料的保密义务,资产购买方企业则在约定期限内,按一定方式向资产出售方企业自然人股东所支付的款项。

企业在销售商品过程中向个人赠送礼品,属于下列情形之一的,不征收个人所得税:① 企业通过价格折扣、折让方式向个人销售商品;② 企业在向个人销售商品的同时给予赠品(如通信企业对个人购买手机赠送话费、入网费,或者购话费赠手机等);③ 企业对累积消费达到一定额度的个人按消费积分反馈礼品。

(三) 经营所得

1. 个人通过在中国境内注册登记的个体工商户、个人独资企业、合伙企业从事生产经营活动取得的所得

对于出租车运营,若车是单位的,经营单位对出租车驾驶员采取单车承包或承租方式运营,驾驶员取得的客货营运收入按照工薪所得缴纳个人所得税;若出租车属于个人所有,但挂靠出租车经营单位并缴纳管理费的,或出租车经营单位将出租车所有权转移给驾驶员的,或从事个体出租车运营的,驾驶员取得的客货营运收入按经营所得缴纳个人所得税。

个人独资企业、合伙企业的个人投资者以企业资金为本人、家庭成员及其相关人员支付与企业生产、经营无关的消费性支出及购买汽车、住房等财产性支出,视为企业对个人投资者利润分配,并入投资者个人的生产经营所得,依照经营所得计征个人所得税。除个人独资企业、合伙企业以外的其他企业的个人投资者,以企业资金为本人、家庭成员及其相关人员支付与企业生产经营无关的消费性支出及购买汽车、住房等财产性支出,视为企业对个人投资者的红利分配,依照利息股息红利所得计征个人所得税。所有企业的从业人员(员工),用企业资金发生的财产性支出,按工薪所得征税。兼职人员取得类似支出,属于劳务报酬所得。

2. 个人依法从事办学、医疗、咨询以及其他有偿服务活动取得的所得

注意该项经营所得和工薪所得、劳务报酬所得的区别。若兼职从事独立劳务活动获取所得,则属于劳务报酬所得;若作为自由职业者,专职独立从事劳务活动获取的所得,则属于经营所得。比如,老师在自己学校的上课酬金属于工薪所得,若到其他单位讲学获得的讲课费属于劳务报酬所得,若专门开办培训学校收取的培训费则属于经营所得。

3. 个人对企业、事业单位承包经营、承租经营以及转包、转租取得的所得

承包经营是指企业与承包者间订立承包经营合同,将企业的经营管理权全部或部分在一定期限内交给承包者,由承包者对企业进行经营管理,并承担经营风险及获取企业收益的行为。承租经营是租赁企业经营,不拥有企业产权,没有企业处置权,只有经营权。比如承包行政事业单位的食堂取得的收入、承租事业单位门面经营取得的收入。注意,个人承包经营、承租经营以及转包、转租取得的所得,包括个人按月或者按次取得的工薪性质的所得。

4. 个人从事其他生产、经营活动取得的所得

个人从事其他生产、经营活动取得的所得是指没有包括在上述三项所得之外的其他生产经营活动取得的所得。

个人取得的所得,难以界定应纳税所得项目的,由国务院税务主管部门确定。

个人所得的形式,包括现金、实物、有价证券和其他形式的经济利益;所得为实物的,应当按照取得的凭证上所注明的价格计算应纳税所得额,无凭证的实物或者凭证上所注明的价格明显偏低的,参照市场价格核定应纳税所得额;所得为有价证券的,根据票面价格和市场价格核定应纳税所得额;所得为其他形式的经济利益的,参照市场价格核定应纳税所得额。

四、个人所得税税收减免

(一) 免税所得

(1) 省部级颁发的科教文卫奖金。省级人民政府、国务院部委和中国人民解放军军以上单位,以及外国组织、国际组织颁发的科学、教育、技术、文化、卫生、体育、环境保护等方面的奖金。

(2) 国债和国家发行的金融债券利息。国债利息,是指个人持有我国财政部发行的债券而取得的利息。国家发行的金融债券利息,是指个人持有经国务院批准发行的金融债券而取得的利息。

(3) 按照国家统一规定发给的补贴、津贴。按照国家统一规定发给的补贴、津贴,是指按照国务院规定发给的政府特殊津贴、院士津贴,以及国务院规定免予缴纳个人所得税的其他补贴、津贴。

(4) 福利费、抚恤金、救济金。福利费,是指根据国家有关规定,从企业、事业单位、国家机关、社会组织提留的福利费或者工会经费中支付给个人的生活补助费。救济金,是指各级人民政府民政部门支付给个人的生活困难补助费。

(5) 保险赔款。

(6) 军人的转业费、复员费、退役金。

(7) 安家费、养老金。安家费、养老金是指按照国家统一规定发给干部、职工的安家费、退职费、基本养老金或者退休费、离休费、离休生活补助费。

(8) 使馆领事官员所得。依照有关法律规定应予免税的各国驻华使馆、领事馆的外交代表、领事官员和其他人员的所得,是指依照《中华人民共和国外交特权与豁免条例》和《中华人民共和国领事特权与豁免条例》规定免税的所得。

(9) 国际公约规定免税所得。中国政府参加的国际公约、签订的协议中规定免税的所得。

(10) 国务院规定的其他免税所得。如外籍个人取得的境内外出差补贴和从外商投资企业取得的股息红利所得;办理代扣代缴税款按规定取得的手续费;达到离退休年龄的高级专家在延长期间的工资薪金;领取和缴付的基本养老保险、基本医疗保险、失业保险和住房公积金"三险一金";乡镇以上政府颁发的见义勇为的奖励;个人举报、协查各种违法、犯罪行为而获得的奖金;个人转让自用5年以上且是家庭唯一生活用房所得;接受符合特定条件的无偿赠与房屋产权;符合特定条件的外籍专家工薪所得;参加新型冠状病毒疫情防治工作的医务人员和防疫工作者按照政府规定标准取得的临时性工作补助和奖金;单位发给个人用于预防新型冠状病毒感染的肺炎的药品、医疗用品和防护用品等实物(不包括现金);法律援助人员获得规定的法律援助补贴等。

国务院根据需要可以规定其他免税所得,但须报全国人民代表大会常务委员会备案。

(二) 减税所得

(1) 残疾、孤老人员和烈属的所得。

(2) 因自然灾害遭受重大损失的。减征个人所得税的具体幅度和期限,由省级人民政府规定,并报同级人民代表大会常务委员会备案。国务院可以规定其他减税情形,报全国人民代表大会常务委员会备案。

(3) 依法批准设立的非营利性研究开发机构和高等学校根据法律规定,从职务科技成果转化收入中给予科技人员的现金奖励,可减按50%计入科技人员当月"工资薪金所得",依法缴纳个人所得税。

(4) 一个纳税年度内在船航行时间累计满183天的远洋船员,其取得的工资薪金收入减按50%计入应纳税所得额,依法缴纳个人所得税。

(三) 个人捐赠额的扣除规定

个人将其所得对教育、扶贫、济困等公益慈善事业进行捐赠,捐赠额未超过纳税人申报捐赠前的应纳税所得额30%的部分,可以从其应纳税所得额中扣除,超过部分不得扣除。允许扣除的捐赠必须是个人通过中国境内的公益性社会组织、国家机关向教育、扶贫、济困等公益慈善事业的捐赠。

个人通过非营利的社会团体和国家机关向农村义务教育、红十字事业、公益性青少年活动场所(其中包括新建)、非营利性老年服务机构等四项事业的捐赠,以及个人通过中国教育发展基金会、宋庆龄基金会用于公益救济性的捐赠,在计算缴纳个人所得税时,准予在税前的所得额中全额扣除。

任务二 综合所得个人所得税应纳税额的计算

一、年度合并法

居民个人取得的工薪所得、劳务报酬所得、稿酬所得、特许权使用费所得为综合所得,适

用七级超额累进税率,按纳税年度合并计算个人所得税。

(一) 全年应纳税所得额

居民个人综合所得的全年应纳税所得额,采用定额与附加扣除相结合的方式,以每一纳税年度的收入额减除生计费用60000元以及专项扣除、专项附加扣除和依法确定的其他扣除后的余额,为应纳税所得额。

应纳税所得额=每年收入额-生计费用-专项扣除-专项附加扣除-其他扣除

1. 每年收入额

每年收入额包括每年取得的工薪收入总额,劳务报酬所得、稿酬所得、特许权使用费所得以收入减除20%费用后的余额为收入额。为鼓励精神文明创造,稿酬所得的收入额再减按70%计算。

2. 生计费用

生计费用是个人维持生活最基本的生存条件所需费用,税法规定每年扣除限额为60000元,折合每月扣除限额为5000元。

3. 专项扣除

专项扣除包括居民个人按照国家规定的范围和标准缴纳的基本养老保险、基本医疗保险、失业保险等社会保险费和住房公积金等"三险一金"。自2019年1月1日起,各项社会保险费由税务部门统一征收。

养老保险是劳动者在达到法定退休年龄退休后,从政府和社会得到一定的经济补偿物质帮助和服务的一项社会保险制度。基本养老保险基金由用人单位和个人缴费以及政府补贴等组成。用人单位应当按照国家规定的本单位职工工资总额的比例缴纳基本养老保险费,记入基本养老保险统筹基金;职工应当按照国家规定的本人工资的比例缴纳基本养老保险费,记入个人账户。职工达到法定退休年龄且个人缴费满15年的,可按月领取基本养老金。基本养老保险企业单位缴费比例按国务院《降低社会保险费率综合方案》要求降至16%,个人缴费比例为8%。

城镇职工基本医疗保险制度,是根据国家、企业和个人的承受能力所建立的保障职工基本医疗需求的社会保险制度。基本医疗保险由用人单位按国家规定的职工工资总额的8%和职工本人上年工资收入的2%计算缴纳。用人单位缴纳的医保费主要用于支付参保职工住院和门诊,个人账户资金主要用于支付参保人员在定点医疗机构和定点零售药店就医购药的费用。

失业保险是由社会集中建立基金,对因失业而暂时中断生活来源的劳动者提供物质帮助的制度。失业保险基金主要用于保障失业人员的基本生活。单位按照本单位工资总额的2%缴纳失业保险费,职工按照本人工资的1%缴纳失业保险费。失业前用人单位和本人已经缴纳失业保险费满一年、非因本人意愿中断就业且已进行失业登记,并有求职要求的,按本市最低工资标准的70%—90%领取失业保险金。

住房公积金是单位及其在职职工按同比例缴存的长期住房储金。住房公积金缴存比例下限为5%,上限由各地区按照《住房公积金管理条例》规定的程序确定,最高不得超过12%。职工个人缴存部分由单位代扣后,连同单位缴存部分一并缴存到住房公积金个人账户内。因购建翻修房屋、偿还房贷本息、离退休等原因可提取住房公积金存储金额。

注意,超标准的"三险一金"应并入个人当期的工薪计征个人所得税。

4. 专项附加扣除

专项附加扣除包括子女教育、继续教育、大病医疗、住房贷款利息或者住房租金、赡养老人、婴幼儿照护等支出。

纳税人的子女接受全日制学历教育的相关支出,按照每个子女每月2000元的标准定额扣除。子女包括婚生子女、非婚生子女、继子女、养子女。学历教育包括义务教育(小学、初中教育)、高中阶段教育(普通高中、中等职业、技工教育)、高等教育(大学专科、大学本科、硕士研究生、博士研究生教育)。年满3周岁至小学入学前处于学前教育阶段的子女,也可享受子女教育专项附加扣除。父母可以选择由其中一方按扣除标准的100%扣除,也可以选择由双方分别按扣除标准的50%扣除,具体扣除方式在一个纳税年度内不能变更。纳税人子女在中国境外接受教育的,纳税人应当留存境外学校录取通知书、留学签证等相关教育的证明资料备查。

纳税人在中国境内接受学历(学位)继续教育的支出,在学历(学位)教育期间按照每月400元定额扣除,但同一学历(学位)继续教育的扣除期限不能超过48个月。个人接受本科及以下学历(学位)继续教育,符合本办法规定扣除条件的,可以选择由其父母扣除,也可以选择由本人扣除。纳税人接受技能人员或专业技术人员职业资格继续教育的支出,在取得相关证书的当年,按照3600元定额扣除,取得的相关证书等资料应当留存备查。需要注意的是,多个学历(学位)继续教育、多个职业资格继续教育不可同时享受,但学历(学位)继续教育与职业资格继续教育可以同时享受。

在一个纳税年度内,纳税人发生的与基本医保相关的医药费用支出,扣除医保报销后个人负担(指医保目录范围内的自付部分)累计超过15000元的部分,由纳税人在办理年度汇算清缴时,在80000元限额内据实扣除。纳税人及其配偶、未成年子女发生的医药费用支出,分别计算扣除额,由纳税人夫妻双方选择扣除。纳税人应当留存医药服务收费及医保报销相关票据原件(或者复印件)等资料备查,也可向医疗保障部门申请查询医保信息系统记录的本人年度医药费用信息。

纳税人本人或者配偶单独或者共同使用商业银行或者住房公积金个人住房贷款为本人或者其配偶购买中国境内住房,发生的首套房贷利息支出,在实际发生贷款利息的年度,按照每月1000元的标准定额扣除,扣除期限最长不超过240个月。纳税人只能享受一次首套房贷的利息扣除。经夫妻双方约定,可以选择由其中一方扣除,具体扣除方式在一个纳税年度内不能变更。夫妻双方婚前分别购买住房发生的首套房贷利息支出,婚后可以选择其中一套由购买方按扣除标准的100%扣除,或由夫妻双方对各自购买的住房分别按扣除标准的50%扣除,具体扣除方式在一个纳税年度内不能变更。纳税人应当留存房贷合同、贷款还款支出凭证备查。

纳税人在主要工作城市没有自有住房而发生的住房租金支出,可以按照以下标准定额扣除:直辖市、省会(首府)城市、计划单列市以及国务院确定的其他城市,扣除标准为每月1500元;除以上所列城市外,市辖区户籍人口超过100万的城市,扣除标准为每月1100元;市辖区户籍人口不超过100万的城市,扣除标准为每月800元。纳税人无任职受雇单位的,为受理其综合所得汇算清缴的税务机关所在城市。纳税人的配偶在纳税人的主要工作城市有自有住房的,视同纳税人在主要工作城市有自有住房。夫妻双方主要工作城市相同的,只能由签订租赁住房合同的承租人扣除住房租金支出。纳税人及其配偶在一个纳税年度内不能同时分别享受房贷利息和住房租金专项附加扣除。纳税人应当留存住房租赁合同、协议等有关资料备查。

纳税人赡养一位及以上被赡养人(指年满60周岁的生父母、继父母、养父母,以及子女均已去世的年满60周岁的祖父母、外祖父母)的赡养支出,统一按照以下标准定额扣除:纳税人为独生子女的,按照每月3000元的标准定额扣除;纳税人为非独生子女的,兄弟姐妹分摊每月3000元的扣除额度,但每人分摊的额度不能超过每月1500元。分摊额度可以由赡养人均摊或者约定分摊,也可以由被赡养人指定分摊。约定或者指定分摊的须签订书面分摊协议,指定分摊优先于约定分摊,具体分摊方式和额度在一个纳税年度内不能变更。若其他共同赡养人均去世,纳税人第二年可以按照独生子女享受赡养老人专项附加扣除。

自2023年1月1日起,纳税人照护3岁以下婴幼儿子女的相关支出,按照每个婴幼儿每月2000元的标准定额扣除。父母可以选择由其中一方按扣除标准的100%扣除,也可以选择由双方分别按扣除标准的50%扣除,具体扣除方式在一个纳税年度内不能变更。3岁以下婴幼儿照护专项附加扣除填报时只需提供婴幼儿子女的姓名、证件类型及号码以及本人与配偶之间扣除分配比例等信息即可,无需向税务机关报送证明资料。纳税人需要将子女的出生医学证明或居民身份证、护照、来往通行证等资料留存备查。

纳税人首次填报专项附加扣除信息时,应将本人所涉及的"个人所得税专项附加扣除信息表"内各信息项填写完整。选择在工资、薪金所得预扣预缴个人所得税时享受的,纳税人填写后报送至扣缴义务人;选择在年度汇算清缴申报时享受专项附加扣除的,纳税人填写后报送至税务机关。如表7.2所示。

5. 其他扣除

依法确定的其他扣除包括个人缴付符合国家规定的年金、个人购买符合国家规定的商业健康保险、税收递延型商业养老保险的支出,以及国务院规定可以扣除的其他项目。

企业年金或职业年金是一种补充性养老金制度,是指企事业单位及其职工在依法参加基本养老保险的基础上,自愿建立的补充养老保险制度。企事业单位根据国家有关政策规定的办法和标准,为在本单位任职或者受雇的全体职工缴付的年金单位缴费部分,在计入个人账户时,个人暂不缴纳个人所得税。个人根据国家有关政策规定缴付的年金个人缴费部分,在不超过本人缴费工资计税基数的4%标准内的部分,暂从个人当期的应纳税所得额中扣除。企业年金个人缴费工资计税基数为本人上一年度月平均工资,职业年金个人缴费工资计税基数为职工岗位工资和薪级工资之和。

符合规定的商业健康保险产品,是指保险公司参照个人税收优惠型健康保险产品指引框架及示范条款开发的、符合一定条件的健康保险产品,包括医疗保险、长期护理险和疾病保险。其中医疗保险的保险期间或保证续保期间不低于3年,长期护理保险和疾病保险的保险期间不低于5年。对单位或个人购买符合规定的商业健康保险产品的支出,允许在当年计算应纳税所得额时予以税前扣除,扣除限额为2400元/年,即200元/月。适用优惠政策的商业健康保险的被保险人,可以是投保人本人,也可以是其配偶、子女或父母,但必须取得税优识别码,才能享受税收优惠。

表7.2 个人所得税专项附加扣除信息表

填报日期： 年 月 日　　　　　　　　扣除年度：

纳税人姓名：　　　　　　　　　纳税人识别号：□□□□□□□□□□□□□□□□□□

纳税人信息	手机号码		电子邮箱		
	联系地址		配偶情况	□有配偶　□无配偶	
纳税人配偶信息	姓名		身份证件类型		身份证件号码	□□□□□□□□□□□□□□□□□□

一、子女教育

较上次报送信息是否发生变化：□首次报送(请填写全部信息)　□无变化(不需重新填写)　□有变化(请填写发生变化项目的信息)

子女一	姓名		身份证件类型		身份证件号码	□□□□□□□□□□□□□□□□□□
	出生日期		当前受教育阶段	□学前教育阶段　□义务教育　□高中阶段教育　□高等教育		
	当前受教育阶段起始时间	年 月	当前受教育阶段结束时间	年 月	子女教育终止时间 *不再受教育时填写	年 月
	就读国家(或地区)		就读学校		本人扣除比例	□100%(全额扣除)　□50%(平均扣除)
子女二	姓名		身份证件类型		身份证件号码	□□□□□□□□□□□□□□□□□□
	出生日期		当前受教育阶段	□学前教育阶段　□义务教育　□高中阶段教育　□高等教育		
	当前受教育阶段起始时间	年 月	当前受教育阶段结束时间	年 月	子女教育终止时间 *不再受教育时填写	年 月
	就读国家(或地区)		就读学校		本人扣除比例	□100%(全额扣除)　□50%(平均扣除)

二、继续教育

较上次报送信息是否发生变化：□首次报送(请填写全部信息)　□无变化(不需重新填写)　□有变化(请填写发生变化项目的信息)

学历(学位)继续教育	当前继续教育起始时间	年 月	当前继续教育结束时间	年 月	学历(学位)继续教育阶段	□专科　□硕士研究生　□博士研究生　□其他
职业资格继续教育	职业资格继续教育类型	□技能人员　□专业技术人员			证书名称	
	证书编号		发证机关		发证(批准)日期	

三、住房贷款利息

较上次报送信息是否发生变化：□首次报送(请填写全部信息)　□无变化(不需重新填写)　□有变化(请填写发生变化项目的信息)

房屋信息	住房坐落地址	省(区、市)　市　县(区)　街道(乡、镇)		
	产权证号/不动产登记号/商品房买卖合同号/预售合同号			
	本人是否借款人	□是　□否	是否婚前各自首套贷款，且婚后分别扣除50%	□是　□否
房贷信息	公积金贷款｜贷款合同编号			
	贷款期限(月)		首次还款日期	
	商业贷款｜贷款合同编号		贷款银行	
	贷款期限(月)		首次还款日期	

四、住房租金

较上次报送信息是否发生变化：□首次报送(请填写全部信息)　□无变化(不需重新填写)　□有变化(请填写发生变化项目的信息)

房屋信息	住房坐落地址	省(区、市)　市　县(区)　街道(乡、镇)		
租赁情况	出租方(个人)姓名		身份证件类型		身份证件号码	□□□□□□□□□□□□□□□□□□
	出租方(单位)名称		纳税人识别号(统一社会信用代码)	
	主要工作城市(*填写市一级)		住房租赁合同编号(非必项)	
	租赁期起		租赁期止	

五、赡养老人

较上次报送信息是否发生变化：□首次报送(请填写全部信息)　□无变化(不需重新填写)　□有变化(请填写发生变化项目的信息)

	纳税人身份		□独生子女　□非独生子女	
被赡养人一	姓名		身份证件类型		身份证件号码	□□□□□□□□□□□□□□□□□□
	出生日期		与纳税人关系	□父亲　□母亲　□其他	
被赡养人二	姓名		身份证件类型		身份证件号码	□□□□□□□□□□□□□□□□□□
	出生日期		与纳税人关系	□父亲　□母亲　□其他	
共同赡养人信息	姓名		身份证件类型		身份证件号码	
	姓名		身份证件类型		身份证件号码	
	姓名		身份证件类型		身份证件号码	
分摊方式 *独生子女不需填写	□平均分摊　□赡养人约定分摊　□被赡养人指定分摊		本年度月扣除金额	

六、大病医疗(仅限综合所得年度汇算清缴申报时填写)

较上次报送信息是否发生变化：□首次报送(请填写全部信息)　□无变化(不需重新填写)　□有变化(请填写发生变化项目的信息)

患者一	姓名		身份证件类型		身份证件号码	□□□□□□□□□□□□□□□□□□
	医药费用总金额		个人负担金额		与纳税人关系	□本人　□配偶　□未成年子女
患者二	姓名		身份证件类型		身份证件号码	
	医药费用总金额		个人负担金额		与纳税人关系	□本人　□配偶　□未成年子女

需要在任职受雇单位预扣预缴工资、薪金所得个人所得税时享受专项附加扣除的，填写本栏
重要提示：当您填写本栏，表示您已同意该任职受雇单位使用本表信息为您办理专项附加扣除。

扣缴义务人名称		扣缴义务人纳税人识别号(统一社会信用代码)	□□□□□□□□□□□□□□□□□□

本人承诺：我已仔细阅读了填表说明，并根据《中华人民共和国个人所得税法》及其实施条例、《个人所得税专项附加扣除暂行办法》、《个人所得税专项附加扣除操作办法(试行)》等相关法律法规规定填写本表。本人已就所填的扣除信息进行了核对，并对所填内容的真实性、准确性、完整性负责。

纳税人签字：　　　　　　　　　年 月 日

扣缴义务人签章：	代理机构签章：	受理人：
经办人签字：	代理机构统一社会信用代码：	受理税务机关(章)：
接收日期： 年 月 日	经办人身份证件号码：	受理日期： 年 月 日

国家税务总局监制

个人税收递延型商业养老保险,是由保险公司承保的一种商业养老年金保险,主要面向缴纳个人所得税的社会公众,养老金积累阶段免税,养老金领取时缴税,投保该商业养老年金保险可以起到延迟纳税的作用。个人通过个人商业养老资金账户购买符合规定的商业养老保险产品的支出,允许按照当月工资薪金、连续性劳务报酬收入或经营收入的6%和1000元孰低办法确定限额扣除。领取的税收递延型商业养老保险的养老金收入,其中25%部分予以免税,其余75%部分按照10%的比例税率计算缴纳个人所得税,税款计入"工资、薪金所得"项目,由保险机构代扣代缴后,在个人购买税延养老保险的机构所在地办理全员全额扣缴申报。

自2022年1月1日起,对个人养老金实施递延纳税优惠政策。在缴费环节,个人向个人养老金资金账户的缴费,按照12000元/年的限额标准,在综合所得或经营所得中据实扣除;在投资环节,计入个人养老金资金账户的投资收益暂不征收个人所得税;在领取环节,个人领取的个人养老金,不并入综合所得,单独按照3%的税率计算缴纳个人所得税,其缴纳的税款计入"工资、薪金所得"项目。

专项扣除、专项附加扣除和依法确定的其他扣除,以居民个人一个纳税年度的应纳税所得额为限额,一个纳税年度扣除不完的,不结转以后年度扣除。

外籍个人符合居民个人条件的,可以选择享受个人所得税专项附加扣除,也可以选择享受住房补贴、语言训练费、子女教育费等津补贴免税优惠政策,但不得同时享受。外籍个人一经选择,在一个纳税年度内不得变更。

(二)适用税率

综合所得年度合并计算个人所得税适用3%—45%的七级超额累进税率。如表7.3所示。

表7.3 个人所得税税率表(综合所得适用)

级数	全年应纳税所得额	税率(%)	速算扣除数
1	不超过36000元的	3	0
2	超过36000元至144000元的	10	2520
3	超过144000元至300000元的	20	16920
4	超过300000元至420000元的	25	31920
5	超过420000元至660000元的	30	52920
6	超过660000元至960000元的	35	85920
7	超过960000元的	45	181920

(三)应纳税额

居民个人综合所得按纳税年度合并计算个人所得税,适用七级超额累进税率,计算公式为:

应纳税额=应纳税所得额×适用税率-速算扣除数

【例7.3】中国公民赵某,独生子、单身,在甲公司做财务工作。2023年取得全年工资收入80000元,在某大学授课取得收入40000元,出版著作一部取得稿酬60000元,转让商标使用权取得特许权使用费收入20000元。已知:赵某全年缴纳"三险一金"20000元,赡养老人支出税法规定的扣除金额为36000元,假设无其他扣除项目,请计算赵某本年应缴纳的个人所得税。

【解析】综合所得额=全年收入额-生计费用-专项扣除-专项附加扣除-其他扣除

$$=80000+40000\times(1-20\%)+60000\times(1-20\%)\times70\%+20000$$
$$\times(1-20\%)-60000-20000-36000-0$$
$$=45600(元)$$

对照适用税率表,可知属于第二级次,适用税率为10%,速算扣除数2520。

应纳税额=45600×10%-2520=2040(元)

(四) 汇算清缴

从两处以上取得综合所得,且综合所得年收入额减除专项扣除的余额超过6万元;取得劳务报酬所得、稿酬所得、特许权使用费所得中一项或者多项所得,且综合所得年收入额减除专项扣除的余额超过6万元;纳税年度内预缴税额低于应纳税额;纳税人申请退税的均需要办理汇算清缴。

二、累计预扣法

居民个人取得工薪所得时,可以向扣缴义务人提供专项附加扣除有关信息,由扣缴义务人扣缴税款时减除专项附加扣除。纳税人同时从两处以上取得工资、薪金所得,并由扣缴义务人减除专项附加扣除的,对同一专项附加扣除项目,在一个纳税年度内只能选择从一处取得的所得中减除。扣缴义务人向居民个人支付工薪所得时,应当按照累计预扣法计算预扣税款,并按月办理全员全额扣缴申报。如表7.4所示。

表7.4 个人所得税预扣率表(居民个人工薪所得预扣预缴适用)

级数	累计预扣预缴应纳税所得额	预扣率(%)	速算扣除数
1	不超过36000元的部分	3	0
2	超过36000元至144000元的部分	10	2520
3	超过144000元至300000元的部分	20	16920
4	超过300000元至420000元的部分	25	31920
5	超过420000元至660000元的部分	30	52920
6	超过660000元至960000元的部分	35	85920
7	超过960000元的部分	45	181920

本期应预扣预缴税额=(累计预扣预缴应纳税所得额×预扣率-速算扣除数)-累计减免税额-累计已预扣预缴税额

累计预扣预缴应纳税所得额=累计收入-累计免税收入-累计减除费用-累计专项扣除-累计专项附加扣除-累计依法确定的其他扣除

其中,累计减除费用,即生计费用,按照5000元/月乘以纳税人当年截至本月在本单位的任职受雇月份数计算,全年扣除限额为60000元。

【例7.4】某职员2015年入职,2023年每月应发工资均为10000元,每月减除费用5000元,"三险一金"等专项扣除为1500元,从1月起享受子女教育专项附加扣除2000元,没有减免收入及减免税额等情况,以前三个月为例,计算预扣预缴税额。

【解析】1月:(10000-5000-1500-2000)×3%=1500×3%=45(元)

2月:(10000×2-5000×2-1500×2-2000×2)×3%-45=3000×3%-45=45(元)

3月：(10000×3−5000×3−1500×3−2000×3)×3%−45−45=4500×3%−45−45=45(元)

进一步计算可知,该纳税人全年累计预扣预缴应纳税所得额为30000元,一直适用3%的税率,因此各月应预扣预缴的税款相同。

【例7.5】某职员2015年入职,2022年每月应发工资均为30000元,每月减除费用5000元,"三险一金"等专项扣除为4500元,享受子女教育、赡养老人两项专项附加扣除共计2000元,没有减免收入及减免税额等情况,以前三个月为例,计算各月应预扣预缴税额。

【解析】1月：(30000−5000−4500−2000)×3%=18500×3%=555(元)

2月：(30000×2−5000×2−4500×2−2000×2)×10%−2520−555=37000×10%−2520−555=625(元)

3月：(30000×3−5000×3−4500×3−2000×3)×10%−2520−555−625=46500×10%−2520−555−625=950(元)

上述计算结果表明,由于2月累计预扣预缴应纳税所得额为37000元,已适用10%的税率,因此2月和3月应预扣预缴有所增高。

年度预扣预缴税额与年度应纳税额不一致的,由居民个人于次年3月1日至6月30日向主管税务机关办理综合所得年度汇算清缴,税款多退少补。

三、按次(月)预扣法

(一)居民个人

居民个人取得劳务报酬所得、稿酬所得、特许权使用费所得,应当在汇算清缴时向税务机关提供有关信息,减除专项附加扣除。扣缴义务人向居民个人支付劳务报酬所得、稿酬所得、特许权使用费所得,按次或者按月预扣预缴个人所得税。劳务报酬所得、稿酬所得、特许权使用费所得,属于一次性收入的,以取得该项收入为一次;属于同一项目连续性收入的,以一个月内取得的收入为一次。劳务报酬所得、稿酬所得、特许权使用费所得每次收入不超过4000元的,减除费用按800元计算;每次收入4000元以上的,减除费用按20%计算。劳务报酬所得适用预扣率,稿酬所得、特许权使用费所得适用20%的比例预扣率。如表7.5所示。

表7.5 个人所得税预扣率表(居民个人劳务报酬所得预扣预缴适用)

级数	预扣预缴应纳税所得额	预扣率(%)	速算扣除数
1	不超过20000元的	20	0
2	超过20000元至50000元的部分	30	2000
3	超过50000元的部分	40	7000

劳务报酬所得应预扣预缴税额=预扣预缴应纳税所得额×预扣率−速算扣除数

稿酬所得、特许权使用费所得应预扣预缴税额=预扣预缴应纳税所得额×20%

【例7.6】某单位职员2022年4月获取某高校应支付的25000元讲课费,12月应获取其他公司支付的年度独立董事费120000元(注:每月10000元)。试分别计算应代扣的个人所得税?

【解析】该职员将获取的25000元讲课费和120000元独立董事费属于劳务报酬所得,按月预扣预缴适用个人所得税预扣率表。

某高校支付25000元讲课费预扣预缴个人所得税：

预扣预缴应纳税所得额＝25000－25000×20％＝20000(元)

查税率表可见，预扣预缴应纳税所得额20000元属于第一级次，适用预扣率20％、速算扣除数为0(在临界点，按第二级次相应税率和速算扣除数计算，结果相同)。

应预扣预缴个人所得税税额＝20000×20％－0＝4000(元)

或

＝20000×30％－2000＝4000(元)

其他公司支付12万元年度独立董事费预扣预缴个人所得税：

预扣预缴方法一：若2022年12月一次性扣缴。

预扣预缴应纳税所得额＝120000－120000×20％＝96000(元)

查税率表可见，预扣预缴应纳税所得额96000元属于第三级次，适用预扣率40％，速算扣除数为7000。

应预扣预缴个人所得税税额＝960000×40％－7000＝31400(元)

预扣预缴方法二：若该公司每月计提10000元独立董事费并挂个人往来，则应以每月10000元预扣预缴个人所得税。

每月预扣预缴应纳税所得额＝10000－10000×20％＝8000(元)

查税率表可见，预扣预缴应纳税所得额8000元属于第一级次，适用预扣率20％，速算扣除数为0。

12个月共扣缴个人所得税税额＝8000×20％×12＝19200(元)

显然，若采用预扣预缴方法二，该职员可少缴个人所得税12200元。但年终汇算清缴时两种方法的差额会多退少补。

【例7.7】某有限公司2022年1月支付其员工武某工资9000元，其中"三险一金"1000元、专项附加扣除1400元(每月相同)，2—11月工资分别为30000元，12月工资为50000元，共预扣预缴个人所得税37120元；另外，武某当年度取得劳务报酬所得19万元，其中2月取得某房地产公司专项咨询费40000元，预扣预缴个人所得税7600元，4月取得某高职学校30000元讲课费，预扣预缴个人所得税5200元，12月非关联企业发放2019年度独立董事费12万元(注：每月1万元)，预扣预缴个人所得税19200元。请对武某2022年度所得进行汇算清缴。

【解析】(1)武某2022年度收入额：

工薪收入额＝9000＋30000×10＋50000＝359000(元)

劳务报酬的收入额＝190000－190000×20％＝152000(元)

收入总额＝359000＋152000＝511000(元)

(2)武某2022年取得的综合所得应纳税所得额：

应纳税所得额＝511000－60000－1000×12－1400×12＝422200(元)

查表可知，属于第五级次，适用税率30％，速算扣除数52920元。

(3)武某2022年综合所得应纳税额：

应纳个人所得税额＝422200×30％－52920＝73740(元)

(4)武某2022年综合所得已扣缴税额：

已扣缴税额＝37120＋7600＋5200＋19200＝69120(元)

(5) 武某汇算清缴多退少补税额：

应补退税额＝73740－69120＝4620(元)

武某应于2023年3月1日至6月30日期间向主管税务机关办理综合所得年度汇算清缴，补缴税款4620元。

若12月非关联企业发放2022年度独立董事费12万元(注：每月1万元)，预扣预缴个人所得税31400元，则：

已扣缴税额＝37120＋7600＋5200＋31400＝81320(元)

应补退税额＝73740－81320＝－7580(元)

武某在汇算清缴时，应获取国库退税款7580元。

(二) 非居民个人

扣缴义务人向非居民个人支付工薪所得、劳务报酬所得、稿酬所得和特许权使用费所得时，应当按月或者按次代扣代缴个人所得税。非居民个人的工薪所得，以每月收入额减除费用5000元后的余额为应纳税所得额；劳务报酬所得、稿酬所得、特许权使用费所得，以每次收入额为应纳税所得额。其中劳务报酬所得、稿酬所得、特许权使用费所得以收入减除20%的费用后的余额为收入额，稿酬所得的收入额减按70%计算。

非居民个人的工薪所得、劳务报酬所得、稿酬所得和特许权使用费所得，适用按月换算后的非居民个人月度税率表。如表7.6所示。

表7.6 个人所得税税率表
(非居民个人工薪所得、劳务报酬所得、稿酬所得、特许权使用费所得适用)

级数	应纳税所得额	税率(%)	速算扣除数
1	不超过3000元的	3	0
2	超过3000元至12000元的部分	10	210
3	超过12000元至25000元的部分	20	1410
4	超过25000元至35000元的部分	25	2660
5	超过35000元至55000元的部分	30	4410
6	超过55000元至80000元的部分	35	7160
7	超过80000元的部分	45	15160

非居民个人工薪所得、劳务报酬所得、稿酬所得、特许权使用费所得应纳税额＝应纳税所得额×税率－速算扣除数

非居民个人取得四项综合所得，由扣缴义务人扣缴税款，没有扣缴义务人的自行向税务机关申报缴纳，不需办理年度汇算清缴。

【例7.8】某非居民个人取得劳务报酬20000元，试计算应代扣代缴多少个人所得税？

【解析】劳务报酬所得＝20000－20000×20%＝16000(元)

查表可知，属于第三级次，预扣率为20%，速算扣除数为1410。

应纳税额＝16000×20%－1410＝1790(元)

【例7.9】某非居民个人取得稿酬10000元，试计算应代扣代缴多少个人所得税？

【解析】稿酬所得＝(10000－10000×20%)×70%＝5600(元)

查表可知,属于第二级次,预扣率10%,速算扣除数为210。

应纳税额＝5600×10%－210＝350(元)

【例7.10】某公司2023年1—5月每月支付非居民个人员工史密斯工资70000元;3月史密斯从某大学取得课酬40000元;5月取得某杂志稿酬10000元。试计算史密斯被扣缴的个人所得税。

【解析】某公司2023年1—5月每月工薪所得应扣缴个人所得税:

应纳税所得额＝70000－5000＝65000(元)

查表可知,属于第六级次,适用预扣率35%,速算扣除数为7160。

该公司每月应扣缴史密斯个人所得税＝65000×35%－7160＝15590(元)

史密斯2023年1—5月应缴个人所得税＝15590×5＝77950(元)

某大学2023年3月扣缴史密斯课酬个人所得税:

应纳税所得额＝40000－40000×20%＝32000(元)

查表可知,属于第四级次,适用预扣率25%,速算扣除数为2660。

某大学应扣缴史密斯个人所得税＝32000×25%－2660＝5340(元)

某杂志2023年5月扣缴史密斯稿酬个人所得税:

应纳税所得额＝(10000－10000×20%)×70%＝5600(元)

查表可知,属于第二级次,适用预扣率10%,速算扣除数为210。

某杂志2023年5月应扣缴史密斯个人所得税＝5600×10%－210＝350(元)

因此,史密斯2023年应在中国缴纳个人所得税83640元,且不需办理年度个人所得税汇算清缴。

四、衔接政策

(一)全年一次性奖金

全年一次性奖金是指行政机关、企事业单位等扣缴义务人根据其全年经济效益和对雇员全年工作业绩的综合考核情况,向雇员发放的一次性奖金,也包括年终加薪、实行年薪制和绩效工资办法的单位根据考核情况兑现的年薪和绩效工资。

居民个人取得全年一次性奖金,在2027年12月31日前不并入当年综合所得,以全年一次性奖金收入除以12个月得到的数额,按照月度税率表,确定适用税率和速算扣除数,单独计算纳税。如表7.7所示。

表7.7 个人所得税月度税率表

级数	全月应纳税所得额	税率(%)	速算扣除数
1	不超过3000元的	3	0
2	超过3000元至12000元的部分	10	210
3	超过12000元至25000元的部分	20	1410
4	超过25000元至35000元的部分	25	2660
5	超过35000元至55000元的部分	30	4410
6	超过55000元至80000元的部分	35	7160
7	超过80000元的部分	45	15160

计算公式为：

应纳税额＝全年一次性奖金收入×适用税率－速算扣除数

【例7.11】中国公民王某2020年1月取得当月工薪收入7800元和2019年的一次性年终奖金48000元。王某1月应纳个人所得税是多少？

【解析】分月所得额＝48000÷12＝4000(元)

查表可知，属于第二级次，适用税率10%，速算扣除数为210。

王某应预扣税额＝48000×10%－210＝4590(元)

居民个人取得全年一次性奖金，也可以选择并入当年综合所得计算纳税。

央企负责人取得年度绩效薪金延期兑现收入和任期奖励，参照居民个人取得全年一次性奖金政策。

(二) 上市公司股权激励

股票期权是指上市公司按照规定的程序授予本公司及其控股企业员工的一项权利，该权利允许被授权员工在未来时间内以某一特定价格购买本公司一定数量的股票；股票增值权，是指上市公司授予公司员工在未来一定时期和约定条件下，获得规定数量的股票价格上升所带来收益的权利，被授权人在约定条件下行权，上市公司按照行权日与授权日二级市场股票差价乘以授权股票数量，发放给被授权人现金；限制性股票，是指上市公司按照股权激励计划约定的条件，授予公司员工一定数量本公司的股票；股权奖励，是指企业无偿授予相关技术人员一定份额的股权或一定数量的股份。

居民个人取得股票期权、股票增值权、限制性股票、股权奖励等股权激励在2027年12月31日前，不并入当年综合所得，全额单独适用综合所得税率表，计算纳税。居民个人一个纳税年度内取得两次以上(含两次)股权激励的，应合并计算纳税。

计算公式为：

应纳税额＝股权激励收入×适用税率－速算扣除数

(三) 保险营销员、证券经纪人佣金收入

保险营销员、证券经纪人取得的佣金收入，属于劳务报酬所得，以不含增值税的收入减除20%的费用后的余额为收入额，收入额减去展业成本以及附加税费后，并入当年综合所得，计算缴纳个人所得税。

保险营销员、证券经纪人展业成本按照收入额的25%计算。

扣缴义务人向保险营销员、证券经纪人支付佣金收入时，应按照累计预扣法计算预扣税款。

(四) 个人领取年金

个人达到国家规定的退休年龄，领取的企业年金、职业年金，符合规定的，不并入综合所得，全额单独计算应纳税款。其中按月领取的，适用月度税率表计算纳税；按季领取的，平均分摊计入各月，按每月领取额适用月度税率表计算纳税；按年领取的，适用综合所得税率表计算纳税。

个人因出境定居而一次性领取的年金个人账户资金，或个人死亡后，其指定的受益人或

法定继承人一次性领取的年金个人账户余额,适用综合所得税率表计算纳税。因其他原因一次性领取年金个人账户资金或余额的,适用月度税率表计算纳税。

(五) 解除劳动关系、提前退休、内部退养的一次性补偿收入

个人与用人单位解除劳动关系取得一次性补偿收入(包括用人单位发放的经济补偿金、生活补助费和其他补助费),在当地上年职工平均工资3倍数额以内的部分,免征个人所得税;超过3倍数额的部分,不并入当年综合所得,单独适用综合所得税率表,计算纳税。个人领取一次性收入时,按政府规定缴纳的住房公积金、医疗保险费、基本养老保险费、失业保险费可予以扣除,但扣除额应仅限原属于个人负担的部分,原由企业负担的部分不得扣除。

【例7.12】2022年3月,某单位增效减员与在单位工作了10年的张某解除劳动关系,张某取得一次性补偿收入10万元,当地上年职工平均工资20000元,则张某该项收入应纳的个人所得税是多少?

【解析】应税所得额=100000-20000×3=40000(元)

查表可知,属于第二级次,税率10%,速算扣除数为2520。

应纳税额=40000×10%-2520=1580(元)

【例7.13】王某系国有企业30年工龄的老职工,2023年3月因企业改制被解除劳动关系(经本人同意),一次性取得经济补偿金100000元,生活补助费10000元,其他补助10000元,共120000元。王某已缴纳了10年的养老金和医疗保险费,按有关规定,王某愿意一次性自己缴足尚未缴纳的5年养老金和医疗保险费,养老金原企业月缴纳200元,个人缴纳100元,医疗保险费原企业月缴纳72元,个人缴纳18元。在领取补偿金时,王某一次性向社保部门缴纳了23400元的养老金和医疗费。假设当地上年职工平均工资收入为9000元,则王某3月应缴纳多少个人所得税?

【解析】应纳税所得额=120000-9000×3-(100×12×5+18×12×5)=85920(元)

查表可知,属于第二级次,税率10%,速算扣除数为2520。

应纳税额=85920×10%-2520=6072(元)

个人办理提前退休手续而取得的一次性补贴收入,应按照办理提前退休手续至法定离退休年龄之间实际年度数平均分摊,确定适用税率和速算扣除数,单独适用综合所得税率表,计算纳税。计算公式:

应纳税额={[(一次性补贴收入÷办理提前退休手续至法定退休年龄的实际年度数)-费用扣除标准]×适用税率-速算扣除数}×办理提前退休手续至法定退休年龄的实际年度数

【例7.14】李某因身体原因,符合《公务员法》规定的30年以上工龄可申请提前退休的条件,于2023年3月办理提前退休手续(比正常退休提前5年),取得单位按照统一标准发给的一次性收入60000元。当月,李某还从原单位领取工资5800元。判断李某应如何缴纳个人所得税?

【解析】先将一次性收入按至法定离退休年龄之间的所属月份进行平均:

平均所得额=60000÷5=12000(元),小于费用扣除标准,则不需要缴纳个人所得税。

实行内部退养的个人在其办理内部退养手续后至法定离退休年龄之间从原任职单位取

得的工薪,不属于离退休工资,应按工薪所得计征个人所得税。个人办理内部退养手续而取得的一次性补贴收入,应按办理内部退养手续后至法定离退休年龄之间的所属月份进行平均,并与领取当月的工薪所得合并后减除当月费用扣除标准,以余额为基数确定适用税率,再将当月工薪加上取得的一次性收入,减去费用扣除标准,按适用税率计征个人所得税。若个人在办理内部退养手续后至法定离退休年龄之间重新就业取得的工薪所得,应与其从原任职单位取得的同一月份的工薪所得合并,自行向主管税务机关申报缴纳个人所得税。

【例7.15】刘某月薪5800元,于2023年3月办理内退手续(比正常退休提前5年),取得一次性收入60000元。内退后,仍保留其原工资标准5800元,但不享受今后的涨薪,则其当月应纳个人所得税是多少?

【解析】(1)将一次性收入按至法定离退休年龄之间的所属月份进行平均:
60000÷(5×12)=1000(元)

(2)与当月工薪合并找适用税率:1000(平均结果)+5800(当月工资)-5000(减除费用)=1800(元),适用3%的税率。

(3)用当月收入总额扣免征额计算税额:(60000+5800-5000)×3%=18240(元)。

(六)单位低价向职工售房

单位按低于购置或建造成本价格出售住房给职工,职工因此而少支出的差价部分,不并入当年综合所得,以差价收入除以12个月得到的数额,按照月度税率表确定适用税率和速算扣除数,单独计算纳税。计算公式为:

应纳税额=职工实际支付的购房价款低于该房屋的购置或建造成本价格的差额×适用税率-速算扣除数

任务三　经营所得及分类所得个人所得税应纳税额的计算

一、经营所得

(一)应纳税所得额

经营所得以每一纳税年度的收入总额减除成本、费用以及损失后的余额,为应纳税所得额。

应纳税所得额=(收入总额-成本-费用-损失)×分配比例-准予扣除的捐赠

成本、费用是指生产、经营活动中发生的各项直接支出和分配计入成本的间接费用以及销售费用、管理费用、财务费用;损失是指生产、经营活动中发生的固定资产和存货的盘亏、毁损、报废损失,转让财产损失,坏账损失,自然灾害等不可抗力因素造成的损失以及其他损失。

对于生产经营与个人、家庭生活混用难以分清的费用,其40%视为与生产经营有关的费用,准予扣除。其他的成本费用损失等扣除标准参照企业所得税的规定。

(二) 税率

经营所得,适用5%—35%的超额累进税率。如表7.8所示。

表7.8 个人所得税税率表(经营所得适用)

级数	全年应纳税所得额	税率	速算扣除数
1	不超过30000元的	5	0
2	超过30000元至90000元的部分	10	1500
3	超过90000元至300000元的部分	20	10500
4	超过300000元至500000元的部分	30	40500
5	超过500000元部分	35	65500

(三) 应纳税额

纳税人取得经营所得,按年计算个人所得税,适用五级超额累进税率,计算公式为:

应纳税额=[(收入总额－成本－费用－损失)×分配比例－准予扣除的捐赠]×适用税率－速算扣除数

取得经营所得的个人,没有综合所得的,计算其每一纳税年度的应纳税所得额时,应当减除生计费用60000元、专项扣除、专项附加扣除以及依法确定的其他扣除。

应纳税额=[(收入总额－成本－费用－损失)×分配比例－生计费用－专项扣除－专项附加扣除－依法确定的其他扣除－准予扣除的捐赠]×适用税率－速算扣除数

专项附加扣除在办理汇算清缴时减除。

【例7.16】 张某是独生子女,创办的个人独资企业能完整、准确提供税务核算资料,实行查账征收个人所得税。2019年取得收入为800000元,成本费用为200000元,没有取得综合所得,也没有未弥补亏损,年末纳税调整增加额为50000元。张某专项扣除中社会保险及公积金62000元(养老32000、医疗20000、失业2000、公积金8000),商业健康保险费2600元、税延养老保险9600元,专项附加扣除中子女教育6000元、首套房贷款利息12000元,赡养老人24000元。计算张某经营所得应纳个人所得税。

【解析】 应纳税所得额=(收入－成本－费用－损失)－生计费用－专项扣除－专项附加扣除－依法确定的其他扣除=(800000－200000)－60000－62000－(6000+12000+24000)－(2400+9600)=424000(元)

纳税调整后所得额=424000+50000=474000(元)

查表可知,属于第四级次,税率30%,速算扣除数为40500。

应纳税额=474000×30%－40500=101700(元)

【例7.17】 张千与刘然共同创办合伙企业,协议约定分红比为6:4。2022年合伙企业实现收入总额1000万元,成本费用600万元,其中列支张千工资15万元,其他事项纳税调整增加额为35万元。张千2022年无任何综合所得,实际缴纳基本养老保险和基本医疗保险2.4万元,符合条件的专项附加扣除3.6万元。刘然在一家公司上班,2022年工薪所得为20万元,实际缴纳的"三险一金"为4万元,符合条件的专项附加扣除为3万元,已由单位在发放工资预扣预缴个人所得税时扣除,另外刘然从经营所得中拿出50万元捐赠给公益慈善事业。请问两位合伙人来源于合伙企业的经营所得应纳多少个人所得税?

【解析】合伙企业所得额＝收入－成本费用损失＋纳税调整额＝1000－600＋(15＋35)＝450(万元)

张千来源于合伙企业的经营所得＝450×60%＝270(万元)

刘然来源于合伙企业的经营所得＝450×40%＝180(万元)

张千没有综合所得,计算应纳税所得额时,可减除生计费用、专项扣除、专项附加扣除以及依法确定的其他扣除。

张千经营所得应纳税所得额＝270－6－2.4－3.6＝258(万元)

查表可知,属于第五级次,税率35%,速算扣除数为65500。

张千应纳税额＝258×35%－6.55＝83.75(万元)

刘然有综合所得,生计费用、专项扣除、专项附加扣除等已在综合所得中扣除的,不得重复扣除,其来源于合伙企业的公益慈善事业捐赠,在扣除捐赠前的所得额30%的部分,允许扣除。

准予扣除的公益捐赠限额＝180×30%＝54(万元)

实际捐赠50万元在扣除限额内,可以据实扣除。

扣除捐赠后的所得额＝180－50＝130(万元)

查表可知,属于第五级次,税率35%,速算扣除数为65500。

刘然应纳税额＝130×35%－6.55＝38.95(万元)

2023年1月1日至2027年12月31日期间,对个体工商户经营所得年应纳税所得额不超过100万元的部分,在现行优惠政策基础上,再减半征收个人所得税。

减免税额＝(个体工商户经营所得应纳税所得额不超过100万元部分的应纳税额－其他政策减免税额×个体工商户经营所得应纳税所得额不超过100万元部分÷经营所得应纳税所得额)×(1－50%)

二、分类所得

纳税人取得财产租赁所得、财产转让所得、利息股息红利所得和偶然所得,按月或者按次计算个人所得税,有扣缴义务人的,由扣缴义务人按月或者按次代扣代缴税款。

(一) 财产租赁所得

财产租赁所得,以一个月内取得的收入为一次,每次收入不超过4000元的,减除费用800元;4000元以上的,减除20%的费用,其余额为应纳税所得额。

个人出租财产取得的财产租赁收入,在计算缴纳个人所得税时,应依次扣除财产租赁过程中缴纳的税费(城市维护建设税、教育费附加、房产税等)、向出租方支付的租金、由纳税人负担的该出租财产实际开支的修缮费用以及规定的费用扣除标准。修缮费用需提供有效、准确的凭证,以每次800元为限。一次扣除不完的,准予在下一次继续扣除,直到扣完为止。

每次收入不超过4000元的(扣除费用后):

应纳税所得额＝每次收入额－准予扣除项目－修缮费用(800元为限)－800

每次收入超过4000元的:

应纳税所得额＝[每次收入额－准予扣除项目－修缮费用(800元为限)]×(1－20%)

财产租赁所得适用比例税率,税率为20%,出租房屋用于居住的适用优惠税率10%。

【例7.18】 赵某有A、B、C三套住房,其中A、B两套用于出租,3月共收取租金9600元,其中住宅A租金4799元,住宅B租金4801元,同时两套住宅分别发生修缮费用各900元(不考虑其他税费)。计算赵某应缴纳的个人所得税。

【解析】 出租A住宅应缴纳的个税=[(4799-0-800)-800]×10%=319.9(元)

出租B住宅应缴纳的个税=(4801-0-800)×(1-20%)×10%=320.08(元)

赵某3月共应纳税额=319.9+320.08=639.98(元)

(二) 财产转让所得

财产转让所得,以转让财产的收入额减除财产原值和合理费用后的余额,为应纳税所得额。

应纳税所得额=每次收入额-财产原值-合理税费

有价证券原值为买入价以及买入时按照规定交纳的有关费用;建筑物原值为建造费或者购进价格以及其他有关费用;土地使用权原值为取得土地使用权所支付的金额、开发土地的费用以及其他有关费用;机器设备、车船原值,为购进价格、运输费、安装费以及其他有关费用。财产原值的确定,个人必须提供有关的合法凭证;对未能提供完整、准确的财产原值合法凭证而不能正确计算财产原值的,税务部门可根据当地实际情况核定其财产原值。合理费用是指卖出财产时按照规定支付的有关税费。

个人转让房屋的个税应税收入不含增值税,其取得房屋时所支付价款中包含的增值税计入财产原值,计算转让所得时可扣除的税费不包括本次转让缴纳的增值税。除"北上广深"外,个人将购买"2年以上"房屋对外销售的,免征增值税。

财产转让所得按照一次转让财产的收入额减除财产原值和合理费用后的余额计算纳税,税额计算公式:

应纳税额=应纳税所得额×适用税率(20%)

【例7.19】 赵某以含增值税126万元的价格出售普通住宅一套,该住宅是1年半前以40万元的价格购买的,交易过程中支付除增值税以外的其他相关税费共计8万元(发票为证),则赵某出售住房应缴纳多少个人所得税?

【解析】 应纳税所得额=126÷(1+5%)-40-8=120-40-8=72(万元)

应纳税额=72×20%=14.4(万元)

(三) 利息股息红利所得和偶然所得

利息股息红利所得以支付利息、股息、红利时取得的收入为一次;偶然所得以每次取得该项收入为一次。利息股息红利所得和偶然所得,以每次收入额为应纳税所得额。

个人从公开发行和转让市场取得的上市公司股票,持股期限在1个月以内(含1个月)的,其股息红利所得全额计入应纳税所得额;持股期限在1个月以上至1年(含1年)的,暂减按50%计入应纳税所得额;持股期限超过1年的,股息红利所得暂免征收个人所得税。上市公司派发股息红利时,对个人持股1年以内(含1年)的,上市公司暂不扣缴个人所得税;待个人转让股票时,证券登记结算公司根据其持股期限计算应纳税额,由证券公司等股份托管机构从个人资金账户中扣收并划付证券登记结算公司,证券登记结算公司应于次月5个工作日内划付上市公司,上市公司在收到税款当月的法定申报期内向主管税务机关申报缴纳。

利息股息红利所得和偶然所得,适用比例税率,税率为20%,税额计算公式为:

应纳税额＝应纳税所得额×适用税率(20%)

任务四　个人所得税申报

一、税额抵免

居民个人从中国境外取得的所得,可以从其应纳税额中抵免已在境外缴纳的个人所得税税额,但抵免额不得超过该纳税人境外所得依照我国规定计算的应纳税额。

二、申报规定

居民个人取得综合所得,按年计算个人所得税;有扣缴义务人的,由扣缴义务人按月或者按次预扣预缴税款;需要办理汇算清缴的,应当在取得所得的次年3月1日至6月30日内办理汇算清缴。汇算清缴可由纳税人自行办理,也可以委托扣缴义务人或者其他单位和个人办理。非居民个人取得工薪所得、劳务报酬所得、稿酬所得和特许权使用费所得,有扣缴义务人的,由扣缴义务人按月或者按次代扣代缴税款,不办理汇算清缴。

纳税人取得经营所得,按年计算个人所得税,由纳税人在月度或者季度终了后15日内向税务机关报送纳税申报表,并预缴税款;在取得所得的次年3月31日前办理汇算清缴。

纳税人取得利息股息红利所得、财产租赁所得、财产转让所得和偶然所得,按月或者按次计算个人所得税,有扣缴义务人的,由扣缴义务人按月或者按次代扣代缴税款;没有扣缴义务人的,应当在取得所得的次月15日内向税务机关报送纳税申报表,并缴纳税款。

取得综合所得需要办理汇算清缴;取得应税所得没有扣缴义务人;取得应税所得,扣缴义务人未扣缴税款;取得境外所得;因移居境外注销中国户籍;非居民个人在中国境内从两处以上取得工薪所得以及国务院规定的其他情形需要办理纳税申报。

居民个人从中国境外取得所得的,应当在取得所得的次年3月1日至6月30日内申报纳税。非居民个人在中国境内从两处以上取得工薪所得的,应当在取得所得的次月15日内申报纳税。纳税人因移居境外注销中国户籍的,应当在注销中国户籍前办理税款清算。

三、个人所得税扣缴申报表

"个人所得税扣缴申报表"适用于扣缴义务人向居民个人支付工资、薪金所得,劳务报酬所得,稿酬所得和特许权使用费所得的个人所得税全员全额预扣预缴申报;向非居民个人支付工资、薪金所得,劳务报酬所得,稿酬所得和特许权使用费所得的个人所得税全员全额扣缴申报;以及向纳税人(居民个人和非居民个人)支付利息、股息、红利所得,财产租赁所得,财产转让所得和偶然所得的个人所得税全员全额扣缴申报。如表7.9所示。

表 7.9　个人所得税扣缴申报表

税款所属期：　年　月　日至　年　月　日

扣缴义务人名称：

扣缴义务人纳税人识别号(统一社会信用代码):□□□□□□□□

金额单位：人民币元(列至角分)

序号	姓名	身份证件类型	身份证件号码	纳税人识别号	是否为非居民个人	所得项目	收入额计算			本月(次)情况										累计情况											税款计算					备注
										专项扣除				其他扣除						累计专项附加扣除																
							收入	免税收入	减除费用	基本养老保险费	基本医疗保险费	失业保险费	住房公积金	年金	商业健康保险	税延养老保险	财产原值	允许扣除的税费	其他	累计收入额	累计减除费用	累计专项扣除	子女教育	继续教育	住房贷款利息	住房租金	赡养老人	3岁以下婴幼儿照护	累计其他扣除	减按计税比例	准予扣除的捐赠额	应纳税所得额	税率/预扣率	速算扣除数	应纳税额	减免税额	已缴税额	应补/退税额	
1	2	3	4	5	6	7	8	9	10	11	12	13	14	15	16	17	18	19	20	21	22	23	24	25	26	27	28	29	30	31	32	33	34	35	36	37	38	39	40	41

谨声明：本表是根据国家税收法律法规及相关规定填报的，是真实的、可靠的、完整的。

扣缴义务人(签章):　　　　　　　　　　　　　　年　月　日

四、电子税务局扣缴申报

(一) 人员信息采集

纳税人有中国公民身份号码的,以中国公民身份号码为纳税人识别号;纳税人没有中国公民身份号码的,由税务机关赋予其纳税人识别号。扣缴义务人扣缴税款时,纳税人应当向扣缴义务人提供纳税人识别号。扣缴义务人可通过"自然人税收管理系统扣缴客户端"采集报送自然人基础信息。如图7.1所示。

图7.1 自然人税收管理系统扣缴客户端

1. 人员信息采集

人员信息主要通过系统扣缴客户端"添加"或"导入"—"报送"—"获取反馈"等功能完成采集。人员信息分为境内人员信息采集和境外人员信息采集,可通过单个添加和批量导入两种方式获取。

需要采集的人员信息包括证照类型(居民身份证、护照、通行证)、证照号码、姓名、国籍(地区)、性别、出生日期等必填基本信息,是否雇员、任职受雇日期等任职受雇信息,手机号码等联系方式和投资信息。如图7.2所示。

2. 人员信息编辑

人员信息采集到系统后,发现错误或信息发生变化时,需修改或删除人员信息后重新采集人员。人员已报送成功,则不允许删除人员信息,只能修改;未报送的人员,既可删除重新采集,也可直接修改错误信息。报送成功情况下,"证照类型""证照号码""国籍"三项关键信息不允许修改,若录入错误,需将人员状态改为"非正常",重新采集正确的人员信息;若身份验证状态为"验证通过",则不可修改"姓名"关键信息。可在人员信息采集页双击该条人员信息记录,打开界面修改信息后保存即可,也可通过"更多操作"下选点"批量修改"进行操作。

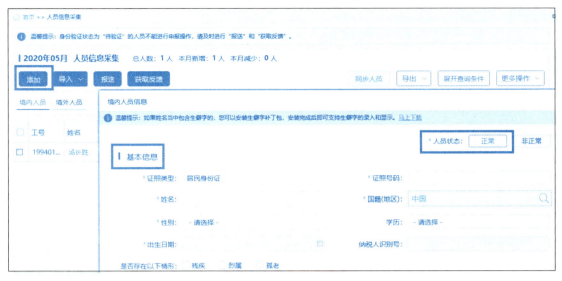

图7.2 人员信息采集

3. 人员信息报送验证

人员信息采集完毕后,点击"报送",客户端会将报送状态为"待报送"的人员信息报送至税务机关验证。报送成功后,税务机关系统将对居民身份信息进行验证,点击"获取反馈",获取报送人员信息身份验证结果。身份验证状态为"验证通过"的,表示该自然人身份信息与公安机关居民身份登记信息一致;身份验证状态为"验证不通过"的,表示该自然人身份信息与公安机关居民身份登记信息不一致,扣缴单位应核实,的确存在问题的应予以修正,如核实无误的,需该自然人前往办税服务大厅登记;身份验证状态为"验证中"的,表示尚未获取公安机关居民身份登记信息,扣缴单位可以忽略该结果,正常进行后续操作;身份验证状态为"暂不验证"的,表示税务系统暂未与第三方系统联通交互,无法验证,扣缴单位可以忽略该结果,正常进行后续操作。

4. 人员信息查询

可在客户端"展开查询条件"通过工号、姓名、证照号码等信息,模糊查找某个人员具体信息,也可根据身份验证状态、报送状态、是否残孤烈、是否雇员、更新时间进行筛选。

(二)专项附加扣除信息采集

个人所得税专项附加扣除在纳税人本年度综合所得应纳税所得额中扣除,本年度扣除不完的,不得结转以后年度扣除。符合子女教育、继续教育、房贷利息或租房租金、赡养老人、婴幼儿照护专项附加扣除范围和条件的纳税人,可以向取得工薪所得的扣缴义务人提供专项附加扣除信息,由扣缴义务人在预扣预缴时扣除,也可在次年办理汇算清缴申报时扣除。纳税人同时从两处以上取得工资、薪金所得,并由扣缴义务人办理专项附加扣除的,对同一专项附加扣除项目,一个纳税年度内,纳税人只能选择从其中一处扣除。享受大病医疗专项附加扣除的纳税人,由其在次年办理汇算清缴申报时扣除。纳税人未取得工资、薪金所得,仅取得劳务报酬所得、稿酬所得、特许权使用费所得需要享受专项附加扣除的,应当在次年办理汇算清缴申报时扣除。如图7.3所示。

图7.3 专项附加扣除信息采集

1. 子女教育支出

通过点击"新增"按钮采集人员子女教育支出信息。从正常状态且做过自然人信息报送的人员信息中自动带出姓名、证照类型、证照号码个人信息，填写配偶信息，如选择"有配偶"，必须填写配偶姓名、证照类型、证照号码。子女教育支出信息需填写子女姓名、证照类型、证照号码、出生日期、国籍（地区）、当前受教育阶段、受教育起始日期、就读国家（地区）、就读学校名称、本人扣除比例等。如图7.4所示。

图7.4 子女教育支出信息

2. 继续教育支出

通过点击"新增"按钮采集继续教育支出信息。从正常状态且做过自然人信息报送的人员信息中自动带出姓名、证照类型、证照号码个人信息，学历（学位）继续教育情况需填写入学起始时间、（预计）毕业时间、教育阶段、扣除有效起止日期；职业资格继续教育情况需填写继续教育类型（选择技能证书或专业技术资格）、发证（批准）日期、证书名称、证书编号、发证机关和扣除有效起止日期等。如图7.5所示。

图7.5 继续教育支出信息

3. 住房贷款利息支出

通过点击"新增"按钮采集住房贷款利息支出信息。从正常状态且做过自然人信息报送的人员信息中自动带出姓名、证照类型、证照号码个人信息，需填写配偶信息、住房信息以及公积金或商业贷款信息。住房信息需填写房屋坐落地址和房屋楼牌号，下拉选择证书类型，根据证书类型填写房屋证书号，根据实际情况选择标明"本人是否借款人"和"是否婚前各自首套贷款，且婚后分别扣除50%"。公积金贷款和商业贷款信息必选一项填写，需填写贷款合同编号、首次还款日期、贷款期限（月数）、扣除有效起止日期，商业贷款还必须填写贷款银行。如图7.6所示。

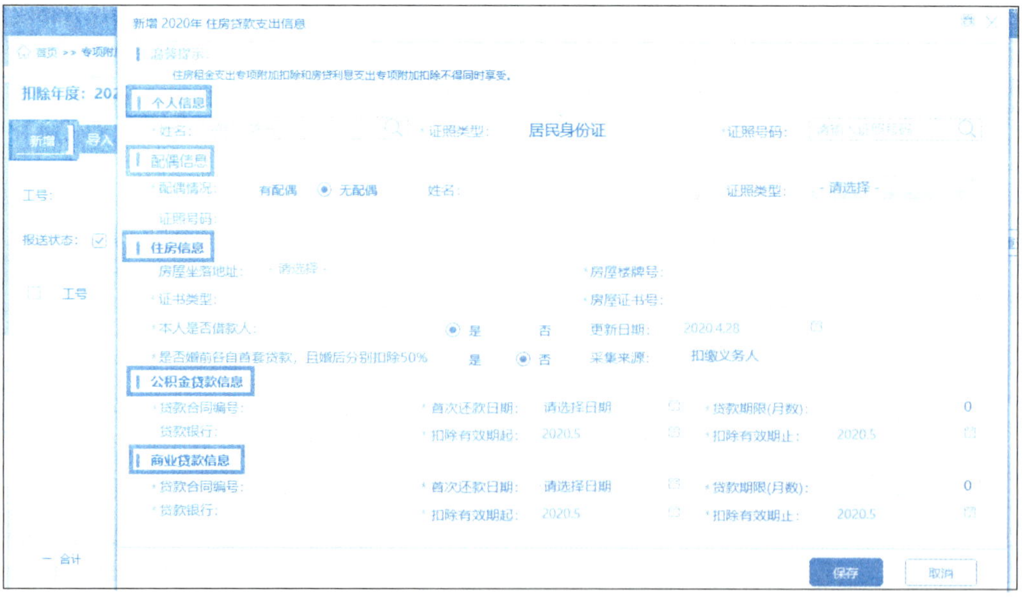

图7.6 住房贷款利息支出信息

4. 住房租金支出

通过点击"新增"按钮采集住房租金支出信息。从正常状态且做过自然人信息报送的人员信息中自动带出姓名、证照类型、证照号码个人信息,需填写配偶信息、住房租金支出信息。房租支出信息需填写工作城市、出租方类型(下拉选择"个人"或"组织")、房屋坐落楼牌号、租赁起止日期等。如图7.7所示。

图7.7 住房租金支出信息

纳税人只能选择填写住房贷款利息支出和住房租金支出中的一项。

5. 赡养老人支出

通过点击"新增"按钮采集赡养老人支出信息。从正常状态且做过自然人信息报送的人员信息中自动带出姓名、证照类型、证照号码个人信息,需点击确认"是否独生子女",如选择"是"则本年度月扣除金额直接显示"3000.00",如选择"否",必须通过下拉框选择分摊方式(赡养人平均分摊、赡养人约定分摊、被赡养人指定分摊),同时填写"本年度月扣除金额"。通过新增"被赡养人信息"如实填写被赡养人姓名、身份证件类型、身份证件号码、国籍(地区)、关系(下拉选择"父母"或"其他")、出生日期、扣除有效起始日期等信息;通过新增"共同赡养人信息"如实填写共同赡养人姓名、身份证件类型、身份证件号码、国籍(地区)等信息。如图7.8所示。

6. 婴幼儿照护支出

通过点击"新增"按钮采集婴幼儿照护支出信息。从正常状态且做过自然人信息报送的人员信息中自动带出姓名、证照类型、证照号码个人信息,填写配偶信息,如选择"有配偶",必须填写配偶姓名、证照类型、证照号码。婴幼儿照护需填写婴幼儿的姓名、证件类型及号码以及本人与配偶之间扣除分配比例等信息。

专项附加扣除信息采集报送后,可在综合所得预扣预缴工薪所得项目下进行税前申报扣除。

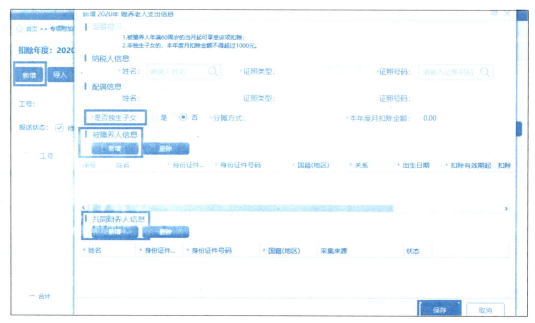

图 7.8 赡养老人支出信息

(三) 综合所得申报

扣缴义务人在向居民个人支付综合所得时,通过首页功能菜单点击"综合所得申报",进入"综合所得预扣预缴表",根据已采集的个人身份信息,结合当期收入、扣除等情况,在支付所得的月度终了之日起 15 日内,向主管税务机关报送"综合所得预扣预缴表"。如图 7.9 所示。

图 7.9 综合所得申报

1. 收入及减除填写

"收入及减除填写"用于录入综合所得包括正常工资薪金所得、全年一次性奖金收入、年金领取、解除劳动合同一次性补偿、劳务报酬所得(保险营销员、证券经纪人)、劳务报酬所得(一般劳务、其他劳务)、稿酬所得、特许权使用费所得、提前退休一次性补贴、个人股权激励收入及减除荐数据。点击综合所得项目名称对应操作栏"填写"按钮进入表单即可"添加"或"导入"数据。如图7.10所示。

图7.10 正常工资薪金所得

2. 税款计算

点击"税款计算",系统自动对"收入及减除填写"的数据进行计税,系统界面会分所得项目显示对应项目的明细数据和合计数据,右上角显示所得合计数据,包括纳税总人数、收入总额、应纳税额或应补退税额,双击其中一条数据行,可以查看该行人员具体计税项,包括当期各类明细数据和年内累计数据。如图7.11所示。

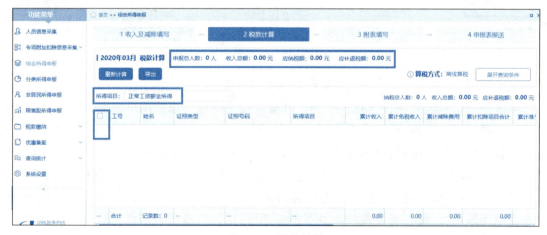

图7.11 税款计算

3. 附表填写

在"收入及减除填写"中填写了减免税额、商业健康保险、税延养老保险的情况下,需要填写相应的附表,修改完善信息。如图7.12所示。

项目七 个人所得税扣缴 329

图7.12 附表填写

如减免税额需要根据自动带出的所得项目填写减免税额、减免事项、减免性质信息；商业健康保险需要填写税优识别码、保单生效日期、年度保费、月度保费、本期扣除金额信息；税延养老保险需要填写税延养老账户编号、报税校验码、年度保费、月度保费、本期扣除金额信息。

4.申报表报送

申报表填写完成后，点击"申报表报送"即可进入报表申报界面，可完成综合所得预扣预缴的正常申报、更正申报和作废申报操作。当月第一次申报发送时，界面默认申报类型为正常申报，申报状态为未申报。如图7.13所示。

图7.13 申报表报送

申报成功后发现有错报、漏报情况的，已缴款或未缴款均可使用申报更正功能，修正已申报的数据后重新申报，申报类型为更正申报，申报状态为未申报，点击"发送申报"即可对已更正数据重新发送申报；申报成功后，在当前所得月份未缴款的前提下，可以使用预扣预缴申报作废功能，作废申报后申报类型为正常申报，申报状态为作废处理中，稍后点击"获取反馈"查看作废结果。反馈信息为作废成功则说明已经作废成功当月已申报数据，同时申报状态变更为未申报，按正常流程重新填写申报即可；反馈信息若为作废失败，则申报状态变更为作废前的状态，即申报成功状态。

（四）分类所得申报

点击功能菜单"分类所得申报"进入"一般分类所得代扣代缴申报"页面，可完成利息股息红利所得、财产租赁所得、财产转让所得、偶然所得分类所得代扣代缴申报。如图7.14所示。

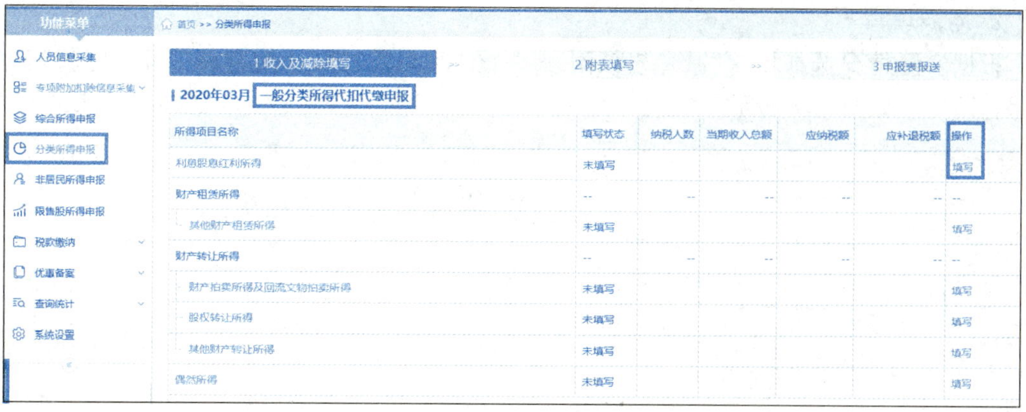

图7.14 分类所得申报

1. 收入及减除填写

点击分类所得对应操作栏"填写"按钮进入表单即可录入数据,先通过人员信息查找到工号、姓名并自动带出证照类型、证照号码个人基本信息,然后填写收入及免税、扣除及减除、税款计算等,按"保存"即完成新增。

利息股息红利所得"所得项目"可下拉选择上市公司股息红利所得、三板市场股息红利所得、证券资金利息所得、国债利息、国家发行的金融债券利息、地方政府债券利息、储蓄存款利息所得、税收递延型商业养老金和其他利息股息红利所得。其他财产租赁所得根据填写的收入、免税收入、允许扣除的税费计算结果在"减除费用"栏自动显示800.00或计算结果20%的金额;财产转让所得需要选择"是否提供财产原值凭证",若选择"是",财产拍卖所得税率为3%,回流文物拍卖所得税率为2%,选择"否"时税率统一为20%;股权转让所得"扣除及减除"—"其他"栏录入明细包括"投资抵扣"和"其他"。偶然所得"所得项目"可通过下拉选择省级部级军级奖金、外国组织和国际组织奖金、见义勇为奖金、举报协查违法犯罪奖金、社会福利募捐奖金体彩奖金、有奖发票奖金、其他偶然所得。所有捐赠方式默认"限额扣除",可通过下拉选择"限额扣除""全额扣除"或"混合"。如图7.15所示。

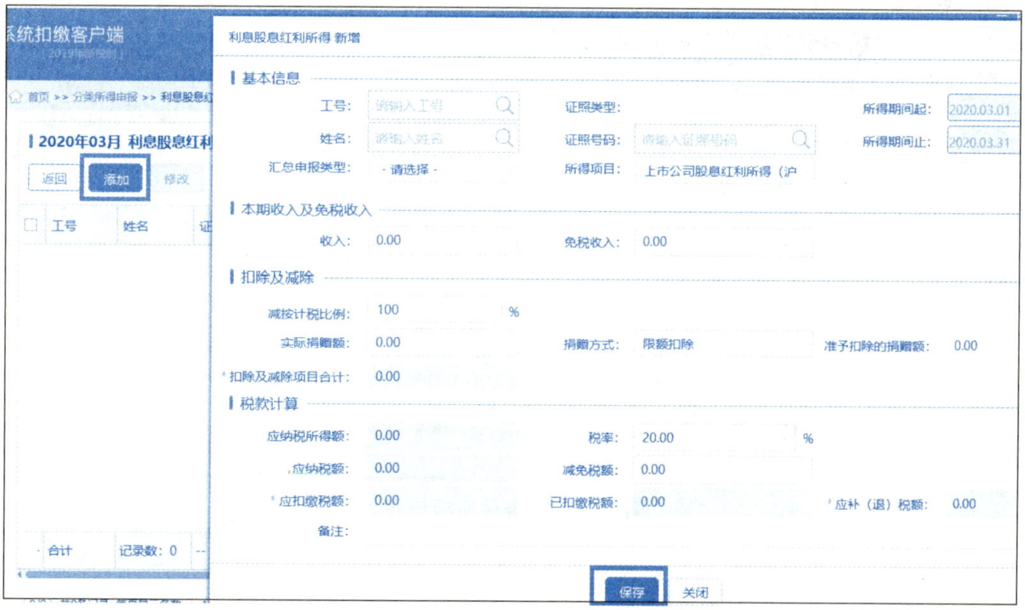

图7.15 利息股息红利所得

项目七 个人所得税扣缴 331

2. 附表填写

根据实际情况选择填写"减免事项附表""个人股东股权转让信息表",补充完善相应信息保存即可。如图7.16所示。

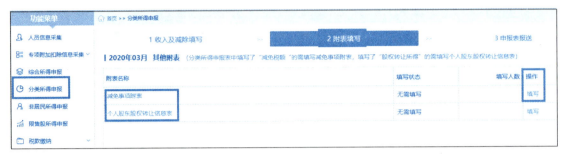

图7.16 附表填写

3. 申报表发送

申报表发送用于完成一般分类所得代扣代缴的正常申报、更正申报、作废申报操作,与综合所得申报表发送相同。

(五)非居民所得申报

非民所得申报包括"收入及减除填写""附表填写""申报表报送"三个流程。收入及减除可根据所得项目名称选择填写,包括工资薪金所得(外籍人员正常工资薪金、外籍人员数月奖金分开填写)、劳务报酬、稿酬所得、特许权使用费所得、利息股息红利所得、财产租赁所得(其他财产租赁所得)、财产转让所得(财产拍卖所得及回流文物拍卖所得、股权转让所得、其他财产转让所得)、偶然所得。非居民个人工资薪金所得没有专项扣除和专项附加扣除项目,以每月收入额减除费用5000元后的余额为所得额;非居民所得申报表中填写了"减免税额"的需填写减免事项附表,填写了"股权转让所得"的需填写个人股东股权转让信息表;申报表报送与综合所得申报相同。如图7.17所示。

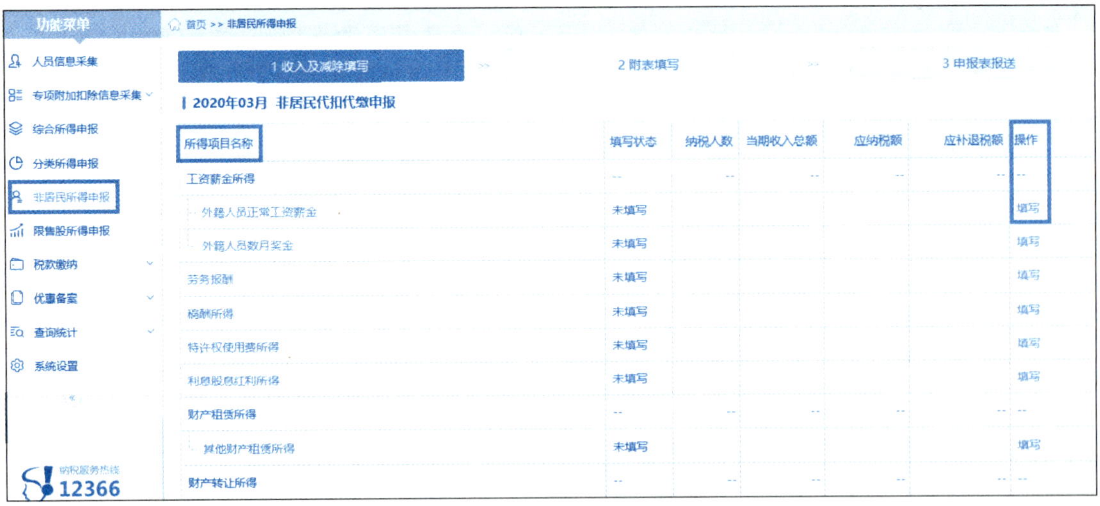

图7.17 非居民所得申报

（六）限售股所得申报

限售股转让所得须填写工号、姓名、证照类型、证照号码等个人基本信息，证券账户号、股票代码、股票名称、每股计税价格、转让股数、转让收入等股票信息以及限售股原值、合理税费等扣除及减除信息。如图7.18所示。

图7.18 限售股所得申报

五、税款缴纳与优惠备案

（一）税款缴纳

纳税人取得应税所得，扣缴义务人每月或者每次预扣、代扣的税款，应当在次月15日内缴入国库，并向税务机关报送扣缴个人所得税申报表；扣缴义务人未扣缴税款的，纳税人应当在取得所得的次年6月30日前缴纳税款；税务机关通知限期缴纳的，纳税人应当按照期限缴纳税款。汇算清缴涉及退税的，经税务机关审核后，由国库办理退税。

系统默认单位、税务机关、银行签订"委托银行代缴税款协议书"，提供三方协议缴款方式，点击后系统显示欠税相关内容，包括所得月份、申报表、征收品目、税率、税款所属期起止时间、应补（退）税额以及缴款期限。点击"立即缴款"，系统自动获取企业三方协议，并核对信息是否存在及正确。确认三方协议的开户行、账户名称等基本信息无误后，点击"确认扣款"发起缴款，等待页面刷新后即完成缴款。

（二）优惠备案

优惠备案包括分期缴纳备案、递延纳税备案、科技成果转让备案和科技成果转化现金奖励备案。分期缴纳备案可选择股票期权或认购股票个人所得税分期缴纳备案表、股票奖励个人所得税分期缴纳备案表、转增股本个人所得税分期缴纳备案表三类；递延纳税备案可选取非上市公司递延纳税备案表、上市公司延期纳税备案表、技术成果投资入股递延纳税备案表、递延纳税情况年度报告表四类,根据具体的股票(权)期权、限制性股票和股权奖励等股权激励方式添加股权激励信息;将职务科技成果转化为股份、投资比例的科研机构、高等学校或者获奖人向主管税务机关办理暂不征收个人所得税备案事宜需进行科技成果转让备案;科技人员取得科技成果转化现金奖励的,扣缴义务人向主管税务机关办理相关个人所得税备案时进行科技成果转化现金奖励备案。

【职场警示】违规汇算个人所得税案例

案例1:虚假宣传误导退税

深圳市税务部门在2022年度个税汇算退税审核时发现,纳税人姜某某存在虚假填报大病医疗专项附加扣除的情况。经查,该纳税人通过网络购物平台购买了"所谓"的个人所得税年度汇算退税申请服务,并应用平台店家提供的虚假"国家医保服务平台"APP查询结果作为证据材料申请退税。在税务部门开展辅导后,纳税人认识到错误并补缴了税款。税务部门通过平台对外公示信息延伸调查发现位于海南的兜售虚假服务店家。目前,涉事网店已被强制关停,税务部门将进一步依法查处。

案例2:冒用纳税人身份信息

湖北纳税人王某在办理2022年度个税汇算时发现,有一家从未任职的单位在2022年累计给自己办理了金额较大的工资薪金扣缴申报,怀疑该单位冒用自己身份,并在个人所得税APP发起了异议申诉。襄阳市税务部门收到申诉信息后,立即联系被申诉单位,要求该单位提供纳税人王某的劳动合同及向其发放工资薪金的银行账户流水等相关资料,该单位无法提供。税务部门认定该单位存在冒用纳税人身份信息办理个税扣缴申报的行为,对企业财务及办税人员进行了批评教育,并要求其及时更正申报。目前,该企业已更正申报,纳税人也依法办理了年度汇算。

案例3:虚假填报继续教育专项附加扣除

甘肃省白银市税务部门在2022年度个税汇算退税审核时发现,某中学王某某、杜某等多名教师在办理汇算时错误填报了继续教育专项附加扣除。根据《个人所得税专项附加扣除暂行办法》规定,纳税人接受职业资格继续教育的,在取得该证书的当年可以享受个税继续教育专项附加扣除。经进一步调查,该中学共有多名老师误信网上虚假退税秘籍填报了继续教育专项附加扣除,税务部门迅速与学校取得联系,确认纳税人取得的"继续教育培训学分证书",属于在取得教师资格证书后续年度发生的进修、学习、年审等培训证书,并非当年度取得教师资格证书的情况,不符合继续教育专项附加扣除条件。白银市税务部门对错误填报的纳税人逐一纠正补征税款。

案例4:虚假填报捐赠扣除和大病医疗专项附加扣除

江苏省苏州市税务部门在2022年度个税汇算退税数据分析时发现,纳税人吴某存在虚假填报捐赠扣除和大病医疗专项附加扣除的情况。经查,吴某先后就职于苏州某人力资源有限公司、苏州某房地产经纪有限公司,在办理2022年度个税汇算时,填报了大额的公益性捐赠扣除和大病医疗专项附加扣除,并提供了伪造的"国家医保服务平台"相关扣除截图和捐赠支出凭证截图。税务部门进一步对该纳税人以前年度的个税汇算情况进行了核查,发现该纳税人在办理2019—2021年度个税汇算时,均存在以上类似情况。吴某在个税年度汇算时存在伪造证据骗取国家税款的情况,性质较为恶劣,税务部门已对其立案稽查,并在后续三年纳入税收监管重点人员名单。

案例5：虚报免税收入

广西壮族自治区税务部门在2022年度个税汇算退税审核时发现，纳税人甘某某存在虚假填报免税收入的情况。经查，该纳税人实际仅在一处单位任职，属于无需个税汇算补退税人员，但甘某某在办理个税汇算时，两次作废汇算申报并虚增了科技成果转化免税收入，试图申请个税汇算退税。税务人员立即与纳税人电话联系辅导，但纳税人迟迟未更正申报，税务部门依法做出不予退税决定，并纳入税收监管重点人员名单。

税务部门郑重提示广大纳税人，依法办理个税汇算是每个纳税人的法定义务，轻信所谓退税秘籍或虚假传言，不仅会因虚假填报影响自己的纳税信用，而且可能将个人隐私信息泄露给网络诈骗不法分子。希望纳税人在办理汇算时，通过个人所得税APP认真查看自己的收入、扣除、扣缴税款等信息，依法诚信办理汇算。对于存在虚假填报收入或扣除项目、篡改证明材料等恶劣情节的，税务部门将依法严肃处理，追缴税款和滞纳金；对拒不整改的，将依法依规立案稽查。在此，税务机关也提醒广大扣缴单位，冒用他人身份，为未支付所得的纳税人办理虚假扣缴申报是违法行为，扣缴单位要严格遵守《中华人民共和国个人所得税法》规定，依法履行全员全额明细申报义务。

参考文献

[1] 汤长胜.税法[M].2版.上海:立信会计出版社,2009.
[2] 梁伟样.税法[M].7版.北京:高等教育出版社,2022.
[3] 财政部会计资格评价中心.经济法基础[M].北京:经济科学出版社,2022.
[4] 财政部会计资格评价中心.经济法[M].北京:经济科学出版社,2022.
[5] 全国税务师职业资格考试教材编写组.税法:Ⅰ[M].北京:中国税务出版社,2023.
[6] 全国税务师职业资格考试教材编写组.税法:Ⅱ[M].北京:中国税务出版社,2023.
[7] 企业所得税纳税申报表丛书编写组.企业所得税汇算清缴实务之年度纳税申报表项目解析与填报实务:2020年版[M].上海:立信会计出版社,2020.
[8] 国家税务总局网站.政策法规—税收政策库[EB/OL].http://www.chinatax.gov.cn/chinatax/n810341/n810825/index.html.